上海蔬菜集团

企业介绍

上海蔬菜（集团）有限公司是一家拥有 60 多年历史的国有农产品经营流通龙头企业，主营蔬菜、水果、肉类、水产等农产品批发市场经营管理业务，控股和参股上海 10 多家各类批发市场。公司按照上海市委、市政府“确保市场供应、确保食品安全，保持价格基本稳定”要求，始终践行“高效流通为农民，安全诚信为市民”经营宗旨，成为保障上海特大城市主副食品供应的主渠道、主力军。

交易市场

江桥市场

江杨市场

上海西郊国际农产品交易中心

蔬菜交易量占上海交易量的70%

肉类交易量占上海交易量的60%

水果交易量占上海交易量的50%

水产交易

功 能

全国范围内对接180多个蔬菜供应基地

集成供应一站式服务

农产品及食品登陆口岸与国际贸易服务

酒店、餐饮、物业管理等配套业态

食品安全

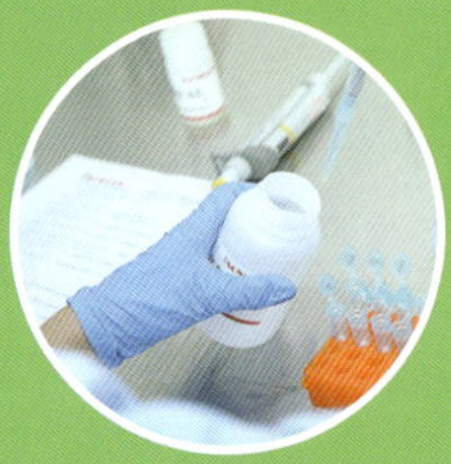

农产品农药残留检测及入境检疫

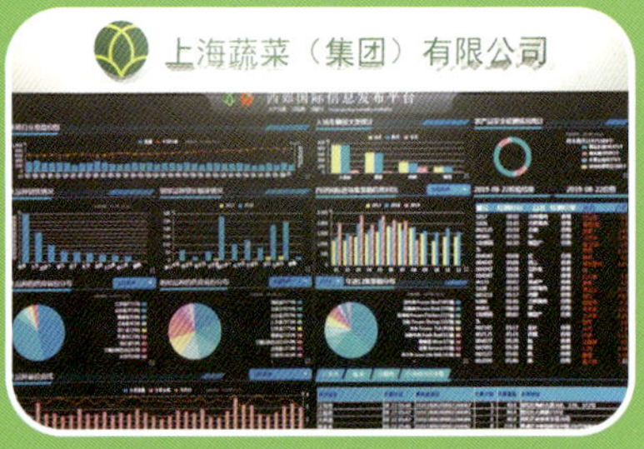

农产品追溯系统

江苏凌家塘市场发展有限公司

江苏凌家塘市场发展有限公司是农业产业化国家重点龙头企业、全国公益性农产品示范市场、国家农业农村部定点市场、商务部重点联系市场、江苏省现代服务业集聚区、省级示范物流园区，创立于 1992 年 9 月，2004 年改制建立现代企业制度，2008 年 1 月整体搬迁至常州市郃区镇龙潭村，位于江宜高速（S39）、312 国道、常金线（340 省道）交汇处，具有得天独厚的交通区位优势。

公司经过 20 多年的艰苦创业，投入 17.6 亿元，发展建设成占地 87 万平方米，竣工建筑面积 50 万平方米，形成了八大交易区（蔬菜、果品、粮油副食品、冷冻食品、水产区、加工配送、物流配载、商业配套），具有水、电、天然气等生活配套设施、垃圾中转站、污水处理站等环保设施和 3 万吨冷库、10 万平方米商业街等服务设施齐全的特大型综合性批发市场。

公司始终坚持“面向全国，辐射华东”的发展思路，通过“市场+经营户+基地”等产销对接模式，经营来自全国各地的蔬菜、果品、粮油、水产品、冷冻食品等十大类 1000 多个品种，带动种养殖基地面积 200 多万亩，辐射到苏、浙、皖等长三角地区的 50 多个县市，具有交通区位好、品种全、吞吐量大、价格优的流通优势，市场供应量占到常州菜篮子供应量的 80% 以上，并且建立了凌家塘农产品价格指数，有效提升了在华东地区农产品的价格话语权。

市场坚持“客商发财，市场发展”的经营理念，常驻经营户 2600 多户，常驻经营人员 9850 人，带动劳动就业人员 6 万多人，2019 年市场交易额 401 亿元，上缴税收近 7000 多万元，荣获全国商贸流通服务业先进集体、全国诚信示范市场等荣誉称号。

公司努力通过优化市场功能区域、提升市场建筑形式、重组市场物流要素、应用现代信息技术，全力打造绿色健康、智慧共享、品牌集聚、高效流通、创新金融于一体的全国一流、华东居首的千亿级农产品流通产城融合区。

广西新柳邕农产品批发市场

2010 年 4 月 1 日，深农集团进驻柳州，广西新柳邕农产品批发市场有限公司正式成立；
2011 年 1 月 28 日，广西新柳邕农产品批发市场（简称：柳州海吉星）项目奠基成功；
2014—2015 年，项目一期建成，交付使用；
2015 年 8 月 10 日，柳州海吉星正式开业；
2016 年，成功取得项目二期土地；确定企业初期、中期、远期发展思路；
2017 年，年交易额、交易量比开业初期增长 50%；
2018 年，海吉星品牌发布会顺利召开；确定建设智慧市场、发展全产业链思路；
2019 年，调整确定“打造西南地区最具影响力的一站式农产品采购中心，做城市高端食尚服务商”战略目标；
2020 年，获挂牌国家级螺蛳粉原材料集散中心。

从一片泥泞走来，柳州海吉星已经走过了第 10 个年头。面对未来，柳州海吉星紧紧围绕深农集团“两个深耕”“打造现代农产品流通全产业链”的发展战略，以打造市场核心竞争力、推动企业高质量发展为着力点，制定了柳州海吉星下一步的发展规划。

一、坚持“主营培育发展 + 商铺开发销售”模式

柳州海吉星将继续推进“主营培育发展 + 商铺开发销售”的双核驱动模式，同时加大力度深耕主业，蓄力企业发展，增强企业高质量发展“源动力”。

二、加快二期开发建设，完善功能配套

2020 年 7 月 16 日，柳州海吉星二期项目已正式动工建设，建设内容包括：水果交易区、车板交易区、农产品综合交易区、肉类滑轨交易区、肉类批发区、香蕉冻品交易区、冷库、精品农产品交易区、新家禽交易区、干货仓储区。建成后，将大大丰富经营业态，通过不断完善场内配套，提升市场服务功能，推动市场快速做大做强。

三、培育全品类发展，打造行业集聚高地

柳州海吉星将扬长避短，走差异化发展、特色发展之路，做大、做强现有品类，不断培育引进新品类，使“全品类一站式采购”成为自身最大的竞争优势，在区域农产品批发市场中脱颖而出，成为行业集聚高地。

四、打好“全品类 + 拳头品种”组合拳，振兴主业

在全品类发展的基础上，对单品发展潜力大的品种，如：蔬菜、水果、家禽、水产、调味品等，精准培育，不断扩大其辐射半径及提高市场占有率，扶持其做大做强，成为广西乃至整个西南地区有影响力的品种，掌握市场话语权，提升市场核心竞争力。

开业五载，如今的柳州海吉星市场，场内业态丰富，经营品类包括蔬菜、水果、海鲜、水产、家禽、干货、副食、酒水、粮油、蛋品、滋补品、茶叶等，交易兴旺，辐射范围已覆盖广西，延伸至湖南、贵州等地。

柳州市民日常所需品中，90% 的食品供应、90% 的水产供应，85% 的家禽供应都来自这里。2019 年交易量 190 万吨，社会认可度不断提高，先后荣获广西现代服务业集聚区和农业产业化重点龙头企业，国家级螺蛳粉原材料交易中心、国家发改委广西唯一的农产品价格监测点，农业部定点批发市场、全国农产品批发市场行业五十强市场。

五、创新业态，探索新家禽模式

目前，柳州海吉星市场日均活禽交易 10 万多羽，占市场份额 85% 以上。为保障足量的日供和食品安全，柳州海吉星创新交易模式探索“养殖源头 + 一体化屠宰冷链体系 + 现代化光鸭光鸡”交易平台，打造全程食品安全可追溯体系，最终形成品种产业链及产品品牌化发展。

六、“信息化 + 精细化”，推进智慧市场建设

将利用先进数字信息技术与业务深度融合，逐步实现收费业务、客户服务、现场管理全程信息化。客户可利用移动端快速完成台账管理、食品安全、业务办理等操作。最终实现劳动密集型的传统农批市场转变为高效的新型智慧市场。

七、探索全产业链，构建平台生态圈

布点海吉星果园、海吉星街市等新零售终端，实施统一标准、统一 VI、统一结算、统一管理、统一供货渠道的营销模式。

最终形成上游资源合作，下游渠道布局的农产品流通全产业链，构建平台生态圈，创新盈利模式，增强市场的核心竞争力。

八、深化企业“奋斗者”文化建设

柳州海吉星以深农集团所倡导的“匠人之心，家国情怀”精神为宗旨，不断强化企业文化建设工作，加快建立柳州海吉星“奋斗者”企业文化管理机制和长效激励机制，通过优化企业人才结构，培养一支精锐化、职业化、专业化团队，助推企业实现高质量发展。

柳州海吉星奋斗者风采

企业介绍

苏州市现代农产品物流园南环桥市场

苏州市现代农产品物流园南环桥市场项目位于吴中区苏同黎路3099号。项目一期规划占地面积602.85亩，总投资30亿元。市场农产品日均吞吐量5万余吨，以满足1300万人口的农产品消费需求为供应体量。此项目是省重点项目和市重大民生项目，也是江苏省唯一一家国家骨干冷链物流基地。

苏州市现代农产品物流园南环桥市场集农产品交易、仓储、物流、信息、检测、加工为一体，具有规模大、品种全、现代化程度高、辐射能力强等特点。农产品交易区占地面积40万平方米，配套商办用房建筑面积11万平方米，建有1.2万平方米农产品电商园，6万吨冷库。市场建设的大数据信息中心、电子交易中心和食品安全检测中心等，确保进入市场的食用农产品全程追溯、交易全程电子化。

2020年10月16日，苏州市现代农产品物流园南环桥市场正式投入运营。接下来，市场将以崭新的面貌，向全国一流现代农产品物流园的目标迈进。

冻品批发

家禽批发

冷 库

冷库鸟瞰

配送楼

蔬菜批发

水产批发

水果批发

中国农批新旗舰　智慧市场新标杆

长沙红星实业集团瞄准“中国农批新旗舰　智慧市场新标杆”建设目标，斥资百亿将旗下“红星农副产品大市场”转型升级为“红星全球农批中心”。项目总占地 2000 余亩，致力于建设一个集进出口交易、物流、仓储、配送、检验检疫、电商、展示展销、办公、居住于一体的现代农批综合体。

二号地块：占地 500 亩，建设集蔬菜、肉食、海鲜、水产批零交易及智慧服务于一体的“蔬菜智能流通枢纽”。

一号地块 ：占地 800 亩，旨在打造“中部唯一、全国一流”的中部果业航母，现已基本完工。

三号地块：占地 700 亩，规划建设高端住宅、生活服务和会展展销等区域。

天津海吉星国际农产品物流园

保障京津冀百姓"菜篮子"

天津海吉星国际农产品物流园坐落于天津静海区，由国内农产品流通行业第一家上市公司深圳市农产品集团股份有限公司控股，天津静泓投资发展集团有限公司入股，致力于打造成为第四代农批市场的高端品牌。

园区规划占地5000亩，计划投资150亿元。2016年底蔬菜交易区全面开业，目前蔬菜日均交易3000多吨，高峰期已突破4400吨，供应天津市50%以上的份额，还辐射到雄安、唐山、廊坊、沧州等300公里左右的地区，园区香蕉厅、综合交易厅、肉类交易厅、季节性水果厅均有序运行，目前，天津海吉星业态稳定、经营良好、货源充足，已成为京津冀地区重要保供平台。

天津海吉星充分利用天津港口资源和京津冀(天津)检验检疫试验区的优势，打造以进口肉类、水果、海鲜、预包装食品等于一体的通关查验、保税物流、线上线下交易的国际化物流园。目前已具备进口冻品、进口酒类、进口糖类及预包装食品查验资质，建成静海区首个公用型保税仓库，近期投入使用，同时海吉星冷冻库为进口肉类指定监管场地，正在积极协调推进进口水果、进口冰鲜水产资质申请工作。2019年进口肉类查验量1.3万吨，冷库吞吐量6.5万吨。

天津海吉星是国家商务部认定的"全国公益性农产品示范"市场，以天津为大本营、京津冀为立足点，以服务环渤海、辐射"三北"和部分华东地区为目标，以"创导绿色交易，感知中国农业"为愿景，致力于探索中国农批市场新的升级转型、推动中国农业产业化变革、构建中国农产品流通新的模式。2011年以来，先后荣获天津市党建工作示范点、全国青年文明号、天津市青年文明号、中国农产品冷链批发市场50强企业、中国食品冷链物流优秀产业示范园、中国农产品流通改革开放40年保障城乡供应全国先进市场、全国农产品批发市场行业"一带一路"践行奖、全国农产品批发市场行业新锐奖、京津冀农产品流通体系创新优秀企业、天津市文明诚信市场、天津援疆爱心企业等荣誉称号。

未来天津海吉星将全面进行转型升级，在做大做强蔬菜、水果、水产、冻品、肉类、粮油干货、休闲副食等主营业务的基础上，以通关查验为核心引擎，不断完善保税仓、冷链物流设施，打造华北地区进口水果物流集散中心、进口冻品分拨中心、进口海产品交易中心；进而发展成为农产品跨境贸易、品牌代理、金融结算、增值服务等多功能的国际化农产品物流园，形成以进口为核心的国内、国际农产品流通产业集群。

绿色交易创导者 美好生活创造者

HIGREEN 天津海吉星

易批生鲜信息发展股份有限公司

公司简介

易批生鲜信息发展股份有限公司（简称：易批生鲜）是一家聚焦农产品流通领域的互联网企业，源于信息发展，具有十三年农产品流通领域的行业经验积累和强大的技术研发及平台运营能力。

易批生鲜致力于为传统农批市场、配送企业、农产品商贸企业提供技术赋能和业务引流服务，帮助传统农产品流通企业降本增效、轻松触网和快速转型。公司秉持产业融合发展理念，与农产品流通领域企业合作共赢，旨在打造线上线下融合、食品安全便捷可追溯、产供销一体化的新农批服务平台，引领农产品供应链新生态，实现让天下没有难做的生鲜这一企业使命。

数字生态新农批

“新农批”立足农批市场当前现状，展望农批市场未来趋势，利用新的技术手段、新的管理理念，以实现农批市场管理降本增效、服务提档升级、交易电子化和线上线下一体化为目标，巩固农批市场核心地位，更好地满足农产品新时代新流通的新需求，提高农产品流通效率，促进农产品产供销一体化，提升农产品流通食品安全水平，融合现代物流、供应链金融，打造新一代数字化农批新生态，最终解决我国农产品买难卖难问题。

新农批发展规划

信息化管理　电子化交易　网上农批　共享配送　产供销一体化　品牌营销推广　大数据决策　供应链金融

引领数字生态新农批

食品安全追溯监管+大数据指挥决策

智慧农批		智慧配送	农批电商
疫情防控监管	智慧商户	仓储管理	电商平台搭建
门岗管理	开心批	配送管理	电商代运营
电子化结算	指挥驾驶舱	冷链管理	电商联合运营
市场综合管理	市场VR地图	共享配送	
检验检测管理	智能交易设备		
场内转运管理			

金融服务支持

多种支付　资金监管

实名认证　普惠金融

信贷服务　理财服务

支付方式

刷卡支付　网上支付　手机支付　刷脸支付

南京农副产品物流中心

南京农副产品物流中心是按照“南京唯一、华东一流、全国有影响”的功能定位，高起点、高标准规划建设的特大型“菜篮子”工程。中心自2009开业以来，11年累计实现交易额超过4000亿元，交易量突破9000万吨，年均增幅超过16%，先后荣获国家级荣誉超过40项，荣获省市级荣誉超过11项，现已成为南京及周边地区农副产品供应的主要源头市场，引领全国农副产品批发市场整合改造、提档升级的样板市场。

近年来，南京农副产品物流中心统筹推进“稳增长、促改革、调结构、抓保供、强管理”等各项工作，在“大战”中践行初心使命，在“大考”中交出合格答卷，奋力将农副物流中心打造为走在全国前列的跨区域“农批标杆”。

佳惠农产品（冷链）物流产业园

——立足武陵山，面向大西南，直通粤港澳大湾区的大型农副产品冷链物流中心

佳惠农产品(冷链)物流产业园(原名：佳惠农产品批发大市场，简称佳惠物流园)位于湘、黔、渝、鄂、桂五省交界处——湖南省怀化市主城区，由湖南佳惠集团于2009年投资建设。

目前，园区内19万平方米的蔬菜、水果、冻品、干调、水产、花鸟等6个专业市场，10万吨冷链中心，5万平方米城市共同配送中心，3万平方米生鲜(冷链)加工中心，4万平方米干调冻品市场和仓储中心等区域共31万平方米的功能区已分批投入使用，现有1500余个商户入园经营。2019年，园区实现各类农产品交易及配送额80余亿元，辐射武陵山片区380公里44个县(市)约1500万人。

通过11年的建设发展，佳惠物流园已成为“农业产业化国家重点龙头企业”，国家农业农村部“定点市场”和“全国农产品批发市场100强”，被国家商务部评定为“首批全国公益性农产品示范市场”。初步确定了在湘、黔、桂、渝、鄂五省接边地区农产品批发及冷链物流战略地位。

2020年7月，佳惠物流园成为怀化市的首批国家骨干冷链物流基地承载企业，为园区跨越式发展带来新的机遇。园区按照"一个中心、多个节点、全面贯通”的发展思路，已完成1350亩中心冷链区域发展规划，建立以"农”字为中心的！“六区五中心”智慧物流园，即：综合服务区、水果副食区、粮油区、冷链产业区、蔬菜区、城市配送与加工区、智慧中心、会展中心、综合服务中心、冷链产业中心、城市配送中心，打造运作高效、产品安全、业态先进、交通便捷、信息化、智能化的大型农副产品冷链物流中心，承担区域内农产品集散功能；拟在区域内建立2个高质量绿色农产品供应链服务节点基地，节点基地将依托武陵山片区优质农产品资源，聚集产地预冷，农产品预处理，农产品冷链、仓储服务，县乡村三级物流配送，特色农产品展示及采购等核心功能，助力本地农产品上行；通过大数据建设实现片区冷链物流网络内连外通。怀化市国家骨干冷链物流基地整体建成后，将成为对接粤港澳大湾区、连接东盟流通渠道、辐射大西南、融入我国骨干冷链物流网络的核心节点，辐射覆盖范围将由国内拓展到国际。

中国农产品批发市场年鉴（2020）

全国城市农贸中心联合会　编著

中国言实出版社

图书在版编目（CIP）数据

中国农产品批发市场年鉴. 2020 / 全国城市农贸中心联合会编著. -- 北京：中国言实出版社，2020.12

ISBN 978-7-5171-3070-3

Ⅰ. ①中… Ⅱ. ①全… Ⅲ. ①农产品市场—批发市场—中国—2020—年鉴 Ⅳ. ①F323.7-54

中国版本图书馆 CIP 数据核字（2020）第 250159 号

责任编辑 崔文婷
责任校对 史会美

出版发行 中国言实出版社
地　址：北京市朝阳区北苑路 180 号加利大厦 5 号楼 105 室
邮　编：100101
编辑部：北京市海淀区花园路 6 号院 B 座 6 层
邮　编：100088
电　话：64924853（总编室） 64924716（发行部）
网　址：www.zgyscbs.cn
E-mail：zgyscbs@263.net

经　销 新华书店
印　刷 徐州绪权印刷有限公司
版　次 2020 年 12 月第 1 版　　2020 年 12 月第 1 次印刷
规　格 889 毫米 ×1194 毫米　1/16　23.5 印张
字　数 672 千字
定　价 360.00 元　　ISBN 978-7-5171-3070-3

《中国农产品批发市场年鉴（2020）》
编 委 会

前言

农以立国，商以富国。农产品流通是农业与商业的有机结合，连接农村和城市，事关国计与民生，是国民经济基础性、先导性的产业。发展农产品流通对于推动农产品供给侧结构性改革，扩大有效供给，解决供需错配，促进“三农”发展等具有重要意义。

改革开放40多年来，我国鲜活农产品流通体系已形成了农户、合作社、经纪人、运销商贩、各类流通企业等多元化主体参与，以批发市场为主导，以农超对接等新型产销对接模式为补充的城乡互通、国内外互联的格局。其中，农产品批发市场发挥着流通主渠道的作用，供应大中城市80%以上的农产品要经过批发市场渠道流通。而且长期以来，农产品批发市场在带动农业的标准化、规模化和集约化发展，促进农民增收方面功不可没，为推动“三农”发展作出了贡献。当前，农产品批发市场行业正在探索转型升级，努力实现创新发展，将农产品流通推向更高的发展阶段。

我们目前处在一个经济社会高速发展，各方面建设日新月异的时代，每年在农产品批发市场领域内都有许多重要事件发生，有大量的创新探索典型树立，有优秀杰出的改革先锋人物涌现。从2017年起，全国城市农贸中心联合会编撰出版年度《中国农产品批发市场年鉴》，翔实、客观记载我国农产品批发市场行业发展历程及重大事件，以“农批行业创新发展”为主线，内容囊括年度报告、政策法规、理论观点、地方农产品流通业发展动态、行业创新与探索典型案例、行业荣誉榜单、行业大事记等，全面展示了农产品批发行业在供给侧结构性改革、公益性市场建设、智慧物流发展、电子商务探索、食品安全追溯等方面的做法，以及与“一带一路”沿线国家开展国际合作的成功的实例，以规范简洁的风格，言简意赅的文字，准确翔实的资料数据和实用的信息，客观记录年度中国农产品批发市场发展状况。

《中国农产品批发市场年鉴》是一部包罗农批行业发展方方面面内容的“百科全书”，通过总结行业发展经验和促进经济社会发展的突出作用，分析行业发展趋势和方向，选树行业典型、彰显行业品牌，有资料性强、权威性强、时效性强和检索性强等特点，全国城市农贸中心联合会将把《中国农产品批发市场年鉴》做成“精品”，为政府部门、行业企业及教育科研机构提供参考，为我国的农产品流通发展作出积极贡献。

《中国农产品批发市场年鉴（2020）》编委会

目 录

第一篇 综述

2019 年全国农产品批发市场行业综述

全国城市农贸中心联合会

一、行业发展基本情况

（一）生产情况

2019 年全国主要农产品产量 18.70 亿吨，同比增长 1.85%（见图 1）。

图 1　2015—2019 年全国主要农产品产量情况

（二）整体规模

2019 年全国农产品批发市场交易总额 5.68 万亿元，同比增长 6.77%；交易总量 9.73 亿吨，同比增长 6.69%（见图 2）。

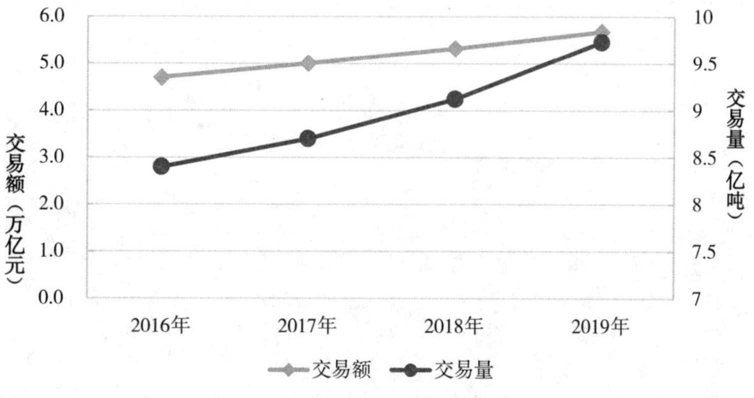

图 2　2016—2019 年全国农产品批发市场交易情况

（三）亿元以上农产品批发市场交易规模

2019 年亿元以上农产品批发市场交易总额 3.06 万亿元，同比增长 8.90%（见图 3）。

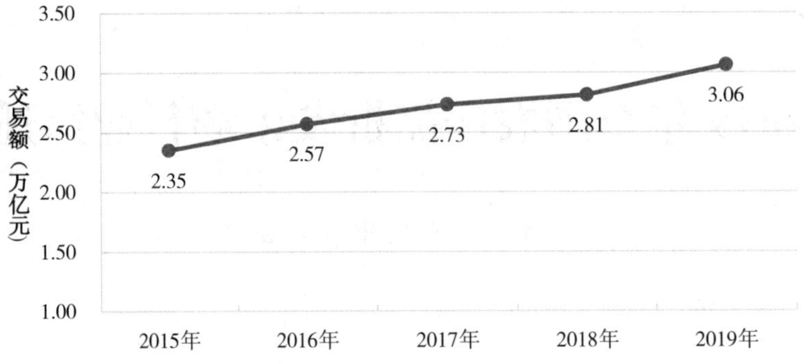

图 3　2015—2019 年亿元以上农产品批发市场交易情况

（四）百强农产品批发市场情况

1. 2019 年百强农产品批发市场交易情况

全国城市农贸中心联合会 2019 年交易额百强市场（以下简称“百强市场”）年交易总额 2.16 万亿元，同比增长 15.16%；年交易总量 3.09 亿吨，同比增长 6.52%（见图 4）。

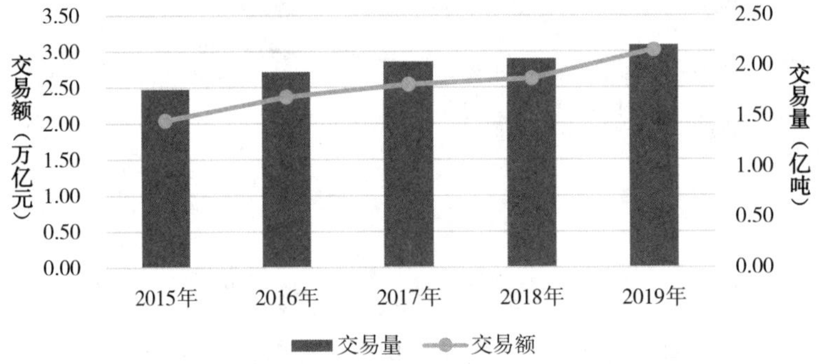

图 4　2015—2019 年百强农产品批发市场交易情况

2. 2019 年百强排名首末农产品批发市场交易情况

2019 年百强市场排名第一的市场年交易额 1319 亿元，同比增长 22.13%；年交易总量 2000 万吨，同比增长 14.29%（见图 5）。

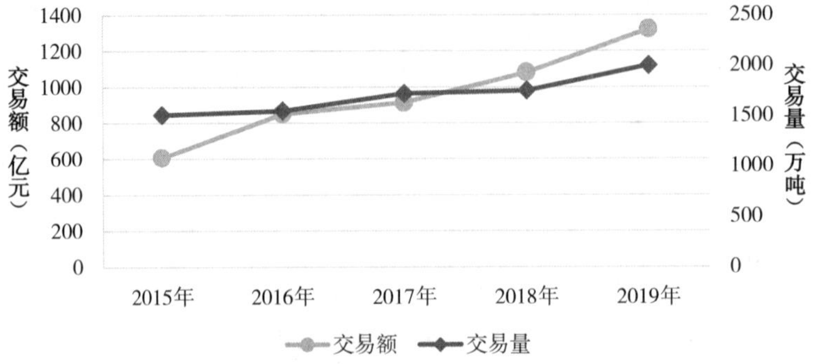

图 5　2015—2019 年百强市场排名第一的农产品批发市场交易情况

2019 年百强市场排名第一百的市场年交易额 40 亿元，同比增长 17.65%；年交易总量 60 万吨，同比增长 33.33%（见图 6）。

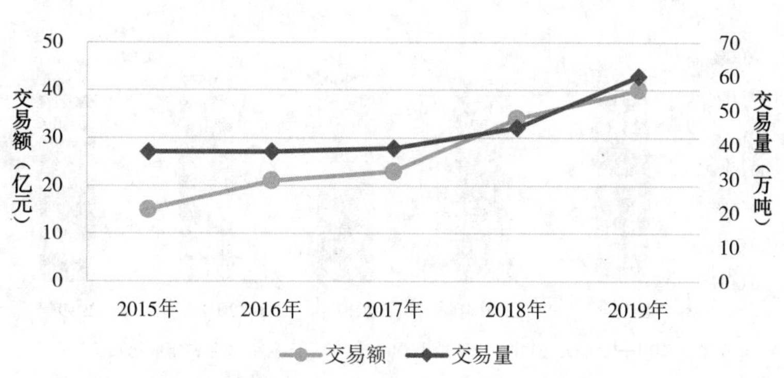

图 6 2015—2019 年百强市场排名第一百的农产品批发市场交易情况

3. 2019 年百强农产品批发市场分布情况

全国城市农贸中心联合会统计显示，2019 年，百强农产品批发市场中，东部地区 52 个，中部地区 24 个，西部地区 24 个。东部地区百强农产品批发市场数量明显高于中、西部地区，但从 2015 年到 2019 年东部地区百强农产品批发市场数量逐年减少，中、西部地区百强农产品批发市场数量呈上升趋势（见图 7）。

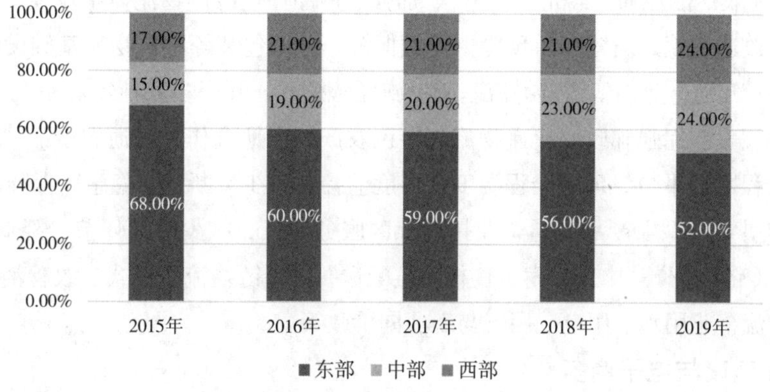

图 7 2015—2019 年百强农产品批发市场分布情况

（五）批发商情况

2019 年全国批发商数量 236.03 万个，同比增长 1.07%（见图 8），其中年销售额 0.1—0.5 亿元的经销商占 77%（见图 9）。

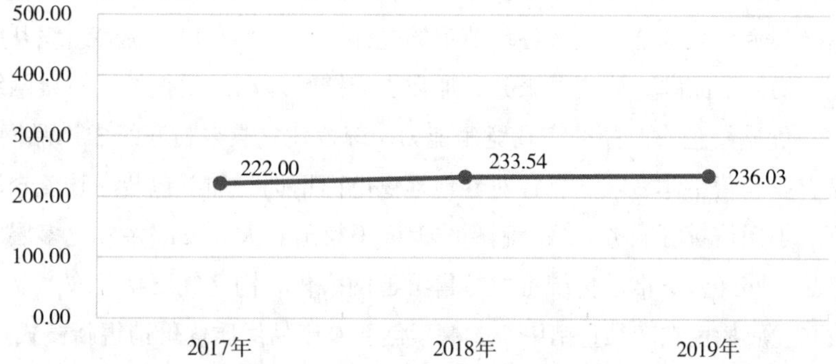

图 8 2017—2019 年全国批发商数量情况

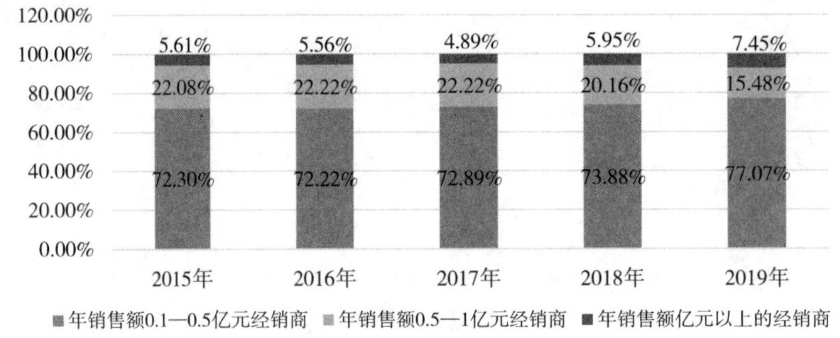

图9　2015—2019年各规模批发商占比情况

二、政策法规

（一）农产品冷链物流

2019年2月国家发展改革委等24个部门印发《关于推动物流高质量发展促进形成强大国内市场的意见》（发改经贸〔2019〕352号），提出发挥物流对农业的支撑带动作用。加强农产品物流骨干网络和冷链物流体系建设。聚焦农产品流通“最先一公里”，加强农产品产地冷链物流体系建设，鼓励企业利用产地现有常温仓储设施改造或就近新建产后预冷、贮藏保鲜、分级包装等冷链物流基础设施，开展分拣、包装等流通加工业务。鼓励企业创新冷链物流基础设施经营模式，开展多品种经营和“产销双向合作”，提高淡季期间设施利用率。加强邮政、快递物流与特色农产品产地合作，畅通农产品“上行”通道。发展第三方冷链物流全程监控平台，加强全程温度、湿度监控，减少“断链”隐患，保障生鲜农产品品质和消费安全。鼓励和引导大型农产品流通企业拓展社区服务网点，减少中间环节，降低农产品物流成本。发展“生鲜电商+冷链宅配”“中央厨房+食材冷链配送”等冷链物流新模式，改善消费者体验。推动地方全面落实冷链物流企业用水、用电、用气与工业同价政策。

（二）信息化建设与电子商务

2019年6月国家邮政局、商务部印发《关于规范快递与电子商务数据互联共享的指导意见》，提出建立完善的数据互联共享机制。在确保用户信息安全的前提下，鼓励电子商务经营者与经营快递业务的企业之间依据相关标准开展数据互联共享，共同提升配送效率。支持电子商务经营者与经营快递业务的企业加强系统互联和业务联动，推动作业流程、数据交换有效衔接。

2019年12月农业农村部、国家发展改革委、财政部、商务部印发《关于实施“互联网+”农产品出村进城工程的指导意见》（农市发〔2019〕5号），提出完善农产品网络销售体系。建立健全县级农产品产业化运营主体，引导其牵头联合全产业链各环节市场主体、带动小农户，统筹组织开展优质特色农产品生产、加工、仓储、物流、品牌、认证等服务，加强供应链管理和品质把控，对接网络销售平台，积极开拓网络市场，提高优质特色农产品的市场竞争能力。统筹建立县乡村三级农产品网络销售服务体系，满足小农户和新型农业经营主体需求，有针对性地提供电商培训、加工包装、物流仓储、网店运营、商标注册、营销推广、小额信贷等服务。综合利用线上线下渠道，大力发展多样化多层次的农产品网络销售模式，鼓励农产品上网经营，推动传统批发零售渠道网络化，构建优质特色农产品网络展销平台，推动在县城、市区设立优质特色农产品直销中心，探索创新农产品优质优价销售新模式。

（三）交通运输

2019年5月国务院办公厅印发《深化收费公路制度改革取消高速公路省界收费站实施方案的通知》

（国办发〔2019〕23号），提出加快修订完善法规政策。加快推进公路法、收费公路管理条例等相关法律法规修订工作。（司法部负责，交通运输部配合）清理规范地方性通行费减免政策，出台优化重大节假日小型客车免费通行、鲜活农产品运输“绿色通道”等通行费减免政策的具体实施意见。

2019年7月交通运输部、国家发展改革委、财政部印发《关于进一步优化鲜活农产品运输“绿色通道”政策的通知》（交公路发〔2019〕99号），提出整车合法装载运输全国统一的《鲜活农产品品种目录》内的产品的车辆，免收车辆通行费。鲜活农产品运输车辆通过安装ETC车载装置，在高速公路出、入口使用ETC专用通道，实现不停车快捷通行。鲜活农产品运输车辆驶出高速公路出口收费站后，在指定位置申请查验。经查验符合政策规定的，免收车辆通行费；未申请查验的，按规定收取车辆通行费；经查验属于混装、假冒等不符合政策规定的，按规定处理。出口收费站外广场暂不具备查验条件的，可继续在收费车道内实施查验。建立全国统一的鲜活农产品运输“绿色通道”预约服务制度。鲜活农产品运输车辆通过网络或客服电话系统提前预约通行。建立鲜活农产品运输信用体系。对一年内混装不符合规定品种（或物品）超过3次或者经查验属于假冒的鲜活农产品运输车辆，记入“黑名单”，在一年内不得享受任何车辆通行费减免政策，并将有关失信记录纳入全国信用信息共享平台，并对外公开；对信用记录良好的车辆，逐步降低查验频次。

2019年8月交通运输部办公厅、农业农村部办公厅印发《关于对仔猪及冷鲜猪肉恢复执行鲜活农产品运输“绿色通道”政策的通知》，提出从2019年9月1日起，对整车合法运输仔猪及冷鲜猪肉的车辆，恢复执行鲜活农产品运输“绿色通道”政策。在2019年9月1日至2020年6月30日期间，对整车合法运输种猪及冷冻猪肉的车辆，免收车辆通行费。

（四）财税金融

2019年1月财政部、税务总局印发《关于继续实行农产品批发市场 农贸市场房产税 城镇土地使用税优惠政策的通知》（财税〔2019〕12号），提出自2019年1月1日至2021年12月31日，对农产品批发市场、农贸市场（包括自有和承租，下同）专门用于经营农产品的房产、土地，暂免征收房产税和城镇土地使用税。对同时经营其他产品的农产品批发市场和农贸市场使用的房产、土地，按其他产品与农产品交易场地面积的比例确定征免房产税和城镇土地使用税。

（五）质量监管

2019年5月中共中央、国务院印发《关于深化改革加强食品安全工作的意见》，提出严把流通销售质量安全关。建立覆盖基地贮藏、物流配送、市场批发、销售终端全链条的冷链配送系统，严格执行全过程温控标准和规范，落实食品运输在途监管责任，鼓励使用温控标签，防止食物脱冷变质。督促企业严格执行进货查验记录制度和保质期标识等规定，严查临期、过期食品翻新销售。严格执行畜禽屠宰检验检疫制度。加强食品集中交易市场监管，强化农产品产地准出和市场准入衔接。

2019年2月农业农村部、国家发展改革委、科技部、财政部、商务部、国家市场监督管理总局、国家粮食和物资储备局印发《国家质量兴农战略规划（2018—2022年）的通知》（农牧发〔2019〕1号），提出制定全国统一的农产品质量安全监测计划，形成以国家为龙头、省为骨干、地市为基础、县乡为补充的农产品质量安全监测网络。改进监测方法，扩大监测范围，提升抽检科学性、针对性和准确性，及时发现问题隐患。

（六）产销衔接

2019年1月商务部等10部门印发《关于多渠道拓宽贫困地区农产品营销渠道实施方案的通知》（商建函〔2019〕25号），提出推动流通企业与贫困村建立长期稳定的产销关系。推动批发市场、电商企业、大型超市等农产品流通企业深入贫困地区，开展多种形式的产销对接活动，与具备农业产业发展基础的贫困县（乡、村）建立长期稳定的产销关系。

三、行业发展新情况

（一）数字化转型加速

随着信息技术和移动互联网的快速发展和应用，以及生鲜消费渠道多元化，农产品批发市场数字化升级成为趋势。

首先农产品批发市场数字化转型产生大数据，对形成价格、精准营销、食品追溯等方面都有重要作用，可以更加直观地了解市场的供需。其次数字化还是线上线下整合的核心，是市场智慧化的基础，通过数字化可将农产品流通的人、货、车、场等要素同生产、批发、零售等环节联系起来，促使企业创新和提高效率。例如：食全食美美通市场用信息化代替人工向智慧化转型，解放人力，提高效率、降低成本、提升盈利。无锡朝阳市场利用区块链技术，建立产供销服务一体化平台和追溯体系，提升了农产品供应链的稳定性和安全性。

（二）产业链发展优化

产供销一体化发展，建立紧密、完整的农产品产、供、销产业链格局，实现多方共赢产销一体化发展。我国农产品生产规模小、品种多、地域分散，农产品产业化整体水平低下，存在规模化、集约化、品牌化、标准化程度低。强化产业链发展，推进供应端规模化、标准化，流通端价格稳定透明化、交易多元化，零售端损耗降低等。例如：广州江南果菜批发市场通过江楠鲜品生鲜供应链服务平台，采用B2B领域独有的POP模式，提升供应端商户交易管理，拓宽销售渠道，进行品牌孵化。保障采购端货源充足，品控溯源，节省采购成本等。

（三）区域性作用越来越显现

市场的发展与城市的需求紧密融合，高度重视本土供应链体系建设，整合资源，提升自身的经营能力和数字化能力，利用自身品牌和资源，建立当地健康持久、牢不可破的供应链体系。例如：无锡朝阳市场发挥自身在区域资源和需求整合、配送等方面优势，在供应中的地位和作用越来越显现，成为政府稳定市场供应的最有力抓手。

（四）供应链核心地位强化

数字化新技术的应用，打破了地域制约，极大拓展了供应链的长度和广度。新技术赋能批发行业，打造新的商业模式，形成价值供应链，批发市场以其价格形成和交易规模优势，使得以批发市场为核心的供应链进一步加强。

（五）国际交流合作深化

中国农产品批发市场与世界各地的农产品贸易量大幅增加，成为大宗农产品国际贸易的主渠道。数据显示，2019 年我国农产品进出口额 2300.7 亿美元，同比增长 5.7%。其中，进口 1509.7 亿美元，同比增长 10%。据海关统计，全国进口热带水果高峰期时，70% 的水果是通过广州江南果菜批发市场分销到全国各地。河南万邦集团联合洛阳市政府与乌兹别克斯坦合作建立国际农产品产业园，促进中外资源优势互补和产地多元化供应。

疫情之下农产品批发市场转型升级发展报告

全国城市农贸中心联合会

农产品批发市场是我国农产品流通的主渠道，是城市的核心功能设施。2020年新冠肺炎疫情期间，农产品批发行业充分发挥了有效保障居民生活必需品供应的功能，成为农产品保供稳价、解决卖难的重要渠道。但疫情的暴发和反弹，也暴露了农产品批发市场当前存在的问题。为顺应新形势发展，加快推动农产品批发市场转型升级，2020年7月3日，全国城市农贸中心联合会组织召开了“农产品批发市场发展线上研讨会”，研讨会邀请了行业专家，全国各地不同地区、不同规模、不同所有制的典型企业代表围绕农产品批发市场转型发展的主题，从不同角度交流探讨了农产品批发市场的地位和作用，疫情之下农产品市场如何转型升级，疫情后市场发展形势判断等议题，现形成报告如下。

一、疫情影响下农产品批发市场发展形势判断

由于武汉和北京两地的新冠肺炎疫情集中暴发点都反映在农产品批发市场，特别是6月中旬北京新发地批发市场聚集性疫情暴发，把农产品批发市场推到了舆论中心，成为社会各界集中关注的热点和重点，舆论中也出现了一些对农产品批发市场否定的声音。这就需要客观评价农产品批发市场在我国农产品流通体系中的地位和作用，正确认识农产品批发市场与城市发展，与此次疫情的关系。

（一）农产品批发市场仍是我国鲜活农产品流通关键环节和主渠道

我国农产品市场是伴随着改革开放而逐步发展起来的，全国现有农产品市场4.4万家，其中批发市场4100多家，年交易额在亿元以上的批发市场有1300多家，农贸市场、菜市场和集贸市场近4万家。2019年批发市场交易额达到5.7万亿元，交易量9.7亿吨，市场内各类经销商户有近240多万个，吸纳就业人员近700万人。目前约70%农产品经由批发市场分销，农产品批发市场仍然是我国鲜活农产品流通的关键环节和主渠道。

农产品批发市场作为我国农产品流通的主要载体，是城市的核心功能设施，在搞活流通，稳定物价，保障城市供应，有效解决农产品“卖难买贵”，丰富城乡居民的“菜篮子”“米袋子”和“果盘子”，特别是在助力脱贫攻坚，带动农业产业化发展和解决就业带动农民增收以及把关食品安全等方面发挥着不可替代的重要作用。

新冠肺炎疫情发生以来，各地农产品市场坚持开市营业，全国农批市场特别是大型农批市场，始终战斗在抗疫保供第一线，充分发挥了蓄水池和调节器作用，不仅积极承担起了抗疫防控和保供稳价的重要职责，而且积极参与国家有关部门和各级政府及行业协会组织开展的全国贫困地区农产品产销对接和爱心捐助活动，为助力脱贫攻坚和缓解农产品卖难及保供稳价、促进社会稳定作出了突出贡献，农批市场不仅发挥了非常突出的应急保障能力，而且充分体现了农产品批发市场在大型公共事件中的重要公益性作用和责任担当。

（二）农产品批发市场产生和存在的背景与原因

对于我们国家现阶段发展来讲，农产品批发市场在相当一段时间内还是不可替代的，功能和作用可能会发生一些变化，占市场的份额会有所变化，但总体上不可能完全被其他的业态、其他的形式取代，因为它的产生和存在都有深刻的背景和原因。

我国改革开放的40多年是农业产业向现代化开始起步的过程，也是居民消费水平不断提高的过程。在这个过程中，农产品批发市场发挥的作用非常重要。这与我国传统农业生产的分散，以及城市对农产品消费的多样化和分散性有着密切的关系，也就是供给方和需求方两头的分散，这一点与其他国家很不同。以家庭为单位的分散生产是我国农业生产的主导方式，消费商品品种的多样性又是我国农产品消费市场的基本特点。亚洲的日本、韩国，虽然与我国有共同点，但是不一样的是它们的源头组织化程度和规模化程度高，进而影响了标准化、品牌化和整体上的集约化，使流通都发生了很大的变化。我国农产品消费需求方也是大规模分散的多样性需求，包括农产品品种多样化、消费规模少量化、消费时令性的需求等，还涉及一个地区不同层次人群消费水平的多元化等。这和其他欧美国家都有很大不同。因此，从需求和供给两端都产生了农产品批发市场的必要性。

而农产品销售市场是一个充分竞争的市场，市场竞争是效率的竞争，批发市场是解决小生产、多品种、大流通矛盾，提高农产品效率的有效载体。从市场平台价值而言，当生产端和消费端都小而分散时，农产品批发市场平台的价值达到最大化，可以实现商品的快速分销，提升商品流通效率，降低商品流通成本，是最能有效解决生产端和消费端都小而分散的高效流通问题，并且单位坪效远超超市和大卖场等的一种业态，符合中国国情。

据国务院发展研究中心市场经济研究所研究显示，目前，我国的农产品，特别是鲜活农产品的生产和消费格局已经发生了重大的变化，形成了集中产区和全国销区的格局。全国形成了六大集中产区，另外还有大量的南菜北运、西果东送等格局，形成了宽范围、长距离、大半径的大规模的流通。农产品批发市场发挥了在各个节点、环节不断的集中分拨，然后不断的集配的重要作用。所以，农产品批发市场作为农产品流通的重要核心节点和通道，它的产生不是偶然的，是由我国农产品供需的基本格局、中国人农产品消费多样化的特点等决定的。而在实际过程中，在中间环节选择农产品批发市场高度集约化的共享规模经济效益的方式，在一定程度上也降低了中间环节的流通成本，否则社会交易成本会更高。因此农产品批发市场在中国肯定还会在相当长的时期具有强的生命力。

（三）农产品批发市场是城市的核心功能设施

农产品批发市场是联系农村和城市的重要桥梁，对城市尤其是中心城市、特大城市同样是不可替代的。从全球大的发展趋势来讲，大型城市都需要有比较强大、丰富、方便、快捷的一个农产品集散流通功能。像亚洲国家多数都是以批发市场为主，美国现在批发市场的功能很弱，但它仍然有很强的农产品流通集群或者是冷库集群，有类似批发市场的一些功能或者一些大型化、连锁化、集团化的农产品流通网络。随着经济的发展，城市化水平的提高，大型城市特别是城市群里的中心城市，对高效、便捷、多样化的农产品流通功能还是高度依赖的。

农产品批发市场是城市的核心功能设施，能够有效保障城市居民生活必需品供应。具体体现在：一是交易规模大。例如，北京居民消费的大部分农产品都是先通过批发市场进入北京，再经由各类农贸市场、社区菜市场、超市等渠道进入消费者手中。以北京市西南郊肉类水产品市场为例，“单品整车进、多品零车出”充分体现了农批市场的集和散的功能，年交易额近200亿元人民币，交易量近100万吨，已成为北京市最大的冷冻产品集散地，是北京居民名副其实的“肉案子”。市场内冻品主要销往北京市二级市场、商超、机关团体及北京远郊区县、天津、河北以及北方主要城市等地区。二是交易品种全，商品来源渠道多，满足居民多样化的消费需求。农产品批发市场除了汇集有当地的产品外，还通过南北调剂、进口国外名特优产品等，以满足居民多样化的消费需求。北京市西南郊市场内经营的产品品牌就有2000余个。商户上游供应商主要分布于国内东北、河南、河北、天津、浙江、山东、广州、福建等十几个地区；国外供应商主要有美国、巴西、匈牙利、西班牙、丹麦、德国、加拿大、冰岛等20多个国家的厂商。

北京新发地批发市场聚集性疫情暴发后，北京市暂时关闭了新发地批发市场，利用了现有的其他7个区域性批发市场的作用，同时利用大型连锁超市、电商平台，再带动一些小的超市便利店的农产品的采购。总体上实现了短时间内农产品流通的畅通，在总量上供求平衡，没有出现市场供应不好、不畅的情况，价格也基本稳定。

二、农产品批发市场未来发展方向

农产品批发市场的流通主渠道作用、城市的核心功能仍具有不可替代性，但在发展中也存在一些亟待解决的问题。比如：环境卫生问题。农批市场人流密集、车流量大，环境相对较差，很容易滋生细菌，聚集性疫情感染的潜在风险随时随地都存在。信息化程度低、经营管理模式粗放的问题，难以做到人员、商品信息的及时追溯，一旦出现疫情或者食品安全问题，需要大量人力物力才能够精准排查流调与溯源情况等。

新冠肺炎疫情让批发市场这种传统的农产品流通方式，包括市场管理、交易方式等与疫情防控和消费者对食品质量、购物环境等的高要求之间的问题与矛盾充分暴露出来，对农产品批发市场而言，危中有机，既有巨大的挑战又面临巨大的转机，是转型发展再次上新台阶的一个非常重要的契机。我国农产品批发市场在未来现代化的农产品流通体系中定位和发展方向主要体现在：

（一）随着经济的发展，城市化水平的提高，农产品流通体系的多样化是大趋势

农产品批发市场的地位不可替代，但经由率会有所下降，其所承担的功能、交易的形式以及与其他渠道之间相互的分工合作关系要不断调整。国际上看，从20世纪80年代开始，随着大型零售连锁超市的崛起，对传统农产品批发市场产生了较大的冲击，经由农产品批发市场流通的农产品数量在欧美等发达国家明显降低。目前欧美国家在农产品流通领域依旧有一定的农批市场存在空间。即使在严重依赖连锁超市的美国，也有马里兰食品中心等大型农批市场的存在。以日本为代表的东亚农产品生产流通模式中，农业生产者规模普遍小而分散，批发市场能够大量节约农产品交易的时间和费用，农批市场经由率曾长期超过80%，受大型超市快速发展影响，近几十年来日本的农批市场经由率亦有所下降，但下降趋势缓慢，依旧占据了主导地位，日本的国产蔬菜水果的批发市场经由率依旧高达90%。而该国研究指出，鲜活农产品批发市场经由率的下降，主要不是源于连锁超市的冲击，而是由于加工食品和进口农产品等市场经由率低的商品在流通中所占的比例增加所致。我国现在的城市化水平已经到了将近60%，也进入以大城市群为核心的新的城市化发展阶段，更重要的是，老百姓对食品消费的要求也在发生重大的变化，从过去能不能吃饱的问题，到现在要吃得好、吃得精、吃得营养、吃得卫生，对农产品市场的要求也相应出现了重大的变化。农产品批发市场不能一直停留在过去水平上，一定要升级转型，适应新阶段的发展要求。未来多样化农产品流通渠道也是批发市场发展需要认真面对的挑战和加强合作的对象，向产业链前后端延伸，拓展功能，未来的农产品批发市场一定既是实体批发商的批发市场，也是电商的批发市场。

（二）做好疫情常态化防控

在当前全球疫情还在蔓延的态势下，要配合当地政府做好疫情防控工作，加强防控检测不松懈，加强人员流动和食品的溯源管理，研究新冠肺炎疫情的传染模式与农产品市场的人、货、场、运之间的关系，总结防治控制过程中好的做法，达到政府的要求，消费者的认可。

（三）理清市场批发和零售业务的关系

在国际上，农产品市场的批发和零售业务基本都是分开的，中国的批发市场多是批零结合，但现在国际上又在学习中国的模式，探索批发和零售怎么结合利用场地的问题。从新冠肺炎疫情暴发和传播看，批零场所隐患大，这就需要从病毒防控和经济规律两个角度来反思如何改进。

（四）与城市和谐发展

从功能上来讲，农产品批发和零售市场是一个城市必须有的，非常重要，但形态和管理水平需要跟城市发展、消费者的需求相协调一致，必须和城市和谐发展。包括建设风格、功能体现、精神风貌上都需要和城市相一致，增强与城市的相融性，这是农产品市场未来必然的发展方向。

（五）打造智慧农批

整体向设施先进、功能完善、管理科学、主动承担社会责任的现代化市场，也就是“智慧农批”发展。包括智慧化（食品溯源和批发商管理）、标准化、品牌化、集约化、冷链化、绿色化。未来“智慧农批”的发展需要系统的数字化管理，涵盖物流系统、进场的信息统计系统、设施设备的管理系统、经销商的管理系统和市场人员的管理系统、资金系统、商品系统、配送系统等方方面面。

（六）批发市场管理的职业化和从业人员素质的提升

用现代企业制度的管理模式来管理市场，分层次进行管理内容划分，包括市场工作人员的管理，经销商的管理，物流、物联网的管理，硬件设施的管理等。

三、农产品批发市场转型发展遇到的问题困境

近年来，在国家和各级政府的大力支持下，农批市场的各项功能和水平有较大提升，但仍然存在不少问题，尤其是经过此次新冠肺炎疫情，市场基础设施和配套滞后、经营业态低端、环境秩序差、管理粗放、信息化水平低，运营管理模式落后，食品安全和溯源体系缺失、创新不足等问题也突出显现。农产品批发市场的转型升级、发展方向等其实已提出多年，业内也一直在呼吁，许多市场也在创新探索，但行业整体发展态势并没有很大的进步，主要还存在以下困境问题：

（一）市场自身问题

我国农产品市场处于“谁投资、谁管理、谁运营、谁受益”的模式，公益属性不明确。目前农产品批发市场主要是靠收取摊位租金、管理费和服务费的方式来获取盈利，没有充分利用现有资源开展多元化经营，盈利模式单一、抗风险能力弱。加之规划布局不合理，恶性竞争，抢夺批发商等现象的出现，市场管理方面临竞争压力，会主要考虑投入成本和回收问题，没有强大的动力去升级改造，仍采用粗放式管理模式，管理手段传统，没有形成规范化、标准化、现代化、信息化的管理体系。在数字化、智慧化改造方面，又涉及经销商因税费等顾虑不配合等障碍，推动更缺乏动力。此外，农产品批发市场行业的经销商多为进城务工农民，缺乏相应的准入退出机制和培训机制，整个行业从业人员的素质待提升，人才极度匮乏。

（二）发展环境问题

农产品批发市场虽然承担着很多社会职责和公益性职能，创造了很多就业岗位，国家也一直高度重

视，但城市中的批发市场因为人流、物流巨大，带来的交通的拥堵，环境的污染，对城市周边的环境，居民的生活造成很大的干扰，市场周边居民在享受价廉物美农副产品的同时，对于农批市场夜间经营带来的噪音、光污染和交通拥堵等扰民现象却又比较排斥，市场所在地的基层政府部门往往也不愿承担更多市场带来的社会管理压力，同时对征收和收储市场地块用于商业开发和提升经济价值积极性较高。受疫情影响，行业防控风险加大，市场的生存环境更不乐观。以北京为例，从布局来看，现有北京农产品批发市场大部分分布在三环路、四环路以及靠近五环的地方，它们一般位于城市环路与放射线交叉口附近。最初建设选址多选择在交通便捷的区位，再加上进出市场交易的货车等大型车辆集中，市场内人流、物流集中，容易对周边交通带来很大压力，与北京市的交通管理政策存在矛盾。

（三）农产品供应链问题

农产品供应链从田头到餐桌的标准化、品牌化等问题仅靠批发市场环节是解决不了的。只有从源头上改造，提升前端的组织化程度，形成集中的生产，构建社会化服务体系，品牌、防疫、追溯、去农残等一系列问题才能迎刃而解。

存在这些问题的主要原因，既是我国的基本国情决定的，又与政府支持力度不够，相关法律法规缺失，市场的公益性地位低，市场赢利性与公益性的矛盾还比较突出有很大关系。农产品批发市场作为微利性准公益性企业，在首先考虑维持正常运营的情况下，很难投入大量资金来进行市场的升级改造，这也是市场基础设施建设，特别是信息化设施建设滞后的一个主要原因。这些问题严重制约了我国农批市场的转型发展，也大大影响了市场功能作用的发挥，对此应引起国家有关部门和各级政府的高度重视。

四、农产品批发市场未来发展路径及相关政策建议

农产品批发市场作为我国农产品流通的主渠道，其地位和作用只能强化不能削弱，特别是随着乡村振兴战略的实施和农业供给侧结构性改革及脱贫攻坚的深入推进，农产品批发市场的主体地位和作用将更加凸显。为加快农批市场的转型升级，需要政府、企业、行业协会等共同协力。

（一）政府引导支持

农产品批发市场转型升级离不开政府的大力支持。需要国家和各级政府进一步共同加大支持力度，创造好的制度环境和政策环境，引领和促进市场科学健康良性发展。

1. 加快推进市场法律法规建设进程

目前我国农产品批发市场所存在的不少问题，与相关法律法规和制度建设滞后有一定关系。为确保我国农产品批发市场规范有序、持续和谐健康发展，建议商务部、农业农村部等有关部门协同全国人大加快推进立法进程，制定出台农产品批发市场法律法规，将明确农产品批发市场行业的公益属性、农产品批发市场建设和管理包括规划布局、政府管理、市场运行、市场准入、交易行为、规范标准等纳入法治轨道，引导市场公平合理竞争，使农产品批发市场相关建设和运营制度在法制的保障下运行。

2. 进一步加大支持力度

贯彻落实“菜篮子”市长负责制，健全完善应急物资保障体系。将“菜篮子”等重要食品类民生产品纳入应急物资战略储备，在发生疫情等非常时期，保障交通物流运输畅通。鉴于农产品批发市场是一项准公益性事业，担负着保供稳价、稳农增收的社会责任，特别是在抗击疫情等大型公共事件中发挥着保民生、保供应、保稳定、稳物价等重要公益性作用，政府应进一步加强对农产品批发市场的扶持和支持，把农产品市场建设作为民生公益事业来抓。针对农批市场税费负担过重问题，建议在坚持推行免征市场房产税和城镇土地使用税这一优惠政策的同时，降低农批市场的企业所得税税率；并且解决水果、

粮油副食调料等农产品在流通环节中免征增值税的问题；同时对服务于农产品交易的配套设施及办公用房等纳入免税范围；并逐步免征生鲜农产品流通全链条增值税。

3. 加强合理布局规划

针对目前农产品批发市场普遍场地空间不够的情况，要对市场规划合理足够的物理空间。要合理规划网点布局，按照区域、功能等特点分别对一个城市内批发市场分类管理，实现批发市场“大小结合、远近结合、综合与专业结合”，实现各类农批市场协调发展，更好地满足供应、服务居民生活。因为大型农批市场交易体量大，辐射范围广，商品集散功能强大，产生了巨大的人流、车流、商流，交易高峰期，集中采购的人流集聚，交通拥堵，很难确保人员流动的安全性，给市场管理、功能设施、环境治理带来很大压力，给疫情防控增加了难度，带来了巨大风险。建议未来一二线城市大型批发市场建支点，在市区之内新建若干个二级批发市场（配送中心），作为大型批发市场的有力支撑，锁定供应半径，减少人员集聚压力，降低物流成本，提高配送效率，缓解城市交通压力。新增线上交易、网上订单、网上配送等功能，把对手交易变成线上交易，通过网上优势进行线上分拨来发挥批发功能，使产地和市场销路直接对接，减少采购人员到农批市场进行集中采购的集聚行为，改变现在市场人流、车流集聚拥堵的现状。中小型城市农批市场要逐步向现代化的配送分拨中心转型，建立强大的配送中心和数字化平台，建立商品采购、储备、配送等各流程标准，培养自营队伍，开展产地直采业务，完成线上订单，减少中间环节，形成自有品牌，提高农产品经营标准化程度，提高农批市场区域仓储、配送和分拨能力，在非常时期能够成为政府保障市场供应、食品安全和价格稳定的有力抓手。

4. 政府承担起公共管理角色

加强政府的监督和管理，在推进农批市场的电子交易、智慧化体系、数字化创新等信息化平台建设和食品安全追溯、冷链物流、环保及基础设施建设升级改造方面进一步加大支持力度，加大财政预算投入，给予实际的资金支持，建议将大型的一级批发市场信息化等关键设施改造和检验检疫可追溯系统建设列入“两新一重”中新基建的内容，不断提升市场的现代化运营水平和管理水平。这对于提升农产品批发市场的现场管理，利用现代信息技术，大数据建设，把人、货、场、运有机结合管理起来，对于解决防疫常态化问题非常有益。同时加快推动出台《冷链物流分类与基本要求》《冷藏、冷冻食品物流包装、标志、运输和储存》《食品安全国家标准食品冷链物流卫生规范》等国家标准。

5. 营造健全良好的营商环境

清理并减免农产品生产、加工、储运和交易等环节的收费规定，疏通农产品出口“绿色通道”，改善农产品出口流通环境，帮助国内农批市场不断拓展国际市场。

6. 改造农产品供应链

由政府主导，组织打通农产品产业链上下游，完善供应链，强化标准化、品牌化、信息化、集约化。

（二）企业提升能力

农产品批发市场面临转型升级与外部竞争的挑战加剧，自身要找准定位，积极开展升级改造，结合政府对市场的要求，消费者对市场环境和商品的要求，在电子交易、冷链物流和食品安全溯源等信息化、数字化建设及标准化运营管理上积极进行探索，同时做好乡村与城市的连接桥梁，与产业扶贫、乡村振兴相对接，更好地发挥流通主渠道作用。

1. 改善环境提升形象

新冠肺炎疫情倒逼传统农批市场必须在环境卫生和精细化管理上进行改进和提升，绿色环保将成为发展的必然趋势，否则市场安全难以保障。市场要常态化加强市场环境卫生整治，完善常态化管理防控措施，制定卫生管理标准化制度，细化疫情防控责任，形成疫情防控常态化机制，尽可能做到卫生清理、消杀范围无死角、无遗漏；升级改造市场密闭式交易大厅（特别是肉类、水产品等交易场所）新风系统，增加新风系统换风量和换风次数，让封闭大厅实现空气流动和空气置换，为购销双方创造良好的营销购物环境；加强废弃物处理，推动垃圾分类处理。通过加强消防、治安和市场的环境建设，以及公共卫生安全管理工作，为商户提供便捷的公共服务环境。

2. 积极探索新业态新模式，完善和提升市场功能

农产品批发市场作为农产品流通的一个中心枢纽，应该更新理念，转变传统交易模式，实现交易与交割分离、商流与物流分离，疏解传统物流和集散功能。改变过去单一的坐地收租的经营模式，由静态的摊位出租向动态的交易模式转型，向物流配送中心转型。积极发挥网络平台作用，可以反向打通上下游的产业链和供应链，提升规模效益。例如内蒙古食全食美股份有限公司积极发展市场自营业务，长沙红星实业集团有限公司红星农副产品大市场转化角色，做“供应链协同管理服务者”。不再仅仅是提供场地，提供基本管理，而是做好平台运营角色、供应商管理角色、分销商管理角色、门店管理角色和物流协同角色等。疫情期间，北京西南郊市场利用信息化手段，积极打造西南郊园区综合服务平台，提升园区交易功能。截至6月底，完成平台注册商户644家，商品品牌1416个，商品信息3933种，累计订单2831笔，线上销售商品14548件，线下交易1861车次。北京大洋路农副产品市场从6月19日起，正式撤销零售业务，由原批零兼售转为专业批发经营模式等。山东金乡县凯盛农产品物流园深入产地，从增值环节挖潜生鲜品牌价值，延伸社区，搭建灵活高效的末端冷链配送体系。农产品批发市场通过提高效率、扩展业务、完善功能，获得新的收入，以抵消数字化和公益性建设等方面投入的部分成本。

3. 提高市场管理手段的科技化智慧化

短期就疫情防控而言，在人流密集型的交易场所和大厅应引进人脸识别设施和功能，建立包括人流和物流的严格数字追溯，全方位多角度监控经营流程，通过数字化将农产品流通中的人员等要素同生产、批发、零售的环节链接起来，详尽掌握人员、产品、市场的情况，供应方和需求方的情况，搭建大数据监管体系。从长远发展看，应将智慧市场、大数据、云计算、区块链等融入市场的数字化改造中。加强市场的数字化信息体系建设和数字化支付，统一收银、统一结算，建立农产品质量安全溯源体系，打通田间到餐桌的“产供销”信息渠道，建立供应链可追溯体系，建设智慧农批、网上农批，并利用大数据为政府决策提供数据支撑。通过探索线上线下融合发展模式，市场的作用会更好地发挥出来，价值也会更高。目前，全国一些农产品批发市场已经走在前列，深圳市农产品集团与华为合作共同打造智慧城市，探索构建5G智慧物流园，对来货报备、货物流向、人员流动都进行了全面的数字化的管理，疫情中已发挥了重要作用，计划在深圳所有的旗下批发市场、集贸市场进行全方位的管控，特别是对于食品安全、来货报备、车辆管控、人员管控方面都将形成详细的数据化的支撑。在供应链建设方面开始探索无接触的配送，冷链方面也向智慧化管控方向发展。金乡县凯盛农产品物流园2020年通过拍卖平台项目实现了数字化转型升级，提高带动和辐射能力，正加快构建5G智慧物流园，实现服务智慧化、管理数字化、交易电子化、监管精准化，运营场景可视化、基础架构平台化，大幅提升综合运营水平和营商环境。

在农产品批发市场转型升级过程中，行业协会要充分发挥政企桥梁的功能，落实政府要求，协助政府做好立法、规划、市场功能定位等工作，加强行业研究，规范行业发展，反映行业诉求，组织行业培训，为促进农产品批发市场行业的转型升级和未来发展发挥好平台作用。

农产品流通行业如何恢复消费升级消费的政策建议报告

全国城市农贸中心联合会

一、农产品流通行业抗疫保供基本情况

新冠肺炎疫情发生以来，民以食为天，作为民生事业的全国农产品流通业第一时间行动起来，从疫情暴发蔓延、春节假期这一特殊时期开始，各地农产品市场忠于职守，勇担责任，以保障供应，稳定市场的高度责任心，坚守岗位，做好农产品市场供应保障，为战斗在抗疫第一线的医护人员、患者和广大消费者提供重要的食品物质保障。

其中，各地很多农产品批发市场成为政府指定供应单位。在做好市场自身疫情防控工作，对各类隐患积极排查，采取各种防护措施应对防范病毒侵袭的同时，发挥流通主渠道的作用，依托政府及行业协会，组织市场经营大户从全国各地组织货源，确保市场农产品经营品类齐全，建立农产品应急储备，及时调剂供应，并积极与周边基地保持联系，增加货源，保证冷库不间断运营，通过一系列举措充分发挥确保货源稳定，做到产品不脱销，不断货，不断供，不涨价。

湖北武汉白沙洲农副产品大市场作为农业产业化国家重点龙头企业，自2004年成立以来承担了武汉市的鲜活农产品供应，也是买全国卖全国的农产品流通枢纽，肩负着保障市民菜篮子、米袋子的重任。新冠肺炎疫情发生以来，特别是1月23日武汉市封城以后，白沙洲市场身处千万人口大市，面临着内防扩散、外防输出的现实压力，承担着保流通、保供应的社会责任。面对严峻的疫情，白沙洲市场守土有责、守土尽责，一方面加强防疫，全力保证来往客商和车辆的安全；一方面主动作为，设法调剂省内外产品保证货源。竭尽全力稳价格、重质量、保供应，保障市民“菜篮子”。武汉封城以后，批发市场保供应难度加大，又逢春节，为保证武汉市及全省“菜篮子”供应稳定，白沙洲市场自1月24日下午2点起，免除进场车辆相关费用，并通过收集发布商品信息、物流信息，吸引省内外供货商、采购商进场交易，维护价格运行的基本稳定。积极组织货源，保障市场供应。面对春节以来防疫期间市民餐桌需求大增的特点，白沙洲市场一方面积极加大与农产品批发市场和主要生产基地的对接合作，拓宽供应渠道，补充货源；另一方面倡导、鼓励、支持商户尽早开业，并积极组织云南、海南、山东等安全产区货源入场销售，确保市场蔬菜供应充足及品种丰富。结合疫情期间农副产品供应实际，市场还加大了交易情况、交易价格现场巡检，严禁哄抬物价、囤积居奇，积极稳定市场预期。为武汉市应急保供、稳定市场提供了有力支撑。落实保供要求，强化应急管理。作为武汉市蔬菜冬储春供保供重点单位，要求蔬菜区冬储责任商行，做好大白菜、包菜、白萝卜、土豆等大路品种储备，并重点对大路品种蔬菜库存量及批发价格监测，及时投放储备蔬菜，力求蔬菜滚动库存量保持在3500吨以上，促使交易价格平稳运行。

作为湖北省和宜昌市生活物资重点保供单位，自1月22日以来，三峡物流园承担着宜昌市、鄂西渝东区域的应急物资供给的重任。大年初一，三峡物流园即成立防控保供协调小组，出台《园区疫情期间防控管理方案》，设立保供组、防护组、协调组和物流组，线上线下联动，全面保障全市生活必需品物资的调运和供给。保障市民的“菜篮子”“米袋子”不加价、不断供。三峡物流园推出社区团购平台“万臻鲜

生”，与快递公司合作，开启“手机下单，无接触配送”服务。平台采购、分拣、结算，快递公司配送。从一天几十单、几百单到现在一天近2000单，“万臻鲜生”服务范围遍及全市150余个小区、90多万居民。

两湖绿谷农产品市场是湖北荆州城区居民的生活物资大仓库，是商务部指定的保供市场，疫情期间保障了荆州地区居民菜、肉、蛋、粮、油等生活必需品的充足供应。既保证平价销售，也保障食品安全，主动承担起了社会主体责任。自新冠肺炎疫情发生以来，两湖市场储备的蔬菜确保了全市居民日常蔬菜供应。

上海蔬菜集团旗下西郊国际、江桥公司和江杨公司三家一级市场担负起“确保农产品供应、确保食品安全、确保市场价格基本稳定”的重任，通过加大基地对接，广泛畅通蔬菜入沪通道等措施，全力保障上海市民“菜篮子”供应，以量足、价稳、食安夯实城市供应底板，让上海市民们安心。

内蒙古食全食美股份有限公司是呼和浩特市规模最大、辐射范围最广的农产品流通专业公司，作为承担呼和浩特市及周边旗县区城乡居民80%以上供应任务的农产品流通主渠道企业，以高度的社会责任感、企业使命感和担当精神，主动担当，迅速行动，一手抓疫情防控，一手抓保供稳价，在公司系统所属4个大中型批发市场和12个零售店全面打响“防控疫情，保供稳价”攻坚战。确保满足市民的“菜篮子”需求，肩负起企业应有的社会责任。通过组建应急物资配送车队，做好车辆管理和调度工作，为疫情期间封闭小区物资供应提供了配送保障，充分发挥了大型流通企业在非常时期的骨干保供作用。强化源头管控，加强进场食品的检查和监管，牢筑食品安全防线，并与市场监督管理局签订守法经营价格承诺书，加大巡查力度，严厉查处借疫情之机售卖不合格农副产品，囤积居奇，捏造散布涨价信息，哄抬物价等不法行为；畅通信息渠道，做好信息报送，给商务部、商务厅、商务局、农牧业厅、农牧业局、发改委等部门报送蔬菜价格及生活必需品每天的进销存量等，使各级政府部门能够及时了解并密切关注百姓生活必需品的市场供应和价格变化，扎实做好监测预警及数据分析，全力保障疫情防控期间百姓生活必需品的市场供应。

江苏无锡朝阳集团股份有限公司作为商务部供应链创新与应用试点企业，关键时刻担当作为，保供防控工作中供应链企业的优势显现，在全省起到了引领与示范作用。无锡朝阳集团摸索构建“从田头到餐桌”的放心农产品供应链管理体系，以朝阳农产品大市场为核心主体，分别向上游——放心农产品基地，下游——零售连锁超市和连锁农贸市场两翼延伸，在全国首创了“基地+市场+超市和农贸市场+安全”的朝阳模式，形成了“引全球之货、保地方供应、辐射华东地区”的大市场、大流通格局。无锡朝阳集团旗下60多家天惠平价超市，一方面不闭店、不溢价、不断供。积极响应政府疫情防控号召，坚决贯彻落实平价销售，保证节日商品、八大类民生商品和疫情防御消杀类商品的正常供应。坚持每日上报和公示平价商品价格信息，各一线门店实时上报各类商品销售与库存情况，统一协调，保障供应。另一方面为了应对可能出现的哄抢情形，超市安排专人对接各基地菜农与各供应商，通过提高上下游的协同水平，重点确保每日供应蔬菜类商品100余种，供应蔬菜实物量100多吨，水果、鸡蛋、大米、食用油、猪肉等民生商品货源充足。并克服运输困难，积极从宿迁专门采购500瓶消毒药水发放至无锡各处所需的营业场所，严格满足防控要求。无锡朝阳集团旗下五家平价农贸市场，天天开门迎客，其中朝阳农贸市场更积极发挥智慧农贸优势，坚持价格管理、数据分析，发挥出线上线下融合的优势，结合朝阳到家业务，多角度、多方位地满足了消费者需求。并紧急开发了智慧农贸抗疫小程序，繁荣市场的同时也增强了防控措施。

湖南怀化市佳惠集团为了保障群众“菜篮子”，制定紧急预案，加强防控，采购物资，保障供应，并承诺绝不涨价。组织采购部门全员放弃春节休假，积极组织货源。春节前夕准备好300吨冻鸡产品，200吨冻鸭产品，100吨冻肉产品，库存有10多吨白萝卜，10吨白菜，7.5吨山药，玉米，黄瓜、西红柿、辣椒每天常见的蔬菜，加大各类物资储备，保证门店内物资丰富，货源充足，价格稳定。

受新冠肺炎疫情影响，全国多个产区的农产品销售渠道受阻，造成大量蔬菜滞销，农户受损严重。农产品批发市场也肩负起解决卖难滞销的重任。以苏州市南环桥市场发展股份有限公司为例，该市场积极发挥功能作用，千方百计助力受疫情影响的江苏张家港、浙江台州等地滞销农产品的销售渠道畅通，保障市场货源充足。第一时间组织商户赴张家港，与200多个种植户进行精准对接。市场在显著位置，为张家港等地产滞销蔬菜设立了专营区，疫情期间无偿提供给当地菜农直销使用；对疫情期间去张家港采购的商户，除免收管理费外，还将对采购总量排名前三的商户予以现金奖励，以激发商户的采购热情。此外，市场积极与张家港种植户联系，商讨建立长期的合作关系。浙江台州商户的蚕豆滞销，南环桥市场了解情况后立即通过平台与商户联系，以代销模式帮助日销蚕豆50多吨。此外，海南滞销的辣椒、长豇豆、冬瓜、玉米等，福建的金针菇、浙江的春笋，南环桥市场均已帮助打通了销售渠道。据不完全统计，疫情发生至今，仅蔬菜方面，南环桥市场已帮商户销售滞销农产品上万吨。

以上仅为一些重点地区的典型案例，事实上全国各地的农产品批发和零售市场都在此次疫情期间发挥了流通主渠道的重要作用，是疫情期间保障供应、解决卖难的生力军。

二、抗疫保供中存在的问题

（一）市场严重供大于求。主要原因有：

（1）大部分餐饮企业未营业。

（2）学校、工厂、建筑工地等团餐部门未开学、开工。

（3）家庭销售量严重减少。

（二）产地农产品滞销。主要原因有：

（1）农产品市场基本处于供大于求。

（2）用工紧张。

（3）运输费用增加。

（4）部分道路封路，红绿灯设置为红灯，禁止通行。

（三）农产品批发市场在用工、运输等运营成本增加。

为保证供应，防控疫情，农批市场不得不高价雇佣临时工，高价租用物流配送车辆，增加配送时间，绕开高速封闭路段，为此付出了较高的用工和物流配送成本；经销商为保障供应，在疫情期间也存在用工难、用工贵以及从外地调运蔬菜物流成本高问题，存在因产地农村封路、道路阻断造成的二次搬运和绕路付出的较高的人力成本和运输物流成本。市场运营和物流成本高昂。

（四）批发商风险和压力大增。

为保障市场稳定供应，批发商冒着巨大经营风险准备供给农产品，但市场消费不稳定，且严重下降，导致造成巨大损失。

（五）农贸市场存在租金减免压力，由于房东不减免租金，导致市场经营方存在租金减免的压力。

（六）农产品市场防疫物资短缺。

（七）中央已出台的一些物流、减税等优惠扶持政策在地方和具体行业企业的落实问题。比如一些优惠政策对企业实际负担反而增加，解决卖难滞销补贴不好操作，农产品批发一些家族企业、中小微企业没有社保，在抗疫保供中也做了贡献如何补贴，贷款融资等优惠政策如何落到企业实处，资金流向如何监督等。

（八）以野生动物经营为主的一些市场、养殖场关闭后人员就业安置问题。

（九）农产品滞销卖难尚缺乏统一标准。

三、政策建议

财政税收方面：

（1）针对特殊时期（疫情或者灾害），建议对市场及经销商减免一定税费；将农产品市场所用土地使用税和房产税减免政策调整为长期固定政策。出台针对农产品市场的所得税、增值税等方面的优惠政策。

（2）针对疫情，部分市场已采取相应的减租减费政策。建议政府对市场给予经营户房租金、交易服务费减少优惠部分、防疫物资、捐赠等进行适当补贴；对市场应对疫情增加的投入、减少收入的损失进行专项申报，给予税收优惠。

（3）在批发市场里从事鲜活农产品流通经营的商户，以中小微企业为主，他们缺乏抵抗风险能力。建议国家建立抗风险基金，给予他们一定补贴，帮助他们恢复经营的能力和信心。

（4）对市场及经销商的银行贷款进行延期、降低利率。

（5）减免经营户中小企业营业开票税收。

（6）加大中小企业稳岗补贴、减免失业保险企业缴存部分。

（7）银行机构对大市场进行支持，贷款规模不减，降低利率，持续一年或半年。加大农产品流通行业的融资支持力度。

交通运输方面：

（1）建立非常时期全国统一的鲜活农产品绿色通道机制，解决运输问题。

（2）建议绿色通道品种中扩大范围，将冻品纳入。

（3）目前运输农产品车辆都是大车，但进城时间较短。建议延长大车进城管控时间。

（4）建议对城区内农产品配送车辆停靠问题出台相关管理政策。

其他方面：

（1）建议国家市场监督管理总局下发“关于防止不正当竞争，确保市场供应的通知”，并请地方监管部门监督落实。

（2）建议国家卫健委等相关部门对市场消毒操作给出全国性、行业性的统一规范指导意见。

（3）因疫情造成部分地区加工厂、冷库等强制封闭。建议建立与各地方政府的协调机制，以保障市场的鲜活农产品供应。

（4）农产品批发市场、农贸市场对口罩、消毒用品等需求量大。建议相关部门协调解决，保证防控物资的采购和发放，保护农产品流通人的生命安全和身体健康。

（5）建议对于农产品经销商等一线人员提供专业的技能培训，设立专项的劳动保护条款，出台相关劳动保护政策。

（6）为在突发事件时期，市场及经销商做好稳价保供，建议日常对骨干市场及骨干经销商做适当的政策倾斜。

（7）对为保障生活必需品稳定供应作出贡献的农产品市场和经销商给予一定补助和荣誉表彰，以奖励其对保供的贡献。

（8）菜市场等农产品零售市场是重要民生事业，应作为公益事业（微利行业）对待，各级政府要加大资金支持力度，要简化各类事务的办理手续，使扶持政策真正落地。

（9）农产品市场建设前期投资大，回收期长。各级政府要抑制市场主办企业和个人重收费轻管理的倾向，规范管理。

四、趋势预判

此次疫情对线下商贸流通服务业务经营冲击大，其中生鲜销售供应链预计也将受其影响，发生一些层面的变革。

首先，消费者的生鲜食品消费结构会进行相应的改变，对食品质量安全要求会提高。疫情过后，农副产品消费预计不会暴增或暴减，也不会出现疫情后的报复性消费，因为生鲜不宜储存。但疫情会在某种程度改变人们对鲜活产品消费的观念，对食品安全以及农产品溯源会有更密切的关注，消费者对安全健康的农产品消费需求将增加。政府将继续加大食品安全监管力度，加速对活禽活畜交易市场的整改，以及加快规范城市内中小型农贸市场。

其次，疫情将加快推进农产品流通业的转型升级。疫情过后，用户通过线上采购生鲜的行为习惯可能会留存。它的长期影响是，倒逼线下实体经营商进一步线上化，并提升全品类供应链能力，竞争和淘汰也会因此大幅加剧，农产品批发和零售市场的功能将发生变化。全国很多传统的农产品市场需要加快升级，实现产品标准化、管理规范化、场地设施安全化、信息化发展。补齐重要农产品、农产品物流体系短板，提升储备、物流效能，提升特殊时期的物流运输调配能力；大型供应链及冷链物流平台将崛起，实现生鲜供应链的信息化、网络化，实现冷链物流的降本增效；批发市场开展更多的直营业务，发展线上线下相结合的销售模式，预制菜品等的崛起也或将带动催生市场中央厨房、加工配送等业务的发展。对农产品零售市场，特别是农贸市场而言，很多生鲜零售线上、线下结合是非常时期的交易方式，预判短时期不会过多冲击传统的交易方式，疫情结束后，中老年人会回归菜市场，上班族回归在外就餐或外卖等方式，但菜市场要改善提升，细化行业标准，通过非常时期消费者培育的用户习惯，补齐网购的短板，探索包含生鲜销售在内的生活服务多种业态经营配送，包容购物休闲、旅游品尝、文化审美等多方面内容，零售市场未来将向小型化、社区化、专业化、集团化、品牌化、超市化、智能化、规范化等方向发展，八个方向相互联系、相互支撑、有机结合进行，和城市建设同步。这些都将是未来农产品流通行业经营发展的方向，将以更好的功能服务社会。

第三，消费者对冷冻、冰鲜禽肉食品以及国际优质农产品的需求，进而会推进生鲜食品的冷链普及，加快“平台型”冷链物流企业或将崛起。我国目前的生鲜冷链是割裂的。有些冷链企业服务的仅仅是某一个区域，有些冷链企业可能服务于某一个冷链的干线、长途运输，有些只是服务于某一个城市的配送。此次疫情的暴发，让农产品的运输“断链”更加明显。要从根本上解决农产品滞销和供需不平衡的问题，必须完善农产品的供应链网络。生鲜农产品生产出来之后，需专业的冷链鲜仓对其进行及时的保鲜、保存，保证食品新鲜健康，延长保质期，降低耗损率。平台化模式的企业可以解决这一需求，能够以更短的链路提升生鲜供应链运营效率，真正解决传统生鲜供应链存在的现实问题。冷链物流的需求爆发，将促使大数据、智能仓储系统等在冷链物流行业大范围普及，真正形成“智慧化”冷链。

第四，疫情将促使农产品流通行业加强自律。农产品市场运营标准化、规范化建设将加快，市场准入标准将提高，小规模、不规范的农产品市场将被取缔或自然淘汰。农产品流通诚信渠道联盟将加快建立。

第二篇 政策

中共中央 国务院关于坚持农业农村优先发展做好“三农”工作的若干意见

中发〔2019〕1号

今明两年是全面建成小康社会的决胜期，“三农”领域有不少必须完成的硬任务。党中央认为，在经济下行压力加大、外部环境发生深刻变化的复杂形势下，做好“三农”工作具有特殊重要性。必须坚持把解决好“三农”问题作为全党工作重中之重不动摇，进一步统一思想、坚定信心、落实工作，巩固发展农业农村好形势，发挥“三农”压舱石作用，为有效应对各种风险挑战赢得主动，为确保经济持续健康发展和社会大局稳定、如期实现第一个百年奋斗目标奠定基础。

做好“三农”工作，要以习近平新时代中国特色社会主义思想为指导，全面贯彻党的十九大和十九届二中、三中全会以及中央经济工作会议精神，紧紧围绕统筹推进“五位一体”总体布局和协调推进“四个全面”战略布局，牢牢把握稳中求进工作总基调，落实高质量发展要求，坚持农业农村优先发展总方针，以实施乡村振兴战略为总抓手，对标全面建成小康社会“三农”工作必须完成的硬任务，适应国内外复杂形势变化对农村改革发展提出的新要求，抓重点、补短板、强基础，围绕“巩固、增强、提升、畅通”深化农业供给侧结构性改革，坚决打赢脱贫攻坚战，充分发挥农村基层党组织战斗堡垒作用，全面推进乡村振兴，确保顺利完成到2020年承诺的农村改革发展目标任务。

一、聚力精准施策，决战决胜脱贫攻坚

（一）不折不扣完成脱贫攻坚任务

咬定既定脱贫目标，落实已有政策部署，到2020年确保现行标准下农村贫困人口实现脱贫、贫困县全部摘帽、解决区域性整体贫困。坚持现行扶贫标准，全面排查解决影响“两不愁三保障”实现的突出问题，防止盲目拔高标准、吊高胃口，杜绝数字脱贫、虚假脱贫。加强脱贫监测。进一步压实脱贫攻坚责任，落实最严格的考核评估，精准问责问效。继续加强东西部扶贫协作和中央单位定点扶贫。深入推进抓党建促脱贫攻坚。组织开展常态化约谈，发现问题随时约谈。用好脱贫攻坚专项巡视成果，推动落实脱贫攻坚政治责任。

（二）主攻深度贫困地区

瞄准制约深度贫困地区精准脱贫的重点难点问题，列出清单，逐项明确责任，对账销号。重大工程建设项目继续向深度贫困地区倾斜，特色产业扶贫、易地扶贫搬迁、生态扶贫、金融扶贫、社会帮扶、干部人才等政策措施向深度贫困地区倾斜。各级财政优先加大“三区三州”脱贫攻坚资金投入。对“三区三州”外贫困人口多、贫困发生率高、脱贫难度大的深度贫困地区，也要统筹资金项目，加大扶持力度。

（三）着力解决突出问题

注重发展长效扶贫产业，着力解决产销脱节、风险保障不足等问题，提高贫困人口参与度和直接受

益水平。强化易地扶贫搬迁后续措施，着力解决重搬迁、轻后续帮扶问题，确保搬迁一户、稳定脱贫一户。加强贫困地区义务教育控辍保学，避免因贫失学辍学。落实基本医疗保险、大病保险、医疗救助等多重保障措施，筑牢乡村卫生服务网底，保障贫困人口基本医疗需求。扎实推进生态扶贫，促进扶贫开发与生态保护相协调。坚持扶贫与扶志扶智相结合，加强贫困地区职业教育和技能培训，加强开发式扶贫与保障性扶贫统筹衔接，着力解决“一兜了之”和部分贫困人口等靠要问题，增强贫困群众内生动力和自我发展能力。切实加强一线精准帮扶力量，选优配强驻村工作队伍。关心关爱扶贫干部，加大工作支持力度，帮助解决实际困难，解除后顾之忧。持续开展扶贫领域腐败和作风问题专项治理，严厉查处虚报冒领、贪占挪用和优亲厚友、吃拿卡要等问题。

（四）巩固和扩大脱贫攻坚成果

攻坚期内贫困县、贫困村、贫困人口退出后，相关扶贫政策保持稳定，减少和防止贫困人口返贫。研究解决收入水平略高于建档立卡贫困户的群众缺乏政策支持等新问题。坚持和推广脱贫攻坚中的好经验好做法好路子。做好脱贫攻坚与乡村振兴的衔接，对摘帽后的贫困县要通过实施乡村振兴战略巩固发展成果，接续推动经济社会发展和群众生活改善。总结脱贫攻坚的实践创造和伟大精神。及早谋划脱贫攻坚目标任务2020年完成后的战略思路。

二、夯实农业基础，保障重要农产品有效供给

（一）稳定粮食产量

毫不放松抓好粮食生产，推动藏粮于地、藏粮于技落实落地，确保粮食播种面积稳定在16.5亿亩。稳定完善扶持粮食生产政策举措，挖掘品种、技术、减灾等稳产增产潜力，保障农民种粮基本收益。发挥粮食主产区优势，完善粮食主产区利益补偿机制，健全产粮大县奖补政策。压实主销区和产销平衡区稳定粮食生产责任。严守18亿亩耕地红线，全面落实永久基本农田特殊保护制度，确保永久基本农田保持在15.46亿亩以上。建设现代气象为农服务体系。强化粮食安全省长责任制考核。

（二）完成高标准农田建设任务

巩固和提高粮食生产能力，到2020年确保建成8亿亩高标准农田。修编全国高标准农田建设总体规划，统一规划布局、建设标准、组织实施、验收考核、上图入库。加强资金整合，创新投融资模式，建立多元筹资机制。实施区域化整体建设，推进田水林路电综合配套，同步发展高效节水灌溉。全面完成粮食生产功能区和重要农产品生产保护区划定任务，高标准农田建设项目优先向“两区”安排。恢复启动新疆优质棉生产基地建设，将糖料蔗“双高”基地建设范围覆盖到划定的所有保护区。进一步加强农田水利建设。推进大中型灌区续建配套节水改造与现代化建设。加大东北黑土地保护力度。加强华北地区地下水超采综合治理。推进重金属污染耕地治理修复和种植结构调整试点。

（三）调整优化农业结构

大力发展紧缺和绿色优质农产品生产，推进农业由增产导向转向提质导向。深入推进优质粮食工程。实施大豆振兴计划，多途径扩大种植面积。支持长江流域油菜生产，推进新品种新技术示范推广和全程机械化。积极发展木本油料。实施奶业振兴行动，加强优质奶源基地建设，升级改造中小奶牛养殖场，实施婴幼儿配方奶粉提升行动。合理调整粮经饲结构，发展青贮玉米、苜蓿等优质饲草料生产。合理确定内陆水域养殖规模，压减近海、湖库过密网箱养殖，推进海洋牧场建设，规范有序发展远洋渔业。降低江河湖泊和近海渔业捕捞强度，全面实施长江水生生物保护区禁捕。实施农产品质量安全保障工程，健全监管体系、监测体系、追溯体系。加大非洲猪瘟等动物疫情监测防控力度，严格落实防控举

措，确保产业安全。

（四）加快突破农业关键核心技术

强化创新驱动发展，实施农业关键核心技术攻关行动，培育一批农业战略科技创新力量，推动生物种业、重型农机、智慧农业、绿色投入品等领域自主创新。建设农业领域国家重点实验室等科技创新平台基地，打造产学研深度融合平台，加强国家现代农业产业技术体系、科技创新联盟、产业创新中心、高新技术产业示范区、科技园区等建设。强化企业技术创新主体地位，培育农业科技创新型企业，支持符合条件的企业牵头实施技术创新项目。继续组织实施水稻、小麦、玉米、大豆和畜禽良种联合攻关，加快选育和推广优质草种。支持薄弱环节适用农机研发，促进农机装备产业转型升级，加快推进农业机械化。加强农业领域知识产权创造与应用。加快先进实用技术集成创新与推广应用。建立健全农业科研成果产权制度，赋予科研人员科技成果所有权，完善人才评价和流动保障机制，落实兼职兼薪、成果权益分配政策。

（五）实施重要农产品保障战略

加强顶层设计和系统规划，立足国内保障粮食等重要农产品供给，统筹用好国际国内两个市场、两种资源，科学确定国内重要农产品保障水平，健全保障体系，提高国内安全保障能力。将稻谷、小麦作为必保品种，稳定玉米生产，确保谷物基本自给、口粮绝对安全。加快推进粮食安全保障立法进程。在提质增效基础上，巩固棉花、油料、糖料、天然橡胶生产能力。加快推进并支持农业走出去，加强“一带一路”农业国际合作，主动扩大国内紧缺农产品进口，拓展多元化进口渠道，培育一批跨国农业企业集团，提高农业对外合作水平。加大农产品反走私综合治理力度。

三、扎实推进乡村建设，加快补齐农村人居环境和公共服务短板

（一）抓好农村人居环境整治三年行动

深入学习推广浙江“千村示范、万村整治”工程经验，全面推开以农村垃圾污水治理、厕所革命和村容村貌提升为重点的农村人居环境整治，确保到2020年实现农村人居环境阶段性明显改善，村庄环境基本干净整洁有序，村民环境与健康意识普遍增强。鼓励各地立足实际、因地制宜，合理选择简便易行、长期管用的整治模式，集中攻克技术难题。建立地方为主、中央补助的政府投入机制。中央财政对农村厕所革命整村推进等给予补助，对农村人居环境整治先进县给予奖励。中央预算内投资安排专门资金支持农村人居环境整治。允许县级按规定统筹整合相关资金，集中用于农村人居环境整治。鼓励社会力量积极参与，将农村人居环境整治与发展乡村休闲旅游等有机结合。广泛开展村庄清洁行动。开展美丽宜居村庄和最美庭院创建活动。农村人居环境整治工作要同农村经济发展水平相适应、同当地文化和风土人情相协调，注重实效，防止做表面文章。

（二）实施村庄基础设施建设工程

推进农村饮水安全巩固提升工程，加强农村饮用水水源地保护，加快解决农村“吃水难”和饮水不安全问题。全面推进“四好农村路”建设，加大“路长制”和示范县实施力度，实现具备条件的建制村全部通硬化路，有条件的地区向自然村延伸。加强村内道路建设。全面实施乡村电气化提升工程，加快完成新一轮农村电网改造。完善县乡村物流基础设施网络，支持产地建设农产品贮藏保鲜、分级包装等设施，鼓励企业在县乡和具备条件的村建立物流配送网点。加快推进宽带网络向村庄延伸，推进提速降费。继续推进农村危房改造。健全村庄基础设施建管长效机制，明确各方管护责任，鼓励地方将管护费用纳入财政预算。

（三）提升农村公共服务水平

全面提升农村教育、医疗卫生、社会保障、养老、文化体育等公共服务水平，加快推进城乡基本公共服务均等化。推动城乡义务教育一体化发展，深入实施农村义务教育学生营养改善计划。实施高中阶段教育普及攻坚计划，加强农村儿童健康改善和早期教育、学前教育。加快标准化村卫生室建设，实施全科医生特岗计划。建立健全统一的城乡居民基本医疗保险制度，同步整合城乡居民大病保险。完善城乡居民基本养老保险待遇确定和基础养老金正常调整机制。统筹城乡社会救助体系，完善最低生活保障制度、优抚安置制度。加快推进农村基层综合性文化服务中心建设。完善农村留守儿童和妇女、老年人关爱服务体系，支持多层次农村养老事业发展，加强和改善农村残疾人服务。推动建立城乡统筹的基本公共服务经费投入机制，完善农村基本公共服务标准。

（四）加强农村污染治理和生态环境保护

统筹推进山水林田湖草系统治理，推动农业农村绿色发展。加大农业面源污染治理力度，开展农业节肥节药行动，实现化肥农药使用量负增长。发展生态循环农业，推进畜禽粪污、秸秆、农膜等农业废弃物资源化利用，实现畜牧养殖大县粪污资源化利用整县治理全覆盖，下大力气治理白色污染。扩大轮作休耕制度试点。创建农业绿色发展先行区。实施乡村绿化美化行动，建设一批森林乡村，保护古树名木，开展湿地生态效益补偿和退耕还湿。全面保护天然林。加强“三北”地区退化防护林修复。扩大退耕还林还草，稳步实施退牧还草。实施新一轮草原生态保护补助奖励政策。落实河长制、湖长制，推进农村水环境治理，严格乡村河湖水域岸线等水生态空间管理。

（五）强化乡村规划引领

把加强规划管理作为乡村振兴的基础性工作，实现规划管理全覆盖。以县为单位抓紧编制或修编村庄布局规划，县级党委和政府要统筹推进乡村规划工作。按照先规划后建设的原则，通盘考虑土地利用、产业发展、居民点建设、人居环境整治、生态保护和历史文化传承，注重保持乡土风貌，编制多规合一的实用性村庄规划。加强农村建房许可管理。

四、发展壮大乡村产业，拓宽农民增收渠道

（一）加快发展乡村特色产业

因地制宜发展多样性特色农业，倡导“一村一品”、“一县一业”。积极发展果菜茶、食用菌、杂粮杂豆、薯类、中药材、特色养殖、林特花卉苗木等产业。支持建设一批特色农产品优势区。创新发展具有民族和地域特色的乡村手工业，大力挖掘农村能工巧匠，培育一批家庭工场、手工作坊、乡村车间。健全特色农产品质量标准体系，强化农产品地理标志和商标保护，创响一批“土字号”、“乡字号”特色产品品牌。

（二）大力发展现代农产品加工业

以“粮头食尾”、“农头工尾”为抓手，支持主产区依托县域形成农产品加工产业集群，尽可能把产业链留在县域，改变农村卖原料、城市搞加工的格局。支持发展适合家庭农场和农民合作社经营的农产品初加工，支持县域发展农产品精深加工，建成一批农产品专业村镇和加工强县。统筹农产品产地、集散地、销地批发市场建设，加强农产品物流骨干网络和冷链物流体系建设。培育农业产业化龙头企业和联合体，推进现代农业产业园、农村产业融合发展示范园、农业产业强镇建设。健全农村一二三产业融合发展利益联结机制，让农民更多分享产业增值收益。

（三）发展乡村新型服务业

支持供销、邮政、农业服务公司、农民合作社等开展农技推广、土地托管、代耕代种、统防统治、烘干收储等农业生产性服务。充分发挥乡村资源、生态和文化优势，发展适应城乡居民需要的休闲旅游、餐饮民宿、文化体验、健康养生、养老服务等产业。加强乡村旅游基础设施建设，改善卫生、交通、信息、邮政等公共服务设施。

（四）实施数字乡村战略

深入推进“互联网+农业”，扩大农业物联网示范应用。推进重要农产品全产业链大数据建设，加强国家数字农业农村系统建设。继续开展电子商务进农村综合示范，实施“互联网+”农产品出村进城工程。全面推进信息进村入户，依托“互联网+”推动公共服务向农村延伸。

（五）促进农村劳动力转移就业

落实更加积极的就业政策，加强就业服务和职业技能培训，促进农村劳动力多渠道转移就业和增收。发展壮大县域经济，引导产业有序梯度转移，支持适宜产业向小城镇集聚发展，扶持发展吸纳就业能力强的乡村企业，支持企业在乡村兴办生产车间、就业基地，增加农民就地就近就业岗位。稳定农民工就业，保障工资及时足额发放。加快农业转移人口市民化，推进城镇基本公共服务常住人口全覆盖。

（六）支持乡村创新创业

鼓励外出农民工、高校毕业生、退伍军人、城市各类人才返乡下乡创新创业，支持建立多种形式的创业支撑服务平台，完善乡村创新创业支持服务体系。落实好减税降费政策，鼓励地方设立乡村就业创业引导基金，加快解决用地、信贷等困难。加强创新创业孵化平台建设，支持创建一批返乡创业园，支持发展小微企业。

五、全面深化农村改革，激发乡村发展活力

（一）巩固和完善农村基本经营制度

坚持家庭经营基础性地位，赋予双层经营体制新的内涵。突出抓好家庭农场和农民合作社两类新型农业经营主体，启动家庭农场培育计划，开展农民合作社规范提升行动，深入推进示范合作社建设，建立健全支持家庭农场、农民合作社发展的政策体系和管理制度。落实扶持小农户和现代农业发展有机衔接的政策，完善“农户+合作社”、“农户+公司”利益联结机制。加快培育各类社会化服务组织，为一家一户提供全程社会化服务。加快出台完善草原承包经营制度的意见。加快推进农业水价综合改革，健全节水激励机制。继续深化供销合作社综合改革，制定供销合作社条例。深化集体林权制度和国有林区林场改革。大力推进农垦垦区集团化、农场企业化改革。

（二）深化农村土地制度改革

保持农村土地承包关系稳定并长久不变，研究出台配套政策，指导各地明确第二轮土地承包到期后延包的具体办法，确保政策衔接平稳过渡。完善落实集体所有权、稳定农户承包权、放活土地经营权的法律法规和政策体系。在基本完成承包地确权登记颁证工作基础上，开展“回头看”，做好收尾工作，妥善化解遗留问题，将土地承包经营权证书发放至农户手中。健全土地流转规范管理制度，发展多种形式农业适度规模经营，允许承包土地的经营权担保融资。总结好农村土地制度三项改革试点经验，巩固改革成果。坚持农村土地集体所有、不搞私有化，坚持农地农用、防止非农化，坚持保障农民土地权益、不得以退出承包地和宅基地作为农民进城落户条件，进一步深化农村土地制度改革。在修改相关法律的基础上，完善配套制度，全面推开农村土地征收制度改革和农村集体经营性建设用地入市改革，加快建

立城乡统一的建设用地市场。加快推进宅基地使用权确权登记颁证工作，力争2020年基本完成。稳慎推进农村宅基地制度改革，拓展改革试点，丰富试点内容，完善制度设计。抓紧制定加强农村宅基地管理指导意见。研究起草农村宅基地使用条例。开展闲置宅基地复垦试点。允许在县域内开展全域乡村闲置校舍、厂房、废弃地等整治，盘活建设用地重点用于支持乡村新产业新业态和返乡下乡创业。严格农业设施用地管理，满足合理需求。巩固“大棚房”问题整治成果。按照“取之于农，主要用之于农”的要求，调整完善土地出让收入使用范围，提高农业农村投入比例，重点用于农村人居环境整治、村庄基础设施建设和高标准农田建设。扎实开展新增耕地指标和城乡建设用地增减挂钩节余指标跨省域调剂使用，调剂收益全部用于巩固脱贫攻坚成果和支持乡村振兴。加快修订土地管理法、物权法等法律法规。

（三）深入推进农村集体产权制度改革

按期完成全国农村集体资产清产核资，加快农村集体资产监督管理平台建设，建立健全集体资产各项管理制度。指导农村集体经济组织在民主协商的基础上，做好成员身份确认，注重保护外嫁女等特殊人群的合法权利，加快推进农村集体经营性资产股份合作制改革，继续扩大试点范围。总结推广资源变资产、资金变股金、农民变股东经验。完善农村集体产权权能，积极探索集体资产股权质押贷款办法。研究制定农村集体经济组织法。健全农村产权流转交易市场，推动农村各类产权流转交易公开规范运行。研究完善适合农村集体经济组织特点的税收优惠政策。

（四）完善农业支持保护制度

按照增加总量、优化存量、提高效能的原则，强化高质量绿色发展导向，加快构建新型农业补贴政策体系。按照适应世贸组织规则、保护农民利益、支持农业发展的原则，抓紧研究制定完善农业支持保护政策的意见。调整改进“黄箱”政策，扩大“绿箱”政策使用范围。按照更好发挥市场机制作用取向，完善稻谷和小麦最低收购价政策。完善玉米和大豆生产者补贴政策。健全农业信贷担保费率补助和以奖代补机制，研究制定担保机构业务考核的具体办法，加快做大担保规模。按照扩面增品提标的要求，完善农业保险政策。推进稻谷、小麦、玉米完全成本保险和收入保险试点。扩大农业大灾保险试点和“保险+期货”试点。探索对地方优势特色农产品保险实施以奖代补试点。打通金融服务“三农”各个环节，建立县域银行业金融机构服务“三农”的激励约束机制，实现普惠性涉农贷款增速总体高于各项贷款平均增速。推动农村商业银行、农村合作银行、农村信用社逐步回归本源，为本地“三农”服务。研究制定商业银行“三农”事业部绩效考核和激励的具体办法。用好差别化准备金率和差异化监管等政策，切实降低“三农”信贷担保服务门槛，鼓励银行业金融机构加大对乡村振兴和脱贫攻坚中长期信贷支持力度。支持重点领域特色农产品期货期权品种上市。

六、完善乡村治理机制，保持农村社会和谐稳定

（一）增强乡村治理能力

建立健全党组织领导的自治、法治、德治相结合的领导体制和工作机制，发挥群众参与治理主体作用。开展乡村治理体系建设试点和乡村治理示范村镇创建。加强自治组织规范化制度化建设，健全村级议事协商制度，推进村级事务公开，加强村级权力有效监督。指导农村普遍制定或修订村规民约。推进农村基层依法治理，建立健全公共法律服务体系。加强农业综合执法。

（二）加强农村精神文明建设

引导农民践行社会主义核心价值观，巩固党在农村的思想阵地。加强宣传教育，做好农民群众的思想工作，宣传党的路线方针和强农惠农富农政策，引导农民听党话、感党恩、跟党走。开展新时代文明

实践中心建设试点，抓好县级融媒体中心建设。深化拓展群众性精神文明创建活动，推出一批农村精神文明建设示范县、文明村镇、最美家庭，挖掘和树立道德榜样典型，发挥示范引领作用。支持建设文化礼堂、文化广场等设施，培育特色文化村镇、村寨。持续推进农村移风易俗工作，引导和鼓励农村基层群众性自治组织采取约束性强的措施，对婚丧陋习、天价彩礼、孝道式微、老无所养等不良社会风气进行治理。

（三）持续推进平安乡村建设

深入推进扫黑除恶专项斗争，严厉打击农村黑恶势力，杜绝“村霸”等黑恶势力对基层政权的侵蚀。严厉打击敌对势力、邪教组织、非法宗教活动向农村地区的渗透。推进纪检监察工作向基层延伸，坚决查处发生在农民身边的不正之风和腐败问题。健全落实社会治安综合治理领导责任制。深化拓展网格化服务管理，整合配优基层一线平安建设力量，把更多资源、服务、管理放到农村社区。加强乡村交通、消防、公共卫生、食品药品安全、地质灾害等公共安全事件易发领域隐患排查和专项治理。加快建设信息化、智能化农村社会治安防控体系，继续推进农村“雪亮工程”建设。坚持发展新时代“枫桥经验”，完善农村矛盾纠纷排查调处化解机制，提高服务群众、维护稳定的能力和水平。

七、发挥农村党支部战斗堡垒作用，全面加强农村基层组织建设

（一）强化农村基层党组织领导作用

抓实建强农村基层党组织，以提升组织力为重点，突出政治功能，持续加强农村基层党组织体系建设。增加先进支部、提升中间支部、整顿后进支部，以县为单位对软弱涣散村党组织“一村一策”逐个整顿。对村“两委”换届进行一次“回头看”，坚决把受过刑事处罚、存在“村霸”和涉黑涉恶等问题的村“两委”班子成员清理出去。实施村党组织带头人整体优化提升行动，配齐配强班子。全面落实村党组织书记县级党委备案管理制度。建立第一书记派驻长效工作机制，全面向贫困村、软弱涣散村和集体经济空壳村派出第一书记，并向乡村振兴任务重的村拓展。加大从高校毕业生、农民工、退伍军人、机关事业单位优秀党员中培养选拔村党组织书记力度。健全从优秀村党组织书记中选拔乡镇领导干部、考录乡镇公务员、招聘乡镇事业编制人员的常态化机制。落实村党组织5年任期规定，推动全国村“两委”换届与县乡换届同步进行。优化农村党员队伍结构，加大从青年农民、农村外出务工人员中发展党员力度。健全县级党委抓乡促村责任制，县乡党委要定期排查并及时解决基层组织建设突出问题。加强和改善村党组织对村级各类组织的领导，健全以党组织为领导的村级组织体系。全面推行村党组织书记通过法定程序担任村委会主任，推行村“两委”班子成员交叉任职，提高村委会成员和村民代表中党员的比例。加强党支部对村级集体经济组织的领导。全面落实“四议两公开”，健全村级重要事项、重大问题由村党组织研究讨论机制。

（二）发挥村级各类组织作用

理清村级各类组织功能定位，实现各类基层组织按需设置、按职履责、有人办事、有章理事。村民委员会要履行好基层群众性自治组织功能，增强村民自我管理、自我教育、自我服务能力。全面建立健全村务监督委员会，发挥在村务决策和公开、财产管理、工程项目建设、惠农政策措施落实等事项上的监督作用。强化集体经济组织服务功能，发挥在管理集体资产、合理开发集体资源、服务集体成员等方面的作用。发挥农村社会组织在服务农民、树立新风等方面的积极作用。

（三）强化村级组织服务功能

按照有利于村级组织建设、有利于服务群众的原则，将适合村级组织代办或承接的工作事项交由村

级组织，并保障必要工作条件。规范村级组织协助政府工作事项，防止随意增加村级组织工作负担。统筹乡镇站所改革，强化乡镇为农服务体系建设，确保乡镇有队伍、有资源为农服务。

（四）完善村级组织运转经费保障机制

健全以财政投入为主的稳定的村级组织运转经费保障制度，全面落实村干部报酬待遇和村级组织办公经费，建立正常增长机制，保障村级公共服务运行维护等其他必要支出。把发展壮大村级集体经济作为发挥农村基层党组织领导作用的重要举措，加大政策扶持和统筹推进力度，因地制宜发展壮大村级集体经济，增强村级组织自我保障和服务农民能力。

八、加强党对“三农”工作的领导，落实农业农村优先发展总方针

（一）强化五级书记抓乡村振兴的制度保障

实行中央统筹、省负总责、市县乡抓落实的农村工作机制，制定落实五级书记抓乡村振兴责任的实施细则，严格督查考核。加强乡村振兴统计监测工作。2019 年各省（自治区、直辖市）党委要结合本地实际，出台市县党政领导班子和领导干部推进乡村振兴战略的实绩考核意见，并加强考核结果应用。各地区各部门要抓紧梳理全面建成小康社会必须完成的硬任务，强化工作举措，确保 2020 年圆满完成各项任务。

（二）牢固树立农业农村优先发展政策导向

各级党委和政府必须把落实“四个优先”的要求作为做好“三农”工作的头等大事，扛在肩上、抓在手上，同政绩考核联系到一起，层层落实责任。优先考虑“三农”干部配备，把优秀干部充实到“三农”战线，把精锐力量充实到基层一线，注重选拔熟悉“三农”工作的干部充实地方各级党政班子。优先满足“三农”发展要素配置，坚决破除妨碍城乡要素自由流动、平等交换的体制机制壁垒，改变农村要素单向流出格局，推动资源要素向农村流动。优先保障“三农”资金投入，坚持把农业农村作为财政优先保障领域和金融优先服务领域，公共财政更大力度向“三农”倾斜，县域新增贷款主要用于支持乡村振兴。地方政府债券资金要安排一定比例用于支持农村人居环境整治、村庄基础设施建设等重点领域。优先安排农村公共服务，推进城乡基本公共服务标准统一、制度并轨，实现从形式上的普惠向实质上的公平转变。完善落实农业农村优先发展的顶层设计，抓紧研究出台指导意见和具体实施办法。

（三）培养懂农业、爱农村、爱农民的“三农”工作队伍

建立“三农”工作干部队伍培养、配备、管理、使用机制，落实关爱激励政策。引导教育“三农”干部大兴调查研究之风，倡导求真务实精神，密切与群众联系，加深对农民感情。坚决纠正脱贫攻坚和乡村振兴工作中的形式主义、官僚主义，清理规范各类检查评比、考核督导事项，切实解决基层疲于迎评迎检问题，让基层干部把精力集中到为群众办实事办好事上来。把乡村人才纳入各级人才培养计划予以重点支持。建立县域人才统筹使用制度和乡村人才定向委托培养制度，探索通过岗编适度分离、在岗学历教育、创新职称评定等多种方式，引导各类人才投身乡村振兴。对作出突出贡献的各类人才给予表彰和奖励。实施新型职业农民培育工程。大力发展面向乡村需求的职业教育，加强高等学校涉农专业建设。抓紧出台培养懂农业、爱农村、爱农民“三农”工作队伍的政策意见。

（四）发挥好农民主体作用

加强制度建设、政策激励、教育引导，把发动群众、组织群众、服务群众贯穿乡村振兴全过程，充分尊重农民意愿，弘扬自力更生、艰苦奋斗精神，激发和调动农民群众积极性主动性。发挥政府投资的带动作用，通过民办公助、筹资筹劳、以奖代补、以工代赈等形式，引导和支持村集体和农民自

主组织实施或参与直接受益的村庄基础设施建设和农村人居环境整治。加强筹资筹劳使用监管，防止增加农民负担。出台村庄建设项目简易审批办法，规范和缩小招投标适用范围，让农民更多参与并从中获益。

当前，做好“三农”工作意义重大、任务艰巨、要求迫切，除上述8个方面工作之外，党中央、国务院部署的其他各项工作必须久久为功、狠抓落实、务求实效。

让我们紧密团结在以习近平同志为核心的党中央周围，全面贯彻落实习近平总书记关于做好“三农”工作的重要论述，锐意进取、攻坚克难、扎实工作，为决胜全面建成小康社会、推进乡村全面振兴作出新的贡献。

中共中央 国务院关于深化改革加强食品安全工作的意见

（2019年5月9日）

食品安全关系人民群众身体健康和生命安全，关系中华民族未来。党的十九大报告明确提出实施食品安全战略，让人民吃得放心。这是党中央着眼党和国家事业全局，对食品安全工作作出的重大部署，是决胜全面建成小康社会、全面建设社会主义现代化国家的重大任务。现就深化改革加强食品安全工作提出如下意见。

一、深刻认识食品安全面临的形势

党的十八大以来，以习近平同志为核心的党中央坚持以人民为中心的发展思想，从党和国家事业发展全局、实现中华民族伟大复兴中国梦的战略高度，把食品安全工作放在“五位一体”总体布局和“四个全面”战略布局中统筹谋划部署，在体制机制、法律法规、产业规划、监督管理等方面采取了一系列重大举措。各地区各部门认真贯彻党中央、国务院决策部署，食品产业快速发展，安全标准体系逐步健全，检验检测能力不断提高，全过程监管体系基本建立，重大食品安全风险得到控制，人民群众饮食安全得到保障，食品安全形势不断好转。

但是，我国食品安全工作仍面临不少困难和挑战，形势依然复杂严峻。微生物和重金属污染、农药兽药残留超标、添加剂使用不规范、制假售假等问题时有发生，环境污染对食品安全的影响逐渐显现；违法成本低，维权成本高，法制不够健全，一些生产经营者唯利是图、主体责任意识不强；新业态、新资源潜在风险增多，国际贸易带来的食品安全问题加深；食品安全标准与最严谨标准要求尚有一定差距，风险监测评估预警等基础工作薄弱，基层监管力量和技术手段跟不上；一些地方对食品安全重视不够，责任落实不到位，安全与发展的矛盾仍然突出。这些问题影响到人民群众的获得感、幸福感、安全感，成为全面建成小康社会、全面建设社会主义现代化国家的明显短板。

人民日益增长的美好生活需要对加强食品安全工作提出了新的更高要求；推进国家治理体系和治理能力现代化，推动高质量发展，实施健康中国战略和乡村振兴战略，为解决食品安全问题提供了前所未有的历史机遇。必须深化改革创新，用最严谨的标准、最严格的监管、最严厉的处罚、最严肃的问责，进一步加强食品安全工作，确保人民群众“舌尖上的安全”。

二、总体要求

（一）指导思想。以习近平新时代中国特色社会主义思想为指导，全面贯彻党的十九大和十九届二中、三中全会精神，坚持和加强党的全面领导，坚持以人民为中心的发展思想，紧紧围绕统筹推进“五位一体”总体布局和协调推进“四个全面”战略布局，坚持稳中求进工作总基调，坚持新发展理念，遵循“四个最严”要求，建立食品安全现代化治理体系，提高从农田到餐桌全过程监管能力，提升食品全链条质量安全保障水平，增强广大人民群众的获得感、幸福感、安全感，为实现“两个一百年”奋斗目标和中华民族伟大复兴的中国梦奠定坚实基础。

（二）基本原则。

——坚持安全第一。把保障人民群众食品安全放在首位，坚守安全底线，正确处理安全与发展的关系，促一方发展，保一方安全。

——坚持问题导向。以维护和促进公众健康为目标，从解决人民群众普遍关心的突出问题入手，标本兼治、综合施策，不断增强人民群众的安全感和满意度。

——坚持预防为主。牢固树立风险防范意识，强化风险监测、风险评估和供应链管理，提高风险发现与处置能力。坚持“产”出来和“管”出来两手抓，落实生产经营者主体责任，最大限度消除不安全风险。

——坚持依法监管。强化法治理念，健全法规制度、标准体系，重典治乱，加大检查执法力度，依法从严惩处违法犯罪行为，严把从农田到餐桌的每一道防线。

——坚持改革创新。深化监管体制机制改革，创新监管理念、监管方式，堵塞漏洞、补齐短板，推进食品安全领域国家治理体系和治理能力现代化。

——坚持共治共享。生产经营者自觉履行主体责任，政府部门依法加强监管，公众积极参与社会监督，形成各方各尽其责、齐抓共管、合力共治的工作格局。

（三）总体目标。

到 2020 年，基于风险分析和供应链管理的食品安全监管体系初步建立。农产品和食品抽检量达到 4 批次/千人，主要农产品质量安全监测总体合格率稳定在 97% 以上，食品抽检合格率稳定在 98% 以上，区域性、系统性重大食品安全风险基本得到控制，公众对食品安全的安全感、满意度进一步提高，食品安全整体水平与全面建成小康社会目标基本相适应。

到 2035 年，基本实现食品安全领域国家治理体系和治理能力现代化。食品安全标准水平进入世界前列，产地环境污染得到有效治理，生产经营者责任意识、诚信意识和食品质量安全管理水平明显提高，经济利益驱动型食品安全违法犯罪明显减少。食品安全风险管控能力达到国际先进水平，从农田到餐桌全过程监管体系运行有效，食品安全状况实现根本好转，人民群众吃得健康、吃得放心。

三、建立最严谨的标准

（四）加快制修订标准。立足国情、对接国际，加快制修订农药残留、兽药残留、重金属、食品污染物、致病性微生物等食品安全通用标准，到 2020 年农药兽药残留限量指标达到 1 万项，基本与国际食品法典标准接轨。加快制修订产业发展和监管急需的食品安全基础标准、产品标准、配套检验方法标准。完善食品添加剂、食品相关产品等标准制定。及时修订完善食品标签等标准。

（五）创新标准工作机制。借鉴和转化国际食品安全标准，简化优化食品安全国家标准制修订流程，加快制修订进度。完善食品中有害物质的临时限量值制定机制。建立企业标准公开承诺制度，完善配套管理制度，鼓励企业制定实施严于国家标准或地方标准的企业标准。支持各方参与食品安全国家标准制修订，积极参与国际食品法典标准制定，积极参与国际新兴危害因素的评估分析与管理决策。

（六）强化标准实施。加大食品安全标准解释、宣传贯彻和培训力度，督促食品生产经营者准确理解和应用食品安全标准，维护食品安全标准的强制性。对食品安全标准的使用进行跟踪评价，充分发挥食品安全标准保障食品安全、促进产业发展的基础作用。

四、实施最严格的监管

（七）严把产地环境安全关。实施耕地土壤环境治理保护重大工程。强化土壤污染管控和修复，开展重点地区涉重金属行业污染土壤风险排查和整治。强化大气污染治理，加大重点行业挥发性有机物治理力度。加强流域水污染防治工作。

（八）严把农业投入品生产使用关。严格执行农药兽药、饲料添加剂等农业投入品生产和使用规定，严禁使用国家明令禁止的农业投入品，严格落实定点经营和实名购买制度。将高毒农药禁用范围逐步扩大到所有食用农产品。落实农业生产经营记录制度、农业投入品使用记录制度，指导农户严格执行农药安全间隔期、兽药休药期有关规定，防范农药兽药残留超标。

（九）严把粮食收储质量安全关。做好粮食收购企业资格审核管理，督促企业严格落实出入厂（库）和库存质量检验制度，积极探索建立质量追溯制度，加强烘干、存储和检验监测能力建设，为农户提供粮食烘干存储服务，防止发霉变质受损。健全超标粮食收购处置长效机制，推进无害化处理和资源合理化利用，严禁不符合食品安全标准的粮食流入口粮市场和食品生产企业。

（十）严把食品加工质量安全关。实行生产企业食品安全风险分级管理，在日常监督检查全覆盖基础上，对一般风险企业实施按比例“双随机”抽查，对高风险企业实施重点检查，对问题线索企业实施飞行检查，督促企业生产过程持续合规。加强保健食品等特殊食品监管。将体系检查从婴幼儿配方乳粉逐步扩大到高风险大宗消费食品，着力解决生产过程不合规、非法添加、超范围超限量使用食品添加剂等问题。

（十一）严把流通销售质量安全关。建立覆盖基地贮藏、物流配送、市场批发、销售终端全链条的冷链配送系统，严格执行全过程温控标准和规范，落实食品运输在途监管责任，鼓励使用温控标签，防止食物脱冷变质。督促企业严格执行进货查验记录制度和保质期标识等规定，严查临期、过期食品翻新销售。严格执行畜禽屠宰检验检疫制度。加强食品集中交易市场监管，强化农产品产地准出和市场准入衔接。

（十二）严把餐饮服务质量安全关。全面落实餐饮服务食品安全操作规范，严格执行进货查验、加工操作、清洗消毒、人员管理等规定。集体用餐单位要建立稳定的食材供应渠道和追溯记录，保证购进原料符合食品安全标准。严格落实网络订餐平台责任，保证线上线下餐饮同标同质，保证一次性餐具制品质量安全，所有提供网上订餐服务的餐饮单位必须有实体店经营资格。

五、实行最严厉的处罚

（十三）完善法律法规。研究修订食品安全法及其配套法规制度，修订完善刑法中危害食品安全犯罪和刑罚规定，加快修订农产品质量安全法，研究制定粮食安全保障法，推动农产品追溯入法。加快完善办理危害食品安全刑事案件的司法解释，推动危害食品安全的制假售假行为“直接入刑”。推动建立食品安全司法鉴定制度，明确证据衔接规则、涉案食品检验认定与处置协作配合机制、检验认定时限和费用等有关规定。加快完善食品安全民事纠纷案件司法解释，依法严肃追究故意违法者的民事赔偿责任。

（十四）严厉打击违法犯罪。落实“处罚到人”要求，综合运用各种法律手段，对违法企业及其法定代表人、实际控制人、主要负责人等直接负责的主管人员和其他直接责任人员进行严厉处罚，大幅提高违法成本，实行食品行业从业禁止、终身禁业，对再犯从严从重进行处罚。严厉打击刑事犯罪，对情节严重、影响恶劣的危害食品安全刑事案件依法从重判罚。加强行政执法与刑事司法衔接，行政执法机关发现涉嫌犯罪、依法需要追究刑事责任的，依据行刑衔接有关规定及时移送公安机关，同时抄送检察机关；发现涉嫌职务犯罪线索的，及时移送监察机关。积极完善食品安全民事和行政公益诉讼，做好与民事和行政诉讼的衔接与配合，探索建立食品安全民事公益诉讼惩罚性赔偿制度。

（十五）加强基层综合执法。深化综合执法改革，加强基层综合执法队伍和能力建设，确保有足够资源履行食品安全监管职责。县级市场监管部门及其在乡镇（街道）的派出机构，要以食品安全为首要职责，执法力量向一线岗位倾斜，完善工作流程，提高执法效率。农业综合执法要把保障农产品质量安全作为重点任务。加强执法力量和装备配备，确保执法监管工作落实到位。公安、农业农村、市场监管等部门要落实重大案件联合督办制度，按照国家有关规定，对贡献突出的单位和个人进行表彰奖励。

（十六）强化信用联合惩戒。推进食品工业企业诚信体系建设。建立全国统一的食品生产经营企业信用档案，纳入全国信用信息共享平台和国家企业信用信息公示系统。实行食品生产经营企业信用分级分类管理。进一步完善食品安全严重失信者名单认定机制，加大对失信人员联合惩戒力度。

六、坚持最严肃的问责

（十七）明确监管事权。各省、自治区、直辖市政府要结合实际，依法依规制定食品安全监管事权清单，压实各职能部门在食品安全工作中的行业管理责任。对产品风险高、影响区域广的生产企业监督检查，对重大复杂案件查处和跨区域执法，原则上由省级监管部门负责组织和协调，市县两级监管部门配合，也可实行委托监管、指定监管、派驻监管等制度，确保监管到位。市县两级原则上承担辖区内直接面向市场主体、直接面向消费者的食品生产经营监管和执法事项，保护消费者合法权益。上级监管部门要加强对下级监管部门的监督管理。

（十八）加强评议考核。完善对地方党委和政府食品安全工作评议考核制度，将食品安全工作考核结果作为党政领导班子和领导干部综合考核评价的重要内容，作为干部奖惩和使用、调整的重要参考。对考核达不到要求的，约谈地方党政主要负责人，并督促限期整改。

（十九）严格责任追究。依照监管事权清单，尽职照单免责、失职照单问责。对贯彻落实党中央、国务院有关食品安全工作决策部署不力、履行职责不力、给国家和人民利益造成严重损害的，依规依纪依法追究相关领导责任。对监管工作中失职失责、不作为、乱作为、慢作为、假作为的，依规依纪依法追究相关人员责任；涉嫌犯罪的，依法追究刑事责任。对参与、包庇、放纵危害食品安全违法犯罪行为，弄虚作假、干扰责任调查，帮助伪造、隐匿、毁灭证据的，依法从重追究法律责任。

七、落实生产经营者主体责任

（二十）落实质量安全管理责任。生产经营者是食品安全第一责任人，要结合实际设立食品质量安全管理岗位，配备专业技术人员，严格执行法律法规、标准规范等要求，确保生产经营过程持续合规，确保产品符合食品安全标准。食品质量安全管理岗位人员的法规知识抽查考核合格率要达到90%以上。风险高的大型食品企业要率先建立和实施危害分析和关键控制点体系。保健食品生产经营者要严格落实质量安全主体责任，加强全面质量管理，规范生产行为，确保产品功能声称真实。

（二十一）加强生产经营过程控制。食品生产经营者应当依法对食品安全责任落实情况、食品安全状况进行自查评价。对生产经营条件不符合食品安全要求的，要立即采取整改措施；发现存在食品安全风险的，应当立即停止生产经营活动，并及时报告属地监管部门。要主动监测其上市产品质量安全状况，对存在隐患的，要及时采取风险控制措施。食品生产企业自查报告率要达到90%以上。

（二十二）建立食品安全追溯体系。食用农产品生产经营主体和食品生产企业对其产品追溯负责，依法建立食品安全追溯体系，确保记录真实完整，确保产品来源可查、去向可追。国家建立统一的食用农产品追溯平台，建立食用农产品和食品安全追溯标准和规范，完善全程追溯协作机制。加强全程追溯的示范推广，逐步实现企业信息化追溯体系与政府部门监管平台、重要产品追溯管理平台对接，接受政府监督，互通互享信息。

（二十三）积极投保食品安全责任保险。因食品安全问题造成损害的，食品生产经营者要依法承担赔偿责任。推进肉蛋奶和白酒生产企业、集体用餐单位、农村集体聚餐、大宗食品配送单位、中央厨房和配餐单位主动购买食品安全责任保险，有条件的中小企业要积极投保食品安全责任保险，发挥保险的他律作用和风险分担机制。

八、推动食品产业高质量发展

（二十四）改革许可认证制度。坚持“放管服”相结合，减少制度性交易成本。推进农产品认证制度改革，加快建立食用农产品合格证制度。深化食品生产经营许可改革，优化许可程序，实现全程电子化。推进保健食品注册与备案双轨运行，探索对食品添加剂经营实行备案管理。制定完善食品新业态、新模式监管制度。利用现有相关信息系统，实现全国范围内食品生产经营许可信息可查询。

（二十五）实施质量兴农计划。以乡村振兴战略为引领，以优质安全、绿色发展为目标，推动农业由增产导向转向提质导向。全面推行良好农业规范。创建农业标准化示范区。实施农业品牌提升行动。培育新型农业生产服务主体，推广面向适度规模经营主体特别是小农户的病虫害统防统治专业化服务，逐步减少自行使用农药兽药的农户。

（二十六）推动食品产业转型升级。调整优化食品产业布局，鼓励企业获得认证认可，实施增品种、提品质、创品牌行动。引导食品企业延伸产业链条，建立优质原料生产基地及配套设施，加强与电商平台深度融合，打造有影响力的百年品牌。大力发展专业化、规模化冷链物流企业，保障生鲜食品流通环节质量安全。

（二十七）加大科技支撑力度。将食品安全纳入国家科技计划，加强食品安全领域的科技创新，引导食品企业加大科研投入，完善科技成果转化应用机制。建设一批国际一流的食品安全技术支撑机构和重点实验室，加快引进培养高层次人才和高水平创新团队，重点突破“卡脖子”关键技术。依托国家级专业技术机构，开展基础科学和前沿科学研究，提高食品安全风险发现和防范能力。

九、提高食品安全风险管理能力

（二十八）加强协调配合。完善统一领导、分工负责、分级管理的食品安全监管体制，地方各级党委和政府对本地区食品安全工作负总责。相关职能部门要各司其职、齐抓共管，健全工作协调联动机制，加强跨地区协作配合，发现问题迅速处置，并及时通报上游查明原因、下游控制危害。在城市社区和农村建立专兼职食品安全信息员（协管员）队伍，充分发挥群众监督作用。

（二十九）提高监管队伍专业化水平。强化培训和考核，依托现有资源加强职业化检查队伍建设，提高检查人员专业技能，及时发现和处置风险隐患。完善专业院校课程设置，加强食品学科建设和人才培养。加大公安机关打击食品安全犯罪专业力量、专业装备建设力度。

（三十）加强技术支撑能力建设。推进国家级、省级食品安全专业技术机构能力建设，提升食品安全标准、监测、评估、监管、应急等工作水平。根据标准分类加快建设 7 个食品安全风险评估与标准研制重点实验室。健全以国家级检验机构为龙头，省级检验机构为骨干，市县两级检验机构为基础的食品和农产品质量安全检验检测体系，打造国际一流的国家检验检测平台，落实各级食品和农产品检验机构能力和装备配备标准。严格检验机构资质认定管理、跟踪评价和能力验证，发展社会检验力量。

（三十一）推进“互联网+食品”监管。建立基于大数据分析的食品安全信息平台，推进大数据、云计算、物联网、人工智能、区块链等技术在食品安全监管领域的应用，实施智慧监管，逐步实现食品安全违法犯罪线索网上排查汇聚和案件网上移送、网上受理、网上监督，提升监管工作信息化水平。

（三十二）完善问题导向的抽检监测机制。国家、省、市、县抽检事权四级统筹、各有侧重、不重不漏，统一制定计划、统一组织实施、统一数据报送、统一结果利用，力争抽检样品覆盖到所有农产品和食品企业、品种、项目，到2020年达到4批次/千人。逐步将监督抽检、风险监测与评价性抽检分离，提高监管的靶向性。完善抽检监测信息通报机制，依法及时公开抽检信息，加强不合格产品的核查处置，控制产品风险。

（三十三）强化突发事件应急处置。修订国家食品安全事故应急预案，完善事故调查、处置、报告、信息发布工作程序。完善食品安全事件预警监测、组织指挥、应急保障、信息报告制度和工作体系，提升应急响应、现场处置、医疗救治能力。加强舆情监测，建立重大舆情收集、分析研判和快速响应机制。

十、推进食品安全社会共治

（三十四）加强风险交流。主动发布权威信息，及时开展风险解读，鼓励研究机构、高校、协会、媒体等参与食品安全风险交流，科学解疑释惑。鼓励企业通过新闻媒体、网络平台等方式直接回应消费者咨询。建立谣言抓取、识别、分析、处置智能化平台，依法坚决打击造谣传谣、欺诈和虚假宣传行为。

（三十五）强化普法和科普宣传。落实“谁执法谁普法”普法责任制，对各类从事食品生产经营活动的单位和个人，持续加强食品安全法律法规、国家标准、科学知识的宣传教育。在中小学开展食品安全与营养教育，有条件的主流媒体可开办食品安全栏目，持续开展“食品安全宣传周”和食品安全进农村、进校园、进企业、进社区等宣传活动，提升公众食品安全素养，改变不洁饮食习俗，避免误采误食，防止发生食源性疾病。普及健康知识，倡导合理膳食，开展营养均衡配餐示范推广，提倡“减盐、减油、减糖”。

（三十六）鼓励社会监督。依法公开行政监管和处罚的标准、依据、结果，接受社会监督。支持行业协会建立行规行约和奖惩机制，强化行业自律。鼓励新闻媒体准确客观报道食品安全问题，有序开展食品安全舆论监督。

（三十七）完善投诉举报机制。畅通投诉举报渠道，落实举报奖励制度。鼓励企业内部知情人举报食品研发、生产、销售等环节中的违法犯罪行为，经查证属实的，按照有关规定给予奖励。加强对举报人的保护，对打击报复举报人的，要依法严肃查处。对恶意举报非法牟利的行为，要依法严厉打击。

十一、开展食品安全放心工程建设攻坚行动

围绕人民群众普遍关心的突出问题，开展食品安全放心工程建设攻坚行动，用5年左右时间，以点带面治理“餐桌污染”，力争取得明显成效。

（三十八）实施风险评估和标准制定专项行动。系统开展食物消费量调查、总膳食研究、毒理学研

究等基础性工作，完善风险评估基础数据库。加强食源性疾病、食品中有害物质、环境污染物、食品相关产品等风险监测，系统开展食品中主要危害因素的风险评估，建立更加适用于我国居民的健康指导值。按照最严谨要求和现阶段实际，制定实施计划，加快推进内外销食品标准互补和协调，促进国民健康公平。

（三十九）实施农药兽药使用减量和产地环境净化行动。开展高毒高风险农药淘汰工作，5年内分期分批淘汰现存的10种高毒农药。实施化肥农药减量增效行动、水产养殖用药减量行动、兽药抗菌药治理行动，遏制农药兽药残留超标问题。加强耕地土壤环境类别划分和重金属污染区耕地风险管控与修复，重度污染区域要加快退出食用农产品种植。

（四十）实施国产婴幼儿配方乳粉提升行动。在婴幼儿配方乳粉生产企业全面实施良好生产规范、危害分析和关键控制点体系，自查报告率要达到100%。完善企业批批全检的检验制度，健全安全生产规范体系检查常态化机制。禁止使用进口大包装婴幼儿配方乳粉到境内分装，规范标识标注。支持婴幼儿配方乳粉企业兼并重组，建设自有自控奶源基地，严格奶牛养殖饲料、兽药管理。促进奶源基地实行专业化、规模化、智能化生产，提高原料奶质量。发挥骨干企业引领作用，加大产品研发力度，培育优质品牌。力争3年内显著提升国产婴幼儿配方乳粉的品质、竞争力和美誉度。

（四十一）实施校园食品安全守护行动。严格落实学校食品安全校长（园长）负责制，保证校园食品安全，防范发生群体性食源性疾病事件。全面推行“明厨亮灶”，实行大宗食品公开招标、集中定点采购，建立学校相关负责人陪餐制度，鼓励家长参与监督。对学校食堂、学生集体用餐配送单位、校园周边餐饮门店及食品销售单位实行全覆盖监督检查。落实好农村义务教育学生营养改善计划，保证学生营养餐质量。

（四十二）实施农村假冒伪劣食品治理行动。以农村地区、城乡结合部为主战场，全面清理食品生产经营主体资格，严厉打击制售“三无”食品、假冒食品、劣质食品、过期食品等违法违规行为，坚决取缔“黑工厂”、“黑窝点”和“黑作坊”，实现风险隐患排查整治常态化。用2—3年时间，建立规范的农村食品流通供应体系，净化农村消费市场，提高农村食品安全保障水平。

（四十三）实施餐饮质量安全提升行动。推广“明厨亮灶”、餐饮安全风险分级管理，支持餐饮服务企业发展连锁经营和中央厨房，提升餐饮行业标准化水平，规范快餐、团餐等大众餐饮服务。鼓励餐饮外卖对配送食品进行封签，使用环保可降解的容器包装。大力推进餐厨废弃物资源化利用和无害化处理，防范“地沟油”流入餐桌。开展餐饮门店“厕所革命”，改善就餐环境卫生。

（四十四）实施保健食品行业专项清理整治行动。全面开展严厉打击保健食品欺诈和虚假宣传、虚假广告等违法犯罪行为。广泛开展以老年人识骗、防骗为主要内容的宣传教育活动。加大联合执法力度，大力整治保健食品市场经营秩序，严厉查处各种非法销售保健食品行为，打击传销。完善保健食品标准和标签标识管理。做好消费者维权服务工作。

（四十五）实施“优质粮食工程”行动。完善粮食质量安全检验监测体系，健全为农户提供专业化社会化粮食产后烘干储存销售服务体系。开展“中国好粮油”行动，提高绿色优质安全粮油产品供给水平。

（四十六）实施进口食品“国门守护”行动。将进口食品的境外生产经营企业、国内进口企业等纳入海关信用管理体系，实施差别化监管，开展科学有效的进口食品监督抽检和风险监控，完善企业信用管理、风险预警、产品追溯和快速反应机制，落实跨境电商零售进口监管政策，严防输入型食品安全风险。建立多双边国际合作信息通报机制、跨境检查执法协作机制，共同防控食品安全风险。严厉打击食品走私行为。

（四十七）实施“双安双创”示范引领行动。发挥地方党委和政府积极性，持续开展食品安全示范城市创建和农产品质量安全县创建活动，总结推广经验，落实属地管理责任和生产经营者主体责任。

十二、加强组织领导

（四十八）落实党政同责。地方各级党委和政府要把食品安全作为一项重大政治任务来抓。落实《地方党政领导干部食品安全责任制规定》，明确党委和政府主要负责人为第一责任人，自觉履行组织领导和督促落实食品安全属地管理责任，确保不发生重大食品安全事件。强化各级食品安全委员会及其办公室统筹协调作用，及时研究部署食品安全工作，协调解决跨部门跨地区重大问题。各有关部门要按照管行业必须管安全的要求，对主管领域的食品安全工作承担管理责任。各级农业农村、海关、市场监管等部门要压实监管责任，加强全链条、全流程监管。各地区各有关部门每年 12 月底前要向党中央、国务院报告食品安全工作情况。

（四十九）加大投入保障。健全食品和农产品质量安全财政投入保障机制，将食品和农产品质量安全工作所需经费列入同级财政预算，保障必要的监管执法条件。企业要加大食品质量安全管理方面的投入，鼓励社会资本进入食品安全专业化服务领域，构建多元化投入保障机制。

（五十）激励干部担当。加强监管队伍思想政治建设，增强“四个意识”，坚定“四个自信”，做到“两个维护”，忠实履行监管职责，敢于同危害食品安全的不法行为作斗争。各级党委和政府要关心爱护一线监管执法干部，建立健全容错纠错机制，为敢于担当作为的干部撑腰鼓劲。对在食品安全工作中作出突出贡献的单位和个人，按照国家有关规定给予表彰奖励，激励广大监管干部为党和人民干事创业、建功立业。

（五十一）强化组织实施。各地区各有关部门要根据本意见提出的改革任务和工作要求，结合实际认真研究制定具体措施，明确时间表、路线图、责任人，确保各项改革举措落实到位。国务院食品安全委员会办公室要会同有关部门建立协调机制，加强沟通会商，研究解决实施中遇到的问题。要严格督查督办，将实施情况纳入对地方政府食品安全工作督查考评内容，确保各项任务落实到位。

国务院关于在市场监管领域全面推行部门联合“双随机、一公开”监管的意见

国发〔2019〕5号

各省、自治区、直辖市人民政府，国务院各部委、各直属机构：

在市场监管领域全面推行“双随机、一公开”监管，是党中央、国务院作出的重大决策部署，是市场监管理念和方式的重大创新，是深化“放管服”改革、加快政府职能转变的内在要求，是减轻企业负担、优化营商环境的有力举措，是加快信用体系建设、创新事中事后监管的重要内容。为持续深化“放管服”改革，推行部门联合“双随机、一公开”监管，实现市场监管领域全覆盖，现提出如下意见。

一、总体要求

以习近平新时代中国特色社会主义思想为指导，全面贯彻党的十九大和十九届二中、三中全会精神，认真落实党中央、国务院决策部署，适应建设现代化经济体系、推动经济高质量发展、推进国家治理体系和治理能力现代化的需要，切实转变监管理念，创新监管方式。实行抽查事项清单管理，避免多头执法、重复检查，规范执法行为，提高监管效能，减轻企业负担，强化信用支撑。在市场监管领域健全以“双随机、一公开”监管为基本手段、以重点监管为补充、以信用监管为基础的新型监管机制，切实做到监管到位、执法必严，使守法守信者畅行天下、违法失信者寸步难行，进一步营造公平竞争的市场环境和法治化、便利化的营商环境。

坚持全面覆盖。将“双随机、一公开”作为市场监管的基本手段和方式，除特殊重点领域外，原则上所有行政检查都应通过双随机抽查的方式进行，取代日常监管原有的巡查制和随意检查，形成常态化管理机制。对抽查中发现的问题线索一查到底、依法处罚，并将处罚结果记于相应市场主体名下，形成对违法失信行为的长效制约。

坚持规范透明。严格依法依规落实市场监管责任，形成科学规范、公平公正、公开透明的“双随机、一公开”监管工作机制。除法律法规明确规定外，抽查事项、抽查计划、抽查结果都要及时、准确、规范向社会公开，实现阳光监管，杜绝任性执法。

坚持问题导向。实施信用风险分类监管，针对突出问题和风险开展双随机抽查，提高监管精准性。在按照抽查计划做好“双随机、一公开”监管的同时，对通过投诉举报、转办交办、数据监测等发现的具体问题要进行有针对性的检查，对发现的问题线索依法依规处理。

坚持协同推进。落实地方各级人民政府责任，建立健全工作机制，全面推行部门联合“双随机、一公开”监管。建立双随机抽查结果部门间共享交换和互认互用机制。

二、主要目标

通过在市场监管领域全面推行部门联合“双随机、一公开”监管，增强市场主体信用意识和自我约

束力，对违法者“利剑高悬”；切实减少对市场主体正常生产经营活动的干预，对守法者“无事不扰”。强化企业主体责任，实现由政府监管向社会共治的转变，以监管方式创新提升事中事后监管效能。

到2019年底，市场监管部门完成双随机抽查全流程整合，实现“双随机、一公开”监管全覆盖、常态化。到2020年底，实现市场监管领域相关部门“双随机、一公开”监管全覆盖，地方各级人民政府相关部门在市场监管领域联合“双随机、一公开”监管常态化。力争三到五年时间内，市场监管领域新型监管机制更加完善，实现综合监管、智慧监管。

三、重点任务

（一）统筹建设监管工作平台

各省（区、市）人民政府要以国家企业信用信息公示系统和全国信用信息共享平台等为依托，建设本辖区统一的“双随机、一公开”监管工作平台（以下称省级平台），为抽查检查、结果集中统一公示和综合运用提供技术支撑。各地已经建设并使用的工作平台要与省级平台整合融合，避免数据重复录入、多头报送。部门相关监管信息通过省级平台实现互联互通，满足部门联合双随机抽查需求。着力规范计划制定、名单抽取、结果公示、数据存档等各项抽查检查工作程序，做到全程留痕、责任可追溯。

（二）实行抽查事项清单管理

各有关部门要依照法律、法规、规章规定，建立本部门随机抽查事项清单，明确抽查依据、主体、内容、方式等。市场监管总局要会同有关部门制定联合抽查事项清单、标准和实施办法。各省（区、市）人民政府要统筹建立本辖区统一的市场监管领域随机抽查事项清单。

随机抽查事项分为重点检查事项和一般检查事项。重点检查事项针对涉及安全、质量、公共利益等领域，抽查比例不设上限；抽查比例高的，可以通过随机抽取的方式确定检查批次顺序。一般检查事项针对一般监管领域，抽查比例应根据监管实际情况设置上限。要严格控制重点检查事项的数量和一般检查事项的抽查比例。随机抽查事项清单应根据法律、法规、规章立改废释和工作实际情况等进行动态调整，并及时通过相关网站和平台向社会公开。

（三）建立健全随机抽查“两库”

各省（区、市）人民政府要统筹建立健全覆盖本辖区各层级、与抽查事项相对应的检查对象名录库和执法检查人员名录库（统称“两库”）。要根据法律法规和部门职责分工，按照“谁审批、谁监管，谁主管、谁监管”的原则，通过分类标注、批量导入等方式，在省级平台分别建立与部门职责相对应的检查对象名录库，避免出现监管真空。检查对象名录库既可以包括企业、个体工商户等市场主体，也可以包括产品、项目、行为等。

执法检查人员名录库应包括所有相关的行政执法类公务员、具有行政执法资格的工作人员和从事日常监管工作的人员，并按照执法资质、业务专长进行分类标注，提高抽查检查专业性。对特定领域的抽查，可在满足执法检查人数要求的基础上，吸收检测机构、科研院所和专家学者等参与，通过听取专家咨询意见等方式辅助抽查，满足专业性抽查需要。要根据检查对象和执法检查人员变动情况，对“两库”进行动态管理。

（四）统筹制定抽查计划

县级以上地方人民政府结合本地实际及行业主管部门的抽查要求，统筹制定本辖区年度抽查工作计划，涵盖一般检查事项和重点检查事项，明确工作任务和参与部门。年度抽查工作计划可根据工作实际动态调整。要科学确定部门联合抽查的事项和发起、参与部门，实现“进一次门、查多项事”。要按照法律法规规定和当地经济社会发展及监管领域、执法队伍的实际情况，针对不同风险等级、信用水平的检查对象采取差异化分类监管措施，合理确定、动态调整抽查比例、频次和被抽查概率，既保证必要的抽查覆盖面和监管效果，又防止任意检查和执法扰民。

（五）科学实施抽查检查

县级以上地方人民政府根据年度抽查工作计划，组织领导本辖区内的部门联合“双随机、一公开”监管工作。根据抽查涉及的对象范围和参与部门，通过公开、公正的方式从检查对象名录库中随机抽取检查对象，并根据实际情况随机匹配执法检查人员。抽查可以采取实地核查、书面检查、网络监测等方式；涉及专业领域的，可以委托有资质的机构开展检验检测、财务审计、调查咨询等工作，或依法采用相关机构作出的鉴定结论。鼓励运用信息化手段提高问题发现能力，实现全过程留痕。各有关部门可以根据实际情况，制定详细的随机抽查工作细则和工作指引，对抽查工作程序、项目、方法等作出明确规定，方便基层执法检查人员操作，提高抽查检查规范化水平。

（六）强化抽查检查结果公示运用

按照“谁检查、谁录入、谁公开”的原则，将抽查检查结果通过国家企业信用信息公示系统和全国信用信息共享平台等进行公示，接受社会监督。对抽查发现的违法违规行为依法加大惩处力度，涉嫌犯罪的及时移送司法机关。实现抽查检查结果政府部门间互认，促进“双随机、一公开”监管与信用监管有效衔接，对抽查发现的违法失信行为依法实施联合惩戒，形成有力震慑，增强市场主体守法自觉性。

（七）做好个案处理和专项检查工作

在做好“双随机、一公开”监管工作的同时，对通过投诉举报、转办交办、数据监测等发现的违法违规个案线索，要立即实施检查、处置；需要立案查处的，要按照行政处罚程序规定进行调查处理。要坚持问题导向，对通过上述渠道发现的普遍性问题和市场秩序存在的突出风险，要通过双随机抽查等方式，对所涉抽查事项开展有针对性的专项检查，并根据实际情况确定抽查比例，确保不发生系统性、区域性风险。要将抽查检查结果归集至国家企业信用信息公示系统和全国信用信息共享平台等，为开展协同监管和联合惩戒创造条件。对无证无照经营，有关部门应当按照《无证无照经营查处办法》等法律法规的规定予以查处。

四、保障措施

（一）加强组织领导

市场监管、发展改革、教育、公安、人力资源社会保障、生态环境、住房城乡建设、交通运输、农业农村、商务、文化和旅游、卫生健康、应急、海关、税务、统计等市场监管领域有关部门要统一思想认识，优化顶层设计，加强对本系统“双随机、一公开”监管工作的指导、督促。市场监管总局要发挥牵头作用，加强统筹协调，会同各有关部门共同推进各项工作。

地方各级人民政府要切实加强对本辖区“双随机、一公开”监管工作的组织领导，出台具体实施办法，建立市场监管部门牵头的联席会议制度，根据实际情况确定参与部门。合理配置、统筹使用执法资源，提高装备水平，完善档案管理，确保有效监管。通过现有渠道统筹做好部门联合“双随机、一公开”监管经费保障，将各有关部门“双随机、一公开”监管工作情况纳入政府绩效考核体系，加强督查督导。

（二）严格责任落实

各地区、各有关部门要进一步增强责任意识。对忠于职守、履职尽责的，要给予表扬和鼓励；对未履行、不当履行或违法履行“双随机、一公开”监管职责的，要依法依规严肃处理；涉嫌犯罪的，要移送有关机关依法处理。同时，按照“尽职照单免责、失职照单问责”原则，对严格依据抽查事项清单和相关工作要求开展“双随机、一公开”监管，市场主体出现问题的，应结合执法检查人员工作态度、工作程序方法、客观条件等进行综合分析，该免责的依法依规免予追究相关责任。各地区、各有关部门可以根据实际，细化追责免责相关办法，明确政策标准和评判界线，既严格问责追责，又有效保护基层执法检查人员担当作为、干事创业的积极性。

（三）营造良好环境

各地区、各有关部门要做好相关法规规章和规范性文件的立改废释工作，推进“双随机、一公开”监管法治化进程。加强干部队伍建设，强化监管执法业务培训，提升市场监管领域“双随机、一公开”监管能力和水平。鼓励各地结合实际大胆探索部门联合“双随机、一公开”监管的新模式，及时总结推广先进经验。加大宣传力度，提升“双随机、一公开”监管的社会影响力和公众知晓度，加快形成政府公正监管、企业诚信自律、社会公众监督的良好氛围。

国务院

2019年1月27日

国务院办公厅关于印发深化收费公路制度改革取消高速公路省界收费站实施方案的通知

国办发〔2019〕23号

各省、自治区、直辖市人民政府，国务院各部委、各直属机构：

《深化收费公路制度改革取消高速公路省界收费站实施方案》已经国务院同意，现印发给你们，请结合实际，认真组织实施。

国务院办公厅

2019年5月16日

深化收费公路制度改革取消高速公路省界收费站实施方案

为贯彻落实党中央、国务院决策部署，进一步深化收费公路制度改革，加快取消全国高速公路省界收费站，实现不停车快捷收费，制定本方案。

一、总体要求

深化收费公路制度改革，提高综合交通运输网络效率，降低物流成本，两年内基本取消全国高速公路省界收费站，实现不停车快捷收费。按照“远近结合、统筹谋划，科学设计、有序推进，安全稳定、提效降费”的原则，明确技术路线，加快工程建设，力争2019年底前基本取消全国高速公路省界收费站，提升人民群众的获得感、幸福感、安全感。

二、工作任务

（一）加快建设和完善高速公路收费体系

按照实现电子不停车快捷收费、辅以车牌图像识别、多种支付手段融合应用的技术路线，制定印发总体技术方案、工程建设方案、运营和服务规则、网络安全防护制度。（交通运输部负责，2019年5月底前完成）推进中央与地方两级运营管理等系统升级，收费站、收费车道、电子不停车收费系统（ETC）门架系统硬件及软件标准化建设改造，加强系统网络安全保障。（交通运输部、财政部、省级人民政府负责，2019年10月底前完成）开展系统联调联试，基本具备系统切换条件。（交通运输部、省级人民政府负责，2019年12月底前完成）适时实现新旧系统切换，基本取消全国高速公路省界收费站。（交通运输部、省级人民政府负责）

（二）加快电子不停车收费系统推广应用

制定印发加快推进高速公路电子不停车快捷收费应用服务实施方案。（发展改革委、交通运输部负责，相关部门配合，2019年5月底前完成）拓展服务功能，鼓励ETC在停车场等涉车场所应用。（交通运输部牵头）加快现有车辆免费安装ETC车载装置。组织发行单位开展互联网发行、预约安装、上门安装等服务。依托商业银行网点以及汽车主机厂、4S店、高速公路服务区和收费站出入口广场等车辆集中场所，增加安装网点，方便公众就近便捷免费安装。组织基层政府及相关部门，深入居民小区和村镇，开展宣传和安装服务，2019年底前各省（区、市）高速公路入口车辆使用ETC比例达到90%以上，同时实现手机移动支付在人工收费车道全覆盖。完善结算系统，提供便捷高效服务。（人民银行、省级人民政府负责）推动汽车预置安装。2019年底前完成ETC车载装置技术标准制定工作，从2020年7月1日起，新申请批准的车型应在选装配置中增加ETC车载装置。（工业和信息化部负责，交通运输部配合）升级优化ETC车载装置，研究推动ETC与新技术融合发展。（交通运输部负责，公安部、工业和信息化部配合）实现机动车注册登记信息共享，便利车辆安装ETC车载装置。（公安部、交通运输部负责）

（三）加快修订完善法规政策

加快推进公路法、收费公路管理条例等相关法律法规修订工作。（司法部负责，交通运输部配合）清理规范地方性通行费减免政策，出台优化重大节假日小型客车免费通行、鲜活农产品运输“绿色通道”等通行费减免政策的具体实施意见。（交通运输部、发展改革委、财政部负责，2019年6月底前完成）修订《收费公路车辆通行费车型分类》标准。（交通运输部负责）调整货车通行费计费方式，从2020年1月1日起，统一按车（轴）型收费，并确保不增加货车通行费总体负担，同步实施封闭式高速公路收费站入口不停车称重检测。全面推广高速公路差异化收费，引导拥堵路段、时段车辆科学分流，进一步提升高速公路通行效率。（省级人民政府负责）研究统一危险化学品运输车辆、摩托车高速公路通行管理政策。（交通运输部、公安部负责）完善高速公路信用体系，对偷逃车辆通行费等失信行为实施联合惩戒。（交通运输部、发展改革委负责，人民银行等配合）

（四）推动政府收费公路存量债务置换

允许地方政府债券置换截至2014年底符合政策规定的政府收费公路存量债务，优化债务结构，减轻债务利息负担，防范化解债务风险，为取消高速公路省界收费站创造有利条件。（财政部、人民银行、银保监会、省级人民政府负责）

三、保障措施

（一）加强组织领导

成立交通运输部牵头，发展改革委、工业和信息化部、公安部、司法部、财政部、人力资源社会保障部、人民银行、国资委、银保监会等参加的深化收费公路制度改革取消高速公路省界收费站工作领导小组，统筹指导协调相关工作，定期汇总分析工作进展情况，重大问题及时报告国务院。（交通运输部牵头）各地成立由省级人民政府牵头、相关部门参加的工作领导小组，按照应急工程简化基建程序加快推进项目建设。（省级人民政府负责）

（二）细化工作方案

坚持以人民为中心，更多从用户角度出发，深入调查研究，摸清基本情况，完善政策措施。要明确时间表和路线图，层层压实责任，积极稳妥推进各项工作，确保地方债务管理平稳有序。（国务院有关部门、省级人民政府负责）

（三）强化资金支持

中央财政和地方财政要对取消高速公路省界收费站工作给予资金支持。部级系统建设资金纳入年度部门预算，从车辆购置税资金中列支。（交通运输部、财政部负责）各地ETC车载装置安装、系统和设施建设改造资金由省级人民政府统筹负责，采用通行费收入列支、财政补助等方式解决，鼓励各地通过市场机制筹集资金。（省级人民政府负责）中央财政通过结构调整安排车辆购置税资金，对各地相关设施和系统建设改造予以适当补助。（交通运输部、财政部负责）

（四）强化安全管理

加强相关设施和系统建设改造期间施工管理，加强后期运营管理，加强系统和网络安全保障。拆除高速公路省界正线收费设施，保障正线公路畅通；对正线外的设施，要统筹应急、养护、服务、监督检查和公安查控等工作需要综合利用。（省级人民政府负责）

（五）妥善分流安置收费人员

各地要坚持属地负责和转岗不下岗的原则，结合本地区实际，按照国家法律法规和政策，制定收费人员安置工作方案，以内部择优转岗为主，多渠道分流安置收费人员，依法妥善处理职工人事劳动关系，保障收费人员合法权益。财政部门要给予必要支持。（省级人民政府负责，交通运输部、财政部、国资委、人力资源社会保障部指导）

（六）加强宣传引导

加强对取消高速公路省界收费站、实现不停车快捷收费相关政策的宣传解读，正确引导社会预期，及时回应公众关切，营造良好舆论氛围。及时妥善处置突发事件，确保社会稳定。（交通运输部、省级人民政府负责）

国务院办公厅关于加快发展流通促进商业消费的意见

国办发〔2019〕42号

各省、自治区、直辖市人民政府，国务院各部委、各直属机构：

党中央、国务院高度重视发展流通扩大消费。近年来，各地区、各部门积极落实中央决策部署，取得良好成效，国内市场保持平稳运行。但受国内外多重因素叠加影响，当前流通消费领域仍面临一些瓶颈和短板，特别是传统流通企业创新转型有待加强，商品和生活服务有效供给不足，消费环境需进一步优化，城乡消费潜力尚需挖掘。为推动流通创新发展，优化消费环境，促进商业繁荣，激发国内消费潜力，更好满足人民群众消费需求，促进国民经济持续健康发展，经国务院同意，现提出以下意见：

一、促进流通新业态新模式发展

顺应商业变革和消费升级趋势，鼓励运用大数据、云计算、移动互联网等现代信息技术，促进商旅文体等跨界融合，形成更多流通新平台、新业态、新模式。引导电商平台以数据赋能生产企业，促进个性化设计和柔性化生产，培育定制消费、智能消费、信息消费、时尚消费等商业新模式。鼓励发展“互联网+旧货”、“互联网+资源循环”，促进循环消费。实施包容审慎监管，推动流通新业态新模式健康有序发展。（发展改革委、工业和信息化部、生态环境部、商务部、文化和旅游部、市场监管总局、体育总局按职责分工负责）

二、推动传统流通企业创新转型升级

支持线下经营实体加快新理念、新技术、新设计改造提升，向场景化、体验式、互动性、综合型消费场所转型。鼓励经营困难的传统百货店、大型体育场馆、老旧工业厂区等改造为商业综合体、消费体验中心、健身休闲娱乐中心等多功能、综合性新型消费载体。在城市规划调整、公共基础设施配套、改扩建用地保障等方面给予支持。（工业和信息化部、自然资源部、住房城乡建设部、商务部、体育总局按职责分工负责）

三、改造提升商业步行街

地方政府可结合实际对商业步行街基础设施、交通设施、信息平台和诚信体系等新建改建项目予以支持，提升品质化、数字化管理服务水平。在符合公共安全的前提下，支持商业步行街等具备条件的商业街区开展户外营销，营造规范有序、丰富多彩的商业氛围。扩大全国示范步行街改造提升试点范围。（住房城乡建设部、商务部、市场监管总局按职责分工负责）

四、加快连锁便利店发展

深化“放管服”改革，在保障食品安全的前提下，探索进一步优化食品经营许可条件；将智能化、品牌化连锁便利店纳入城市公共服务基础设施体系建设；强化连锁企业总部的管理责任，简化店铺投入使用、营业前消防安全检查，实行告知承诺管理；具备条件的企业从事书报刊发行业务实行“总部审批、单店备案”。支持地方探索对符合条件的品牌连锁企业试行“一照多址”登记。开展简化烟草、乙类非处方药经营审批手续试点。（住房城乡建设部、商务部、应急部、市场监管总局、新闻出版署、烟草局、药监局按职责分工负责）

五、优化社区便民服务设施

打造“互联网+社区”公共服务平台，新建和改造一批社区生活服务中心，统筹社区教育、文化、医疗、养老、家政、体育等生活服务设施建设，改进社会服务，打造便民消费圈。有条件的地区可纳入城镇老旧小区改造范围，给予财政支持，并按规定享受有关税费优惠政策。鼓励社会组织提供社会服务。（发展改革委、教育部、民政部、财政部、住房城乡建设部、商务部、文化和旅游部、卫生健康委、税务总局、体育总局按职责分工负责）

六、加快发展农村流通体系

改造提升农村流通基础设施，促进形成以乡镇为中心的农村流通服务网络。扩大电子商务进农村覆盖面，优化快递服务和互联网接入，培训农村电商人才，提高农村电商发展水平，扩大农村消费。改善提升乡村旅游商品和服务供给，鼓励有条件的地区培育特色农村休闲、旅游、观光等消费市场。（发展改革委、工业和信息化部、农业农村部、商务部、文化和旅游部、邮政局按职责分工负责）

七、扩大农产品流通

加快农产品产地市场体系建设，实施“互联网+”农产品出村进城工程，加快发展农产品冷链物流，完善农产品流通体系，加大农产品分拣、加工、包装、预冷等一体化集配设施建设支持力度，加强特色农产品优势区生产基地现代流通基础设施建设。拓宽绿色、生态产品线上线下销售渠道，丰富城乡市场供给，扩大鲜活农产品消费。（发展改革委、财政部、农业农村部、商务部按职责分工负责）

八、拓展出口产品内销渠道

推动扩大内外销产品“同线同标同质”实施范围，引导出口企业打造自有品牌，拓展内销市场网络。在综合保税区积极推广增值税一般纳税人资格试点，落实允许综合保税区内加工制造企业承接境内区外委托加工业务的政策。（财政部、商务部、海关总署、税务总局、市场监管总局按职责分工负责）

九、满足优质国外商品消费需求

允许在海关特殊监管区域内设立保税展示交易平台。统筹考虑自贸试验区、综合保税区发展特点和趋势，扩大跨境电商零售进口试点城市范围，顺应商品消费升级趋势，抓紧调整扩大跨境电商零售进口商品清单。（财政部、商务部、海关总署、税务总局按职责分工负责）

十、释放汽车消费潜力

实施汽车限购的地区要结合实际情况，探索推行逐步放宽或取消限购的具体措施。有条件的地方对购置新能源汽车给予积极支持。促进二手车流通，进一步落实全面取消二手车限迁政策，大气污染防治重点区域应允许符合在用车排放标准的二手车在本省（市）内交易流通。（工业和信息化部、公安部、生态环境部、交通运输部、商务部按职责分工负责）

十一、支持绿色智能商品以旧换新

鼓励具备条件的流通企业回收消费者淘汰的废旧电子电器产品，折价置换超高清电视、节能冰箱、洗衣机、空调、智能手机等绿色、节能、智能电子电器产品，扩大绿色智能消费。有条件的地方对开展相关产品促销活动、建设信息平台和回收体系等给予一定支持。（工业和信息化部、生态环境部、商务部按职责分工负责）

十二、活跃夜间商业和市场

鼓励主要商圈和特色商业街与文化、旅游、休闲等紧密结合，适当延长营业时间，开设深夜营业专区、24 小时便利店和“深夜食堂”等特色餐饮街区。有条件的地方可加大投入，打造夜间消费场景和集聚区，完善夜间交通、安全、环境等配套措施，提高夜间消费便利度和活跃度。（住房城乡建设部、交通运输部、商务部、文化和旅游部、应急部按职责分工负责）

十三、拓宽假日消费空间

鼓励有条件的地方充分利用开放性公共空间，开设节假日步行街、周末大集、休闲文体专区等常态化消费场所，组织开展特色促消费活动，探索培育专业化经营管理主体。地方政府要结合实际给予规划引导、场地设施、交通安全保障等方面支持。（住房城乡建设部、交通运输部、商务部、文化和旅游部、应急部、市场监管总局按职责分工负责）

十四、搭建品牌商品营销平台

积极培育形成若干国际消费中心城市，引导自主品牌提升市场影响力和认知度，推动国内销售的国际品牌与发达国家市场在品质价格、上市时间、售后服务等方面同步接轨。因地制宜，创造条件，吸引知名品牌开设首店、首发新品，带动扩大消费，促进国内产业升级。保护和发展中华老字号品牌，对于中华老字号中确需保护的传统技艺，可按相关规定申请非物质文化遗产保护相关资金。（商务部、文化和旅游部、市场监管总局按职责分工负责）

十五、降低流通企业成本费用

推动工商用电同价政策尽快全面落实。各地不得干预连锁企业依法申请和享受总分机构汇总纳税政策。（发展改革委、财政部、税务总局按职责分工负责）

十六、鼓励流通企业研发创新

研究进一步扩大研发费用税前加计扣除政策适用范围。加大对国内不能生产、行业企业急需的高性能物流设备进口的支持力度，降低物流成本；研究将相关领域纳入《产业结构调整指导目录》“鼓励类”，推动先进物流装备产业发展，加快推进现代物流发展。（发展改革委、科技部、财政部、商务部、税务总局按职责分工负责）

十七、扩大成品油市场准入

取消石油成品油批发仓储经营资格审批，将成品油零售经营资格审批下放至地市级人民政府，加强成品油流通事中事后监管，强化安全保障措施落实。乡镇以下具备条件的地区建设加油站、加气站、充电站等可使用存量集体建设用地，扩大成品油市场消费。（发展改革委、自然资源部、生态环境部、住房城乡建设部、交通运输部、商务部、应急部、海关总署、市场监管总局按职责分工负责）

十八、发挥财政资金引导作用

统筹用好中央财政服务业发展资金等现有专项资金或政策，补齐流通领域短板。各地可因地制宜，加强对创新发展流通、促进扩大消费的财政支持。（财政部、商务部按职责分工负责）

十九、加大金融支持力度

鼓励金融机构创新消费信贷产品和服务，推动专业化消费金融组织发展。鼓励金融机构对居民购买新能源汽车、绿色智能家电、智能家居、节水器具等绿色智能产品提供信贷支持，加大对新消费领域金融支持力度。（人民银行、银保监会按职责分工负责）

二十、优化市场流通环境

强化消费信用体系建设，加快建设覆盖线上线下的重要产品追溯体系。严厉打击线上线下销售侵权假冒商品、发布虚假广告等违法行为，针对食品、药品、汽车配件、小家电等消费品，加大农村和城乡结合部市场治理力度。修订汽车、平板电视等消费品修理更换退货责任规定。积极倡导企业实行无理由退货制度。（发展改革委、工业和信息化部、公安部、农业农村部、商务部、应急部、海关总署、市场监管总局、药监局按职责分工负责）

各地区、各有关部门要充分认识创新发展流通、推动消费升级、促进扩大消费的重要意义，切实抓好各项政策措施的落实落地。各地区要结合本地实际完善政策措施，认真组织实施。各有关部门要落实责任，加强协作，形成合力，确保推动各项政策措施落实到位。

国务院办公厅

2019 年 8 月 16 日

商务部等10部门关于印发《多渠道拓宽贫困地区农产品营销渠道实施方案》的通知

商建函〔2019〕25号

为深入贯彻落实《中共中央 国务院关于打赢脱贫攻坚战三年行动的指导意见》和《国务院办公厅关于深入开展消费扶贫助力打赢脱贫攻坚战的指导意见》，多渠道拓宽贫困地区农产品营销渠道，助力脱贫攻坚，商务部等10部门制定了《多渠道拓宽贫困地区农产品营销渠道实施方案》。现印发给你们，请认真贯彻执行，并结合实际制定本地区实施方案。

商务部 教育部 交通运输部

卫生健康委 国管局 国家邮政局

国家知识产权局 国务院扶贫办

中华全国供销合作总社 中国邮政集团公司

2019年1月23日

多渠道拓宽贫困地区农产品营销渠道实施方案

为深入贯彻《中共中央 国务院关于打赢脱贫攻坚战三年行动的指导意见》和《国务院办公厅关于深入开展消费扶贫助力打赢脱贫攻坚战的指导意见》精神，多渠道拓宽农产品营销渠道，动员引导社会各方力量加强农产品产销对接，帮助具备条件的贫困地区（832个贫困县和12.8万个贫困村）农产品销售，推动建立长期稳定的产销关系，促进贫困地区产业发展，助力脱贫攻坚和乡村振兴，特制定本实施方案。

一、总体要求

（一）指导思想

全面贯彻党的十九大和十九届二中、三中全会精神，以习近平新时代中国特色社会主义思想为指导，坚持以人民为中心的发展思想，按照中央统筹、省负总责、市县抓落实的工作机制，聚焦多渠道、聚焦贫困地区，开展多种形式的农产品产销对接活动，搭建各种类型的展示对接平台，推动各类市场主体与贫困地区共同构建便捷、畅通、长期、稳定、紧密的农产品营销渠道，促进贫困地区产业发展，助力脱贫攻坚和乡村振兴。

（二）基本原则

因地制宜，科学谋划。根据不同地区农产品品种结构、生产布局、产出能力等生产性因素，地理位置、交通状况等区位性因素，初加工、储藏和运输设施等流通性因素，市场需求规模、消费品种结构、购买力水平等消费因素，选择适销产品与各类流通、加工和消费渠道进行对接。

政府引导，多方参与。充分发挥市场配置资源的决定性作用，强化政府责任，引导企业、机构等积极履行社会责任，整合资源，协同发力，不断增强拓宽贫困地区农产品营销渠道的工作合力，构建大扶贫格局。

精准施策，提高质量。坚持精准扶贫精准脱贫基本方略，着力提高贫困户收入和获得感，找准扶持对象，精准安排对接项目，提高帮扶质量，做到扶真贫、真扶贫，脱真贫、真脱贫。

（三）主要目标

到2020年，贫困地区农产品营销渠道不断拓宽，农产品产销对接更加紧密、稳定，农村物流配送体系和农产品冷链物流设施逐步完善，对贫困地区产业发展的带动作用得到增强，服务脱贫攻坚的能力和水平进一步提升。

二、重点任务

（四）推动流通企业与贫困村建立长期稳定的产销关系。推动批发市场、电商企业、大型超市等农产品流通企业深入贫困地区，开展多种形式的产销对接活动，与具备农业产业发展基础的贫困县（乡、村）建立长期稳定的产销关系。发挥市场资源优势，积极探索农产品产销对接方式，支持对贫困户增收有带动作用的农民专业合作社、家庭农场、农业产业化龙头企业发展，培育贫困地区农产品品牌，引导贫困地区发展特色、优势农产品产业。支持和鼓励农产品批发市场、零售企业和农产品电商企业设立贫困地区农产品销售专区、专档、专柜和电商扶贫频道。发挥好东西部扶贫协作、对口支援和中央单位定点扶贫工作机制的作用，帮助贫困地区拓宽农产品营销渠道。有条件的地区应建立扶贫产品集体商标的注册、管理制度，加强对扶贫产品的宣传和推广，推动扶贫产品销售。（商务、知识产权、扶贫主管部门，供销合作社按职责分工负责）

（五）组织开展贫困地区农产品定向直供直销活动。推广以购代捐的扶贫模式，推动学校、医院、机关食堂和交易市场等从贫困地区直接采购农产品。教育部门要在质量安全可控的前提下，鼓励高校加大面向贫困地区采购农产品的力度，使其成为高校食堂原材料采购的重要渠道；指导推动高校食堂开设精准扶贫窗口。卫生健康部门要推动医院等场所开设扶贫产品专柜，加大宣传和销售力度，推动符合采购要求的贫困地区产品进医院。机关事务管理部门要发动机关食堂与贫困地区建立全方位采购通道关系，建立机关后勤采购基地；组织贫困地区产品进机关、进家庭、进直属宾馆招待所等经营性场所；各省（区、市）驻京办事处可结合实际开设扶贫展厅展销本地区扶贫产品。商务部门在组织各类产销对接活动时，会同教育、卫生健康、机关事务管理部门组织学校、医院、机关参与对接。（教育、商务、卫生健康、机关事务主管部门按职责分工负责）

（六）完善贫困地区农村物流配送体系。加快推进“快递下乡”工程，进一步提高乡镇快递网点覆盖率。支持供销、邮政及各类企业把服务网点延伸到贫困村，推动实现建制村直接通邮，提升网点电商服务功能。加大电子商务进农村综合示范工作对贫困地区农村邮政、快递等物流配送设施的支持力度，完善协同发展机制。推动供销、邮政、快递、交通运输企业在农村地区扩展合作范围、合作领域和服务内容，逐步建立互利共赢、服务规范的合作机制，探索开展农村渠道共建、设施共享、业务代理合作。（交通运输、商务、邮政主管部门，供销合作社、邮政集团公司按职责分工负责）

（七）加强特色优势农产品生产基地冷链设施建设。根据贫困地区产品特点，建设适度规模的产地型冷库、预冷库、移动预冷库、具有冷藏功能的产地加工集配中心等冷链设施，提升预冷和储藏保鲜能力，补齐“最先一公里”冷链物流短板，延长农产品货架期，提高错峰销售能力。配备标准化的清洗、烘干、分级、包装等商品化处理设施，提升农产品初加工和产销对接能力，提高农产品附加值和市场竞争力。（商务、邮政主管部门，供销合作社、邮政集团公司按职责分工负责）

三、工作要求

（八）提高思想认识，强化责任落实。多渠道拓宽贫困地区农产品营销渠道是党中央、国务院打赢脱贫攻坚战的重要决策部署和交办的政治任务。按照中共中央办公厅、国务院办公厅印发的《脱贫攻坚责任制实施办法》要求，商务部会同有关部门建立部门工作协调机制，统筹协调解决跨区域问题、共性问题。省级政府相应部门负总责，研究制定本地区政策措施，根据脱贫目标任务制定省级滚动规划和年度计划并组织实施。市级政府相应部门结合本地区实际加强协调指导，落实各项具体政策和工作任务。县级政府相应部门，指导乡、村组织实施精准扶贫政策，重点面向对贫困户增收有直接带动作用的农民专业合作社、家庭农场等做好精准对接服务，在产销对接活动中对覆盖贫困户数量和带动增收情况进行精准识别。

（九）加强组织领导，密切分工协作。多渠道拓宽贫困地区农产品营销渠道需要政府、企业和社会各界的资源和力量。各地商务主管部门要牵头建立工作联系机制，组建工作队伍，加强合作，定期沟通交流，解决工作推进中存在的问题。各有关部门要将工作纳入部门扶贫工作计划和方案中，在政策制定、资金分配、项目安排上加大支持力度，形成工作合力，要聚焦建档立卡贫困户增加收入并建立精准扶贫工作台账。贫困地区相应部门要担负起主体责任，主动走出去多渠道拓展农产品营销渠道。其他地区，特别是有东西部扶贫协作和对口支援任务的地区相应部门，要切实负起扶贫协作和对口帮扶责任，帮助贫困地区拓宽农产品营销渠道。要注重发挥有关行业组织作用，调动社会各界力量参与脱贫攻坚工作。

（十）严格监督管理，营造良好环境。检验拓宽贫困地区农产品营销渠道工作的成效，重点是对营销渠道拓展、长期稳定产销对接关系建立、贫困户增收脱贫等方面的量化评估。各地各部门各单位要建立工作动态管理和监督制度，及时、准确掌握工作开展情况，特别是精准到村到户到人的扶贫信息和扶贫成效，定期统计上报。统筹做好组织实施、日常调度、跟踪检查工作，对年度重点工作实行台账管理。对落实不力、进度滞后的进行挂牌督办，对真抓实干、成效明显的给予表扬激励，确保方案顺利推进。及时梳理工作开展过程中出现的典型案例和先进经验，加大宣传推广，营造社会各界关心支持多渠道拓宽贫困地区农产品营销渠道工作的良好环境。每年 1、4、7、10 月 15 日前，由省级商务主管部门牵头，统计汇总上季度各地工作进展、成效、典型案例和经验、存在问题等情况，形成工作进展报告联合报送商务部等部门。

国家邮政局 商务部关于规范快递与电子商务数据互联共享的指导意见

各省、自治区、直辖市邮政管理局、商务主管部门，各计划单列市及新疆生产建设兵团商务主管部门：

电子商务与快递数据互联互通和有序共享，是促进电子商务与快递协同发展的重要条件。为贯彻落实《国务院办公厅关于推进电子商务与快递物流协同发展的意见》，建立完善电子商务与快递数据互联共享规则，促进电子商务经营者、经营快递业务的企业数据管理和自身治理能力的全面升级，按照《中华人民共和国电子商务法》《中华人民共和国网络安全法》《快递暂行条例》等法律法规的规定，现提出以下指导意见。

一、保障电子商务与快递数据正常传输

（一）电子商务经营者提供寄递数据。电子商务当事人约定采用快递方式交付商品的，支持电子商务经营者通过约定的信息传输方式及时将必要的寄递数据（包括但不限于寄件人和收件人姓名、地址、联系电话、内件等数据）提供给经营快递业务的企业。电子商务平台经营者不得通过限制数据互联共享，阻碍电子商务当事人自由选择快递服务。鼓励为电子商务经营者提供快递信息服务的平台企业履行与电子商务平台经营者同等的数据互联共享义务。

（二）经营快递业务的企业提供快件数据。支持经营快递业务的企业提供电子商务寄递服务时，通过约定的信息传输方式及时将必要的快件数据（包括但不限于快件收寄、分拣、运输、投递等节点和轨迹数据）提供给电子商务经营者。经营快递业务的企业不得通过限制数据互联共享，阻碍电子商务经营者获取为消费者提供服务所必需的快件数据。

二、加强电子商务与快递数据管控

（三）依法采集共享用户数据。通过电子商务平台使用快递服务的用户应当严格遵守邮件快件实名收寄相关规定，按照规范要求如实填写必要的用户信息。电子商务经营者和经营快递业务的企业采集、共享用户信息时，应当遵守法律、行政法规有关信息保护的规定，不得用于与其提供寄递服务无关的用途。

（四）妥善存储使用用户数据。电子商务经营者和经营快递业务的企业应当妥善存储用户数据。开展数据挖掘时，应当采用加密、脱敏等方式保护用户数据安全。利用用户大数据进行增值应用的，应当经过用户同意，并不得将具有个人隐私特征的数据提供给其他单位和个人。涉及数据跨境流动的，依照相关法律法规规定。

三、加强电子商务与快递数据互联共享管理

（五）建立完善的数据互联共享机制。在确保用户信息安全的前提下，鼓励电子商务经营者与经营

快递业务的企业之间依据相关标准开展数据互联共享，共同提升配送效率。支持电子商务经营者与经营快递业务的企业加强系统互联和业务联动，推动作业流程、数据交换有效衔接。

四、建立电子商务与快递数据中断通知报告制度

（六）建立数据中断风险评估制度。鼓励电子商务经营者和经营快递业务的企业建立数据中断风险评估制度，实现数据互联自动检查、全程监控。电子商务经营者、经营快递业务的企业不得恶意中断数据传输。

（七）完善提前通知和事先报告制度。电子商务经营者和经营快递业务的企业因约定期满等正当理由中断数据传输的，应当提前通知对方。通知后，双方应当就数据传输进行充分协商，对后续事项做出妥善安排。双方不能协商一致且可能对用户和消费者造成重大影响的，应事先将有关情况及时报告商务主管部门和邮政管理部门。电子商务经营者和经营快递业务的企业应当及时将相关情况向用户、平台内经营者等主体公示。

五、提高电子商务与快递数据安全防护水平

（八）加强数据安全保障。电子商务经营者和经营快递业务的企业应当完善自身数据管理体系和安全保障体系，采取技术手段和其他必要措施保证数据安全，建立健全信息安全风险评估和应急工作机制，完善安全防护体系。双方要高度重视数据传输中的安全隐患和不规范问题，增强电子商务与快递数据传输的安全技术保障能力，严格系统安全管理，确保用户信息安全。

（九）加强数据安全应急管理。电子商务经营者和经营快递业务的企业要制定网络安全事件应急预案，有效应对网络安全事件，防范网络违法犯罪活动。发生危害网络安全事件时，电子商务经营者和经营快递业务的企业应当立即依法启动应急预案，采取相应的补救措施，并向有关主管部门报告。

六、加强电子商务与快递数据政府监管

（十）完善相关标准。商务主管部门和邮政管理部门推动制定电子商务和快递数据采集、传输、使用、共享、安全风险防范等相关标准，提高电子商务和快递数据互联共享效率，保障数据安全。

（十一）依法加强监管。商务主管部门和邮政管理部门利用大数据等技术，优化电子商务与快递业监管，客观评估数据互联共享状况，加强行业监测分析，提高政府科学决策和风险预判能力，加强对市场主体的事中事后监管。

（十二）协调化解纠纷。电子商务经营者和经营快递业务的企业就数据互联共享发生纠纷，并可能引发市场风险的，商务主管部门和邮政管理部门可采取约谈等方式，协调处理相关纠纷，并视情况将相关处理情况向社会公示。

国家邮政局
商务部
2019 年 6 月 12 日

交通运输部关于修改《道路货物运输及站场管理规定》的决定

交通运输部令 2019 年第 17 号

《交通运输部关于修改〈道路货物运输及站场管理规定〉的决定》已于 2019 年 6 月 12 日经第 12 次部务会议通过，现予公布，自公布之日起施行。

交通运输部部长　李小鹏

2019 年 6 月 20 日

交通运输部关于修改《道路货物运输及站场管理规定》的决定

交通运输部决定对《道路货物运输及站场管理规定》（交通运输部令 2016 年第 35 号）作如下修改：

1. 将第六条第二项第三目修改为："经设区的市级道路运输管理机构对有关道路货物运输法规、机动车维修和货物及装载保管基本知识考试合格，并取得从业资格证（使用总质量 4500 千克及以下普通货运车辆的驾驶人员除外）。"

2. 将第八条、第九条、第十五条中的"工商行政"修改为"市场监督"。

3. 增加一条，作为第十四条："使用总质量 4500 千克及以下普通货运车辆从事普通货运经营的，无需按照本规定申请取得《道路运输经营许可证》及《道路运输证》。"

4. 将第二十一条改为第二十二条，第一款修改为："道路货物运输经营者应当要求其聘用的车辆驾驶员随车携带按照规定要求取得的《道路运输证》。"

5. 将第二十二条改为第二十三条，修改为："道路货物运输经营者应当聘用按照规定要求持有从业资格证的驾驶人员。"

6. 将第二十三条改为第二十四条，修改为"营运驾驶员应当按照规定驾驶与其从业资格类别相符的车辆。驾驶营运车辆时，应当随身携带按照规定要求取得的从业资格证。"

7. 将第二十九条改为第三十条，第二款修改为："鼓励道路货物运输经营者采用电子合同、电子运单等信息化技术，提升运输管理水平。"

8. 将第四十八条改为第四十九条，将其中的"货运车辆"修改为"配发《道路运输证》的货运车辆"。

9. 将第五十三条改为第五十四条、第五十九条改为第六十条，将其中的"道路货物运输经营者"修改为"取得道路货物运输经营许可的道路货物运输经营者"。

10. 将第五十六条改为第五十七条，第一项修改为“未按规定取得道路货物运输经营许可，擅自从事道路货物运输经营的。”

11. 删去第六十七条。条文序号和个别文字作相应调整。本决定自公布之日起施行。

《道路货物运输及站场管理规定》根据本决定作相应修正，重新发布。

道路货物运输及站场管理规定

（2005年6月16日交通部发布根据2008年7月23日交通运输部《关于修改〈道路货物运输及站场管理规定〉的决定》第一次修正 根据2009年4月20日交通运输部《关于修改〈道路货物运输及站场管理规定〉的决定》第二次修正 根据2012年3月14日交通运输部《关于修改〈道路货物运输及站场管理规定〉的决定》第三次修正 根据2016年4月11日交通运输部《关于修改〈道路货物运输及站场管理规定〉的决定》第四次修正 根据2019年6月20日交通运输部《关于修改〈道路货物运输及站场管理规定〉的决定》第五次修正）

第一章 总则

第一条 为规范道路货物运输和道路货物运输站（场）经营活动，维护道路货物运输市场秩序，保障道路货物运输安全，保护道路货物运输和道路货物运输站（场）有关各方当事人的合法权益，根据《中华人民共和国道路运输条例》及有关法律、行政法规的规定，制定本规定。

第二条 从事道路货物运输经营和道路货物运输站（场）经营的，应当遵守本规定。

本规定所称道路货物运输经营，是指为社会提供公共服务、具有商业性质的道路货物运输活动。道路货物运输包括道路普通货运、道路货物专用运输、道路大型物件运输和道路危险货物运输。

本规定所称道路货物专用运输，是指使用集装箱、冷藏保鲜设备、罐式容器等专用车辆进行的货物运输。

本规定所称道路货物运输站（场）（以下简称“货运站”），是指以场地设施为依托，为社会提供有偿服务的具有仓储、保管、配载、信息服务、装卸、理货等功能的综合货运站（场）、零担货运站、集装箱中转站、物流中心等经营场所。

第三条 道路货物运输和货运站经营者应当依法经营，诚实信用，公平竞争。

道路货物运输管理应当公平、公正、公开和便民。

第四条 鼓励道路货物运输实行集约化、网络化经营。鼓励采用集装箱、封闭厢式车和多轴重型车运输。

第五条 交通运输部主管全国道路货物运输和货运站管理工作。

县级以上地方人民政府交通运输主管部门负责组织领导本行政区域的道路货物运输和货运站管理工作。

县级以上道路运输管理机构具体实施本行政区域的道路货物运输和货运站管理工作。

第二章 经营许可

第六条 申请从事道路货物运输经营的，应当具备下列条件：

（一）有与其经营业务相适应并经检测合格的运输车辆：

1. 车辆技术要求应当符合《道路运输车辆技术管理规定》有关规定。

2. 车辆其他要求：

（1）从事大型物件运输经营的，应当具有与所运输大型物件相适应的超重型车组；

（2）从事冷藏保鲜、罐式容器等专用运输的，应当具有与运输货物相适应的专用容器、设备、设施，并固定在专用车辆上；

（3）从事集装箱运输的，车辆还应当有固定集装箱的转锁装置。

（二）有符合规定条件的驾驶人员：

1. 取得与驾驶车辆相应的机动车驾驶证；

2. 年龄不超过 60 周岁；

3. 经设区的市级道路运输管理机构对有关道路货物运输法规、机动车维修和货物及装载保管基本知识考试合格，并取得从业资格证（使用总质量 4500 千克及以下普通货运车辆的驾驶人员除外）。

（三）有健全的安全生产管理制度，包括安全生产责任制度、安全生产业务操作规程、安全生产监督检查制度、驾驶员和车辆安全生产管理制度等。

第七条　申请从事货运站经营的，应当具备下列条件：

（一）有与其经营规模相适应的货运站房、生产调度办公室、信息管理中心、仓库、仓储库棚、场地和道路等设施，并经有关部门组织的工程竣工验收合格；

（二）有与其经营规模相适应的安全、消防、装卸、通讯、计量等设备；

（三）有与其经营规模、经营类别相适应的管理人员和专业技术人员；

（四）有健全的业务操作规程和安全生产管理制度。

第八条　申请从事道路货物运输经营的，应当依法向市场监督管理机关办理有关登记手续后，向县级道路运输管理机构提出申请，并提供以下材料：

（一）《道路货物运输经营申请表》（见附件 1）；

（二）负责人身份证明，经办人的身份证明和委托书；

（三）机动车辆行驶证、车辆技术等级评定结论复印件；拟投入运输车辆的承诺书，承诺书应当包括车辆数量、类型、技术性能、投入时间等内容；

（四）聘用或者拟聘用驾驶员的机动车驾驶证、从业资格证及其复印件；

（五）安全生产管理制度文本；

（六）法律、法规规定的其他材料。

第九条　申请从事货运站经营的，应当依法向市场监督管理机关办理有关登记手续后，向县级道路运输管理机构提出申请，并提供以下材料：

（一）《道路货物运输站（场）经营申请表》（见附件 2）；

（二）负责人身份证明，经办人的身份证明和委托书；

（三）经营道路货运站的土地、房屋的合法证明；

（四）货运站竣工验收证明；

（五）与业务相适应的专业人员和管理人员的身份证明、专业证书；

（六）业务操作规程和安全生产管理制度文本。

第十条　道路运输管理机构应当按照《中华人民共和国道路运输条例》《交通行政许可实施程序规

定》和本规定规范的程序实施道路货物运输经营和货运站经营的行政许可。

第十一条　道路运输管理机构对道路货运经营申请予以受理的，应当自受理之日起20日内作出许可或者不予许可的决定；道路运输管理机构对货运站经营申请予以受理的，应当自受理之日起15日内作出许可或者不予许可的决定。

第十二条　道路运输管理机构对符合法定条件的道路货物运输经营申请作出准予行政许可决定的，应当出具《道路货物运输经营行政许可决定书》（见附件3），明确许可事项。在10日内向被许可人颁发《道路运输经营许可证》，在《道路运输经营许可证》上注明经营范围。

道路运输管理机构对符合法定条件的货运站经营申请作出准予行政许可决定的，应当出具《道路货物运输站（场）经营行政许可决定书》（见附件4），明确许可事项。在10日内向被许可人颁发《道路运输经营许可证》，在《道路运输经营许可证》上注明经营范围。

对道路货物运输和货运站经营不予许可的，应当向申请人出具《不予交通行政许可决定书》。

第十三条　被许可人应当按照承诺书的要求投入运输车辆。购置车辆或者已有车辆经道路运输管理机构核实并符合条件的，道路运输管理机构向投入运输的车辆配发《道路运输证》。

第十四条　使用总质量4500千克及以下普通货运车辆从事普通货运经营的，无需按照本规定申请取得《道路运输经营许可证》及《道路运输证》。

第十五条　道路货物运输经营者设立子公司的，应当向设立地的道路运输管理机构申请经营许可；设立分公司的，应当向设立地的道路运输管理机构报备。

第十六条　从事货运代理（代办）等货运相关服务的经营者，应当依法到市场监督管理机关办理有关登记手续，并持有关登记证件到设立地的道路运输管理机构备案。

第十七条　道路货物运输和货运站经营者需要终止经营的，应当在终止经营之日30日前告知原许可的道路运输管理机构，并办理有关注销手续。

第十八条　道路货物运输经营者变更许可事项、扩大经营范围的，按本章有关许可规定办理。

道路货物运输和货运站经营者变更名称、地址等，应当向作出原许可决定的道路运输管理机构备案。

第三章　货运经营管理

第十九条　道路货物运输经营者应当按照《道路运输经营许可证》核定的经营范围从事货物运输经营，不得转让、出租道路运输经营许可证件。

第二十条　道路货物运输经营者应当对从业人员进行经常性的安全、职业道德教育和业务知识、操作规程培训。

第二十一条　道路货物运输经营者应当按照国家有关规定在其重型货运车辆、牵引车上安装、使用行驶记录仪，并采取有效措施，防止驾驶人员连续驾驶时间超过4个小时。

第二十二条　道路货物运输经营者应当要求其聘用的车辆驾驶员随车携带按照规定要求取得的《道路运输证》。

《道路运输证》不得转让、出租、涂改、伪造。

第二十三条　道路货物运输经营者应当聘用按照规定要求持有从业资格证的驾驶人员。

第二十四条　营运驾驶员应当按照规定驾驶与其从业资格类别相符的车辆。驾驶营运车辆时，应当随身携带按照规定要求取得的从业资格证。

第二十五条　运输的货物应当符合货运车辆核定的载质量，载物的长、宽、高不得违反装载要求。禁止货运车辆违反国家有关规定超限、超载运输。

禁止使用货运车辆运输旅客。

第二十六条　道路货物运输经营者运输大型物件，应当制定道路运输组织方案。涉及超限运输的应当按照交通运输部颁布的《超限运输车辆行驶公路管理规定》办理相应的审批手续。

第二十七条　从事大型物件运输的车辆，应当按照规定装置统一的标志和悬挂标志旗；夜间行驶和停车休息时应当设置标志灯。

第二十八条　道路货物运输经营者不得运输法律、行政法规禁止运输的货物。

道路货物运输经营者在受理法律、行政法规规定限运、凭证运输的货物时，应当查验并确认有关手续齐全有效后方可运输。

货物托运人应当按照有关法律、行政法规的规定办理限运、凭证运输手续。

第二十九条　道路货物运输经营者不得采取不正当手段招揽货物、垄断货源。不得阻碍其他货运经营者开展正常的运输经营活动。

道路货物运输经营者应当采取有效措施，防止货物变质、腐烂、短少或者损失。

第三十条　道路货物运输经营者和货物托运人应当按照《合同法》的要求，订立道路货物运输合同。

鼓励道路货物运输经营者采用电子合同、电子运单等信息化技术，提升运输管理水平。

第三十一条　国家鼓励实行封闭式运输。道路货物运输经营者应当采取有效的措施，防止货物脱落、扬撒等情况发生。

第三十二条　道路货物运输经营者应当制定有关交通事故、自然灾害、公共卫生以及其他突发公共事件的道路运输应急预案。应急预案应当包括报告程序、应急指挥、应急车辆和设备的储备以及处置措施等内容。

第三十三条　发生交通事故、自然灾害、公共卫生以及其他突发公共事件，道路货物运输经营者应当服从县级以上人民政府或者有关部门的统一调度、指挥。

第三十四条　道路货物运输经营者应当严格遵守国家有关价格法律、法规和规章的规定，不得恶意压价竞争。

第四章　货运站经营管理

第三十五条　货运站经营者应当按照经营许可证核定的许可事项经营，不得随意改变货运站用途和服务功能。

第三十六条　货运站经营者应当依法加强安全管理，完善安全生产条件，健全和落实安全生产责任制。

货运站经营者应当对出站车辆进行安全检查，防止超载车辆或者未经安全检查的车辆出站，保证安全生产。

第三十七条　货运站经营者应当按照货物的性质、保管要求进行分类存放，危险货物应当单独存放，保证货物完好无损。

第三十八条　货物运输包装应当按照国家规定的货物运输包装标准作业，包装物和包装技术、质量要符合运输要求。

第三十九条　货运站经营者应当按照规定的业务操作规程进行货物的搬运装卸。搬运装卸作业应当轻装、轻卸，堆放整齐，防止混杂、撒漏、破损，严禁有毒、易污染物品与食品混装。

第四十条　货运站经营者应当严格执行价格规定，在经营场所公布收费项目和收费标准。严禁乱收费。

第四十一条　进入货运站经营的经营业户及车辆，经营手续必须齐全。

货运站经营者应当公平对待使用货运站的道路货物运输经营者，禁止无证经营的车辆进站从事经营活动，无正当理由不得拒绝道路货物运输经营者进站从事经营活动。

第四十二条　货运站经营者不得垄断货源、抢装货物、扣押货物。

第四十三条　货运站要保持清洁卫生，各项服务标志醒目。

第四十四条　货运站经营者经营配载服务应当坚持自愿原则，提供的货源信息和运力信息应当真实、准确。

第四十五条　货运站经营者不得超限、超载配货，不得为无道路运输经营许可证或证照不全者提供服务；不得违反国家有关规定，为运输车辆装卸国家禁运、限运的物品。

第四十六条　货运站经营者应当制定有关突发公共事件的应急预案。应急预案应当包括报告程序、应急指挥、应急车辆和设备的储备以及处置措施等内容。

第四十七条　货运站经营者应当建立和完善各类台账和档案，并按要求报送有关信息。

第五章　监督检查

第四十八条　道路运输管理机构应当加强对道路货物运输经营和货运站经营活动的监督检查。

道路运输管理机构工作人员应当严格按照职责权限和法定程序进行监督检查。

第四十九条　县级以上道路运输管理机构应当定期对配发《道路运输证》的货运车辆进行审验，每年审验一次。审验内容包括车辆技术等级评定情况、车辆结构及尺寸变动情况和违章记录等。

审验符合要求的，道路运输管理机构在《道路运输证》审验记录中或者IC卡注明；不符合要求的，应当责令限期改正或者办理变更手续。

第五十条　道路运输管理机构及其工作人员应当重点在货运站、货物集散地对道路货物运输、货运站经营活动实施监督检查。此外，根据管理需要，可以在公路路口实施监督检查，但不得随意拦截正常行驶的道路运输车辆，不得双向拦截车辆进行检查。

第五十一条　道路运输管理机构的工作人员实施监督检查时，应当有 2 名以上人员参加，并向当事人出示交通运输部统一制式的交通行政执法证件。

第五十二条　道路运输管理机构的工作人员可以向被检查单位和个人了解情况，查阅和复制有关材料。但是，应当保守被调查单位和个人的商业秘密。

被监督检查的单位和个人应当接受道路运输管理机构及其工作人员依法实施的监督检查，如实提供有关情况或者资料。

第五十三条　道路运输管理人员在货运站、货物集散地实施监督检查过程中，发现货运车辆有超载行为的，应当立即予以制止，装载符合标准后方可放行。

第五十四条　取得道路货物运输经营许可的道路货物运输经营者在许可的道路运输管理机构管辖区域外违法从事经营活动的，违法行为发生地的道路运输管理机构应当依法将当事人的违法事实、处罚结果记录到《道路运输证》上，并抄告作出道路运输经营许可的道路运输管理机构。

第五十五条　道路货物运输经营者违反本规定的，县级以上道路运输管理机构在作出行政处罚决定的过程中，可以按照行政处罚法的规定将其违法证据先行登记保存。作出行政处罚决定后，道路货物运输经营者拒不履行的，作出行政处罚决定的道路运输管理机构可以将其拒不履行行政处罚决定的事实通知违法车辆车籍所在地道路运输管理机构，作为能否通过车辆年度审验和决定质量信誉考核结果的重要依据。

第五十六条　道路运输管理机构的工作人员在实施道路运输监督检查过程中，对没有《道路运输证》又无法当场提供其他有效证明的货运车辆可以予以暂扣，并出具《道路运输车辆暂扣凭证》（见附件5）。对暂扣车辆应当妥善保管，不得使用，不得收取或者变相收取保管费用。

违法当事人应当在暂扣凭证规定时间内到指定地点接受处理。逾期不接受处理的，道路运输管理机构可依法作出处罚决定，并将处罚决定书送达当事人。当事人无正当理由逾期不履行处罚决定的，道路运输管理机构可申请人民法院强制执行。

第六章　法律责任

第五十七条　违反本规定，有下列行为之一的，由县级以上道路运输管理机构责令停止经营；有违法所得的，没收违法所得，处违法所得2倍以上10倍以下的罚款；没有违法所得或者违法所得不足2万元的，处3万元以上10万元以下的罚款；构成犯罪的，依法追究刑事责任：

（一）未按规定取得道路货物运输经营许可，擅自从事道路货物运输经营的；

（二）使用失效、伪造、变造、被注销等无效的道路运输经营许可证件从事道路货物运输经营的；

（三）超越许可的事项，从事道路货物运输经营的。

第五十八条　违反本规定，道路货物运输和货运站经营者非法转让、出租道路运输经营许可证件的，由县级以上道路运输管理机构责令停止违法行为，收缴有关证件，处2000元以上1万元以下的罚款；有违法所得的，没收违法所得。

第五十九条　违反本规定，取得道路货物运输经营许可的道路货物运输经营者使用无道路运输证的车辆参加货物运输的，由县级以上道路运输管理机构责令改正，处3000元以上1万元以下的罚款。

违反本规定，道路货物运输经营者不按照规定携带《道路运输证》的，由县级以上道路运输管理机构责令改正，处警告或者20元以上200元以下的罚款。

第六十条　违反本规定，取得道路货物运输经营许可的道路货物运输经营者、货运站经营者已不具备开业要求的有关安全条件、存在重大运输安全隐患的，由县级以上道路运输管理机构限期责令改正；在规定时间内不能按要求改正且情节严重的，由原许可机关吊销《道路运输经营许可证》或者吊销其相应的经营范围。

第六十一条　违反本规定，道路货物运输经营者有下列情形之一的，由县级以上道路运输管理机构责令改正，处1000元以上3000元以下的罚款；情节严重的，由原许可机关吊销道路运输经营许可证或者吊销其相应的经营范围：

（一）强行招揽货物的；

（二）没有采取必要措施防止货物脱落、扬撒的。

第六十二条 违反本规定，有下列行为之一的，由县级以上道路运输管理机构责令停止经营；有违法所得的，没收违法所得，处违法所得 2 倍以上 10 倍以下的罚款；没有违法所得或者违法所得不足 1 万元的，处 2 万元以上 5 万元以下的罚款；构成犯罪的，依法追究刑事责任：

（一）未取得货运站经营许可，擅自从事货运站经营的；

（二）使用失效、伪造、变造、被注销等无效的道路运输经营许可证件从事货运站经营的；

（三）超越许可的事项，从事货运站经营的。

第六十三条 违反本规定，货运站经营者对超限、超载车辆配载，放行出站的，由县级以上道路运输管理机构责令改正，处 1 万元以上 3 万元以下的罚款。

第六十四条 违反本规定，货运站经营者擅自改变道路运输站（场）的用途和服务功能，由县级以上道路运输管理机构责令改正；拒不改正的，处 3000 元的罚款；有违法所得的，没收违法所得。

第六十五条 违反本规定，有下列行为之一的，由县级以上道路运输管理机构责令限期整改，整改不合格的，予以通报：

（一）没有按照国家有关规定在货运车辆上安装符合标准的具有行驶记录功能的卫星定位装置的；

（二）大型物件运输车辆不按规定悬挂、标明运输标志的；

（三）发生公共突发性事件，不接受当地政府统一调度安排的；

（四）因配载造成超限、超载的；

（五）运输没有限运证明物资的；

（六）未查验禁运、限运物资证明，配载禁运、限运物资的。

第六十六条 道路运输管理机构的工作人员违反本规定，有下列情形之一的，依法给予相应的行政处分；构成犯罪的，依法追究刑事责任：

（一）不依照本规定规定的条件、程序和期限实施行政许可的；

（二）参与或者变相参与道路货物运输和货运站经营的；

（三）发现违法行为不及时查处的；

（四）违反规定拦截、检查正常行驶的道路运输车辆的；

（五）违法扣留运输车辆、《道路运输证》的；

（六）索取、收受他人财物，或者谋取其他利益的；

（七）其他违法行为。

第七章 附则

第六十七条 道路货物运输经营者从事国际道路货物运输经营、危险货物运输活动，除一般行为规范适用本规定外，有关从业条件等特殊要求应当适用交通运输部制定的国际道路运输管理规定、道路危险货物运输管理规定。

第六十八条 道路运输管理机构依照规定发放道路货物运输经营许可证件和《道路运输证》，可以收取工本费。工本费的具体收费标准由省级人民政府财政、价格主管部门会同同级交通运输主管部门核定。

第六十九条　本规定自2005年8月1日起施行。交通部1993年5月19日发布的《道路货物运输业户开业技术经济条件（试行）》（交运发〔1993〕531号）、1996年12月2日发布的《道路零担货物运输管理办法》（交公路发〔1996〕1039号）、1997年5月22日发布的《道路货物运单使用和管理办法》（交通部令1997年第4号）、2001年4月5日发布的《道路货物运输企业经营资质管理规定（试行）》（交公路发〔2001〕154号）同时废止。

交通运输部 国家发展改革委 财政部关于进一步优化鲜活农产品运输“绿色通道”政策的通知

交公路发〔2019〕99号

各省、自治区、直辖市交通运输厅（局、委）、发展改革委、财政厅（局）：

为贯彻《国务院办公厅关于印发深化收费公路制度改革取消高速公路省界收费站实施方案的通知》（国办发〔2019〕23号），确保取消全国高速公路省界收费站顺利实施，实现不停车快捷收费，提高鲜活农产品运输车辆通行效率，减少拥堵，便利群众，现就优化鲜活农产品运输“绿色通道”政策有关事项通知如下：

一、严格免收车辆通行费范围

整车合法装载运输全国统一的《鲜活农产品品种目录》内的产品的车辆，免收车辆通行费。

本通知规定的“整车合法装载运输”是指车货总重和外廓尺寸均未超过国家规定的最大限值，且所载鲜活农产品应占车辆核定载质量或者车厢容积的80%以上、没有与非鲜活农产品混装等行为。

二、优化鲜活农产品运输车辆通行服务

（一）鲜活农产品运输车辆通过安装ETC车载装置，在高速公路出、入口使用ETC专用通道，实现不停车快捷通行。

（二）鲜活农产品运输车辆驶出高速公路出口收费站后，在指定位置申请查验。经查验符合政策规定的，免收车辆通行费；未申请查验的，按规定收取车辆通行费；经查验属于混装、假冒等不符合政策规定的，按规定处理。出口收费站外广场暂不具备查验条件的，可继续在收费车道内实施查验。

（三）建立全国统一的鲜活农产品运输“绿色通道”预约服务制度。鲜活农产品运输车辆通过网络或客服电话系统提前预约通行。

（四）建立鲜活农产品运输信用体系。对一年内混装不符合规定品种（或物品）超过3次或者经查验属于假冒的鲜活农产品运输车辆，记入“黑名单”，在一年内不得享受任何车辆通行费减免政策，并将有关失信记录纳入全国信用信息共享平台，并对外公开；对信用记录良好的车辆，逐步降低查验频次。

三、保障措施

（一）加强领导，落实责任。省级交通运输、发展改革、财政等主管部门要在省级人民政府统一领导下，严格按照《收费公路管理条例》和本通知要求，制定实施方案，明确责任分工，共同抓好实施工作。

（二）认真清理，全面规范。严格按照全国统一的《鲜活农产品品种目录》，清理规范本地区享受“绿色通道”政策的鲜活农产品品种目录，确保鲜活农产品运输“绿色通道”政策在全国范围的一致性和

规范性。除法律、行政法规和国务院另有规定外，各地不得在路面环节增加针对鲜活农产品运输车辆的检查和验证，影响鲜活农产品车辆通行效率。

（三）及时评估，完善措施。深入评估政策实施效果及影响，不断完善配套措施，妥善解决出现的问题；对因优化政策造成收费公路经营单位合法收益损失的，应按照相关法律法规的规定，制定具体方案，予以补偿。

（四）加强宣传，正面引导。通过政府网站、新闻媒体等多种渠道，加强政策宣传解读，使社会公众及时、全面了解优化“绿色通道”政策的必要性、重要性和具体内容，为促进政策顺利实施营造良好的环境。

交通运输部

国家发展改革委

财政部

2019 年 7 月 18 日

交通运输部办公厅 农业农村部办公厅关于对仔猪及冷鲜猪肉恢复执行鲜活农产品运输“绿色通道”政策的通知

各省、自治区、直辖市交通运输厅（局、委）、农业农村（农牧）厅（委、局）：

为稳定生猪生产，保障猪肉供应，满足人民群众生活需要，根据国务院部署，现就仔猪及冷鲜猪肉恢复执行鲜活农产品运输“绿色通道”政策等有关事项通知如下：

一、从2019年9月1日起，对整车合法运输仔猪及冷鲜猪肉的车辆，恢复执行鲜活农产品运输“绿色通道”政策。

二、在2019年9月1日至2020年6月30日期间，对整车合法运输种猪及冷冻猪肉的车辆，免收车辆通行费。

三、各地交通运输主管部门要督促指导收费公路经营管理单位严格落实上述政策，规范车辆查验管理，确保整车合法运输车辆免费通行。各地畜牧兽医部门要为公路收费站准确辨别种猪、冷冻猪肉提供必要的支持与帮助。

四、各地交通运输主管部门和农业农村主管部门要鼓励相关车辆安装使用ETC车载装置，尽快实现不停车快捷通行，进一步提高鲜活农产品运输效率。

各地执行中出现的新情况，请及时报告。

交通运输部办公厅
农业农村部办公厅
2019年8月31日

国家发展改革委等24个部门关于推动物流高质量发展促进形成强大国内市场的意见

发改经贸〔2019〕352号

各省、自治区、直辖市及计划单列市发展改革、网信、工业和信息化、公安、财政、自然资源、生态环境、住房城乡建设、交通运输、农业农村、商务、应急管理部门，中国人民银行上海总部，各分行、营业管理部，各省会（首府）城市中心支行，各副省级城市中心支行，海关总署广东分署、各直属海关，市场监管、统计、气象、银保监、证监、能源部门，各地区铁路监督管理局，民航各地区管理局，邮政管理局，各铁路局集团公司：

物流业是支撑国民经济发展的基础性、战略性、先导性产业。物流高质量发展是经济高质量发展的重要组成部分，也是推动经济高质量发展不可或缺的重要力量。为巩固物流降本增效成果，增强物流企业活力，提升行业效率效益水平，畅通物流全链条运行，按照党中央、国务院关于推动高质量发展的要求和中央经济工作会议精神，现提出以下意见。

一、深刻认识物流高质量发展的重要意义

物流是实体经济的有机组成部分，加快解决物流发展不平衡不充分问题，推动物流高质量发展是推进物流业发展方式转变、结构优化和动力转换，实现物流业自身转型升级的必由之路；是降低实体经济特别是制造企业物流成本水平，增强实体经济活力的必然选择；是深化供给侧结构性改革，增强经济发展内生动力，提升社会经济运行效率的迫切需要；是促进形成强大国内市场，构建现代化经济体系，实现国民经济高质量发展的内在要求。物流业发展的贡献不仅在于行业企业本身创造的税收、就业等，更在于支撑和促进区域内各相关产业产生更多的税收和就业，有力推动区域经济较快增长。要把推动物流高质量发展作为当前和今后一段时期改善产业发展和投资环境的重要抓手，培育经济发展新动能的关键一招，以物流高质量发展为突破口，加快推动提升区域经济和国民经济综合竞争力。

二、构建高质量物流基础设施网络体系

（一）推动国家物流枢纽网络建设。围绕“一带一路”建设、京津冀协同发展、长江经济带发展、粤港澳大湾区建设、长三角一体化发展等重大战略实施，依据国土空间规划，在国家物流骨干网络的关键节点，选择部分基础条件成熟的承载城市，启动第一批15个左右国家物流枢纽布局建设，培育形成一批资源整合能力强、运营模式先进的枢纽运营企业，促进区域内和跨区域物流活动组织化、规模化、网络化运行。（发展改革委、交通运输部负责，列第一位的为牵头部门，下同）

（二）加强联运转运衔接设施短板建设。发挥政府投资的示范带动作用，引导各类社会资本加大对公铁、铁水、空陆等不同运输方式的转运场站和“不落地”装卸设施等的投入力度，提高一体化转运衔接能力和货物快速换装便捷性，破解制约物流整体运作效率提升的瓶颈。推动具备条件的物流园区引入

铁路专用线。加强入港铁路专用线等基础设施短板建设，支持铁路专用线进码头，打通公铁水联运衔接“最后一公里”，实现铁路货运场站与港口码头、前方堆场等的无缝衔接。（发展改革委、交通运输部、财政部、自然资源部、铁路局、民航局、铁路总公司按职责分工负责）

（三）完善城乡消费物流体系。实施城乡高效配送专项行动，完善城乡配送网络，鼓励企业在城乡和具备条件的村建立物流配送网点，加强公用型城市配送节点和社区配送设施建设，将末端配送设施纳入社区统一管理，推进设施共享共用，支持试点城市和企业加快构建城乡双向畅通的物流配送网络。实施“邮政在乡”工程，完善县乡村三级邮政农村物流配送体系建设。升级“快递下乡”工程，加快农村物流快递公共取送点建设，提升乡镇快递网点覆盖率。深入开展电子商务进农村综合示范，提升农村物流服务质量和效率，2019 年力争对具备条件的国家级贫困县全覆盖。通过合资合作等方式发展面向乡镇（村）的农村物流服务体系。（商务部、交通运输部、住房城乡建设部、财政部、农业农村部、邮政局按职责分工负责）

（四）建立资源共享的物流公共信息平台。推进国家交通运输物流公共信息平台完善工作，鼓励和引导城市共同配送公共信息平台加强与国家交通运输物流公共信息平台有效衔接，促进相关部门、大型市场主体的物流公共数据互联互通和开放共享。在保障信息安全的情况下，扩大物流相关信息公开范围和内容，为物流企业和制造业企业查询提供便利。依托骨干物流信息平台试点单位，探索市场化机制下物流信息资源整合利用的新模式，推动建立国家骨干物流信息网络，畅通物流信息链，加强社会物流活动全程监测预警、实时跟踪查询。依托行业协会实施全国百家骨干物流园区“互联互通”工程，促进信息匹配、交易撮合、资源协同。（交通运输部、公安部、发展改革委、商务部、中央网信办、住房城乡建设部、自然资源部、铁路局、民航局、气象局、铁路总公司、中国物流与采购联合会按职责分工负责）

三、提升高质量物流服务实体经济能力

（五）促进现代物流业与制造业深度融合。加强生产服务型国家物流枢纽建设，利用枢纽聚集的大量物流资源，为制造企业提供高效快捷的物流服务，降低制造企业物流成本，提升区域制造企业竞争力，支撑制造业高质量集群化发展。以深化实施“互联网+”高效物流和物流降本增效专项行动为突破口，促进物流业与制造业深度融合创新发展。研究出台促进物流业与制造业深度融合发展的政策措施，鼓励物流企业为制造企业量身定做供应链管理库存、“线边物流”、供应链一体化服务等物流解决方案。实施服务型制造示范遴选，支持物流企业开展服务化转型。增加开行面向大型厂矿、制造业基地等的“点对点”直达货运列车，提高协议制运输比重，扩大大宗物资运量运能互保协议范围，2019 年力争达到 25 亿吨左右。加快发展面向集成电路、生物制药、高端电子消费产品等高附加值制造业的航空货运服务，加大“卡车航班”开行力度，构建高价值商品的快捷物流服务网络。（发展改革委、交通运输部、工业和信息化部、民航局、铁路总公司负责）

（六）积极推动物流装备制造业发展。加大重大智能物流技术研发力度，加强物流核心装备设施研发攻关，推动关键技术装备产业化。开展物流智能装备首台（套）示范应用，推动物流装备向高端化、智能化、自主化、安全化方向发展。研究推广尺寸和类型适宜的内陆集装箱，提高集装箱装载和运送能力。在适宜线路开展铁路双层集装箱运输，推广铁路重载运输技术装备，提升铁路运能。（工业和信息化部、交通运输部、铁路总公司按职责分工负责）

（七）提升制造业供应链智慧化水平。鼓励物流和供应链企业在依法合规的前提下开发面向加工制造企业的物流大数据、云计算产品，提高数据服务能力，协助制造企业及时感知市场变化，增强制造企

业对市场需求的捕捉能力、响应能力和敏捷调整能力。鼓励发展以个性化定制、柔性化生产、资源高度共享为特征的虚拟生产、云制造等现代供应链模式，提升全物流链条的价值创造水平。（发展改革委、工业和信息化部、商务部、人民银行按职责分工负责）

（八）发挥物流对农业的支撑带动作用。加强农产品物流骨干网络和冷链物流体系建设。聚焦农产品流通“最先一公里”，加强农产品产地冷链物流体系建设，鼓励企业利用产地现有常温仓储设施改造或就近新建产后预冷、贮藏保鲜、分级包装等冷链物流基础设施，开展分拣、包装等流通加工业务。鼓励企业创新冷链物流基础设施经营模式，开展多品种经营和“产销双向合作”，提高淡季期间设施利用率。加强邮政、快递物流与特色农产品产地合作，畅通农产品“上行”通道。发展第三方冷链物流全程监控平台，加强全程温度、湿度监控，减少“断链”隐患，保障生鲜农产品品质和消费安全。鼓励和引导大型农产品流通企业拓展社区服务网点，减少中间环节，降低农产品物流成本。发展“生鲜电商+冷链宅配”“中央厨房+食材冷链配送”等冷链物流新模式，改善消费者体验。推动地方全面落实冷链物流企业用水、用电、用气与工业同价政策。（商务部、农业农村部、发展改革委、邮政局按职责分工负责）

四、增强物流高质量发展的内生动力

（九）发展物流新服务模式。健全完善相关法规制度和标准规范，推动以网络为依托的货运新业态规范有序发展。大幅提高铁路企业开行班列化货物列车数量。优化铁路班列运行组织方案，推动铁路“门到门”运输全程可追踪，提供信息查询服务。探索开行国内冷链货运班列和“点对点”铁路冷链运输。发展铁路危化品运输。发展“端到端”的物流模式。鼓励和支持云仓等共享物流模式、共同配送、集中配送、夜间配送、分时配送等先进物流组织方式发展，在具备条件的地区探索发展无人机配送等创新模式。（交通运输部、铁路总公司、商务部、公安部、民航局、发展改革委按职责分工负责）

（十）实施物流智能化改造行动。大力发展数字物流，加强数字物流基础设施建设，推进货、车（船、飞机）、场等物流要素数字化。加强信息化管理系统和云计算、人工智能等信息技术应用，提高物流软件智慧化水平。支持物流园区和大型仓储设施等应用物联网技术，鼓励货运车辆加装智能设备，加快数字化终端设备的普及应用，实现物流信息采集标准化、处理电子化、交互自动化。发展机械化、智能化立体仓库，加快普及“信息系统+货架、托盘、叉车”的仓库基本技术配置，推动平层仓储设施向立体化网格结构升级。鼓励和引导有条件的乡村建设智慧物流配送中心。鼓励各地为布局建设和推广应用智能快（邮）件箱提供场地等方面的便利。（发展改革委、工业和信息化部、商务部、中央网信办、交通运输部、农业农村部、民航局、邮政局按职责分工负责）

（十一）推进多式联运发展。总结多式联运示范工程工作经验，研究制定统一的多式联运服务规则，完善多式联运转运、装卸场站等物流设施标准，力争在货物交接、合同运单、信息共享、责任划分、货损理赔等方面实现突破。加快建设多式联运公共信息平台，促进货源与公铁水空等运力资源有效匹配，降低车船等载运工具空驶率。依托国家物流枢纽网络开发“一站式”多式联运服务产品，加快实现集装箱多式联运“一单制”。研究在适宜线路开展驮背运输。发展海铁联运班列。在保障安全的前提下，积极推动LNG罐箱多式联运。（交通运输部、发展改革委、能源局、铁路局、民航局、铁路总公司负责）

（十二）促进物流供应链创新发展。充分发挥物流供应链系统化组织、专业化分工、协同化合作和敏捷化调整的优势，发展符合中国特色的供应链企业，提高生产、流通资源的配置效率，提升企业综合运行效率效益。支持具备条件的物流企业做大做强，发展基于核心企业的“链主型”供应链，将上下游小微企业整合嵌入生产经营过程，强化资源系统整合与优化能力；发展基于现代信息技术的“平台型”

供应链，重点解决信息不对称问题，提高资源整体配置效率；发展依托专业化分工的“互补型”供应链，实现资源和渠道的优势互补，提高企业协同发展水平；发展基于区域内分工协作的“区块型”供应链，促进区域内企业高效协同和集聚化发展，提升区域整体竞争优势；发展基于存货控制的“共享型”供应链，打通与整合生产、分销等各环节的库存管理，促进供应商与零售商之间的统仓共配。（发展改革委、商务部、工业和信息化部按职责分工负责）

（十三）加快国际物流发展。深入推进通关一体化改革，建立现场查验联动机制，推进跨部门协同共管，鼓励应用智能化查验设施设备，推动口岸物流信息电子化，压缩整体通关时间，提高口岸物流服务效率，提升通道国际物流便利化水平。加强陆上边境口岸型物流枢纽建设，完善境外沿线物流节点、渠道网络布局。积极推动中欧班列枢纽节点建设，打造一批具有多式联运功能的大型综合物流基地，促进大型集结中心建设。加大中欧班列组织协调和品牌宣传力度，利用进口博览会等平台引导班列运营公司加强与中亚、欧洲沿线各国的大型生产制造企业的对接，针对大型企业打造“量身定做”的班列物流服务产品，促进中欧班列双向均衡运行，提升中欧班列国际物流服务能力与质量。（海关总署、发展改革委、商务部、铁路总公司按职责分工负责）

（十四）加快绿色物流发展。持续推进柴油货车污染治理力度。研究推广清洁能源（LNG）、无轨双源电动货车、新能源（纯电动）车辆和船舶，加快岸电设施建设，推进靠港船舶使用岸电。加快车用LNG加气站、内河船舶LNG加注站、充电桩布局，在批发市场、快递转运中心、物流园区等建设充电基础设施。鼓励企业使用符合标准的低碳环保配送车型。落实新能源货车差别化通行管理政策，提供通行便利，扩大通行范围，对纯电动轻型货车少限行甚至不限行。发展绿色仓储，鼓励和支持在物流园区、大型仓储设施应用绿色建筑材料、节能技术与装备以及能源合同管理等节能管理模式。以绿色物流为突破口，带动上下游企业发展绿色供应链，使用绿色包材，推广循环包装，减少过度包装和二次包装，推行实施货物包装和物流器具绿色化、减量化。（生态环境部、交通运输部、住房城乡建设部、发展改革委、能源局、工业和信息化部、公安部、邮政局、商务部按职责分工负责）

（十五）促进标准化单元化物流设施设备应用。精简货运车型规格数量，严查严处货车非法改装企业。研究制定常压液体危险货物罐车专项治理工作方案，稳步开展超长平板半挂车、超长集装箱半挂车等非标货运车辆治理工作。合理设置过渡期，通过既有政策措施加快淘汰存量非标货运车辆和鼓励应用中置轴厢式货车等标准厢式货运车辆，推动货运车辆市场平稳过渡和转型升级。推动城市配送车辆结构升级，逐步建立以新能源配送车辆为主体、小型末端配送车辆为补充的配送车辆体系。支持集装箱、托盘、笼车、周转箱等单元化装载器具循环共用以及托盘服务运营体系建设，推动二手集装箱交易流转。鼓励和支持公共“挂车池”“运力池”“托盘池”等共享模式和甩挂运输等新型运输发展。鼓励企业使用智能化托盘等集装单元化技术，研发使用适应生鲜农产品网络销售的可重复使用的冷藏箱或保冷袋，提升配送效率。鼓励企业使用1200mm×1000mm的标准托盘。加快物流信息、物流设施、物流装备等标准对接。（交通运输部、工业和信息化部、财政部、公安部、商务部、市场监管总局、铁路局、民航局、铁路总公司按职责分工负责）

五、完善促进物流高质量发展的营商环境

（十六）深化物流领域“放管服”改革。按照“只进一扇门”“最多跑一次”原则，简化物流企业开展业务的行政审批手续，最大程度减少对物流企业业务创新的制约。规范、简化铁路专用线接轨审查手续、压缩审查时间。在简化住所（经营场所）登记手续的基础上，支持地方在物流领域开展“一照多址”

改革。精简快递分支机构办理手续，2019 年内将快递业务经营许可审批时间缩短至法定时限一半以内，全面实施快递末端网点备案管理。加快推动道路货运车辆异地审验工作，2019 年 12 月底前全面实现普通货运车辆全国跨省异地审验。深入推进治理车辆超限超载联合执法常态化制度化工作，严格执行全国统一的公路货运车辆超限超载认定标准。（交通运输部、公安部、市场监管总局、海关总署、邮政局、铁路总公司等按职责分工负责）

（十七）推进铁路货运服务提质增效。清理规范铁路运输企业开展专用线、专用铁路、自备货车、自备机车等铁路运输设备代维护、维修及运用环节相关服务收费。进一步开放专用线代运营代维护、自备车检修、铁路运输两端短驳等市场，允许工程施工、装备制造、社会物流企业等参与并提供相关服务，促进降低铁路物流成本水平。支持铁路运输企业开展载运工具共管共用试点，降低企业自备载运工具运用成本。完善铁路运价灵活调整机制，进一步清理规范铁路货运经营服务性收费，推动货物运输由公路向铁路转移。研究推动 160 公里时速的新型货运列车投入使用，完善相关技术标准和运行图。实施铁路货运增量行动，2019 年国家铁路货物发送量达到 33.68 亿吨。（铁路局、铁路总公司、市场监管总局、交通运输部、发展改革委按职责分工负责）

（十八）降低车辆通行和港口物流成本。深化收费公路制度改革，加快修订出台《收费公路管理条例》。全面推广高速公路差异化收费，完善货车使用ETC非现金支付等优惠政策。深入推动取消高速公路省界收费站试点工作，总结经验，逐步扩大取消高速公路省界收费站的范围。降低水路运输过闸费。进一步清理港口收费，合理降低收费标准，规范收费行为，严格执行收费目录清单和公示制度，严禁违规收费。（交通运输部、发展改革委、市场监管总局按职责分工负责）

（十九）提升城市物流管理水平。科学制定城市物流政策，指导城市提高配送车辆通行管理的精细化水平，合理规划城市货运通道，避免“一刀切”限行。实行分车型、分时段、分路段通行管控，有效释放货运通行路权，保障城市生产生活的必要需求。鼓励地方政府在城市中心区建设一批公共物流配送中心，通过租赁等方式为服务居民生活的物流企业提供必要经营场所。完善城市物流配送装卸、停靠作业设施。指导企业按照新近发布的《物流建筑设计规范》等标准要求，建设大型物流仓储设施，应用大型分拣作业流水线，便利企业经营。在符合相关法规标准要求并保障安全生产的基础上，允许在物流仓储设施内从事再包装等流通加工业务。在货物来源可追溯、流向可追踪的情况下，研究出台允许动检证变更目的地的操作规范，为冷链物流跨区域分拨提供便利。（交通运输部、公安部、商务部、应急部、住房城乡建设部、农业农村部按职责分工负责）

六、建立物流高质量发展的配套支撑体系

（二十）完善现代物流业统计制度。加快研究建立物流行业统计分类标准。研究完善反映物流重点领域、重点环节高质量发展的监测指标体系。加大对物流统计体系建设的支持力度，推动落实社会物流统计制度，加快企业样本库扩容提质，加强对物流重点企业运营成本、效率的监测。利用骨干物流平台开展公路物流监测。（发展改革委、统计局、中国物流与采购联合会负责）

（二十一）健全物流标准规范体系。完善物流标准体系，对不适应国民经济运行和行业发展需要的标准进行修订、转化或废止。深入推进物流标准化试点示范和供应链体系建设试点等工作，加强已发布物流标准在物流领域相关试点示范中的应用，提升物流标准化水平。支持具备条件的物流企业标准上升为行业标准、国家标准。（市场监管总局、发展改革委、交通运输部、商务部、财政部、农业农村部负责）

（二十二）构建物流高质量发展评价体系。研究编制并适时发布“中国物流发展指数”，从物流发展质量、效率、动力、贡献等方面，对我国物流发展质量水平进行客观、全面、可量化的综合性评价，为有针对性地研究制定政策措施提供可量化的参考依据。（发展改革委、中国物流与采购联合会负责）

（二十三）健全完善物流行业信用体系。研究出台运输物流行业失信联合惩戒对象“黑名单”管理办法，明确严重失信企业标准，构建政府层面失信惩戒机制。充分发挥行业组织和社会信用机构作用，组织建立物流企业信用联盟，鼓励开发针对物流行业的信用产品，推动信用信息市场化应用，强化守信激励和失信惩戒效果。（发展改革委负责）

七、健全物流高质量发展的政策保障体系

（二十四）创新用地支持政策。加强城市物流发展规划与国土空间规划的协同衔接。指导地方加大土地政策支持力度，鼓励地方政府利用有效载体和多种渠道整合盘活存量闲置土地资源，用于物流用途。探索政府负责土地平整并建设道路、管网等基础设施，企业负责建设经营性物流基础设施，约定土地物流用途并长期租赁的新型物流用地供应保障模式。研究利用工业企业旧厂房、仓库和存量土地资源建设物流设施或提供物流服务的支持政策。铁路划拨用地用于物流相关设施建设，从事长期租赁等物流经营活动的，可在五年内实行继续按原用途和土地权利类型使用土地的过渡期政策，期满及涉及转让需办理相关用地手续的，按新的用途、权利类型和市场价格以协议方式办理。对企业利用原有土地进行物流基础设施建设的，在办理规划条件、规划许可等方面予以支持。（自然资源部、铁路总公司负责）

（二十五）加强投融资支持方式创新。按照“扶优做强”原则，研究设立国家物流枢纽中央预算内投资专项，支持国家物流枢纽的物流基础设施建设。鼓励符合条件的金融机构或大型物流企业集团等发起物流产业发展投资基金，按照市场化原则运作，加强重要节点物流设施建设。支持符合条件的物流企业发行各类债务融资工具，拓展市场化主动融资渠道，稳定企业融资链条。鼓励持牌金融机构在相应的金融业务资质范围内开发基于供应链的金融产品，引导和支持资金流向实体企业，加大对小微企业融资支持力度。（发展改革委、财政部、人民银行、银保监会、证监会负责）

各地区有关部门要认真贯彻落实党中央、国务院决策部署，结合本地区实际，加强组织领导，明确任务分工，强化协调配合，加大政策创新和支持力度，扎实推进物流高质量发展各项工作。国家发展改革委将会同有关部门加强工作指导和督促检查，及时协调解决政策实施中存在的问题，推动各项政策措施落地实施。

附件：2019 年推动物流高质量发展 10 项重点工作

国家发展改革委 中央网信办 工业和信息化部
公安部 财政部 自然资源部
生态环境部 住房城乡建设部 交通运输部
农业农村部 商务部 应急部
人民银行 海关总署 市场监管总局
统计局 气象局 银保监会
证监会 能源局 铁路局
民航局 邮政局 铁路总公司
2019 年 2 月 26 日

附件：

2019年推动物流高质量发展10项重点工作

序号	重点工作	部门分工
1	开展国家物流枢纽布局建设。制定国家物流枢纽网络建设实施方案，启动第一批15个左右国家物流枢纽选址建设，促进区域内和跨区域物流活动组织化、规模化、网络化运行。	发展改革委、交通运输部负责
2	实施城乡高效配送专项行动和电子商务进农村综合示范。完善城乡配送网络，加强公用型城市配送节点和社区配送设施建设，将末端配送设施纳入社区统一管理，推进设施共享共用，支持试点城市和企业加快构建城乡双向流通的物流配送网络。提升农村物流服务质量和效率，2019年力争对具备条件的国家级贫困县全覆盖。	商务部、交通运输部、住房城乡建设部、财政部、农业农村部、邮政局按职责分工负责
3	实施“邮政在乡”工程、升级“快递下乡”工程。完善县乡村三级邮政农村物流配送体系建设。加快农村物流快递公共取送点建设，提升乡镇快递网点覆盖率。	邮政局、商务部、农业农村部、交通运输部负责
4	实施物流智能化改造行动。加强物流数字基础设施建设。支持物流园区和大型仓储设施等应用物联网技术，鼓励货运车辆加装智能设备。发展机械化、智能化立体仓库。鼓励各地为布局建设和推广应用智能快（邮）件箱提供场地等方面的便利。	发展改革委、工业和信息化部、商务部、中央网信办、交通运输部、民航局、邮政局按职责分工负责
5	实施全国百家骨干物流园区“互联互通”工程。加强园区信息互联建设，促进信息匹配、交易撮合、资源协同。	发展改革委、交通运输部、中国物流与采购联合会负责
6	实施服务型制造示范遴选。支持物流企业开展服务化转型。	工业和信息化部、发展改革委负责
7	实施铁路货运增量行动。2019年国家铁路货物发送量达到33.68亿吨。增加开行“点对点”直达货运列车，提高协议制运输比重，2019年力争达到25亿吨左右。	铁路总公司负责
8	精简快递分支机构办理手续。2019年内将快递业务经营许可审批时间缩短至法定时限一半以内，全面实施快递末端网点备案管理。	邮政局负责
9	降低铁路运价水平。清理规范铁路运输企业开展专用线、专用铁路、自备货车、自备机车等铁路运输设备代维护、维修及运用环节相关服务收费。完善铁路运价灵活调整机制，进一步清理规范铁路货运经营服务性收费，推动货物运输由公路向铁路转移。	发展改革委、铁路局、铁路总公司负责
10	创新物流用地支持政策。研究利用工业企业旧厂房、仓库和存量土地资源建设物流设施或提供物流服务的支持政策。	自然资源部负责

农业农村部 国家发展改革委 财政部 商务部关于实施“互联网+”农产品出村进城工程的指导意见

农市发〔2019〕5号

各省、自治区、直辖市人民政府，国务院有关部门、直属机构：

近年来，“互联网+”与农业农村深度融合，对于促进农产品产销衔接、推动农业转型升级、帮助农民脱贫增收发挥了重要作用。为进一步发挥“互联网+”优势，推动农产品卖得出卖得好，促进农业高质量发展，经国务院同意，现就实施“互联网+”农产品出村进城工程（以下简称工程）提出如下意见。

一、总体要求

（一）指导思想。以习近平新时代中国特色社会主义思想为指导，全面贯彻党的十九大和十九届二中、三中、四中全会精神，牢固树立新发展理念，落实高质量发展要求，坚持农业农村优先发展，按照乡村振兴战略总要求，紧紧抓住互联网发展机遇，加快推进信息技术在农业生产经营中的广泛应用，充分发挥网络、数据、技术和知识等要素作用，建立完善适应农产品网络销售的供应链体系、运营服务体系和支撑保障体系，促进农产品产销顺畅衔接、优质优价，带动农业转型升级、提质增效，拓宽农民就业增收渠道，以市场为导向推动构建现代农业产业体系、生产体系、经营体系，助力脱贫攻坚和农业农村现代化。

（二）基本原则。

坚持服务农民。把发展好、维护好农民利益作为“互联网+”农产品出村进城的出发点和落脚点，建立完善利益分享机制，让农民分享更多发展红利。

坚持市场导向。探索形成政府引导、市场化运营的可持续发展机制，充分发挥市场在资源配置中的决定性作用，用市场化手段推动工程实施，以市场主体带动产业化运营，建立适应市场需求、灵活高效的农产品供应链体系。

坚持重心下沉。以县为单位，以乡村为落脚点，推进工程落地实施。充分发挥基层的积极性、主动性、创造性，把资金、政策和工作力量下沉到基层，把基础设施建设和网络销售服务前移到乡到村。

坚持汇聚众力。统筹利用“互联网+”农产品出村进城已有工作基础，鼓励供销、邮政、电信等系统和各方社会力量积极参与，多方协同、上下联动，推进农村站点以及基础设施、物流体系、网络平台等软硬件的共建共享、互联互通。

（三）建设目标。用2年左右时间，基本完成100个试点县工程建设任务，探索形成一批符合各地实际、可复制可推广的推进模式和标准规范。到2025年底，在全国范围内基本完成工程建设各项任务，实现主要农业县全覆盖，农产品出村进城更为便捷、顺畅、高效。

二、重点任务

（一）建立市场导向的农产品生产体系。建立健全市场信息反馈机制，针对农产品市场运行趋势和消费需求特点，强化数据分析挖掘，引导各类市场主体合理制定销售计划，精准安排生产经营，生产适销对路的优质特色农产品。扩大农业物联网区域试验范围、规模和内容，利用现代信息技术，提高良种繁育、种养业生产管理、病虫害防治、动物疫病防控、产地环境监测等环节管理效能，推动网络化、绿色化、标准化生产。强化大数据建设，加强优质特色农产品全产业链数据监测、分析和应用，推动以数据信息指导生产、引导市场和服务决策。（农业农村部牵头负责）

（二）加强产地基础设施建设。因地制宜采用宽带、光纤、移动网络、卫星网络等多种形式，覆盖农业生产、加工区域，满足农业用网需求。加强产地预冷、分等分级、初深加工、包装仓储等基础设施建设，推进共享共用，提升产地农产品商品化处理能力和设施设备使用效率。大力推进果蔬标准化基地、规模化种植养殖场（站）等生产条件建设，切实提升优质特色农产品持续供给能力。（农业农村部牵头，国家发展改革委、工业和信息化部、商务部等按职责分工负责）

（三）加强农产品物流体系建设。充分利用快递物流、邮政、供销合作社、益农信息社、电商服务站点等现有条件，完善县乡村三级物流体系，提高农村物流网络连通率和覆盖率。加强冷链物流集散中心建设，完善低温分拣加工、冷藏运输、冷库等设施设备，强化城市社区配送终端冷藏条件建设，做好销地与产地冷链衔接，构建覆盖农产品生产、加工、运输、储存、销售等环节的全程冷链物流体系。推动菜市场、社区菜店等农产品零售市场建设改造，完善末端销售网络。鼓励农产品物流技术创新，推广可循环使用的标准化包装，提高农产品包装保鲜技术水平。（国家发展改革委、交通运输部、农业农村部、商务部、国家邮政局、供销合作总社等按职责分工负责）

（四）完善农产品网络销售体系。建立健全县级农产品产业化运营主体，引导其牵头联合全产业链各环节市场主体、带动小农户，统筹组织开展优质特色农产品生产、加工、仓储、物流、品牌、认证等服务，加强供应链管理和品质把控，对接网络销售平台，积极开拓网络市场，提高优质特色农产品的市场竞争能力。统筹建立县乡村三级农产品网络销售服务体系，满足小农户和新型农业经营主体需求，有针对性地提供电商培训、加工包装、物流仓储、网店运营、商标注册、营销推广、小额信贷等服务。综合利用线上线下渠道，大力发展多样化多层次的农产品网络销售模式，鼓励农产品上网经营，推动传统批发零售渠道网络化，构建优质特色农产品网络展销平台，推动在县城、市区设立优质特色农产品直销中心，探索创新农产品优质优价销售新模式。（商务部、农业农村部牵头，国家发展改革委、市场监管总局、供销合作总社等按职责分工负责）

（五）强化网络销售农产品质量安全监管。督促农产品生产经营者严格落实质量安全主体责任，加强对产地农产品质量安全检测和监督管理。（农业农村部牵头负责）督促网络食品交易第三方平台建立实施入网食品生产经营者审查登记、食品安全自查、食品安全违法行为制止及报告、严重违法行为平台服务停止、食品安全投诉举报处理等制度，督促入网食用农产品销售者严格落实质量安全主体责任，依法查处网络销售不符合食品安全标准的违法违规行为。（市场监管总局牵头负责）

（六）加强农产品品牌建设。结合特色农产品优势区等建设，积极探索利用网络传播新渠道，大力发展农产品区域公用品牌，培育一批知名的企业品牌、产品品牌，以品牌化引领规模化生产、标准化管理和产业化经营，提高农业质量效益和市场竞争力。加强品牌监督管理，强化证后监管，提升优质特色农产品品牌影响力和市场占有率。（农业农村部牵头，国家发展改革委、商务部、市场监管总局、广电总局等按职责分工负责）

（七）加强农产品标准体系建设。加快优质特色农产品田间管理、采后处理、分等分级、包装储运、产品追溯、信息采集等各环节标准研制，鼓励电商企业、龙头企业等市场主体参与标准制定，形成多层次的标准体系。大力推进相关法律法规和标准宣贯实施，细化标准化生产和流通操作规程，提高农产品

品质和一致性。（市场监管总局牵头，国家发展改革委、农业农村部、商务部等按职责分工负责）

（八）加强网络应用技能培训。充分利用农村实用人才培训等现有培训资源，加大互联网、电子商务等公益培训力度。鼓励各类企业和服务机构建立专业培训基地和师资队伍，开展市场化专业培训，培养一批农产品网络销售实用人才。支持各类企业开发服务“三农”的手机应用，持续开展农民手机应用技能培训，提高农民获取信息、管理生产、网络销售等能力。（农业农村部牵头，教育部、科技部、工业和信息化部、商务部、国务院扶贫办等按职责分工负责）

（九）运用互联网发展新业态新模式。鼓励支持各类市场主体和人才返乡入乡创业创新，利用现代信息技术和互联网平台，发展创意农业、观光农业、认养农业、都市农业、分享农业等新业态新模式，满足“三农”发展和城乡居民消费升级需求。鼓励支持各地建设一批农村互联网创业创新实训基地、孵化基地、创客空间、星创天地、创业园区，建立健全市场化促进机制，提供保障条件，全面降低成本，营造良好环境。（农业农村部牵头，国家发展改革委、科技部、人力资源社会保障部、商务部、文化和旅游部等按职责分工负责）

（十）发挥多元市场主体带动作用。充分发挥市场机制作用，鼓励电商企业、互联网企业等各类市场主体开拓农业农村业务，推动传统农业生产加工流通企业拓展线上业务，健全完善配套服务。更好发挥政府引导作用，因地制宜出台引导政策，培育引进一批运营水平高、创新意识强、带动作用大的市场主体，引领带动产业链上下游企业。充分发挥广大农民群众的首创精神，建立健全利益联结机制，切实提高小农户特别是贫困户的参与度，引导和支持农民群众生产适合网络销售的优质特色农产品，通过多种形式上网销售。（国家发展改革委、农业农村部、商务部、国务院扶贫办等按职责分工负责）

三、保障措施

（一）加强组织领导。各有关部门要建立协调联动机制，明确责任分工，强化协调配合，形成强大合力；及时出台配套政策措施，加强督促检查，做好跟踪评估。有关地方人民政府要层层压实责任，不断创新政策和资金支持形式，因地制宜制定工程建设实施方案，抓好贯彻落实，确保工程落地见效。（农业农村部牵头，国家发展改革委、商务部等部门及地方人民政府按职责分工负责）

（二）加强政策支持。充分利用现有资金渠道，加大政策支持力度，积极推动农产品产地基础设施建设。鼓励电信企业推出有针对性的资费优惠方案。鼓励地方积极探索保险费补贴等多种形式，支持“互联网+”农产品出村进城。落实好涉农税收优惠政策。加强农产品全程冷链物流配送保障。完善落实基层创业就业人员支撑服务，加强农村教育、社保等公共服务体系建设。鼓励发展农业供应链金融。（国家发展改革委、教育部、工业和信息化部、公安部、财政部、人力资源社会保障部、自然资源部、住房城乡建设部、交通运输部、农业农村部、商务部、中国人民银行、税务总局、国家医保局、中国银保监会等按职责分工负责）

（三）加强宣传推广。各地区、各有关部门要加大对工程实施的宣传力度，激发农村创业创新人员积极性，提高农产品品牌知名度，形成良好氛围。及时总结典型案例，推广成功经验，促进学习交流。（国家发展改革委、农业农村部、商务部、广电总局等按职责分工负责）

农业农村部 国家发展改革委 财政部 商务部
2019 年 12 月 16 日

农业农村部 国家发展改革委 科技部 财政部 商务部 国家市场监督管理总局 国家粮食和物资储备局关于印发《国家质量兴农战略规划（2018—2022年）》的通知

农牧发〔2019〕1号

各省、自治区、直辖市农业农村（农牧）厅（委、局），发展改革委，科技厅（委、局），财政厅（局），商务主管部门，市场监管局（厅、委），粮食和储备局（粮食局）：

为贯彻落实党中央、国务院关于实施质量兴农战略的决策部署，加快推进农业高质量发展，农业农村部、国家发展改革委、科技部、财政部、商务部、国家市场监督管理总局、国家粮食和物资储备局制定了《国家质量兴农战略规划（2018—2022年）》，现印发你们，请认真贯彻执行。

农业农村部　国家发展改革委　科技部　财政部
商务部　国家市场监督管理总局　国家粮食和物资储备局
2019年2月11日

国家质量兴农战略规划（2018—2022年）

前　言

中国特色社会主义进入新时代，我国社会主要矛盾已经转化为人民日益增长的美好生活需要和不平衡不充分的发展之间的矛盾，我国经济已由高速增长阶段转向高质量发展阶段。以习近平同志为核心的党中央深刻把握新时代我国经济社会发展的历史性变化，明确提出实施乡村振兴战略，加快推进农业农村现代化。习近平总书记指出，实施乡村振兴战略，必须深化农业供给侧结构性改革，走质量兴农之路。只有坚持质量第一、效益优先，推进农业由增产导向转向提质导向，才能不断适应高质量发展的要求，提高农业综合效益和竞争力，实现我国由农业大国向农业强国转变。为贯彻落实党中央、国务院决策部署，依据《中共中央国务院关于实施乡村振兴战略的意见》和《乡村振兴战略规划（2018—2022年）》，特编制《国家质量兴农战略规划（2018—2022年）》。

本规划以习近平新时代中国特色社会主义思想为指导，深入贯彻落实习近平总书记关于做好“三农”工作、实施乡村振兴战略的重要论述精神，按照高质量发展的要求，围绕推进农业由增产导向转向提质导向，突出农业绿色化、优质化、特色化、品牌化，优化农业要素配置、产业结构、空间布局、管理方式，推动农业全面升级、农村全面进步、农民全面发展。

本规划明确了未来五年实施质量兴农战略的总体思路、发展目标和重点任务，部署了若干重大工程、重大行动、重大计划，是指导各地区各部门实施质量兴农战略的重要依据。

第一篇　规划背景

当前，我国农业正处在转变发展方式、优化产业结构、转换增长动力的攻关期。实施质量兴农战略，实现农业由总量扩张向质量提升转变，是党中央、国务院科学把握我国社会主要矛盾转化和农业发展阶段作出的重大战略决策。要着眼乡村全面振兴和加快农业农村现代化，切实增强责任感、使命感、紧迫感，不断推进质量兴农取得实效。

第一章　重大意义

实施质量兴农战略是满足人民群众美好生活需要的重大举措。民以食为天。随着我国进入上中等收入国家行列，城乡居民消费结构不断升级，对农产品的需求已经从“有没有”“够不够”转向“好不好”“优不优”。实施质量兴农战略，增加优质农产品和农业服务供给，有利于更好地满足城乡居民多层次、个性化的消费需求，增强人民群众的幸福感、获得感。

实施质量兴农战略是推动国民经济高质量发展的基础支撑。务农重本，国之大纲。现代农业体系是现代化经济体系的重要组成部分。随着我国经济进入高质量发展阶段，补齐农业短板、促进农业高质量发展的要求更加迫切。实施质量兴农战略，加快构建现代农业产业体系、生产体系、经营体系，有利于建设现代化经济体系，推动经济发展质量变革、效率变革、动力变革，进一步夯实国民经济高质量发展基础。

实施质量兴农战略是实现乡村振兴的有力保障。产业兴，则乡村兴。随着乡村振兴战略的实施，乡村产业对农业农村现代化的基础支撑作用更加凸显。实施质量兴农战略，提高农业发展质量和效益，有利于促进农业全面转型升级，增强发展的内生动力和可持续性，为乡村振兴提供新动能、开拓新局面。

实施质量兴农战略是建设农业强国的必由之路。质量就是竞争力。一个国家农业强不强，归根到底得用质量来衡量。随着国际国内两个市场深度融合，我国农业面临的外部竞争压力越来越大，为全球农业提供中国智慧和中国方案的舞台也越来越大。实施质量兴农战略，做大做强优势特色产业，打造中国农业品牌，探索走出一条中国特色农业现代化道路，有利于提高我国农业竞争力，实现由农业大国向农业强国转变。

实施质量兴农战略是促进农民增收致富的有效途径。质量就是效益。随着农业供给侧结构性改革的深入推进，提质增效越来越成为支撑广大农民收入增长的关键。实施质量兴农战略，拓展农业增值空间，培育农民持续增收新的增长点，有利于亿万农民分享农业高质量发展成果，让农业成为有奔头的产业，让农民成为有吸引力的职业，让农村成为安居乐业的美丽家园。

第二章　发展现状

党的十八大以来，以习近平同志为核心的党中央坚持把解决好“三农”问题作为全党工作重中之重，不断推动“三农”工作理论创新、实践创新、制度创新，我国农业现代化建设取得举世瞩目的成就，农业综合生产能力大幅提高，农村改革深入推进，农民收入持续增加，“三农”发展呈现稳中向好、稳中向优的良好态势，为国民经济持续健康发展奠定了坚实基础。

农业发展取得巨大进步，推动农业进入高质量发展阶段。农业生产布局逐步优化，粮食生产功能区、重要农产品生产保护区划定建设有序推进，特色农产品优势区创建迈出实质性步伐，优质农产品生产布局初步形成。农业资源利用率明显提高，农田灌溉水有效利用系数提高到0.548，提前三年实现化肥农药使用量零增长，畜禽粪污综合利用率、农膜回收率均超过60%，农作物秸秆综合利用率超过80%。设施装备和技术支撑更加有力，建成高标准农田5.6亿亩，主要农作物良种覆盖率稳定在96%以上，农业科技进步贡献率达到57.5%，农作物耕种收综合机械化率达到66%，推广测土配方施肥近16亿亩。适度规模经营格局初步形成，新型经营主体总量达到850万家，土地托管、服务联盟、产业化联合体等多种形式适度规模经营迅速发展，土地适度规模经营比重超过40%。产业效益稳步提升，种养业结构调整取得明显成效，农产品加工业产值与农业总产值之比达到2.2:1，休闲农业和乡村旅游总产值年均增长超过9%，涌现了一批知名农业品牌。农产品质量安全水平稳中向好，全国农产品质量安全例行监测合格率连续5年稳定在96%以上，绿色农产品、有机农产品和地理标志农产品数量达到3.6万个。

与此同时，推进农业高质量发展仍然面临一系列问题和挑战，主要表现在：农业由增产导向转向提质导向的理念尚未普及，农产品生产结构与市场不匹配，绿色优质特色产品还不能满足人民群众日益增长的需求；农产品按标生产的制度体系还不健全，执法监管力量薄弱，质量安全风险隐患犹存；农业生产经营方式相对粗放，部分地区资源过度消耗、产地环境治理难度大，资源环境约束日益趋紧；农业科技重大原创性前沿性成果不多，科技立项与评价机制不健全，科技和生产“两张皮”现象突出；一二三产业融合深度不够，农产品深加工发展滞后，产销市场衔接不畅；农业大而不强、多而不优问题依然存在，部分产品进口依存度偏高，农业国际竞争力亟待提高。

第三章　发展机遇

实施乡村振兴战略为质量兴农提供了重大历史机遇。乡村振兴战略作为新时代“三农”工作的总抓手已经明确写入党章，成为全党的共同意志。城乡融合发展的政策体系逐步建立，农业农村优先发展成为重大政策导向，为加快构建现代农业产业体系、生产体系、经营体系，持续提高农业创新力、竞争力和全要素生产率，提供了强有力的政治保障和制度保障。

居民消费结构升级为质量兴农提供了广阔市场空间。我国人均国内生产总值已接近9000美元，居民收入水平不断提高，中等收入群体不断壮大，消费层次由温饱型向全面小康型转变，优质农产品和农业多功能需求显著提高，为农业从增产导向转向提质导向提供了强劲动力和发展空间。

各地的实践探索为质量兴农提供了丰富经验。近年来，农业供给侧结构性改革深入推进，农业结构调整不断取得新进展，农业绿色发展实现良好开局。各地在实践中探索出诸多行之有效的做法，创造了一批可复制、可推广的成功模式，为加快推进质量兴农提供了丰富的实践经验和路径借鉴。

综合判断，今后五年是推进农业高质量发展的重要战略机遇期，必须遵循农业发展规律和时代要求，顺势而为，抓住机遇，迎接挑战，全面推进农业发展质量变革、效率变革、动力变革，努力开创质量兴农新局面，为乡村全面振兴和农业农村现代化夯实基础。

第二篇　总体要求

坚持目标导向，明确实施质量兴农战略的指导思想、基本原则，明确到2022年的发展目标，为推进质量兴农制定清晰的“时间表”“路线图”。

第四章　指导思想和基本原则

第一节　指导思想

深入贯彻习近平新时代中国特色社会主义思想，全面落实党的十九大和十九届二中、三中全会精神，践行新发展理念，强化创新驱动和提质导向，以实施乡村振兴战略为总抓手，以推进农业供给侧结构性改革为主线，以优化农业农村要素配置、产业结构、空间布局、管理方式为关键点，着力优环境、促融合、管安全、强科技、育人才，大力推进农业绿色化、优质化、特色化、品牌化，加快推动农业发展质量变革、效率变革、动力变革，全面提升农业质量效益和竞争力，为更好满足人民美好生活需要和推进乡村全面振兴提供强有力支撑。

第二节　基本原则

——坚持质量第一，效益优先。准确把握质量兴农的科学内涵，强化全产业链开发、优质优价导向，聚焦产地加工、冷链物流、品牌建设等薄弱环节，推进生产、加工、流通、营销产业链全面升级，促进一二三产业深度融合，提升农业发展整体效益。

——坚持政府引导，产管并重。做好顶层设计，完善政策体系，强化宏观调控，更好地发挥政府政策引导作用。坚持“产出来”与“管出来”相结合，严格执法监管，维护公平有序的市场环境。

——坚持绿色引领，持续发展。落实绿水青山就是金山银山理念，以绿色发展引领质量兴农，推进农业投入品减量化、生产清洁化、废弃物资源化、产业模式生态化，促进农业农村发展与生态环境保护协调统一。

——坚持市场主导，农民主体。充分发挥市场在资源配置中的决定性作用，促进城乡要素自由流动、平等交换，用市场机制、价格手段倒逼农业转型升级、提质增效。充分尊重农民意愿，切实发挥农民主体作用，调动农民积极性、主动性、创造性，让质量兴农成果惠及亿万农民。

第五章　发展目标

到2022年，质量兴农制度框架基本建立，初步实现产品质量高、产业效益高、生产效率高、经营者素质高、国际竞争力强，农业高质量发展取得显著成效。

——产品质量高。优质农产品供给数量大幅提升，口感更好、品质更优、营养更均衡、特色更鲜明，有效满足个性化、多样化、高品质的消费需求，农产品供需在高水平上实现均衡发展。农产品质量安全例行监测总体合格率稳定在98%以上，绿色、有机、地理标志、良好农业规范农产品认证登记数量年均增长6%。

——产业效益高。一二三产业深度融合，农业多种功能进一步挖掘，农业分工更优化、业态更多元，低碳循环发展水平明显提升，农业增值空间不断拓展。规模以上农产品加工业产值与农业总产值之比达到2.5∶1，畜禽养殖规模化率达到66%，水产健康养殖示范面积比重达到65%。

——生产效率高。农业劳动生产率、土地产出率、资源利用率全面提高，农业劳动生产率达到5.5万元/人，土地产出率达到4000元/亩，农作物耕种收综合机械化率达71%，农田灌溉水有效利用系数达到0.56，主要农作物化肥、农药利用率达到41%。

——经营者素质高。爱农业、懂技术、善经营的高素质农民队伍不断壮大，专业化、年轻化的新型职业农民比重大幅提升，新型经营主体、社会化服务组织更加规范，对质量兴农的示范带动作用不断增强。培育新型职业农民500万人以上，高中以上文化程度职业农民占比达到35%；县级以上示范家庭农场、国家农民专业合作社示范社认定数量分别达到100000家、10000家。

——国际竞争力强。国内农产品品质和农业生产服务比较优势明显提高，统筹利用两种资源、两个市场能力进一步增强。培育形成一批具有国际竞争力的大粮商和跨国涉农企业集团，农业“走出去”步伐加快，农产品出口额年均增长3%。

到2035年，质量兴农制度体系更加完善，现代农业产业体系、生产体系、经营体系全面建立，农业质量效益和竞争力大幅提升，农业高质量发展取得决定性进展，农业农村现代化基本实现。

专栏1 质量兴农主要指标

类型	指标	2017年基期值	2022年目标值	指标属性
产品质量高	农产品质量安全例行监测总体合格率（%）	97.1	>98	预期性
	绿色、有机、地理标志、良好农业规范农产品的认证登记数量年均增长（%）	6	6	预期性
产业效益高	规模以上农产品加工业产值与农业总产值之比	2.2:1	2.5:1	预期性
	畜禽养殖规模化率（%）	58	66	约束性
	水产健康养殖示范面积比重（%）	55	65	预期性
生产效率高	农业劳动生产率（万元/人）	3.4	5.5	预期性
	土地产出率（元/亩）	3200	4000	预期性
	农作物耕种收综合机械化率（%）	66	71	预期性
	农田灌溉水有效利用系数	0.548	0.56	预期性
	主要农作物农药利用率（%）	38.8	41	预期性
	主要农作物化肥利用率（%）	37.8	41	预期性
经营者素质高	国家农民专业合作社示范社认定数量（家）	6284	10000	预期性
	年均培育新型职业农民人次（万人次）	100	100	约束性
国际竞争力强	农产品出口额年均增长（%）	3.5	3	预期性

第六章 基本路径

——绿色化。大力推进投入品减量化、生产清洁化、废弃物资源化、产业模式生态化。加快推广节水节肥节药绿色技术，积极推动水土资源节约和化肥、农药高效利用，全面开展农业环境污染防控，着力推进农作物秸秆、畜禽粪污、废旧农膜、农药包装废弃物、农林产品加工剩余物资源化利用，加快发展资源节约型、环境友好型、生态保育型农业。

——优质化。加强优质农产品品种研发推广，构建优势区域布局和专业化生产格局，打造一批特色农产品优势区，稳定发展优质粮食等大宗农产品，积极发展优质高效“菜篮子”产品，扩大优质肉牛肉羊生产，大力促进奶业振兴，发展名优水产品，加快发展现代高效林草业。

——特色化。深入开展特色农林产品种质资源保护，挖掘特色农业文化价值，打造一批彰显地域特色、体现乡村气息、承载乡村价值、适应现代需要的特色产业，形成一批具有鲜明地域特征、深厚历史底蕴的农耕文化名片。推进特色产业精准扶贫，促进贫困群众从产业发展中获得持续稳定收益。

——品牌化。大力推进农产品区域公用品牌、企业品牌、农产品品牌建设，打造高品质、有口碑的农业“金字招牌”。广泛利用传统媒体和“互联网+”等新兴手段加强品牌市场营销，讲好农业品牌的中国故事。强化品牌授权管理和产权保护，严厉惩治仿冒假劣行为。

第三篇 重点任务

坚持问题导向，重点推进农业绿色发展、农业全程标准化、农业全产业链融合、农业品牌培育提升、农产品质量安全水平提升、农业科技创新、高素质人才队伍建设，持续提高农业创新力、竞争力、全要素生产率，打造质量兴农升级版。

第七章 加快农业绿色发展

第一节 调整完善农业生产力布局

立足匹配水土资源，落实主体功能定位，明确优化发展区、适度发展区、保护发展区，实现保供给和保生态有机统一。加快划定粮食生产功能区、重要农产品生产保护区，实施两区“建管护”工程，2022年完成9亿亩粮食生产功能区、2.3亿亩重要农产品生产保护区建设任务。持续创建特色农产品优势区，充分发挥示范引领作用，2022年特色农产品优势区达到300个以上。优化生猪养殖布局，引导畜禽养殖向环境容量大的地区转移，加快北方农牧交错带肉牛肉羊产业发展，巩固发展奶牛优势产区，打造我国黄金奶源带。与国土空间规划有效衔接，依法制定出台养殖水域滩涂规划，在确定水域滩涂承载力和环境容量基础上，合理划定水产养殖区、布局限养区、明确禁养区。压减内陆和近海捕捞强度，科学划定江河湖海限捕禁捕区域，在长江流域水生生物保护区实施全面禁捕。建设海洋牧场和渔港经济区，打造海外渔业综合服务基地。

第二节 节约高效利用水土资源

严守耕地红线，全面落实永久基本农田特殊保护制度。优先在粮食生产功能区、重要农产品生产保护区大规模推进高标准农田建设，完善建设标准，探索以县（市、区）为单位整体推进高标准农田建设模式。深入开展耕地质量保护与提升行动，2022年全国耕地质量平均比2015年提高0.5个等级以上。加强东北黑土地保护利用，持续推进耕地轮作休耕制度试点。实施“华北节水压采、西北节水增效、东北节水增粮、南方节水减排”等规模化高效节水灌溉，加强节水灌溉工程建设和节水改造，到2020年基本完成大型灌区续建配套和节水改造任务，有效减少农田退水对水体的污染。同时按照“先建机制、后建工程”的要求，深化推进农业水价综合改革，农田水利工程设施完善的地区要率先实现改革目标。完善农田灌排工程体系，推行农业灌溉用水总量控制和定额管理，建设高标准节水农业示范区，继续实施华北等地下水超采区综合治理，2022年全国农业节水灌溉面积达到6.5亿亩。推广抗旱节水、高产稳产品种，集成推广深耕深松、保护性耕作、水肥一体化等技术，提高土壤蓄水保墒能力。

第三节 科学使用农业投入品

深入推进化肥减量增效行动，全面推进测土配方施肥，在果菜茶种植优势突出、有机肥资源有保障、产业发展有一定基础的地区，选择重点县（市、区）开展有机肥替代化肥试点，到2022年测土配方施肥技术覆盖率达到90%以上。完善农药风险评估技术标准体系，加快实施化学农药减量替代计划，统筹实施动植物保护能力提升工程，到2022年主要农作物病虫害专业化统防统治覆盖率达到40%以上。实施绿色防控替代化学防治行动，建设300个绿色防控示范县，主要农作物病虫绿色防控覆盖率达到50%以上。加强动物疫病综合防治能力建设，严格落实兽药使用休药期规定，规范使用饲料添加剂，减量使用兽用抗菌药物。

第四节 全面加强产地环境保护与治理

深入实施土壤污染防治行动计划，开展土壤污染状况详查，严格工业和城镇污染物处理和达标排放。编制实施耕地土壤环境质量分类清单，开展污染耕地分类治理和农产品产地土壤重金属污染综合防治，到2022年受污染耕地安全利用率达到90%以上。继续支持农作物秸秆综合利用，以东北、华北地区为重点整县推进秸秆综合利用，优先支持农作物秸秆就地还田，农作物秸秆综合利用率达到86%以上。以畜牧大县为重点，开展畜禽粪污资源化利用整县推进，畜禽粪污综合利用率达到75%以上。完善“使用者归集、政府扶持与市场运作相结合”的废旧农膜和农药包装废弃物回收处理体系，开展“谁生产、谁回收”的生产者责任延伸试点，在农膜使用量较高的省份整县推进农膜回收利用，重点用膜区域农膜回收率达到82%以上。大力推进种养结合型循环农业试点，集成推广“猪－沼－果”、稻鱼共生、林果间作等成熟适用技术模式，加快发展农牧配套、种养结合的生态循环农业。

专栏2 农业绿色发展重大工程

1.高标准农田建设。大规模开展农田土地平整、土壤改良、灌溉排水、田间道路、防护林网、输配电设施等建设，到2022年，建成10亿亩集中连片、旱涝保收、高产稳产、生态友好、适宜机械化作业的高标准农田。

2.特色农产品优势区创建。到2022年，创建并认定300个以上国家级特色农产品优势区，加大对特色农产品优势区品牌的宣传和推介力度，打造一批"中国第一、世界有名"的特色农产品品牌，促进优势特色农业产业做大做强，提高特色农产品的供给质量和市场竞争力。

3.东北黑土地保护。以耕地质量建设和黑土地保护为重点，统筹土、肥、水、种及栽培等生产要素，到2022年在东北4省（区）开展1亿亩黑土地保护与利用，黑土区耕地质量平均提高1个等级以上。

4.农业绿色发展提升行动。深入推进畜禽粪污资源化利用、果菜茶有机肥替代化肥、病虫绿色防控替代化学防治、东北地区秸秆处理、农膜回收和以长江为重点的水生生物保护，从源头上确保优质绿色农产品供给。到2022年主要农作物化肥、农药利用率达到41%以上，秸秆综合利用水平达到86%，畜禽粪污综合利用率达到75%以上，重点用膜区域农膜回收率实现82%。建设300个病虫绿色防控示范县，探索总结技术模式和组织方式。认定100个左右农业可持续发展试验示范区（农业绿色发展先行区），形成一批可复制、可推广典型经验和模式。

5.环境突出问题治理。扩大面源污染综合治理、华北地下水超采区治理实施范围。到2022年建设一批农业面源污染综合治理示范区，华北地区在正常来水情况下大部分地区地下水实现采补平衡，形成一批耕地重金属污染治理技术模式。

6.动植物保护能力提升。针对动植物保护体系、外来生物入侵防控体系的薄弱环节，通过工程建设和完善运行保障机制，形成监测预警体系、疫情灾害应急处置体系、农药风险监控体系和联防联控体系。

第八章 推进农业全程标准化

第一节 健全完善农业全产业链标准体系

加快建立与农业高质量发展相适应的农业标准及技术规范。全面完善食品安全国家标准体系，加快制定农兽药残留、畜禽屠宰等国家标准，到2022年，制修订3500项强制性标准。补充完善种子、肥料、农药、兽药、饲料等农业投入品质量标准、质量安全评价技术规范及合理使用准则。建立健全农产品等级规格、品质评价、产地初加工、农产品包装标识、田间地头冷库、冷链物流与农产品储藏标准体系。构建现代农业工程标准体系，提高工程建设质量和投资效益。

第二节 引进转化国际先进农业标准

加快国内外标准全面接轨，实施"一带一路"农业标准互认协同工程，在适宜地区全面转化推广国际先进农业标准，推动内外销产品"同线同标同质"，加快推动我国农产品质量达到国际先进水平。强化国际标准专业化技术专家队伍建设，深入参与国际食品法典委员会、《国际植保公约》等机制下的涉农国际标准规则制定和转化运用。支持企业申请国际通行的农产品认证，促进政府间标准互认合作。

第三节 全面推进农业标准化生产

建立生产记录台账制度，加快推进规模经营主体按标生产。实施农产品质量全程控制生产基地创建工程，促进产地环境、生产过程、产品质量、包装标识等全流程标准化。在"菜篮子"大县、畜牧大县和现代农业产业园全面推行全程标准化生产，到2022年创建100个国家区域性良种繁育基地、800个绿色食品原料标准化生产基地、120个有机农产品生产基地、500个畜禽养殖标准化示范场、2500个以上水产健康养殖示范场，大力发展绿色、有机、地理标志等优质特色农产品。

专栏3　农业全程标准化重大工程

1.农业标准化提升行动。对标国际先进标准，加快优质大宗农产品和特色产品生产标准制修订，构建形成覆盖农业生产、经营各环节的标准体系，全面推行标准化生产。到2022年，制修订农药残留限量标准3000项、兽药残留限量标准500项、其他行业标准1000项，基本消除生产经营环节标准空白。

2.农产品认证登记发展计划。积极推动发展绿色、有机、地理标志等优质特色农产品。支持企业申请国际通行的农产品认证，促进政府间标准互认合作。到2022年，绿色食品、有机农产品和地理标志农产品总数达到45000个。

第九章　促进农业全产业链融合

第一节　深入推进产加销一体化

开展农村一二三产业融合发展推进行动，以加工业为纽带，推进产业交叉融合，建设一批农村产业融合发展先导区、示范园、农业产业化联合体。统筹农产品初加工、精深加工和综合利用加工协调发展，促进农产品加工就地就近转化增值，到2022年规模以上食用农产品加工企业自建及订单基地拥有率达到65%。支持各类新型经营主体建立低碳低耗循环高效的绿色加工体系，发展中央厨房等新型经营模式。组织实施产业兴村强县行动，打造一批现代农业产业园和农村产业融合利益共同体。支持农业产业化龙头企业完善产业链，鼓励互联网企业参与产加销环节，稳定拓展农产品加工企业与各类经营主体间的供销关系、契约关系和资本联结关系，构建紧密型利益联结机制。

第二节　强化产地市场体系建设

加快建设布局合理、分工明确、优势互补的全国性、区域性和田头三级产地市场体系。以优势农产品主产区为重点，建设全国性农产品产地市场，提升价格形成中心、产业信息中心、物流集散中心、科技交流中心和会展贸易中心功能。以特色农产品优势区为重点，改造提升区域性农产品产地市场，配套建设冷藏冷冻、物流配送、信息服务、电子结算、电子监控等基础设施。在村镇生产集中度高、市场基础良好的地区，加快建设田头市场，实施田头市场标准化建设工程，重点开展地面硬化、称重计量、商品化处理、贮藏保鲜、质量检测、信息服务等基础设施建设。引导各地将扶贫专项资金、涉农整合资金、对口帮扶资金支持产地市场体系建设。

第三节　加快建设冷链仓储物流设施

针对不同农产品特性和储运要求，以冷链仓储建设为重点，加快完善农村物流基础设施网络，探索建立"全程温控、标准健全、绿色安全、应用广泛"的农产品全程冷链物流服务体系。重点加强农产品产地市场预冷、储藏、保鲜等物流基础设施建设，降低流通损耗。加强全国性、区域性农产品产地批发市场和田头市场升级改造，提升清洗、烘干、分级、包装、贮藏、冷冻冷藏、查验等设施水平，配备完善尾菜等废弃物分类处置和污染物处理设施，提高农产品冷链保鲜流通比例。支持流通企业拓展产业链条，建立健全停靠、装卸、商品化处理、冷链设施，加强适应市场需求的流通型冷库建设，发展多温层冷藏车等。研发推广经济适用型全程温度监控设备，建设具有集中采购、跨区域配送能力的现代化产地物流集散中心。

第四节　创新农产品流通方式

加快推进农产品按规格品质分级整理、分类包装，减少产销衔接环节，提高产销衔接效率。探索建立农产品产销对接服务体系，引导鼓励家庭农场、农民专业合作社依托产业化龙头企业，发展订单农业、定制农业。积极搭建农产品产销对接平台，扩大农超、农社、农企、农校等对接范围，充分发挥中国国际农产品交易会、中国农民丰收节等展会和重大活动的平台作用。创新产销对接方式，推进电子商务进农村综合示范，谋划推动“互联网+”农产品出村工程，鼓励小农户和新型农业经营主体与电商平台对接，发展农产品电子商务，加快拍卖、电子结算、直供直销、连锁经营等新流通方式推广运用。深入开展贫困地区“产品出村、助力脱贫”农产品产销对接行动，构建长期稳定的产销衔接机制。开发多种形式特色农产品营销促销平台。深入推进信息进村入户工程，完善农产品电子商务服务功能。

第五节 培育新产业新业态

推动科技、教育、人文等元素融入农业，发展共享农庄、体验农场、创意农业和特色文化产业等新业态。推广分享农业、众筹农业等基于互联网的新型农业产业模式，汇集线上线下资源，推动生产者、消费者、服务者的多维度深层次对接。大力发展农业生产租赁业，探索建立托管经营等多元化农业服务业。实施休闲农业和乡村旅游精品工程，深入发掘农业农村的生态涵养、休闲观光、文化体验、健康养老等多种功能和多重价值，建设一批美丽休闲乡村、乡村民宿等精品项目，到2022年休闲农业和乡村旅游接待游客突破32亿人次。实施农耕文化传承保护工程，开展农业文化遗产发掘认定，组建遗产数据库，建立信息监测和调查评估制度，探索农业文化遗产在保护中利用与传承的新机制，促进中华优秀农耕文化传承与弘扬。实施乡村就业创业促进行动，培育百县千乡万名农村创业创新带头人，建设300个国家农村创新创业园区（基地）。

专栏4 农业全产业链融合重大工程

1.农产品加工业提升行动。完善农产品加工技术研发体系，依托现有农产品加工聚集区、产业园、工业园等，打造升级一批农产品精深加工示范基地，到2022年农产品加工转换率达到70%。

2.农产品冷链保鲜工程。支持新型经营主体改善冷库、保鲜库、冷藏车等基础设施，到2022年建成一批农产品保鲜冷库，标准化农产品冷链物流运输车保有量稳步提高。

3.农产品产地市场建设工程。建设改造直接服务农户的区域性农产品产地市场和田头市场，提升农产品分等分级、预冷、初加工、冷藏保鲜、冷链物流等能力。到2022年建设和改造一批田头市场，促进乡村流通体系现代化。

4.农村一二三产业融合发展推进行动。开展全国农村一二三产业融合发展示范园、先导区创建，支持新型经营主体围绕挖掘优质农产品功能延长产业链、提升价值链、完善利益链，到2022年建成300个以上农村一二三产业融合发展示范园和300个农村一二三产业融合发展先导区，探索多种模式的一二三产业融合机制。

5.现代农业产业园提质扩面行动。支持产业园在更高标准上促进农业生产、加工、物流、研发、示范、服务等相互融合，以优势特色产业为纽带，发挥要素集约集聚、技术贯穿渗透、市场互联互通、主体协调统筹等优势，到2022年创建认定300个左右国家现代农业产业园。

6.产业兴村强县行动。坚持试点先行、逐步推开，培育壮大乡土经济、乡村产业，实现以产兴村、产村融合，提升农村产业融合发展质量和水平，到2022年培育和发展一批产业强、产品优、质量好、功能全、生态美的农业产业强镇，培育县域经济新动能。

第十章 培育提升农业品牌

第一节 构建农业品牌体系

实施农业品牌提升行动，培育一批叫得响、过得硬、有影响力的农产品区域公用品牌、企业品牌、农产品品牌，加快建立差异化竞争优势的品牌战略实施机制，构建特色鲜明、互为补充的农业品牌体系。围绕特色农产品优势区建设，塑强一批农产品区域公用品牌，以县域为重点加强区域公用品牌授权管理和产权保护。结合粮食生产功能区、重要农产品生产保护区和现代农业产业园建设，积极培育粮棉油、肉蛋奶等“大而优”的大宗农产品品牌。以新型农业经营主体为主要载体，创建地域特色鲜明“小而美”的特色农产品品牌。推进农业企业与原料基地紧密结合，加强自主创新、质量管理、市场营销，打造具有较强竞争力的企业品牌。

第二节　完善品牌发展机制

建立农业品牌目录制度，组织开展目录标准制定、品牌征集、审核推荐、推选认定、培育保护等工作，发布品牌权威索引，引导社会消费。建立健全农业品牌管理制度，推行品牌目录动态管理，对进入目录的品牌实行定期审核与退出机制。全面加强农业品牌监管，强化商标及地理标志商标注册和保护，构建我国农业品牌保护体系。加大对套牌和滥用品牌行为惩处力度，加强品牌中介机构行为监管。构建农业品牌危机处理应急机制，推进品牌危机预警、风险规避和紧急事件应对。完善农业品牌诚信体系，构建社会监督体系，将品牌信誉纳入国家诚信体系。

第三节　加强品牌宣传推介

深入挖掘品牌文化内涵，讲好农业品牌故事，充分利用各种传播渠道，大力宣传推介中国农业品牌文化。创新品牌营销方式，充分利用农业展会、产销对接会、电商等营销平台，借助互联网、大数据、云计算等现代信息技术，加强品牌市场营销，提升品牌农产品市场占有率，促进农产品优质优价。探索建立品牌农产品公共服务平台，鼓励发展一批农业品牌建设中介服务组织和服务平台，提供农业品牌设计、营销、咨询等专业服务。

第四节　打造国际知名农业品牌

聚焦重点品种，着力加强市场潜力大、具有出口竞争优势的农业品牌建设。巩固果蔬、茶叶、水产等传统出口产业优势，扩大高附加值农产品出口。建设一批出口农产品质量安全示范基地（区），支持农产品出口交易平台、境外农产品展示中心建设。加强境外农业合作示范区和农业对外开放合作试验区建设，支持农机、种子、农药、化肥和农产品加工等优势产能国际合作。培育具有国际竞争力的大粮商和农业企业集团，推动企业抱团出海，促进产业聚集。支持鼓励有条件的农业企业参加国际知名农业展会，提升中国农业品牌影响力和号召力。

专栏5　农业品牌培育提升重大工程

1.农业品牌提升工程。建立农业品牌目录制度，加强农业品牌认证、监管、保护各环节的规范与管理，提升我国农业品牌公信力，大力培育和推介一批优势突出、市场占有率高、竞争优势明显、文化底蕴深厚的国家级农业品牌，力争到2022年打造300个国家级农产品区域公用品牌、500个企业品牌、1000个农产品品牌。

2.农业对外合作支撑工程。支持农业对外合作企业在境内外建设育种研发、加工转化、仓储物流、港口码头等设施。打造农业企业家、技术推广专家、研究学者、行政管理人员等人才队伍，建立农业对外合作人才储备库。到2022年培育5～10家具有国际竞争力的大粮商和跨国企业集团，引进转化一批国际先进农业标准，积极开展农业技术国际合作项目。

3.特色优势农产品出口提升行动。选择一批特色鲜明、技术先进、优势明显的农产品出口大县，建设一批规模化、标准化生产基地，培育一批精通国际规则、出口规模大的龙头企业，到2022年建成一批出口农产品质量安全示范基地（区）。

第十一章　提高农产品质量安全水平

第一节　加强农产品质量安全监测

制定全国统一的农产品质量安全监测计划，形成以国家为龙头、省为骨干、地市为基础、县乡为补充的农产品质量安全监测网络。改进监测方法，扩大监测范围，提升抽检科学性、针对性和准确性，及时发现问题隐患。深化农产品和食用林产品质量安全例行监测和监督抽查，加强粮食质量安全风险监测，强化监测结果通报与应用，建立健全市场计量保障体系，提升农产品监测数据质量。加强农产品质检体系建设和运行管理，强化质检机构资质认定与考核，提升农产品质检专业化水平。推动实施农产品食品检验员职业资格制度，确定一批农产品质量安全检测技术实训基地。按照“双随机”要求组织开展农业质检机构监督检查，探索建立质检机构诚信档案和重点监管名单制度，充分运用资质评审、能力验证、飞行检查等措施强化农业质检机构证后监管。组织开展农产品质量安全检测技术能力验证，进一步强化检测实验室质量控制，提升检测数据可靠性。

第二节　提高农产品质量安全执法监管能力

以国家农产品质量安全县为基础，健全省、市、县、乡、村五级农产品质量安全监管体系，充实基层监管机构条件和手段。加快建设并扩建农产品质量安全指挥调度中心和监管区域服务站，建设一批监管实训基地，提升农产品质量安全跨区域协调处置能力。将农产品质量安全作为农业综合执法的重点，强化基层执法能力，会同有关部门建立农产品质量安全案件移送机制和重大案件督查督办制度，制定农产品质量安全举报奖励办法。加快农业信用体系建设，出台黑名单管理办法，实施联合惩戒。探索推进智慧监管，建设国家农产品质量安全追溯管理信息平台，推动建立互联共享、上下贯通的数据链条。加快建设农产品质量安全追溯示范点，形成农产品追溯与农业农村重大创建认定、农业品牌推选、农产品认证、农业展会等工作“四挂钩”机制。推动建立食用农产品合格证制度，健全产地准出市场准入衔接机制。深入开展国家农产品质量安全县创建活动，打造农产品质量安全样板。

第三节　强化农产品质量安全风险评估及预警

完善农产品质量安全风险评估体系，深入开展生物毒素、农兽药残留、重金属、致病微生物等危害因子风险评估及对产品营养品质影响评价，全面提升我国农产品质量安全风险评估技术能力。深入推进农产品质量安全风险评估，启动农产品“一品一策”行动，制订一批农产品质量安全风险管控措施。加快建设农产品质量安全风险评估实验室和大数据平台，改善提升实验室和试验基地配套设施条件。建立农产品质量安全风险预警机制，修订农产品质量安全应急预案，组建新的农产品质量安全专家组，快速锁定风险因子，及时发布风险预警信息，有效应对农产品质量安全风险。加强农产品质量安全科技研发，加大快速检测等技术攻关力度。坚持“产、研、管、推”一体化发展，建立农产品质量安全风险防控基地，集成制定农产品全产业链质量安全管控技术措施和对策，推动风险评估服务于农产品质量安全监管和现代农业发展。

专栏 6　农产品质量安全水平提升重大工程

1.农产品质量安全信用体系建设。创建农产品质量安全信用信息平台，加快建立农产品生产经营主体信用档案，提升信用管理水平。开展信用评价，完善守信联合激励和失信联合惩治机制，将信用评价结果与政策支持、经费扶持、分类监管措施等挂钩。

2.农产品质量安全提升与样板工程。支持所有“菜篮子”大县创建国家农产品质量安全县，支持扩建并建设农产品质量安全指挥调度中心、区域监管服务站和监管实训基地，认定一批国家级绿色食品原料基地，健全村级质量安全监管队伍。到 2022 年扩建 1 个部级农产品质量安全指挥调度中心，建设 32 个省级指挥调度中心、1.68 万个监管区域服务站，建设绿色食品原料基地 800 个，建设 10 个国家农业检测基准实验室，32 个农产品质量安全实训基地，覆盖主要农产品产区，建设 50 个农产品质量安全风险评估实验室和 50 个主产区实验站。

3.高效低毒低残留农兽药普及计划。支持农产品生产者使用高效低毒低残留农兽药，到 2022 年普及率达到 60% 以上，农产品中农兽药残留合格率达到 98% 以上。

4.农产品质量全程追溯体系建设。构建农产品追溯标准体系，完善“高度开放、覆盖全国、共享共用、通查通识”的国家农产品质量安全追溯管理信息平台，并与国家重要产品追溯管理平台对接。支持县乡农产品质量安全监管机构装备条件和追溯点建设，引导规模生产经营主体实施农产品质量安全追溯管理，建立追溯管理与风险预警、应急召回联动机制。健全完善农药、兽药等农业投入品追溯体系。到 2022 年，建设追溯示范点 28 万个，国家农产品质量安全县域内 80% 的农民专业合作社、农业产业化龙头企业等规模以上主体基本实现农产品可追溯。

5.优质粮食工程。开展“中国好粮油”行动，完善粮食质量安全检验监测体系，建立专业化社会化的粮食产后服务体系，有效增加绿色优质粮食产品供给，促进种粮农民增收，推动形成新型粮食流通体系，力争到 2020 年全国产粮大县的粮油优质品率提高 30% 以上。

第十二章　强化农业科技创新

第一节　加强质量导向型科技攻关

深入实施现代种业提升工程，培育一批具有国际竞争力的种业龙头企业，推动建设种业科技强国。培育和推广口感好、品质佳、营养丰、多抗广适新品种，开展专用优质粮食作物、特色经济作物良种联合攻关，加强分子设计育种、高效制繁种、活力纯度快速检测等关键技术研发。加强特色畜禽水产良种资源保护开发利用，全面实施遗传改良计划，提升自主育种能力。以节本增效、质量提升和生态环保作为主攻方向，重点打造 20 个产学研融合的农业科技创新标杆联盟，开展农产品品质评定、安全保障、质量检测等方面共性关键技术研究、集成和示范，布局建设 40 个以上服务农产品加工和质量安全的综合性重点实验室和专业性（区域性）重点实验室，建设一批现代农业产业科技创新中心，搭建以质量提升为导向的科技经济一体化平台。积极引进国内农业发展急需的农产品精深加工、农业生物资源高效利用、农业生物安全防范等国际先进技术，带动提升我国农业科技创新应用水平。

第二节　加快提升农机装备质量水平

推进我国农机装备和农业机械化转型升级，加快高端农机装备和丘陵山区、果菜茶生产、畜禽水产养殖等农机装备的生产研发，大力推进主要农作物生产全程机械化，提升渔业船舶装备水平。到 2022 年创建 500 个主要农作物全程机械化示范县。稳定实施农机购置补贴政策，加强绿色高效新机具新技术示范推广。推进智能农机与智慧农业协同发展，推动植保无人机、无人驾驶农机、农业机器人等新装备在规模种养领域率先应用。推进丘陵山区开展农田“宜机化”改造。

第三节　大力推广绿色高效设施装备和技术

推进设施农业工程、农机和农艺技术融合创新，积极推进农作物品种、栽培技术和机械装备集成配套。加快发展绿色高效设施农业，推广现代化集约型专用设施装备。引入物联网、人工智能等现代信息技术，加快农机装备和农机作业智能化改造。加强老旧农业设施改造更新，推动农机排放标准升级，加快新能源机械使用，全面提升节地、节水、节能、节肥、节药、抗风、抗雪能力。因地制宜，科学利用荒山、荒漠、荒滩、盐碱地、戈壁，建设规模化高效设施种养业。改造老旧果园茶园，建设一批畜禽标准化规模养殖小区，改造建设水产健康养殖场。

第四节　加快数字农业建设

完善重要农业资源数据库和台账，形成耕地、草原、渔业等农业资源“数字底图”。分品种有序推进农业大数据建设，科学调控农产品生产、加工、流通。借力互联网企业、涉农企业数据库，充分依托已有设施，构建“农业云”管理服务公共平台，提高农业行政管理和政务服务信息化水平。实施数字农业工程和“互联网+”现代农业行动，鼓励对农业生产进行数字化改造，加强农业遥感、大数据、物联网应用，提升农业精准化水平。推进生产标准化、特征标识化、产品身份化，全面提升数字技术在农产品生产、质量监控、商贸物流领域的应用水平，实现农产品“种讲良心、卖得称心、买可放心、吃能安心”。力争到2022年，农业主要品种全产业链数字化覆盖率达到30%。

专栏7　农业科技创新重大工程

1.质量导向型科技创新行动。瞄准质量兴农的重大技术瓶颈，改善农业科技创新基础设施条件，提升现代农业科技创新能力，到2022年，在农业废弃物资源化利用、农业绿色投入品等核心关键技术上取得突破。

2.现代种业提升工程。建立布局合理、设施完备、功能完善、机制健全的现代种业体系，建设一批优质专用农作物、畜禽、水产种质资源库（圃、场）、保护区和育种创新基地、品种性状测试鉴定中心。

3.高效农业机械化技术装备及设施集成应用。加快突破农业机械化发展瓶颈，提升农业全面机械化水平，到2022年，农作物耕种收综合机械化率达到71%。引入物联网、人工智能等现代信息技术，改善设施农业生产环境，到2022年，新增5000万亩高效设施农业。

4.数字农业工程。发展数字田园、智慧养殖、智慧农机，着力促进数字技术与现代农业的深度融合，建设航空无人机、田间观测“天空地”一体化的农业遥感应用体系，到2022年，在大田种植、园艺设施、规模养殖等领域率先推广应用数字技术装备，数字技术应用主体劳动生产率提高20%以上。

第十三章　建设高素质农业人才队伍

第一节　发挥新型经营主体骨干带动作用

实施新型农业经营主体培育工程，鼓励通过多种形式开展适度规模经营，将新型经营主体培育成为推进质量兴农的主力军。完善家庭农场人才培育机制，提升家庭农场主质量控制能力。支持农民专业合作社质量提升，鼓励发展农民专业合作社联合社和产业化联合体，示范带动区域内小农户发展优质农产品。不断壮大农业产业化龙头企业，建立现代企业制度，发挥龙头企业在生产、加工、销售全过程的质量控制标杆作用，提升优势主导产业整体质量水平。

第二节　壮大新型职业农民队伍

依托新型职业农民培育工程，大力实施现代青年农场主培养计划、新型农业经营主体带头人轮训计划和农村实用人才带头人培训计划，把质量兴农的知识技能作为培训内容，年均培训新型职业农民100

万人以上。实施卓越农林人才教育培养计划2.0，建设一批适应农林新产业新业态发展的涉农新专业，培养一批懂农业、爱农村、爱农民的一流农林人才。推动全面建立职业农民制度，强化政策激励，引导有志青年加入职业农民队伍，鼓励大学生、返乡农民工投身质量兴农建设。鼓励各地开展职业农民职称评定试点。

第三节　培育专业化农业服务组织

健全农业社会化服务体系，支持有条件的农民专业合作社、联合社、农业企业等经营性服务组织和公益性服务组织建设区域性农业社会化服务综合平台，加快建设互联互通的国家农业社会化服务平台，畅通农业生产性服务供需对接，提高服务质量兴农的能力和水平。以质量效益为关键指标，鼓励地方探索建立生产托管服务主体名录和信用评价机制。大力发展主体多元、形式多样、竞争充分的农业社会化服务组织，推广农业生产托管等多样化服务模式，推进托管产业从粮棉油糖等大宗作物向特色经济作物、养殖业生产领域拓展。探索完善全程托管、“互联网＋农机作业”“全程机械化＋综合农事”等农机服务新模式，加快发展智慧农机服务合作社。支持专业化服务组织与小农户开展多种形式的联合与合作，推进农业生产全程社会化服务，帮助小农户对接市场、节本增效。

第四节　打造质量兴农的农垦国家队

充分发挥农垦组织化、规模化和产业体系健全的优势，建成一批重要农产品大型绿色生产加工基地。支持农垦率先建立农产品质量等级评价标准体系和农产品全面质量管理平台，推进标准化生产、信息化管理，健全从农田到餐桌的全面质量管理体系。以中国农垦品质为核心打造一批优质农产品品牌，做大做强做优中国农垦公共品牌。在大中城市建设一批农垦绿色产品体验中心，促进产销衔接和优质优价。培育一批具有国际竞争力的农垦企业集团，发挥农垦在质量兴农中的带动引领作用。

专栏8　高素质农业人才队伍建设重大工程

1.新型农业经营主体培育。开展示范家庭农场、农民专业合作社示范社、农业产业化龙头企业认定，带动提升新型经营主体发展质量，到2022年县级以上示范家庭农场、国家农民专业合作社示范社、国家农业产业化龙头企业认定数量分别达到100000家、10000家、1500家，新型经营主体生产的绿色有机农产品比重达到90%以上。

2.新型职业农民培育。全面建立职业农民制度，深入开展新型职业农民整建制示范培育，加快建立一支结构合理、素质优良的新型职业农民队伍，到2022年累计实施现代青年农场主、农业职业经理人培养计划、农村实用人才带头人培训计划、新型农业经营主体带头人轮训计划共500万人。

3.农垦国有经济壮大。加快垦区集团化和农场企业化改革，全面推行现代企业制度，健全法人治理结构，支持农垦率先建设农产品质量等级评价标准体系和农产品全面质量管理平台，全面推广中国农垦公共品牌。

第四篇　规划实施

加快构建质量兴农政策体系、评价体系、考核体系、工作体系，强化政策支持、责任分工、检查督导和组织领导，确保规划各项目标任务落实到位。

第十四章　完善质量兴农政策体系

第一节　加大农业绿色高效生产支持力度

建立以绿色生态为导向的农业补贴制度，支持有机肥、高效新型肥料、低毒低残留农兽药、绿色防控产品研发和推广，选择一批重点县市整建制推进果菜茶有机肥替代化肥和全程绿色防控试点，畅通种养循环渠道。扩大耕地轮作休耕制度试点范围，继续支持耕地保护与质量提升。支持农用为主、多元利用的农作物秸秆综合利用。开发适用于绿色有机农产品和地理标志产品的保险品种。支持先进适用绿色农业节水技术研发与推广，促进信息技术在灌区建设与管理中的推广应用。

第二节　强化用地等配套政策保障

完善农业设施用地政策，满足新型农业经营主体在仓储、加工、农业机械停放等方面的用地需要。支持发展农业托管服务、农田健康管理服务等新型服务方式。对质量兴农领军型企业首次公开发行股票给予优先支持，提高农产品期货交易的现货交割质量标准。探索以质量综合竞争力为核心的增信融资制度，将质量水平、标准水平、品牌价值等纳入经营主体信用评价和贷款发放参考因素。

第十五章　构建质量兴农评价体系

第一节　科学构建评价指标

研究制定质量兴农监测评价办法，围绕评价数据真实可靠、科学合理，明确评价指标范围，将产品质量、产业效益、生产效率、经营者素质、农业国际竞争力作为重要评价内容，合理设置指标权重，准确评价质量兴农水平。

第二节　强化指标数据采集

以县级人民政府为主体，组织农业、林业、统计等相关部门开展评价指标数据的采集、整理、核实，进行本区域质量兴农水平自评价。省级农业农村主管部门会同相关部门审核认定有关县市评价指标数据，并给予指导服务，严禁虚报数据。

第三节　开展第三方评价

完善评价方式方法，采用信息化手段逐步实现过程评价和评价结果部省互联、数据共享。按照公开公平公正的原则，择优选择第三方评估机构，充分发挥第三方独立性和专业性优势，对质量兴农情况开展监测评估，重点对县域质量兴农情况进行评价。强化第三方评估过程痕迹管理，确保评估流程规范有序、评估过程客观公正。建立统一权威的评价信息发布机制，定期发布质量兴农综合评价信息。

第十六章　建立质量兴农考核体系

第一节　强化考核监督

加强质量兴农战略规划实施考核监督，将质量兴农绩效作为乡村振兴考核的重要内容。按照分级负责的原则，明确以县为单位进行考核，在第三方评价结果基础上，重点考核质量兴农的政策措施落实情况和群众满意度，将质量兴农任务清单、年度工作计划、工作台账等工作情况作为考核重要指标。充分考虑各地质量兴农的资源禀赋和发展基础，分区域科学考核评价质量兴农水平。

第二节　完善激励约束机制

建立健全质量兴农战略规划实施激励约束机制，将县级质量兴农工作情况考核结果与年度奖先评优挂钩，把是否发生重大农产品质量安全事故作为一票否决事项。对推进质量兴农取得显著成绩的单位和个人，按照有关规定给予表彰奖励。对落实不力的进行严肃问责，并视情节予采取约谈、通报批评等措施。

第十七章　健全质量兴农工作体系

第一节　加强组织领导

建立质量兴农部际沟通协调机制，将质量兴农作为农业现代化部际联席会议的重要议事内容，由农业农村部牵头，统筹推进质量兴农规划落实，协调解决重大问题，重大情况及时向国务院报告。各成员单位根据任务分工，细化工作措施，明确工作进度，确保工作质量，并根据工作职能，切实强化对本系统本行业的业务指导，形成部门间协同推进质量兴农的工作合力。

第二节　落实各方管理责任

强化地方各级政府落实质量兴农属地管理责任，推动各地主动担当作为。各地要把质量兴农工作纳入年度经济社会发展计划，定期研究推进本区域质量兴农工作，切实将落实质量兴农发展目标同解决当前突出问题结合起来，坚持问题导向，优先补齐短板，形成一级抓一级、层层抓落实的工作格局。要根据本规划确定的发展目标、重点任务进行细化分解，逐一梳理形成可量化、可操作的质量兴农任务清单，形成具体实施方案，制定年度工作计划，建立工作台账。严格按照时间节点抓好组织实施，确保各项工作任务按期完成。

第三节　强化法治保障

各级政府要坚持运用法治思维和法治方式，全面推进质量兴农工作。严格执行现行涉农法律法规，规范开展农业项目安排、资金使用、监督管理等工作，提高规范化、制度化、法治化水平。加快推动法律法规制修订，推进农产品质量安全法、生猪屠宰管理条例和农作物病虫害防治条例等制修订，强化质量兴农法律支撑。深入推进农业综合执法，强化执法队伍建设，改善执法条件，促进依法护农、依法兴农。开展法治宣传教育，增强各级领导干部、涉农部门和农村基层干部法治观念，引导农民增强学法尊法守法用法意识。

第四节　动员社会参与

着力搭建社会监督参与平台，积极引导农民、媒体、专家、公众、社会组织等各方面广泛参与质量兴农工作，形成共同监督、共同参与的良好氛围。注重发挥农民群众的主体作用，深化农业领域“放管服”改革，创新优化政府服务，激发农民及新型农业经营主体参与质量兴农的积极性创造性。加大质量兴农宣传力度，普及推广农产品质量安全知识，引导形成科学消费观念。建立质量兴农专家决策咨询制度，组织开展基础理论研究，夯实农业高质量发展理论基础。

财政部 税务总局关于继续实行农产品批发市场 农贸市场房产税 城镇土地使用税优惠政策的通知

财税〔2019〕12号

各省、自治区、直辖市、计划单列市财政厅（局）、国家税务总局各省、自治区、直辖市、计划单列市税务局，新疆生产建设兵团财政局：

为进一步支持农产品流通体系建设，决定继续对农产品批发市场、农贸市场给予房产税和城镇土地使用税优惠。现将有关政策通知如下：

一、自2019年1月1日至2021年12月31日，对农产品批发市场、农贸市场（包括自有和承租，下同）专门用于经营农产品的房产、土地，暂免征收房产税和城镇土地使用税。对同时经营其他产品的农产品批发市场和农贸市场使用的房产、土地，按其他产品与农产品交易场地面积的比例确定征免房产税和城镇土地使用税。

二、农产品批发市场和农贸市场，是指经工商登记注册，供买卖双方进行农产品及其初加工品现货批发或零售交易的场所。农产品包括粮油、肉禽蛋、蔬菜、干鲜果品、水产品、调味品、棉麻、活畜、可食用的林产品以及由省、自治区、直辖市财税部门确定的其他可食用的农产品。

三、享受上述税收优惠的房产、土地，是指农产品批发市场、农贸市场直接为农产品交易提供服务的房产、土地。农产品批发市场、农贸市场的行政办公区、生活区，以及商业餐饮娱乐等非直接为农产品交易提供服务的房产、土地，不属于本通知规定的优惠范围，应按规定征收房产税和城镇土地使用税。

四、企业享受本通知规定的免税政策，应按规定进行免税申报，并将不动产权属证明、载有房产原值的相关材料、租赁协议、房产土地用途证明等资料留存备查。

财政部
税务总局
2019年1月9日

财政厅办公厅 商务部关于2019年推动农商互联完善农产品供应链工作支持省市评审结果的公示

根据《财政部办公厅 商务部办公厅关于推动农商互联完善农产品供应链的通知》（财办建〔2019〕69号）要求，商务部市场建设司和财政部经建司本着“公平、公开、公正”的原则，组织专家对各省（区、市）提交的实施方案进行了评审，现将评审得分位列前15名的省（区、市）予以公示（最终获支持的省区市将根据财政资金预算规模，按照评审得分从高到低的顺序，另行发文明确）：

山东、江苏、四川、河南、辽宁、内蒙古、广东、重庆、广西、湖北、浙江、陕西、湖南、黑龙江、贵州。

公示时间为3个工作日。公示期间，如对公示结果有异议，请与商务部市场建设司联系。

2019年5月22日

优化营商环境条例

（国令第 722 号）

第 1 章 总则

第一条 为了持续优化营商环境，不断解放和发展社会生产力，加快建设现代化经济体系，推动高质量发展，制定本条例。

第二条 本条例所称营商环境，是指企业等市场主体在市场经济活动中所涉及的体制机制性因素和条件。

第三条 国家持续深化简政放权、放管结合、优化服务改革，最大限度减少政府对市场资源的直接配置，最大限度减少政府对市场活动的直接干预，加强和规范事中事后监管，着力提升政务服务能力和水平，切实降低制度性交易成本，更大激发市场活力和社会创造力，增强发展动力。

各级人民政府及其部门应当坚持政务公开透明，以公开为常态、不公开为例外，全面推进决策、执行、管理、服务、结果公开。

第四条 优化营商环境应当坚持市场化、法治化、国际化原则，以市场主体需求为导向，以深刻转变政府职能为核心，创新体制机制、强化协同联动、完善法治保障，对标国际先进水平，为各类市场主体投资兴业营造稳定、公平、透明、可预期的良好环境。

第五条 国家加快建立统一开放、竞争有序的现代市场体系，依法促进各类生产要素自由流动，保障各类市场主体公平参与市场竞争。

第六条 国家鼓励、支持、引导非公有制经济发展，激发非公有制经济活力和创造力。

国家进一步扩大对外开放，积极促进外商投资，平等对待内资企业、外商投资企业等各类市场主体。

第七条 各级人民政府应当加强对优化营商环境工作的组织领导，完善优化营商环境的政策措施，建立健全统筹推进、督促落实优化营商环境工作的相关机制，及时协调、解决优化营商环境工作中的重大问题。

县级以上人民政府有关部门应当按照职责分工，做好优化营商环境的相关工作。县级以上地方人民政府根据实际情况，可以明确优化营商环境工作的主管部门。

国家鼓励和支持各地区、各部门结合实际情况，在法治框架内积极探索原创性、差异化的优化营商环境具体措施；对探索中出现失误或者偏差，符合规定条件的，可以予以免责或者减轻责任。

第八条 国家建立和完善以市场主体和社会公众满意度为导向的营商环境评价体系，发挥营商环境评价对优化营商环境的引领和督促作用。

开展营商环境评价，不得影响各地区、各部门正常工作，不得影响市场主体正常生产经营活动或者增加市场主体负担。

任何单位不得利用营商环境评价谋取利益。

第九条　市场主体应当遵守法律法规，恪守社会公德和商业道德，诚实守信、公平竞争，履行安全、质量、劳动者权益保护、消费者权益保护等方面的法定义务，在国际经贸活动中遵循国际通行规则。

第2章　市场主体保护

第十条　国家坚持权利平等、机会平等、规则平等，保障各种所有制经济平等受到法律保护。

第十一条　市场主体依法享有经营自主权。对依法应当由市场主体自主决策的各类事项，任何单位和个人不得干预。

第十二条　国家保障各类市场主体依法平等使用资金、技术、人力资源、土地使用权及其他自然资源等各类生产要素和公共服务资源。

各类市场主体依法平等适用国家支持发展的政策。政府及其有关部门在政府资金安排、土地供应、税费减免、资质许可、标准制定、项目申报、职称评定、人力资源政策等方面，应当依法平等对待各类市场主体，不得制定或者实施歧视性政策措施。

第十三条　招标投标和政府采购应当公开透明、公平公正，依法平等对待各类所有制和不同地区的市场主体，不得以不合理条件或者产品产地来源等进行限制或者排斥。

政府有关部门应当加强招标投标和政府采购监管，依法纠正和查处违法违规行为。

第十四条　国家依法保护市场主体的财产权和其他合法权益，保护企业经营者人身和财产安全。

严禁违反法定权限、条件、程序对市场主体的财产和企业经营者个人财产实施查封、冻结和扣押等行政强制措施；依法确需实施前述行政强制措施的，应当限定在所必需的范围内。

禁止在法律、法规规定之外要求市场主体提供财力、物力或者人力的摊派行为。市场主体有权拒绝任何形式的摊派。

第十五条　国家建立知识产权侵权惩罚性赔偿制度，推动建立知识产权快速协同保护机制，健全知识产权纠纷多元化解决机制和知识产权维权援助机制，加大对知识产权的保护力度。

国家持续深化商标注册、专利申请便利化改革，提高商标注册、专利申请审查效率。

第十六条　国家加大中小投资者权益保护力度，完善中小投资者权益保护机制，保障中小投资者的知情权、参与权，提升中小投资者维护合法权益的便利度。

第十七条　除法律、法规另有规定外，市场主体有权自主决定加入或者退出行业协会商会等社会组织，任何单位和个人不得干预。

除法律、法规另有规定外，任何单位和个人不得强制或者变相强制市场主体参加评比、达标、表彰、培训、考核、考试以及类似活动，不得借前述活动向市场主体收费或者变相收费。

第十八条　国家推动建立全国统一的市场主体维权服务平台，为市场主体提供高效、便捷的维权服务。

第3章　市场环境

第十九条　国家持续深化商事制度改革，统一企业登记业务规范，统一数据标准和平台服务接口，采用统一社会信用代码进行登记管理。

国家推进“证照分离”改革，持续精简涉企经营许可事项，依法采取直接取消审批、审批改为备案、实行告知承诺、优化审批服务等方式，对所有涉企经营许可事项进行分类管理，为企业取得营业执照后开展相关经营活动提供便利。除法律、行政法规规定的特定领域外，涉企经营许可事项不得作为企业登记的前置条件。

政府有关部门应当按照国家有关规定，简化企业从申请设立到具备一般性经营条件所需办理的手续。在国家规定的企业开办时限内，各地区应当确定并公开具体办理时间。

企业申请办理住所等相关变更登记的，有关部门应当依法及时办理，不得限制。除法律、法规、规章另有规定外，企业迁移后其持有的有效许可证件不再重复办理。

第二十条　国家持续放宽市场准入，并实行全国统一的市场准入负面清单制度。市场准入负面清单以外的领域，各类市场主体均可以依法平等进入。

各地区、各部门不得另行制定市场准入性质的负面清单。

第二十一条　政府有关部门应当加大反垄断和反不正当竞争执法力度，有效预防和制止市场经济活动中的垄断行为、不正当竞争行为以及滥用行政权力排除、限制竞争的行为，营造公平竞争的市场环境。

第二十二条　国家建立健全统一开放、竞争有序的人力资源市场体系，打破城乡、地区、行业分割和身份、性别等歧视，促进人力资源有序社会性流动和合理配置。

第二十三条　政府及其有关部门应当完善政策措施、强化创新服务，鼓励和支持市场主体拓展创新空间，持续推进产品、技术、商业模式、管理等创新，充分发挥市场主体在推动科技成果转化中的作用。

第二十四条　政府及其有关部门应当严格落实国家各项减税降费政策，及时研究解决政策落实中的具体问题，确保减税降费政策全面、及时惠及市场主体。

第二十五条　设立政府性基金、涉企行政事业性收费、涉企保证金，应当有法律、行政法规依据或者经国务院批准。对政府性基金、涉企行政事业性收费、涉企保证金以及实行政府定价的经营服务性收费，实行目录清单管理并向社会公开，目录清单之外的前述收费和保证金一律不得执行。推广以金融机构保函替代现金缴纳涉企保证金。

第二十六条　国家鼓励和支持金融机构加大对民营企业、中小企业的支持力度，降低民营企业、中小企业综合融资成本。

金融监督管理部门应当完善对商业银行等金融机构的监管考核和激励机制，鼓励、引导其增加对民营企业、中小企业的信贷投放，并合理增加中长期贷款和信用贷款支持，提高贷款审批效率。

商业银行等金融机构在授信中不得设置不合理条件，不得对民营企业、中小企业设置歧视性要求。商业银行等金融机构应当按照国家有关规定规范收费行为，不得违规向服务对象收取不合理费用。商业银行应当向社会公开开设企业账户的服务标准、资费标准和办理时限。

第二十七条　国家促进多层次资本市场规范健康发展，拓宽市场主体融资渠道，支持符合条件的民营企业、中小企业依法发行股票、债券以及其他融资工具，扩大直接融资规模。

第二十八条　供水、供电、供气、供热等公用企事业单位应当向社会公开服务标准、资费标准等信息，为市场主体提供安全、便捷、稳定和价格合理的服务，不得强迫市场主体接受不合理的服务条件，不得以任何名义收取不合理费用。各地区应当优化报装流程，在国家规定的报装办理时限内确定并公开具体办理时间。

政府有关部门应当加强对公用企事业单位运营的监督管理。

第二十九条　行业协会商会应当依照法律、法规和章程，加强行业自律，及时反映行业诉求，为市场主体提供信息咨询、宣传培训、市场拓展、权益保护、纠纷处理等方面的服务。

国家依法严格规范行业协会商会的收费、评比、认证等行为。

第三十条　国家加强社会信用体系建设，持续推进政务诚信、商务诚信、社会诚信和司法公信建设，提高全社会诚信意识和信用水平，维护信用信息安全，严格保护商业秘密和个人隐私。

第三十一条　地方各级人民政府及其有关部门应当履行向市场主体依法作出的政策承诺以及依法订立的各类合同，不得以行政区划调整、政府换届、机构或者职能调整以及相关责任人更替等为由违约毁约。因国家利益、社会公共利益需要改变政策承诺、合同约定的，应当依照法定权限和程序进行，并依法对市场主体因此受到的损失予以补偿。

第三十二条　国家机关、事业单位不得违约拖欠市场主体的货物、工程、服务等账款，大型企业不得利用优势地位拖欠中小企业账款。

县级以上人民政府及其有关部门应当加大对国家机关、事业单位拖欠市场主体账款的清理力度，并通过加强预算管理、严格责任追究等措施，建立防范和治理国家机关、事业单位拖欠市场主体账款的长效机制。

第三十三条　政府有关部门应当优化市场主体注销办理流程，精简申请材料、压缩办理时间、降低注销成本。对设立后未开展生产经营活动或者无债权债务的市场主体，可以按照简易程序办理注销。对有债权债务的市场主体，在债权债务依法解决后及时办理注销。

县级以上地方人民政府应当根据需要建立企业破产工作协调机制，协调解决企业破产过程中涉及的有关问题。

第4章　政务服务

第三十四条　政府及其有关部门应当进一步增强服务意识，切实转变工作作风，为市场主体提供规范、便利、高效的政务服务。

第三十五条　政府及其有关部门应当推进政务服务标准化，按照减环节、减材料、减时限的要求，编制并向社会公开政务服务事项（包括行政权力事项和公共服务事项，下同）标准化工作流程和办事指南，细化量化政务服务标准，压缩自由裁量权，推进同一事项实行无差别受理、同标准办理。没有法律、法规、规章依据，不得增设政务服务事项的办理条件和环节。

第三十六条　政府及其有关部门办理政务服务事项，应当根据实际情况，推行当场办结、一次办结、限时办结等制度，实现集中办理、就近办理、网上办理、异地可办。需要市场主体补正有关材料、手续的，应当一次性告知需要补正的内容；需要进行现场踏勘、现场核查、技术审查、听证论证的，应当及时安排、限时办结。

法律、法规、规章以及国家有关规定对政务服务事项办理时限有规定的，应当在规定的时限内尽快办结；没有规定的，应当按照合理、高效的原则确定办理时限并按时办结。各地区可以在国家规定的政务服务事项办理时限内进一步压减时间，并应当向社会公开；超过办理时间的，办理单位应当公开说明理由。

地方各级人民政府已设立政务服务大厅的，本行政区域内各类政务服务事项一般应当进驻政务服务大厅统一办理。对政务服务大厅中部门分设的服务窗口，应当创造条件整合为综合窗口，提供一站式服务。

第三十七条　国家加快建设全国一体化在线政务服务平台（以下称一体化在线平台），推动政务服务事项在全国范围内实现“一网通办”。除法律、法规另有规定或者涉及国家秘密等情形外，政务服务事项应当按照国务院确定的步骤，纳入一体化在线平台办理。

国家依托一体化在线平台，推动政务信息系统整合，优化政务流程，促进政务服务跨地区、跨部门、跨层级数据共享和业务协同。政府及其有关部门应当按照国家有关规定，提供数据共享服务，及时将有关政务服务数据上传至一体化在线平台，加强共享数据使用全过程管理，确保共享数据安全。

国家建立电子证照共享服务系统，实现电子证照跨地区、跨部门共享和全国范围内互信互认。各地区、各部门应当加强电子证照的推广应用。

各地区、各部门应当推动政务服务大厅与政务服务平台全面对接融合。市场主体有权自主选择政务服务办理渠道，行政机关不得限定办理渠道。

第三十八条　政府及其有关部门应当通过政府网站、一体化在线平台，集中公布涉及市场主体的法律、法规、规章、行政规范性文件和各类政策措施，并通过多种途径和方式加强宣传解读。

第三十九条　国家严格控制新设行政许可。新设行政许可应当按照行政许可法和国务院的规定严格设定标准，并进行合法性、必要性和合理性审查论证。对通过事中事后监管或者市场机制能够解决以及行政许可法和国务院规定不得设立行政许可的事项，一律不得设立行政许可，严禁以备案、登记、注册、目录、规划、年检、年报、监制、认定、认证、审定以及其他任何形式变相设定或者实施行政许可。

法律、行政法规和国务院决定对相关管理事项已作出规定，但未采取行政许可管理方式的，地方不得就该事项设定行政许可。对相关管理事项尚未制定法律、行政法规的，地方可以依法就该事项设定行政许可。

第四十条　国家实行行政许可清单管理制度，适时调整行政许可清单并向社会公布，清单之外不得违法实施行政许可。

国家大力精简已有行政许可。对已取消的行政许可，行政机关不得继续实施或者变相实施，不得转由行业协会商会或者其他组织实施。

对实行行政许可管理的事项，行政机关应当通过整合实施、下放审批层级等多种方式，优化审批服务，提高审批效率，减轻市场主体负担。符合相关条件和要求的，可以按照有关规定采取告知承诺的方式办理。

第四十一条　县级以上地方人民政府应当深化投资审批制度改革，根据项目性质、投资规模等分类规范投资审批程序，精简审批要件，简化技术审查事项，强化项目决策与用地、规划等建设条件落实的协同，实行与相关审批在线并联办理。

第四十二条　设区的市级以上地方人民政府应当按照国家有关规定，优化工程建设项目（不包括特殊工程和交通、水利、能源等领域的重大工程）审批流程，推行并联审批、多图联审、联合竣工验收等方式，简化审批手续，提高审批效能。

在依法设立的开发区、新区和其他有条件的区域，按照国家有关规定推行区域评估，由设区的市级以上地方人民政府组织对一定区域内压覆重要矿产资源、地质灾害危险性等事项进行统一评估，不再对区域内的市场主体单独提出评估要求。区域评估的费用不得由市场主体承担。

第四十三条　作为办理行政审批条件的中介服务事项（以下称法定行政审批中介服务）应当有法律、法规或者国务院决定依据；没有依据的，不得作为办理行政审批的条件。中介服务机构应当明确办理法定行政审批中介服务的条件、流程、时限、收费标准，并向社会公开。

国家加快推进中介服务机构与行政机关脱钩。行政机关不得为市场主体指定或者变相指定中介服务机构；除法定行政审批中介服务外，不得强制或者变相强制市场主体接受中介服务。行政机关所属事业单位、主管的社会组织及其举办的企业不得开展与本机关所负责行政审批相关的中介服务，法律、行政法规另有规定的除外。

行政机关在行政审批过程中需要委托中介服务机构开展技术性服务的，应当通过竞争性方式选择中介服务机构，并自行承担服务费用，不得转嫁给市场主体承担。

第四十四条　证明事项应当有法律、法规或者国务院决定依据。

设定证明事项，应当坚持确有必要、从严控制的原则。对通过法定证照、法定文书、书面告知承诺、政府部门内部核查和部门间核查、网络核验、合同凭证等能够办理，能够被其他材料涵盖或者替代，以及开具单位无法调查核实的，不得设定证明事项。

政府有关部门应当公布证明事项清单，逐项列明设定依据、索要单位、开具单位、办理指南等。清单之外，政府部门、公用企事业单位和服务机构不得索要证明。各地区、各部门之间应当加强证明的互认共享，避免重复索要证明。

第四十五条　政府及其有关部门应当按照国家促进跨境贸易便利化的有关要求，依法削减进出口环节审批事项，取消不必要的监管要求，优化简化通关流程，提高通关效率，清理规范口岸收费，降低通关成本，推动口岸和国际贸易领域相关业务统一通过国际贸易“单一窗口”办理。

第四十六条　税务机关应当精简办税资料和流程，简并申报缴税次数，公开涉税事项办理时限，压减办税时间，加大推广使用电子发票的力度，逐步实现全程网上办税，持续优化纳税服务。

第四十七条　不动产登记机构应当按照国家有关规定，加强部门协作，实行不动产登记、交易和缴税一窗受理、并行办理，压缩办理时间，降低办理成本。在国家规定的不动产登记时限内，各地区应当确定并公开具体办理时间。

国家推动建立统一的动产和权利担保登记公示系统，逐步实现市场主体在一个平台上办理动产和权利担保登记。纳入统一登记公示系统的动产和权利范围另行规定。

第四十八条　政府及其有关部门应当按照构建亲清新型政商关系的要求，建立畅通有效的政企沟通机制，采取多种方式及时听取市场主体的反映和诉求，了解市场主体生产经营中遇到的困难和问题，并依法帮助其解决。

建立政企沟通机制，应当充分尊重市场主体意愿，增强针对性和有效性，不得干扰市场主体正常生产经营活动，不得增加市场主体负担。

第四十九条　政府及其有关部门应当建立便利、畅通的渠道，受理有关营商环境的投诉和举报。

第五十条　新闻媒体应当及时、准确宣传优化营商环境的措施和成效，为优化营商环境创造良好舆论氛围。

国家鼓励对营商环境进行舆论监督，但禁止捏造虚假信息或者歪曲事实进行不实报道。

第5章　监管执法

第五十一条　政府有关部门应当严格按照法律法规和职责，落实监管责任，明确监管对象和范围、厘清监管事权，依法对市场主体进行监管，实现监管全覆盖。

第五十二条　国家健全公开透明的监管规则和标准体系。国务院有关部门应当分领域制定全国统

一、简明易行的监管规则和标准，并向社会公开。

第五十三条 政府及其有关部门应当按照国家关于加快构建以信用为基础的新型监管机制的要求，创新和完善信用监管，强化信用监管的支撑保障，加强信用监管的组织实施，不断提升信用监管效能。

第五十四条 国家推行“双随机、一公开”监管，除直接涉及公共安全和人民群众生命健康等特殊行业、重点领域外，市场监管领域的行政检查应当通过随机抽取检查对象、随机选派执法检查人员、抽查事项及查处结果及时向社会公开的方式进行。针对同一检查对象的多个检查事项，应当尽可能合并或者纳入跨部门联合抽查范围。

对直接涉及公共安全和人民群众生命健康等特殊行业、重点领域，依法依规实行全覆盖的重点监管，并严格规范重点监管的程序；对通过投诉举报、转办交办、数据监测等发现的问题，应当有针对性地进行检查并依法依规处理。

第五十五条 政府及其有关部门应当按照鼓励创新的原则，对新技术、新产业、新业态、新模式等实行包容审慎监管，针对其性质、特点分类制定和实行相应的监管规则和标准，留足发展空间，同时确保质量和安全，不得简单化予以禁止或者不予监管。

第五十六条 政府及其有关部门应当充分运用互联网、大数据等技术手段，依托国家统一建立的在线监管系统，加强监管信息归集共享和关联整合，推行以远程监管、移动监管、预警防控为特征的非现场监管，提升监管的精准化、智能化水平。

第五十七条 国家建立健全跨部门、跨区域行政执法联动响应和协作机制，实现违法线索互联、监管标准互通、处理结果互认。

国家统筹配置行政执法职能和执法资源，在相关领域推行综合行政执法，整合精简执法队伍，减少执法主体和执法层级，提高基层执法能力。

第五十八条 行政执法机关应当按照国家有关规定，全面落实行政执法公示、行政执法全过程记录和重大行政执法决定法制审核制度，实现行政执法信息及时准确公示、行政执法全过程留痕和可回溯管理、重大行政执法决定法制审核全覆盖。

第五十九条 行政执法中应当推广运用说服教育、劝导示范、行政指导等非强制性手段，依法慎重实施行政强制。采用非强制性手段能够达到行政管理目的的，不得实施行政强制；违法行为情节轻微或者社会危害较小的，可以不实施行政强制；确需实施行政强制的，应当尽可能减少对市场主体正常生产经营活动的影响。

开展清理整顿、专项整治等活动，应当严格依法进行，除涉及人民群众生命安全、发生重特大事故或者举办国家重大活动，并报经有权机关批准外，不得在相关区域采取要求相关行业、领域的市场主体普遍停产、停业的措施。

禁止将罚没收入与行政执法机关利益挂钩。

第六十条 国家健全行政执法自由裁量基准制度，合理确定裁量范围、种类和幅度，规范行政执法自由裁量权的行使。

第6章 法治保障

第六十一条 国家根据优化营商环境需要，依照法定权限和程序及时制定或者修改、废止有关法律、法规、规章、行政规范性文件。

优化营商环境的改革措施涉及调整实施现行法律、行政法规等有关规定的，依照法定程序经有权机关授权后，可以先行先试。

第六十二条　制定与市场主体生产经营活动密切相关的行政法规、规章、行政规范性文件，应当按照国务院的规定，充分听取市场主体、行业协会商会的意见。

除依法需要保密外，制定与市场主体生产经营活动密切相关的行政法规、规章、行政规范性文件，应当通过报纸、网络等向社会公开征求意见，并建立健全意见采纳情况反馈机制。向社会公开征求意见的期限一般不少于 30 日。

第六十三条　制定与市场主体生产经营活动密切相关的行政法规、规章、行政规范性文件，应当按照国务院的规定进行公平竞争审查。

制定涉及市场主体权利义务的行政规范性文件，应当按照国务院的规定进行合法性审核。

市场主体认为地方性法规同行政法规相抵触，或者认为规章同法律、行政法规相抵触的，可以向国务院书面提出审查建议，由有关机关按照规定程序处理。

第六十四条　没有法律、法规或者国务院决定和命令依据的，行政规范性文件不得减损市场主体合法权益或者增加其义务，不得设置市场准入和退出条件，不得干预市场主体正常生产经营活动。

涉及市场主体权利义务的行政规范性文件应当按照法定要求和程序予以公布，未经公布的不得作为行政管理依据。

第六十五条　制定与市场主体生产经营活动密切相关的行政法规、规章、行政规范性文件，应当结合实际，确定是否为市场主体留出必要的适应调整期。

政府及其有关部门应当统筹协调、合理把握规章、行政规范性文件等的出台节奏，全面评估政策效果，避免因政策叠加或者相互不协调对市场主体正常生产经营活动造成不利影响。

第六十六条　国家完善调解、仲裁、行政裁决、行政复议、诉讼等有机衔接、相互协调的多元化纠纷解决机制，为市场主体提供高效、便捷的纠纷解决途径。

第六十七条　国家加强法治宣传教育，落实国家机关普法责任制，提高国家工作人员依法履职能力，引导市场主体合法经营、依法维护自身合法权益，不断增强全社会的法治意识，为营造法治化营商环境提供基础性支撑。

第六十八条　政府及其有关部门应当整合律师、公证、司法鉴定、调解、仲裁等公共法律服务资源，加快推进公共法律服务体系建设，全面提升公共法律服务能力和水平，为优化营商环境提供全方位法律服务。

第六十九条　政府和有关部门及其工作人员有下列情形之一的，依法依规追究责任：

（一）违法干预应当由市场主体自主决策的事项；

（二）制定或者实施政策措施不依法平等对待各类市场主体；

（三）违反法定权限、条件、程序对市场主体的财产和企业经营者个人财产实施查封、冻结和扣押等行政强制措施；

（四）在法律、法规规定之外要求市场主体提供财力、物力或者人力；

（五）没有法律、法规依据，强制或者变相强制市场主体参加评比、达标、表彰、培训、考核、考试以及类似活动，或者借前述活动向市场主体收费或者变相收费；

（六）违法设立或者在目录清单之外执行政府性基金、涉企行政事业性收费、涉企保证金；

（七）不履行向市场主体依法作出的政策承诺以及依法订立的各类合同，或者违约拖欠市场主体的货物、工程、服务等账款；

（八）变相设定或者实施行政许可，继续实施或者变相实施已取消的行政许可，或者转由行业协会商会或者其他组织实施已取消的行政许可；

（九）为市场主体指定或者变相指定中介服务机构，或者违法强制市场主体接受中介服务；

（十）制定与市场主体生产经营活动密切相关的行政法规、规章、行政规范性文件时，不按照规定听取市场主体、行业协会商会的意见；

（十一）其他不履行优化营商环境职责或者损害营商环境的情形。

第七十条　公用企事业单位有下列情形之一的，由有关部门责令改正，依法追究法律责任：

（一）不向社会公开服务标准、资费标准、办理时限等信息；

（二）强迫市场主体接受不合理的服务条件；

（三）向市场主体收取不合理费用。

第七十一条　行业协会商会、中介服务机构有下列情形之一的，由有关部门责令改正，依法追究法律责任：

（一）违法开展收费、评比、认证等行为；

（二）违法干预市场主体加入或者退出行业协会商会等社会组织；

（三）没有法律、法规依据，强制或者变相强制市场主体参加评比、达标、表彰、培训、考核、考试以及类似活动，或者借前述活动向市场主体收费或者变相收费；

（四）不向社会公开办理法定行政审批中介服务的条件、流程、时限、收费标准；

（五）违法强制或者变相强制市场主体接受中介服务。

第 7 章　附则

第七十二条　本条例自 2020 年 1 月 1 日起施行。

第三篇 理论观点

认识、理解、掌握农产品供应链

——第十三届全国政协经济委员会副主任、商务部原副部长房爱卿
在第四届中国农产品供应链大会上的讲话

同志们：

今天非常高兴参加这个会，这次大会能在中国贵阳召开，反映了中国农产品流通的影响逐步扩大，农贸联在国际的影响逐步扩大，也反映了马增俊担任主席以来得到了世界批发市场联合会的认可，所以这个会在中国召开是非常有意义的。

农产品供应链有很强的特殊性，有自身的发展规律，如何认识、理解、掌握农产品供应链非常重要。今天我谈一点自己的想法，供大家参考。

一、建立农产品供应链是个大趋势

过去日本农产品批发市场拍卖占比较大，现在逐步减少，许多人不明白，其实是建立了供应链，不需要拍卖了。美国超市农产品价格波动非常小，三年蔬菜等产品价格保持稳定，原因之一也是建立了供应链。

食品供应链越来越重要，能促进产品设计、采购、生产、销售、服务等全过程协同运作，降低成本，提高效率。能把消费信息直接反馈到生产者，及时调节供求，提高市场配置资源的水平。有利于建立追溯体系，提高食品品质，保障食品安全。同时也成为优化产业组织方式、推动供给侧结构性改革、提升国际市场竞争力的重要抓手。

21世纪的竞争不是企业之间的竞争，而是供应链之间的竞争。建立现代全球供应链已成为一种潮流。1978年，我国国际贸易总量中70%是产成品。40年后，2018年贸易量中70%是中间品。也就是说一个产品不是一个国家做的，而是几十个国家，几百个企业，在不同的地方生产组合的，形成了全球供应链，在全球实现了资源优化配置。美国、日本、德国等发达国家已经建立了社会化现代供应链服务体系和供应链公共服务平台，已经将全球供应链竞争从企业微观层面提升为国家宏观战略层面，在全球供应链竞争中占据了优势。

近年来我国越来越重视供应链工作，习近平总书记提出在现代供应链领域培育新增长点、形成新动能。2017年国务院办公厅发布《关于积极推进供应链创新与应用的指导意见》，将供应链创新与应用上升为国家战略。这是我国首次发布的关于供应链建设和发展的政策指导意见，也是第一次将供应链上升到国家战略层面。在这种条件下，建立农产品供应链是大趋势，是市场规律的必然反映。

二、农产品供应链的形成要有一个过程

农产品特别是鲜活农产品分散生产，分散消费，中间层级多，千家万户生产、千家万户收购、千家万户运输、千家万户批发、千家万户零售。供应链形成有一定难度，需要有一个过程，甚至是一个漫长的过程。

电子商务出现后，流通发生了革命性的变化。横向聚集，纵向贯通、跨界融合已成为一种大趋势，这个趋势发展也有一个过程，并不是一下就形成了，但是不可阻挡的，尤其是5G商用后这种趋势会加快。

横向聚集。5G来临后，互联网物联网使万物相连，信息传播速度极快，必将引起不同层面广泛的聚集，这种聚集会大大提高竞争的公平性，形成合理价格，增强供给与需求的匹配度，提高市场配置资源的水平。包括市场聚集、用户聚集、资源聚集。

纵向贯通。从随机交易到连续交易，再到供应链交易，从先生产再销售到先有用户再组织生产，经历了纵向逐步贯通的过程。贯通程度越高，流通时间越短，流通成本越低，流通效率越高，供给越能精准满足需求，实现精准匹配。

跨界融合。跨界融合是通过自身资源的某一特性与其他表面相关甚至表面不相关的资源进行搭配应用，可以放大相互资源的价值，甚至可以融合一个完整个体面世。

这种大趋势会推动农产品供应链形成。5G的高速度、泛在网、低功耗、低时延这四个词听起来很简单，只是通信上的一大进步，但是它能使物与物随时相连，人与人随时相连，人与物随时相连，做到万物相连。在这种情况下随机交易会越来越少，供应链交易会越来越多，而且供应链会向深度融合发展。互联网、数字化、智能化成为现代供应链的显著特征，目前，消费互联网正在向产业互联网发展，互联网平台将成为现代供应链发展的新形式，通过互联网物联网把供应链各环节无缝连接起来，实现数字化、智能化、个性化，最大限度满足用户的需要。

农产品供应链形成虽然会有很多困难，但是通过慢慢比较利弊会向这个方向发展，农产品供应链是优化出来的，是合作出来的，是共赢出来的，是包容出来的。

三、农产品批发市场的作用不可替代

有些人认为，建立供应链后，农产品批发市场就不重要了，其实这种认识是不对的，农产品供应链建立得越好，农产品批发市场就越重要。为什么这么说呢?

第一，会成为物流服务中心。虽然建立了农产品供应链，已经形成了稳定的关系，但是商品要集散，集散要有节点，因为分散生产，分散消费；集中生产，分散消费；分散生产，集中消费都需要集散，集散就要有节点，这个节点就是农产品批发市场，当然农产品批发市场要布局在物流节点上，在这个节点上，要冷藏仓储，集散商品，物流配送，这是越来越重要的功能，也是第三利润来源。

第二，会成为信息服务中心。每一条供应链都会产生数据，但都是有限的，只有无数条供应链在农产品批发市场汇合起来，形成大数据，才更有价值。大数据可能成为农产品批发市场重要利润来源。当然大数据形成使用是有科学方法的，只有在科学方法基础上形成的大数据才更有价值。

第三，会成为信用服务中心。对每一条供应链信用状况怎么样，金融机构并不是很清楚。金融机构对每个企业信用情况是清楚的，但对供应链不是很了解，只有农产品批发市场最清楚，可以建立信用体系，也可按照国家政策开展互联网金融探索。

四、树立做好农产品流通工作的信心

今年1—10月我国一些经济指标下降，但都在合理区间，高质量发展的大势没有变。

中国市场需求潜力大。我们有14亿人口，超过发达经济体的总量；根据世界银行确定的国际标准来计算，中等收入人口已经达到4亿多，学习型、享受型消费发展越来越快，个性化、多元化、品质化、品牌化、服务化趋势越来越明显，国内市场潜力巨大。

中国工业门类齐全。我国的工业体系在全世界是最完善的，39 大类，191 个中类，525 个小类，任何一个国家也没有这么齐全的工业体系。我国东、中、西部发展层次不同，特点不同，各有侧重。所以我觉得我国工业体系不同门类、不同区域发展的互补性强。

中国创新能力增强。近几年我国创新步伐明显加快，创新成果不断涌现。这个大家可能都感觉到了，我国专利申请世界第一，我国的高铁、核电、潜龙、天眼、北斗、量子通信等都发展很快。新业态、新模式蓬勃发展，数字消费、电子商务、现代供应链、互联网金融等新技术相互融合，有效带动了平台经济、共享经济、智能经济发展。这些创新使我国经济质量大幅提高，迎接挑战就有了很好的基础。

除此之外，还有中国体制优势突出，这是我国特有的优势，因此大家对农产品流通要充满信心。

5G与农产品流通

——国务院原参事、农业农村部农村经济研究中心研究员、全国城市农贸中心联合会高级顾问刘志仁在第36届世界批发市场联合大会上的讲话

一、5G和农产品流通如何结合？将来5G对农产品流通到底能起哪些作用？

要充分认识5G在我国经济社会发展中的重大作用。5G已经成为全社会所关注的话题，5G是第五代移动通信网络技术，不能单单理解为手机，5G只是一个小的终端。

发展5G已经成为我国的一个国家战略。世界各国都很重视5G，美国、欧洲等许多国家都在研究关注5G的发展，我国也高度重视发展5G。

为了大力发展我国的5G产业，国务院发布的《“十三五”国家信息化规划》中16次提到发展5G。在发展5G方面国家发改委、工信部、科技部等做了大量的工作，华为等高科技民营企业也做了很多的工作。

目前无论在推进速度还是质量水平方面，我国在全球范围内均属较高水平。

二、5G和4G到底有哪些不同？

4G和5G最大不同就是改变的对象。4G是改变生活，5G是改变社会，即对未来生产和生活产生质的变化。5G具有高速度、低功耗、低时延、重构安全等明显特点。

三、如何界定5G的重大作用？

（1）第四次工业革命的高速公路。（2）高科技在经济社会发展中的普遍应用。（3）进入智慧时代的重要标志。现在“智慧”这个词用的比较多，智慧城市，智慧生产，智慧生活。随着5G不断的发展，我国在整个经济社会中智慧化程度会不断提高。

四、农批行业如何迎接5G时代？

（1）“三农”领域将成为5G重点的应用领域，也就是说在今后的农业生产和生活流通等方方面面，5G技术可能要广泛应用。（2）5G将派生新的产业业态和销售方式。（3）5G将成为农产品流通大变革的推进器。（4）农产品追溯化、品牌化、安全化、优质化将由难到易。

五、进入5G时代，农批业界怎么办？

第一，树立信心，跟上5G时代的潮流，在整个流通业中必须树立一个强烈的信念。第二，关注5G、熟悉5G、掌握5G、运用5G。第三，农批行业应当成为5G技术应用的先行者。在5G时代里面，如何把5G技术和我们的业务连在一起，这是我们最要关注一点。第四，加快治理营商环境。

我们将要进入5G社会，建议世批联邀请5G的专家和农批业界的企业家组织一次座谈，专家懂5G，企业家懂农产品流通，讨论一下5G和农产品流通的衔接节点在哪儿？5G在农产品批发市场到底有哪些作用？

建议企业家们认真学习习近平新时代中国特色社会主义思想，贯彻落实党中央决策部署，对自己的企业做一次全面的体检，只有体检了就知道短板在哪儿，弱项在哪儿，要增强。希望通过方方面面的交流，国内外农批业界携起手来为推进世界的农批产业进一步发展做出我们的贡献。

不国际无未来

世界批发市场联合会主席、全国城市农贸中心联合会会长 马增俊

2019年的中央一号文件，提出了加快推进并支持农业走出去，加强“一带一路”农业国际合作，主动扩大国内紧缺农产品进口，拓展多元化进口渠道，培育一批跨国农业企业集团，提高农业对外合作水平。“一带一路”建设为中国与外国在农业方面的长远合作提供了丰富的资源和重大支撑。不国际，无未来，加快“引进来”和“走出去”，是我国农业必经的国际化之路。

一、多方面多领域发力加快农业“走出去”

加快推进农业走出去，与“一带一路”沿线国家农业国际合作的过程中，可以有多个方面和多个领域。

（一）加强技术农民培训。从农产品批发市场的经销商发展看，很多已经在东南亚等国家建立了生产基地，包括水产养殖、蔬菜、水果的种植等，现在加强“一带一路”农业国际合作，就需要我们国家加强技术农民的培训和输出，来提高“一带一路”沿线国家的农业生产水平。同时建立中国技术农民的生产队伍，可以形成大的公司，用公司化模式来发展规模农业、技术农业、安全农业。这是走出去应该重点关注的和未来发展的方向，通过加强技术农民培训，提升国外农业生产，并且实现中国化。

（二）加强农业设备的推广。例如泰国正在大力推广智能农业，推广电子农业科技设备，是当前全球智能农业及其相关服务业的新兴参与者。他们邀请中国的生产技术设备商参加农业机械展的意愿非常迫切，也希望外国投资者到泰国投资，并以泰国作为在该地区扩张业务及测试新产品或服务的基地。

（三）加强农业资金融通。可以发挥“一带一路”沿线国家农业比较优势，充分利用相关国际金融机构合作机制与渠道，加大农业基础设施和生产、加工、储运、流通等全产业链环节投资。例如，通过资金输出，共建以农产品种植开发、精深加工、收购、仓储物流为主的农业产业合作区，实现从原材料供给到销售的纵向一体化经营，构建庞大的交通运输能力和完善的物流网络，推动沿线国家之间开展农业双向投资。

在农业“走出去”过程中，需要特别关注两个问题。一个是国家安全问题。关注合作的这个国家是否安全，中国和这个国家的关系，以及如何从政府的角度保障中国走出去的涉农企业和人员的安全问题。还有一个是需要关注农业生产在当地受保护的问题。

二、扩大优质农产品“引进来”满足人民群众美好生活需求

我们的农业合作，一是走出去，二是引进来。正如一号文件所提，我们要主动扩大国内紧缺农产品进口，拓展多元化进口渠道。党的十九大报告指出：中国特色社会主义进入了新时代，我国社会主要矛盾已经转化为人民日益增长的美好生活需要和不平衡不充分的发展之间的矛盾。如何认识和把握人民日益增长的美好生活需要？从需求性质来看，饮食等生存需要，属于人类最基本的物质性需要。从更好地满足人民日益增长的美好生活需要角度出发，让人民群众吃得更好，引进国外优质农产品，是非常必

要的。

为此，一方面，中国国际进口博览会要加大农产品的份额，尤其是优质安全农产品的份额，通过放开关口和增加进口数量，加快进口，当然要加强监管，保证进口农产品的品质。另一方面，中国农业“走出去”以后，更要加大中国人在国外生产的农产品的引进，这样来保证国内市场的丰富。

三、践行“一带一路”倡议推动农批市场国际化之路

在“培育一批跨国农业企业集团，提高农业对外合作水平”方面，不管是我们“走出去”还是“引进来”，都需要农业方面企业的集团化发展，实际上这就是国际化问题，就是如何看待国际农产品企业的问题，不是简单的到了国外就是国际企业了，而是要在理念上、思维上、运作模式上，具有国际思维模式，以国际化理念来处理问题，在农产品国际生产领域、市场领域、流通领域，都能让中国农业企业占有主导地位。

就农产品批发市场领域而言，践行“一带一路”倡议，需要继续把批发市场发展成为农产品的国际贸易平台，加强国际对接。而培育跨国集团，需要改变一系列思维模式。

第一是培育国际思维模式。包括质量思维、诚信思维、环保思维、友好思维等，这种国际思维要渗透到企业领导者的思想深处，从而指导行为，真正把国内市场作为国际市场的一部分，先把国内市场做好。

第二是培育国际开拓能力。要开放思想，多走出去，学习国际先进经验，实现批发市场的国际化，升级市场功能，在国际化的前提下，批发市场和批发商的管理模式和关系也会发生相应变化，这就需要提升经销商的国际经营模式，适应国际化的功能升级，以中国农产品批发市场及批发商为国际贸易主渠道，推动国际贸易。

第三是整合资源布局国际。要熟悉和掌握国际市场，提高自身国际资源整合能力，把国内批发市场和国际批发市场相结合，推动国际化建设，在共同投资、经营管理、技术输出方面进行合作，加快中国农产品批发市场的国际化步伐，做到“合作共赢，共享未来”。

国内外农产品批发市场发展形势与新动向

世界批发市场联合会主席、全国城市农贸中心联合会会长　马增俊

一、农产品批发市场面临的问题

2018年，中国农产品批发市场面临的主要问题是形势的变化。批发市场的发展与整个经济形势密切相关：一是国际形势变化。中国与美国的贸易摩擦实际上影响着整个国际的经济形势，同时也影响着国内的经济形势。消费结构变化使批发市场整体上有好有坏。由于整体形势的变化，使批发市场面临的竞争形势也有了新的变化。二是政策形势变化。以北京市的政策变化为例，第一是京津冀一体化，去非首都功能让所有批发市场外迁，但后来政策变化，又确定可以留部分市场不外迁；第二是要求把所有农贸市场外迁，但2019年底、2020年初，北京市又提出不能拆一个农贸市场。各地方也是一样，形势都发生了变化。“菜篮子”负责制逐步落到实处，批发市场开始提升。武汉市洪山区因为市场建设较差，市场环境脏乱差，带来的经济效益也不是很好，所以区里想要拆除市场，但由于现在是“菜篮子”市长负责制，对市场的拆除要市里同意才可以，所以市场没有被拆除。体现出“菜篮子”市长负责制加强了市场的稳定度。三是消费形势变化。作为世界批发市场联合会主席，我认为要重新定位中国农产品批发市场。不久前我考察了三个国家的批发市场：第一个是保加利亚，这个国家的批发市场不大，因为国家人口少；第二个是塞尔维亚，人口更少，但批发市场是政府支持的，建设得很好；第三个是克罗地亚，批发市场也不大。考察后给我的感觉是硬件建设和管理水平与我们比相差不多，但是他们的商品包装化方面比中国批发市场做得好，因为欧洲对于食品安全要求和生产要求不同。

二、农产品批发市场形势分析与应对

（一）批发市场“上顶天下立地”

“上顶天”就是受政策影响特别大。第一是国家部委调整对形势变化有影响。商务部机构没变但职能进行了调整。市场监管方面由原来三个局变成一个总局。另外，原来质检总局管商品进口部分合到了海关。这些对批发市场的发展产生了大的影响，因为涉及地方改革问题。第二是大家要正确认知现在的形势变化。一是税费改革。税率虽然降低了，但部分批发市场缴税额度提升了。二是食品安全。原来说得多做得少，现在市场监管总局成立之后是要把“做”落到实处，而且落到地方。所以食品安全的形势会越来越严格，讲诚信的方式会越来越严格。批发市场对于食品安全的把关必须做到建立台账制度，监督所有经销商建立追溯体系，索票索证，没有票证的需要检测，保证进入市场平台销售的食品安全。

（二）互联网对农批市场的影响

互联网时代，大家对互联网对批发市场的冲击感到害怕，我认为不要着急和害怕，因为都说生鲜是互联网的“蓝海”，经过4—5年，“蓝海”没了。现在摸索的基本上是实体商业，即实体批发商、经销商在做的电商，而且电商还没有探索到真正电商本身应具有的东西。如果说“互联网+批发商”，我认为网上的农贸市场不会很多，这么多的批发市场，不可能都做成网上的批发市场，所以现在大家还在摸索。

将来网上的中国农产品批发市场还是要走向国际。当世批联主席之后我决定在世批联推动农批市场的电商发展，是电商发展，而不是立马做成网上的批发市场，我要成立世批联电商工作委员会，落在中国，把国际做起来。机遇很巧，2020年下半年10月份就会在贵阳召开世批联会议，专门以电商为主题，研究批发市场电商方面的发展。我原来是讲智慧农批，是线上线下融合，但是线上农批的发展还需要深入研究。现在做电商的批发商越来越多了，各自都有一些经验。大家都是站在批发市场作为实体如何应用电商手段的角度看问题的，而没有运用真正的互联网方式发展市场，这是取决于物流的弱势。在这种情况下批发市场和协会都需要提供专门的人、财、物，共同研究。

（三）国际形势

首先，推动国际上批发市场之间的合作，协助经销商做国际贸易。2007年加入世批联第一次理事会成员时，我就提出来中国批发市场和他们进行合作，推动经销商从事国际贸易。当时世批联主席认为不可能，国际上经销商不会愿意与中国批发市场进行合作。近几年，我推动了批发市场跟国际上建立了友好关系，也有合作，但不是很多。比如，葡萄牙的市场老总在巴塞罗那建立了葡萄牙销售门店，也想在中国建销售门店，我很支持。我想我们中国批发市场也可以走出去，在其他国家建立销售门店。这样相互之间可以采集信息，另外还可以卖出农产品，这是非常好的国际合作方式。我认为国外市场愿意和中国批发市场进行对接，这就是一个非常好的形势；其次，贸易战给批发市场和经销商带来了新的机遇；再者，中国的产品想走出去，国际上也有需要的，是双向贸易，这是另一种形势，就是如何让批发市场变成国际化的贸易平台，不仅仅是进口商品，还要做出口贸易。

三、农产品批发市场的发展趋势

（一）合作共赢，共享未来

为了推动批发市场之间互相交流，2019年设计了协会内部改革：加强会员部、国际部和行业部的力量，加强国际对接，加强为会员服务征求意见，同时研究行业发展。要有国际化交流，内部管理要跟得上我所说的形势变化。另外品牌做好的同时，要成立两类专业协会：一是业务的专业协会，要成立零售市场专业委员会以及水产专业委员会，这样专业的业务有专业的委员会，目的是真正研究专业问题。原来已经成立了冻品市场专业委员会、燕窝市场专业委员会，未来我们还要成立蔬菜专业委员会等。二是综合专业委员会，是服务型的。比如说已经成立的仲裁专业委员会，是真正为批发市场、经销商快速解决法律问题的途径。后面还要成立金融专业委员会、宣传专业委员会、信息专业宣传会等，提供综合服务。创新专业委员会是中国商业联合会先成立了，可以跟他们合作，来为企业服务。以上是从协会讲的。从集团化角度讲，深圳农产品集团、中国农产品批发市场供销社等，有很多集团式的发展，但是都是相对独立、交集很少，都在争地盘，我认为批发市场后面恶性竞争不要再有了，应该是发展合作。商务部原来有的规划地方政府很少做，也没有那么支持，批发市场之间应该建立稳定关系，和地方政府直接对话，真正为地方、为老百姓服务，把批发市场整体设计规划、农产品流通作为一个产业规划落到各个地区，为市场服务。市场之间的主体要加强合作：第一是集团合作；第二是分散市场之间合作。集团和分散市场要进行有效沟通与合作，真正把中国农产品批发市场环境创造好。

（二）发展国际化贸易

现在每个批发市场都有国际商品售卖，自贸区已经从沿海到内地。国际合作，一是引进来，二是走出去。所谓引进来，协会已经和法国伦吉斯、韩国的可乐洞等市场都有合作关系，他们都有非常强的设计能力、管理能力。第二个可以走出去，比如我去埃及考察农批市场，感觉他们的农批市场发展不好，我们可以帮助他们去发展，加强彼此间的合作。真正形成在国际贸易上中国模式，做成若干个国际贸易中心。

（三）利用互联网转技术

现在每个企业都做自己的平台，找协会合作的企业也越来越多。有的企业想要为批发市场做整体服务，做批发市场的服务商；有的企业有一整套建市场、管市场、招商运营、线上线下的模式等等。这些都是基于互联网思维模式、平台模式来发展的。互联网不是自己挣钱，而是大家共同挣钱，共同发展。批发市场近年来交易量突飞猛进，是因为消费水平提升。中国批发市场发展最大的方面是人口红利，人口红利就是城市人口聚集速度极增，聚集到一定程度，突飞猛涨就停止了。农批市场需要稳定，稳定之后，互联网的进入才有可能性。互联网进入之后，找到成熟盈利点，所有的批发市场时间长了都会挣钱。但是互联网“长得快死得快”。所以农批市场发展一定要找到自己的发展之路，找发展之路就需要培养新一代的人才，新一类的人才。

（四）行业应该建立人才培养机制

搞教材，搞培训，而且要培养应用型人才，不是仅以学校培养为主。过去，批发市场的老总以及专业人才一直缺少，但现在经过这么多年的发展，导师级的人才很多。虽然现在人才多了但与市场需求还有差距。要想发展电商必须有农批行业的专业电商人才，这就需要专业人才的培养。人才的培养问题不仅是企业问题，也是行业的问题。

我国农产品批发市场国际化的现状与未来方向

中国人民大学农业与农村发展学院教授 曾寅初

在新冠肺炎疫情国际大流行的背景下，近期有些国家的农产品国际贸易政策变化值得关注。作为全球大米第三大出口国的越南宣布从3月24日起禁止大米出口，作为世界重要小麦出口国的乌兹别克斯坦颁布了小麦等农产品的出口禁令，俄罗斯宣布将每周评估其粮食出口情况来决定是否出台出口禁令，印尼和菲律宾宣告粮仓告急、称储存粮食最多只能维持3个月。据此联合国粮食及农业组织（FAO）高级经济学家发出了“由于冠状病毒疫情的暴发，各国民众和政府恐慌性囤积食品导致食品通胀从而引发新一轮全球性粮食危机”的警示。

尽管目前尚无法断定新冠肺炎疫情一定会引发新一轮的全球性粮食危机，但是国际粮食贸易的这些新动向至少表明以下两点：一是公共卫生危机中的粮食保障确定非常重要；二是农产品供求体系也已经完全进入了一个国际化的时代。在新冠肺炎疫情防控阻击战中，我国农产品应急保供工作进展顺利，农批市场在其中发挥了巨大的作用。从行业长远发展的角度看，在国际化的背景下，我国农批市场的国际化发展也会成为一种必然趋势。

因此，今天我将根据农贸联事先指定给我的发言议题，主要从以下四个方面谈谈对我国农批市场国际化的现状和未来方向的一些初步思考。与前面几位发言者主要关注新冠肺炎疫情应对背景下我国农产品流通的近期发展问题不同，我的发言一是将关注较为长期的宏观发展方向问题，二是仅关注农产品流通中的农批市场发展问题。

一、从参与农产品国际贸易看农批市场国际化

农批市场国际化必须参与农产品国际贸易，但是目前我国农批市场在农产品国际贸易中所占的比例还很低。加入WTO以来，我国农产品国际贸易获得了快速的增长，农产品国际贸易总额已从2001年280亿美元左右迅速增长到2018年的2000亿美元左右，其中，农产品出口额从160亿美元左右增长到超过770亿美元，农产品进口额从120亿美元左右增长到超过1200亿美元。我国快速成长为世界最大的农产品进口国和世界第三位的农产品出口国，已经是世界农产品贸易大国。但是，在我国农产品国际贸易中经由农批市场的比例不高，据2014年左右全国农贸联的估计，当时我国经由农批市场的农产品国际贸易额在200亿人民币左右，占全部农产品国际贸易额的比重只有6%左右。从我国农产品国际贸易快速增长的情况看，我国经由农批市场的国际贸易额占全部农产品国际贸易额的比重应该没有太大的变化。就参与农产品国际贸易而言，我国农批市场国际化应该注意以下的未来发展方向。

（一）国际业务是农批市场业绩开拓的重要方向

从交易业务来看，一方面是我国农产品国际贸易的快速发展，另一方面是农批市场的国内业务容量基本已接近饱和状态。我们都知道，我国农批市场已经越过了快速发展的阶段，从市场总数来看，2001年我国农批市场数量达到最高峰，有4500家左右，此后在波动中缓慢下降，逐步稳定在4100家左右。

这说明在国内业务方面，我国农批市场的容量已经饱和。我国农批市场行业存在的市场间激烈竞争局面也从另一方面证明了这一点。所以，根据我国农产品国际贸易快速发展的趋势，积极参与国际贸易无疑是我国农批市场国际化的重要方向。

（二）更加注重农产品进口业务是农批市场国际化的重要方向

我国农产品国际贸易在快速发展过程中经历了由贸易顺差转为贸易逆差的过程，加入WTO的2001年，我国农产品国际贸易有40亿美元左右的顺差，在2004年我国农产品国际贸易的顺差开始转为逆差，此后贸易逆差额在波动中逐步增大，到现在我国农产品国际贸易的逆差额为500亿美元左右。从未来趋势来看，我国农产品国际贸易的逆差额还会进一步增长。所以，农批市场参与我国农产品国际贸易，不仅按照传统思维习惯主要关注农产品出口业务，而应该更加重视农产品进口业务，注重将国际农产品供给纳入国内流通体系，努力成为国际农产品进入中国市场的“桥头堡”和“首选地”。

（三）应该根据农产品国际贸易的结构特征确定农批市场参与国际贸易的主攻方向

我国农产品国际贸易的基本格局与农批市场国际业务的发展之间存在着相互影响的关系，但是在我国农产品国际贸易中经由农批市场比重极低的现实背景下，根据我国农产品国际贸易的结构特征确定农批市场国际化的主攻方向具有基本合理性和现实可行性。一是从产品结构来看，我国农产品国际贸易中最主要的进口产品大类是食用油籽、棉花、谷物、果品、畜产品和水产品等，考虑到食用油籽、棉花、谷物的进口业务基本上被国际跨国粮商和少数央企所垄断且一般不经由批发市场，因此我国农批市场参与农产品进口贸易所应该重点关注的产品是果品、畜产品和水产品。而从我国农产品出口的产品结构来看，我国主要出口农产品为水产品、蔬菜和果品，所以农批市场参与农产品出口贸易所应关注的重点产品是水产品、蔬菜和果品，这些都是农批市场具有经营优势的产品，但是却也都涉及非常重要的食品质量安全保障问题，只有迈过了食品质量安全的“国际门槛”才能参与其出口贸易业务。二是从市场结构来看，除了前述的食用油籽、棉花、谷物等产品外，我国蔬菜、水果、畜产品和水产品等进出口的主要市场都以周边国家为主，因此积极参与我国周边国家的农产品国际贸易，应该是我国农批市场国际化发展的市场主攻方向。

二、从融入全球价值链看农批市场国际化

从20世纪80年代以来，国际产业发展进入了基于全球价值链的新阶段。国际产业分工从原来建立在完整产品上的水平分工转向建立在价值链（或产业链）基础上的垂直分工。农产品国际竞争优势也发生了从单纯的资源比较优势向以资源、技术、资本等要素相结合的综合比较优势的转变。在分析我国加入WTO以后的农产品国际贸易快速发展的动力机制时，我们也可以发现不断融入全球价值链是促进我国农产品国际贸易快速发展十分重要的推进因素，具体体现为以增加值计算的我国农产品国际贸易额也呈现出了快速增长的趋势。所以，我国农批市场国际化的过程就是一个不断融入全球价值链的过程，但是目前的现状是我国农批市场还没有在全球价值链中找到自己的合理定位。因此，加快融入全球价值链无疑是我国农批市场国际化的另一个重要发展方向。

（一）农批市场国际化应该自觉适应农产品价值链的变化趋势

全球农产品价值链正在随着需求变化、技术进步等因素发生着剧烈的变化，批发环节虽然是农产品价值链中的一个重要环节，但是也只有顺应农产品价值链上下游的变化，才能更加有效地提高整体价值

链的效率，创造并获得其应得的价值。从农产品全球价值链的发展看，消费升级带来的消费者需求新变化，“超市革命”“电子商务”带来的农产品流通环节的迅速变化，“多方物流”“物联网技术”等带来的物流服务变化，以及农产品加工业的快速发展等，都在显著改变着全球农产品价值链，在这个过程中批发环节的业态创新、模式创新却相对滞后。因此，农批市场国际化的一个重要方向就是积极推进制度创新和技术创新，要以更加敏捷的创新行动自觉适应全球价值链上下游的变化。

（二）农批市场国际化应该依托农产品的上下游环节实现联动发展

农批市场的发展本身就与其上下游环节的发展密切相关。目前国内一些重要集散型农产品批发市场的形成一般都依托了其上游生产环节的发展或者其下游加工、零售环节的发展。例如，寿光蔬菜批发市场的形成与寿光市蔬菜产业的发展密不可分，湛江霞山水产品批发市场的发展与珠三角地区水产养殖业的快速发展密不可分，等等。从价值链或者产业链的特点来看，我国农批市场的国际化应该充分关注到农产品价值链或者产业链的特征。与制造业产业链主要是其前端产业链较长、产业链条复杂不同，农产品产业链具有后端产业链较长、产业链较复杂的特点。所以，在制造业中融入全球价值链时想要占据优势地位，必须控制其全球价值链的前端，而在融入农产品全球价值链时想要占据优势地位，则必须控制其全球价值链的后端。也就是说，就农产品而言，在融入全球价值链时，一般越是在价值链的后端则越有利。所以，我国农批市场在融入全球价值链时，要特别关注其与农产品加工业、零售业联合发展的可能性。

（三）农批市场国际化应该提高其与全球价值链的对接能力

我国农产品批发市场购销商具有小规模和组织化程度低的特点，也就是说，大部分购销商的经营规模虽然有所扩大但仍然主要是家庭经营的规模，且大部分购销商并不是企业而是个体工商户。这样的购销商结构与全球价值链中其他环节的组织结构特征存在着较大的差异，很难对接成功。我国农批市场本身虽然从 2007 年左右开始进入了集团化发展的阶段，但是就目前农批市场集团化发展的基本特征来看，基本上还都处在市场层面的资本控制、品牌共享等初级联合阶段，完全还没有进入购销业务联合合作的连锁经营阶段。所以，从未来发展方向来看，农批市场的集团化发展应该逐步进入实质性的业务合作阶段，通过业务合作来提高融入全球价值链的能力。

三、从批发市场发展的模式创新看农批市场国际化

从主要从事国内农产品批发业务到同时从事农产品国际批发业务，农批市场国际化是农批市场发展模式的一次重要飞跃。如果说农批市场国际化要经历从产品国际化到网络国际化，并最终实现其影响力国际化过程的话，目前我国农批市场国际化基本尚处在产品国际化的初级阶段，要真正实现影响力国际化的目标，使某一个农产品批发市场成为国际定价中心、国际货物集散中心，则还需要在市场发展模式上进行创新。借鉴我国较为成功的义乌小商品批发市场国际化的经验，并结合农产品的产品特征性，在国际化过程中我国农批市场至少应该注意以下的模式创新。

（一）要选择建立符合农批市场自身特点的外贸业务形态

义乌小商品市场在国际化过程中，采用了外商直采直销、企业自营出口、外贸公司代理等多种业务形态，特别是外贸公司代理发展迅速，据称在义乌小商品市场经营的外贸代理企业就有 140 多家，代理经纪人超过 1000 人。尽管小商品和农产品存在着产品特性的差异，但是采用适合的外贸义务形态，肯定

是农批市场国际化所必须面对的问题，特别是在国际化的初级阶段尤其如此。

（二）要考虑从单纯的产品国际化走向渠道网络的国际化

对于目前国际业务已经开始起步的农批市场而言，未来的努力方向应该是从产品的国际化向渠道网络的国际化发展。在义乌小商品市场国际化过程中，一个重要的做法是在世界各地建立义乌小商品市场的二级市场，不仅是输出商品，而是在同时输出“商人”和“市场”，在渠道国际化的基础上开展跨国经营。与此同理，农批市场国际化要想进一步发展，也一定需要在渠道网络化上下功夫，要根据经营农产品的特点和市场本身的优势条件，选准渠道网络国际化的重点方向，是重点关注进货渠道拓展还是销售渠道拓展，为国际化打好基础。

（三）要建立和利用好国际化平台不断提升国际影响力

义乌小商品市场国际化过程中，“义乌小商品国际博览会”等线下平台和“义乌购”等线上平台，为其开拓国际市场、扩大国际影响力发挥了积极的作用。从最终实现农批市场的影响力国际化的角度看，我国农批市场国际化，也必须积极建立和利用好国际化平台，做好国际营销工作。

四、从市场的国际交流与合作看农批市场国际化

国际的交流和合作是促进农批市场国际化的重要途径。近些年，农贸联利用马会长担任世批联主席的有利条件，积极利用“世界批发市场大会”等平台和世批联秘书处等工作机制，极大推进了我国农批市场与世界各国农批市场之间的交流和合作，取得了喜人成就。从我国农批市场国际化的现实需求来看，我认为农批市场国际交流和合作最重要的任务是，如何通过国际交流和合作尽快促进我国农批市场的能力建设，包括农批市场在市场层面的能力建设和在购销商层面的能力建设。

（一）农批市场市场层面能力建设的重点是“新基建”和管理能力的提升

经过几轮的“升级改造”，我国农批市场的传统硬件设施已经有了很大的改善，许多农批市场的传统硬件设施已经接近或者达到国际先进水平，但是适应于智慧市场发展的基础设施建设相对滞后，而农批市场的软件管理能力更是相对落后。所以，通过国际交流和合作促进农批市场能力建设的未来重点应该是：加速“新基建”建设，通过批发市场智慧化升级改造，提升我国农批市场的国际化能力；加快农批市场管理制度建设，加强制度执行的规范化管理，提升市场的运行效率和管理水平。

（二）农批市场购销商层面能力建设的重点是购销商国际业务能力的提升

与农批市场自身层面的能力建设相比，我国农批市场购销商层面的能力不足应该是制约农批市场国际化更重要的限制因素。因此，从农批市场国际化的未来发展来看，应该将购销商国际业务能力的提升作为亟待解决的重要问题。不仅要转变现有购销商的经营理念，提升其国际业务知识和技能，还应该考虑积极引进国际购销商，引进外贸代理人才等。

（三）行业协会应该在农批市场国际化能力建设中发挥更加积极的作用

在我国农批市场国际化的能力建设中，行业协会应该继续利用各种有利条件和政府的支持政策，可建议政府启动“我国农批市场能力建设工程”，发挥更加积极有效的指导和推动作用。从促进能力建设的角度看，行业协会自身可考虑开展以下的工作。（1）在市场管理能力提升方面，积极开展“引进来”和“走出去”的工作。在“引进来”方面应重点关注批发市场规范管理经验的引进和转化，在“走出去”方面应利用“世批联”的有利条件，积极参与国际规则和标准规范的制定。（2）从国际化的需要出发，在

构建和完善国内农产品信息平台的基础上，探索构建国际化的农产品信息平台，既为国内农批市场开展国际业务提供服务，也可以更好地面向国际宣传和推广我国的农批市场。（3）积极开展批发市场购销商的国际业务能力培训，提升现有购销商的国际化能力，同时还可以考虑利用农贸联与农产品外贸企业为主的行业协会之间的联系和合作关系，探索现有外贸企业参与利用农批市场的可能途径。（4）引导农批市场购销商之间的联合，提升购销商与全球价值链上下游之间的对接能力，以弥补现有农批市场购销商规模小和组织水平低的缺陷。目前，农贸联正在积极推进的“单品联盟”，就是在这方面所进行的有益尝试，应该积极探索利用好“单品联盟”在提升购销商的全球价值链对接能力的作用，更好地发挥其在促进农批市场国际化中的重要推进作用。

加快推动农批市场批零分业、转型升级

北京物资学院农业与食品物流研究所教授 洪岚

2020年初以来，新冠肺炎疫情暴发并席卷了全球。无论年初的武汉疫情，还是北京新发地市场的新冠病例，都指向了农产品批发市场的疾病传播链，农产品批发市场被推到了风口浪尖。在我国，农批市场每年承载着70%的农副产品流通量，特别是在大中城市周边承担着重要的农副产品集散功能，以及所在城市食品供给保障功能。以北京新发地农副产品批发市场为例，该市场每天蔬菜交易量达1.8万吨、果品交易量达2万吨，满足北京市场上果蔬消费量的90%以上。

农批市场批零混业、公益缺失，市场及附近的周围地区的城市治理压力大。我国4500多家农批市场中，民营企业投资占比60%以上，有不少市场是一些村集体在20世纪90年代初开办发展起来的，市场化程度很高。目前，按照"谁投资，谁建设，谁管理，谁受益"的模式运营，在信息汇集、质量安全检测、产品溯源、废弃物无害化处理等方面的建设与投入严重不足，市场运作与管理粗放。另外一个特点就是我国农批市场为攒人气，通行批零兼营（法律不禁止），有异于发达国家的批发与零售分业。我们实地参观调研过法国伦吉斯、德国汉堡、日本大田青果等多个农产品批发市场，整洁卫生、人员物流有序，农产品标准化、物流标准化程度高，是真正完全的批发市场。这些市场中，个别市场有零售业务，但是零售交易是发生在批发市场外的附设场地，交易时间段也不同。

由于食物的可获得是民生保障，食品安全是公共产品，不少发达国家中央与地方政府介入农批市场投资建设、市场管理。我们实地考察调研过的发达国家农批市场，政府以地入股的比例很高，不少市场的管理人员是公务员，而且市场的公益性也较高，其目的是避免市场投资方在农产品批发环节逐利。

近年来，北京市委市政府着力关注了批发市场公益性与民生保障，在农批市场规划建设和农贸市场改造升级上出台了不少政策支持，但农产品批发市场环境脏差，批零混业、商流物流合一所造成周边交通拥堵，外来人口集聚治安压力大等现状，仍在短期内难以彻底扭转。若以批零分业为始，可以加快推动农批市场转型升级，重塑农批市场功能。

传统农批市场向现代化转型升级困难。近两年，我们实地调研京津冀地区15个一级农产品批发市场，近20个农产品加工、零售、物流服务、农产品电商等创新型企业，调研发现，批发市场上经销商以小企业占绝对主体地位，就是在果蔬交易规模最大的北京新发地农副产品批发市场，年营业收入超过1亿元经销商也只有100个左右。另外，批发市场内的生鲜农产品的品质标准化程度低，虽然经销商到产地规范了收购标准，但在原产地、批发市场及行业，尚未建立起同类商品的种养标准、分级标准，以及包装预冷贮藏运输规范。批发市场内部，批发市场与产地、零售商之间，标准托盘与共用周转筐运用量极低，只有进口水果经销商有标准托盘。有一些经销商认识到农产品物流标准化运作，会大幅降低经销企业的人工成本，减少商品损耗，提高场地物流效率，但标准托盘、标准框、标准库以及标准冷车在农产品流通体系的普及，需要政府引导、行业推动、批发市场投资方支持。

当下，随着5G进入商业运用，物联网技术、大数据、云计算等新技术发展，从加工制造到金融餐饮物流等服务业，企业数字化转型升级加速前行，虽然有专家提出智慧农批概念，也有个别农批市场采用了5G技术管理，实行扫码出入，把车流和人流分离，把批发业户和经营业户分离，保证了市场的有序管理，但传统农批的转型升级依然困难重重。

北京作为京畿重地，无论从疫情管控，还是民生保障，都应加快推动农批市场批零分业、转型升级。建议如下：

（一）加快推进农产品批发与零售分业的立法，尽管配套相应的管理条例，落实到地，分流批发与零售的人流、物流。有专家预测，对批发市场来说，批发与零售的分业，将减少其60%人流，40%的车流，市场营收减少20%左右，但极大提高了市场管理方对市场的管控能力，市场的物流标准化运作水平，提高食品追溯能力，迅速改善周围交通拥堵、环境卫生脏差等状况。

（二）加快推进以首农黑庄户、顺鑫石门等国有控股农批市场建设与升级改造。首农黑庄户、顺鑫石门等作为大型国有控股批发市场，应树立标杆榜样，在推进产品质量提升、标准化、溯源、安全检测等方面发挥示范效应，同时也起到大城市应急保障作用。鼓励支持农批市场运营模式创新。其中一种模式，把销地农产品批发市场改造成自营配送中心，把经销商变成市场供应商或合伙人，批发市场从市场载体变为市场主体，直接参与主导农产品流通，运用大数据、云计算等新技术，可以更好解决食品溯源及产销信息不对称问题。

（三）以数字化转型为契机，加快推动传统农批市场现代化转型。以共用托盘和周转筐（箱）为抓手，以经销商品牌质量建设为核心，建立批发市场标准化物流主要应用规范场景，提升农批市场场地进出效率、食品追溯能力。选择基础条件优越、影响力广泛、代表性强的农产品批发市场作为试点，在政府指导下，以批发市场、经销大户、合作社与第三方物流企业为利益综合运营体，初期投入共用周转箱100万个，托盘5万个，建设服务网点30个。进行为期3年的推广使用期，其间强化监督控制和评估检查，不断总结和创新模式。在评估论证之后，在超市、电商平台、批发市场进行第二批的推广使用，最终再推广至整个京津冀地区，以提升京津冀地区农产品流通效率。

高、实、巧、新——谈如何做好农批联络员工作

全国城市农贸中心联合会会长马增俊在第十五届全国农产品批发市场联络员大会上的致辞

尊敬的各位领导，农产品流通行业同行：

今天我们召开的是第十五届联络员会议，联络员和我们协会有很多相似之处，我十几年前来这个协会的时候，没有几个工作人员，也没什么会员，但是一想到如何做协会，我们就定了一个目标：要把协会做成“政府助手”“政企桥梁”“市场之家”，真正把我们的市场和政府连接在一起，传递我们的需求，反映我们的问题，同时把政府的政策和政府的要求规范传递给我们的市场。而联络员也恰恰是这样的定位，这个行业需要市场联络员和协会之间紧密衔接，所以联络员大会每年都会表彰一部分先进的联络员，选任一部分新的联络员，只有相互连通，行业才能健康发展。

我们协会举办联络员大会的目的，实际上就是让市场知道行政部门今年对批发市场行业、零售市场行业有哪些需求，有哪些方向需要发展，同时也了解行业未来的发展趋势。此外，还有更重要的一层是让协会了解市场的年度发展情况，报到相关部门做宣传推广，同时也能了解各个市场接下来要做的事情。在此基础上，今年协会对批发市场的服务将更加细化和务实，一是除了会员部、行业部、国际部三个业务部门与会员企业加强对接之外，还要再细化相关的专业协会和专业委员会。零售专业委员会、水产专业委员会等将陆续成立，还正筹备以批发市场为平台成立经销商专业委员会，这样就能更好地为大家提供针对性的协助服务。二是要继续响应国家号召，在打赢脱贫攻坚战、乡村振兴、“一带一路”方面有所作为。在脱贫攻坚、乡村振兴方面，事实上，除了政府外，农产品流通企业起着最重要的作用，因为批发市场可以通过自身采购能力，建立和生产者的稳定关系，给农民一个自我造血功能，让农民真正脱贫，而不是让他暂时有钱。同时要用“两个市场，一个标准”的模式，不仅让农民脱贫，还要致富。而在“一带一路”方面，批发市场一定要走国际化道路，一定是国际化的批发市场。现在很多市场已经以进口为主，如广州江南市场，上海辉展市场等，都在做进口商品的贸易，未来徐州也是“一带一路”的重要节点城市，徐州雨润农副产品全球采购中心的采购商可能直接就成为国内的进口商。这些都说明现在的形势发生了变化，所以我们的眼光应该站到国际、国内“两个市场，一个标准”的高度，提升我们的国际视域，把眼光放远。做市场管理、国际贸易都要走出去，未来批发市场、零售市场，以及批发市场的批发商在国际化和开展国际贸易方面都大有可为。

那么农批行业联络员的职责是什么，怎么做好联络员？就是要把我们的理念与市场负责人密切对接，与行业协会密切对接，与当地的政府主管部门密切对接。需要做到四个字：高、实、巧、新。

第一要高，需要站在政治的高度，与党中央保持一致，和政府的导向保持一致，具体到每个市场，还应该与当地政府保持一致，联络员必须站在这个高度上，因为农产品流通是公益性的，是民生工程，如果站的角度不高，位置不高，自然实现不了应有的价值和应有的功能。

第二要实，站在高处要脚踏实地，从工作出发做事，要为经销商服务，要为采购商服务，要为市场服务。这个“实”是指方方面面工作的踏实。联络员应主动宣传市场典型事迹和优秀人物，我们协会有网站、微信公众号，还有会刊杂志，联络员要充分运用好这些宣传媒介工具，切实宣传企业，同时认真

学习从这些渠道了解的政策信息，并将其传达到企业，切实理解和贯彻国家的政策方针等。比如，流通行业贯彻落实“一带一路”倡议，不是说“一带一路”怎么去做，而是要思考如何与国际市场交流信息，签署合作框架协议，进行对接合作，做进出口贸易，批发市场走出去和引进来，不仅有技术的，还有管理的，等等。这都是实实在在的工作。农产品流通行业在脱贫攻坚上也是这样，要带动经销商形成团队，和地方政府结合，和农村合作社结合，建立稳定的供应链，以“两个市场，一个标准”推动自然运作，这也是实。

第三要巧，巧是什么，就是要动脑子，多交流，学会用他山之石，其他联络员好的工作技巧和服务内容，都可以拿来为我所用，为市场服务。

第四要新，也就是创新。我们的联络员大会开到了第十五届了，名字一直没变，但是内容不是不变，我们要跟上时代的潮流，要借鉴各行各业的新思维和新方法，这样才能发展进步。

做好联络员的工作，既要有高度，也要有实际，还要有方法，更要有思想。这也是一种层层递进的关系。如果没有思想，是做不出什么的，如果没有方法，是做不好事情的，如果没有高度，成绩就不会做大，如果不脚踏实地，就根本出不了成绩。高、实、巧、新，这就是我们的联络员应该做好的事情。

新冠肺炎疫情下上海农产品市场供应状况分析

李光集　俞　晔　徐赟超

一场意想不到的新冠肺炎疫情在年初突然暴发，并以迅雷不及掩耳之势席卷全球，对全球政治、经济和社会生活造成前所未有的冲击和影响。就上海这样一个超大型消费性城市而言，在疫情下保障每天的食用农产品供应都是一场巨大的挑战。

一、上半年上海主要生鲜农产品供应情况

2020年上半年，在政府和社会各方的共同努力下，上海农产品批发市场供应总体平稳，没有出现短缺和价格暴涨的情况，上海的城市供应保障体系经受住了考验。总体供应状况呈现如下特点：

（一）市场品类丰富，供求关系总体平稳有序，但成交总量呈现明显萎缩

基于上海蔬菜集团作为上海食用农产品供应的主渠道和龙头企业，其旗下主要农产品交易量在上海市场具有主导地位（注：2019年，其所属各大市场全年实现农产品批发交易量561万吨，农产品批发交易额559亿元，其中蔬菜成交量332万吨、白条猪肉255.07万头、水果90万吨，分别占到上海全市交易总量的70%、60%及50%以上，水产品批发成交量13.8万吨，也具有比较高的市场份额），上海蔬菜集团的相关数据在上海市具有很高的代表性。因此，从上海蔬菜集团所属各大批发市场运营情况来看，市场供应总体品类丰富，供应充足，略呈现供过于求的状况。因受疫情影响，高校停课，差旅人数锐减，餐饮、酒店和其他各行各业等外来就业人数减少等，2020年上半年上海实际消费人口比上年同期明显减少，整个农产品需求相对疲软，总体需求量明显回落。据上海蔬菜集团统计，1—6月份，其所属各批发市场农产品批发成交量为242万吨，与上年同期263万吨相比，批发交易量减少了近21万吨，减幅为7.86%，但总体趋势呈现逐月回升态势，6月份，单月农产品交易量逐渐接近上年同期水平（见图1）。

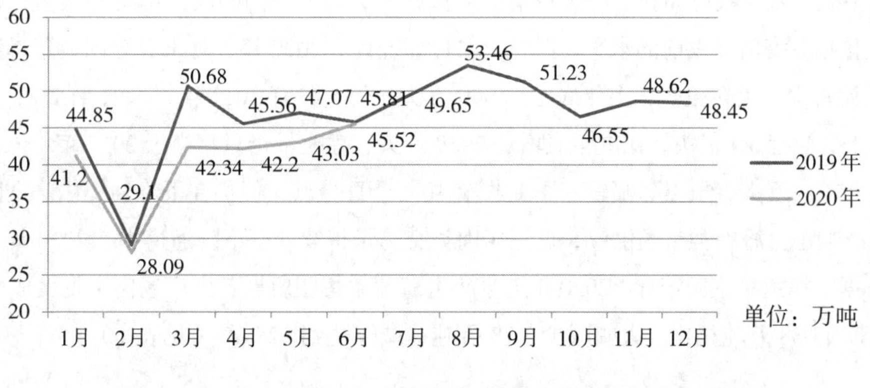

图1　2019年与2020年上海蔬菜集团农产品批发交易量情况

1. 蔬菜市场供应充足，品种丰富，批发交易量有一定的萎缩

上海今年春天雨水偏少，非常适合郊区蔬菜生长，但6月入汛入梅以来，持续降水，对郊菜生产供应带来一定影响。客菜方面因疫情原因，一季度来自湖北产区的部分品种限制进入上海，对供应品类有少量影响，进入5月份后，南方主产区区域性暴雨洪灾频发，导致不少水涝，一定程度上会影响蔬菜生产，但由于上海蔬菜市场货源地广，可替代的货源多，同时，因复工复产晚，短期差旅人口锐减等原因，上海总体消费人口比正常年份要少很多，所以从市场供应上来看，依旧呈现出货源充足，品种丰富，供求稳定的良好局面。据上海蔬菜集团统计，1—6月所属各批发市场“郊菜”批发交易总量为16.21万吨，比上年同期17.20万吨减少0.99万吨，减幅5.76%；“客菜”批发交易总量为121.51万吨，比上年同期142万吨减少20.49万吨，减幅14.43%，呈现出“郊菜”成交量减幅明显小于“客菜”的状况；市场蔬菜批发交易品种基本每天维持在150个左右，即便在淡季的1、2月份春节长假期间，每天蔬菜品种也都保持在120个以上。具体交易情况随着疫情的转好和复工复产的全面推进，蔬菜批发交易量稳步回升，到7月份，基本接近上年同期的交易量水平（见图2）。

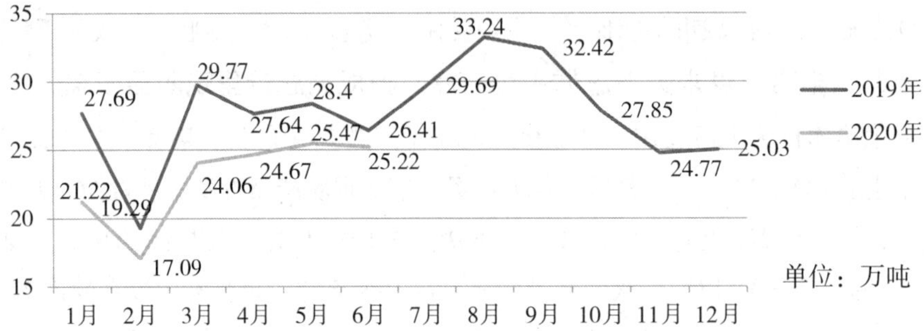

图2 2019年与2020年上海蔬菜集团蔬菜批发交易量情况

2. 肉类批发交易量大幅度降低，处于近几年的最低点

受国内、国际大环境的影响，2020年上半年肉类批发业务大幅降低，基本处于近几年的低点。3月份之后，肉类日均交易量逐步提升，恢复到上年同期的6成左右。至5月，肉类交易量进一步提升，恢复到上年同期的七八成。据上海蔬菜集团所属各批发市场统计数据显示，上半年各类肉类批发成交量8.51万吨，比上年同期13.39万吨，减少4.88万吨，减幅36.45%，可以说是处于暴跌状态。

受“非洲猪瘟”后滞效应和新冠肺炎疫情的双重影响，目前全国的能繁母猪和生猪存栏量仍未达到2017年“非洲猪瘟”疫情暴发前的水平。据农业农村部统计，2020年6月末，全国能繁母猪存栏量达到3629万头，同比首次由负转正，比上年底增加549万头，但仍只有2017年年末的81.2%；生猪存栏量接近去年同期水平，达到3.4亿头，比上年底增加2929万头，存栏量仍只相当于2017年年末的77%。上半年生猪出栏量25103万头，虽然降幅较一季度收窄10.4个百分点，但仍在下降通道中。全国生猪总体生产情况也明显影响了上海肉类市场供应，近三年肉类交易量持续处于下降通道中，2020年上半年降幅巨大（见图3）。据上海蔬菜集团统计，2020年上半年上海蔬菜集团所属各大市场肉类批发成交量为7.65万吨，与上年同期11.38万吨相比，大幅减少3.73万吨，减幅达到32.76%（见表1）。

图 3　上海蔬菜集团分年度肉类批发交易量情况

表 1　上海蔬菜集团 2020 年上半年猪肉批发交易情况

		2020 年 1—6 月	2019 年 1—6 月	同比	增减 %
猪肉	头数	928934.5	1411401.5	-482467	-34.18
	重量（吨）	76486.45	113754.62	-37268.2	-32.76
其中白条肉	头数	856813	1225030	-368217	-30.06
	重量（吨）	71790.36	101795.97	-30005.6	-29.48

牛羊肉虽不是上海市场消费的主要肉类，但其与猪肉有很高的关联替代性和比价效应，2020 年上半年交易量降幅也非常大（见表 2）。

表 2　上海蔬菜集团 2020 年上半年牛、羊肉批发交易情况

		2020 年 1—6 月	2019 年 1—6 月	同比	增减 %
牛肉	头数	11557.5	18752	-7194.5	-38.37
	重量（吨）	3017.92	4877.44	-1859.52	-38.12
羊肉	头数	114591	148330	-33739	-22.75
	重量（吨）	2700.69	3553.39	-852.7	-24.00

经批发市场流通的禽类肉主要是批发配送到单位食堂、餐饮店、零售市场和个体经营小店，2020 年一季度因复工复产晚的原因，餐饮店基本全面停业，食堂严重恢复不足，很多小店也基本都是关门停业状态，上半年禽类肉受新冠肺炎疫情的影响非常巨大。据上海蔬菜集团统计，其所属各批发市场 2020 年上半年禽类肉品成交量只有 2852.54 吨，与上年同期 11743.62 吨相比，减少 8891.08 吨，减幅 75.71%，属于断崖式暴跌状态。

3. 果品供应充足，需求不旺，交易量减少明显

上半年总体而言应该是水果业务由淡逐渐转旺的时节，总体变化趋势和往年基本相似，但受疫情的影响，一是上海总体消费人口减少；二是部分进口水果在 3 月份之后受国际物流中断的影响，进口量锐减。总体上，上半年水果市场交易规模明显减小，但随着复工复产的推进，交易业务也在不断恢复，逐

渐缩小与上年同期的差距。据上海蔬菜集团统计显示，今年上半年各批发市场果品批发成交量为35.12万吨，比上年同期42.78万吨，减少7.66万吨，减幅达到17.91%（见图4）。

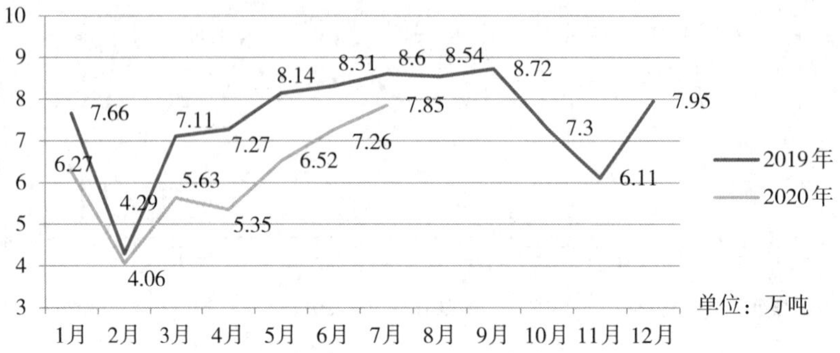

图4　2019年与2020年上海蔬菜集团果品批发交易量情况

4. 水产品消费呈现阶段性暴跌，总体恢复缓慢

2020年上半年，水产品批发业务可以说遭遇了前所未有的重创。正常情况下，传统的春节前后是水产品尤其是高档海产品的消费旺季，很多家庭年夜饭和重要的亲朋好友聚会都会去酒店，据国家统计局统计，2019年全国餐饮收入46721亿元，其中15.5%来自春节期间这一传统的消费旺季。2020年春节及其随后的三个月，因疫情影响，餐饮业基本停业、停市，对主要供应高档酒楼的高档“大海鲜”的消费造成冲击。整个水产行业2020年上半年都很艰难，总体交易量减小。据上海蔬菜集团统计，其所属水产品批发市场上半年成交量为6万吨左右，比上年同期只减少了7654吨，且在4月份已恢复到上年同期水平（见图5），这主要是其所属水产品市场是在2016年承接铜川路水产品市场关闭才全面开业的，市场正处于成长期，每年交易量都在提升过程中，总体状况会好于整个行业，但从上海整个行业而言，应该还没有恢复到上年同期水平。

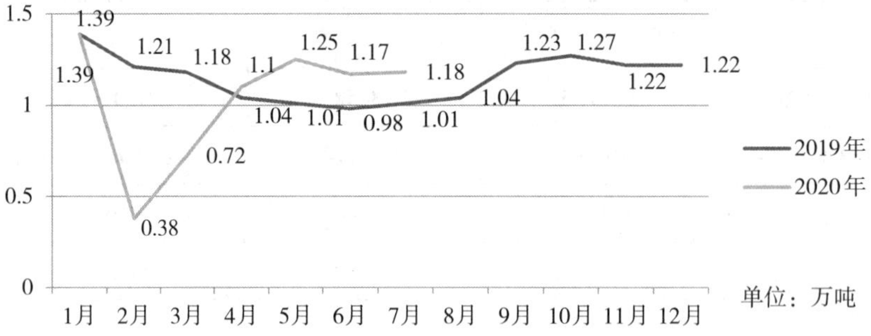

图5　2019年与2020年上海蔬菜集团水产品批发交易量情况

（二）除肉类、海产品外，多数品类价格平稳，没有出现过山车行情

2020年上半年尽管遭遇新冠肺炎疫情，但上海农产品价格总体比较稳定，尤其是粮食、蔬菜、果品价格波动很温和，蔬菜价格只是在春节过后出现短期一定幅度上涨，但很快出现滞销，价格迅速回落；肉类产品价格一直延续2019年下半年的走势，始终处于高位，比2019年同期涨幅巨大，主要是受“非洲猪瘟”疫情、猪周期和一年内的季节性消费周期叠加影响，疫情期间本身没有引起价格大幅波动；水产品尤其是高档海产品价格低迷，澳洲龙虾、帝王蟹等产品在春节后价格更是遭遇滑铁卢，很多品种价格几乎腰斩。据上海蔬菜集团上半年统计数据显示：1—6月份，上海蔬菜集团所属批发市场蔬菜批发混

合平均价为每公斤（以下同）3.99 元，比上年同期每公斤 3.92 元，每公斤上升了 0.07 元，升幅为 1.79%（见图 6），其中，“郊菜”混合平均价为每公斤 3.15 元，比上年同期每公斤 3.40 元，每公斤下降了 0.25 元，降幅为 7.35%；“客菜”混合平均价为每公斤 4.10 元，比上年同期每公斤 3.98 元，每公斤上升了 0.12 元，升幅为 3.02%。

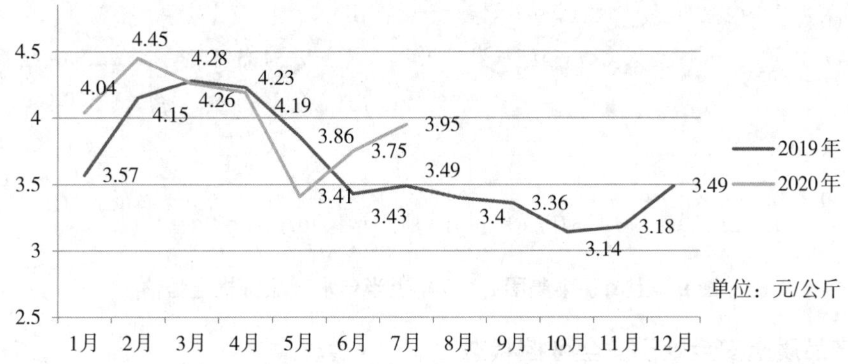

图 6　上海蔬菜集团 2020 年上半年蔬菜价格走势情况

1—6 月份，上海蔬菜集团所属批发市场猪肉批发平均价每公斤为 41.84 元，比上年同期每公斤 18.04 元，上涨了 23.80 元，涨幅高达 131.93%，处于历史高位（见图 7）。

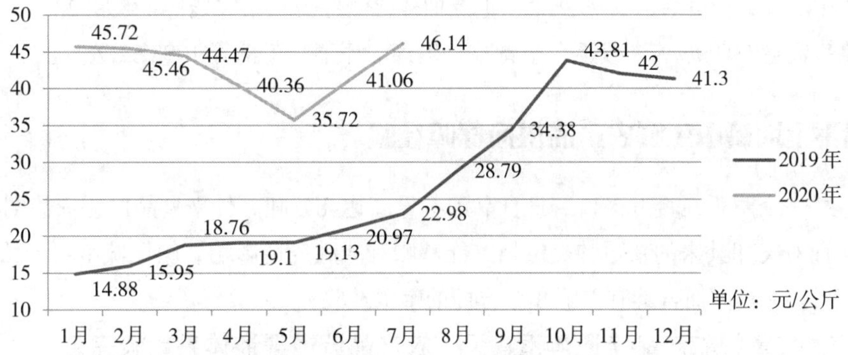

图 7　上海蔬菜集团 2020 年上半年猪肉价格走势情况

1—6 月份，上海蔬菜集团所属批发市场果品批发混合平均价每公斤为 9.88 元，比上年同期每公斤 9.78 元，上涨了 0.1 元，涨幅为 1.02%（见图 8）。

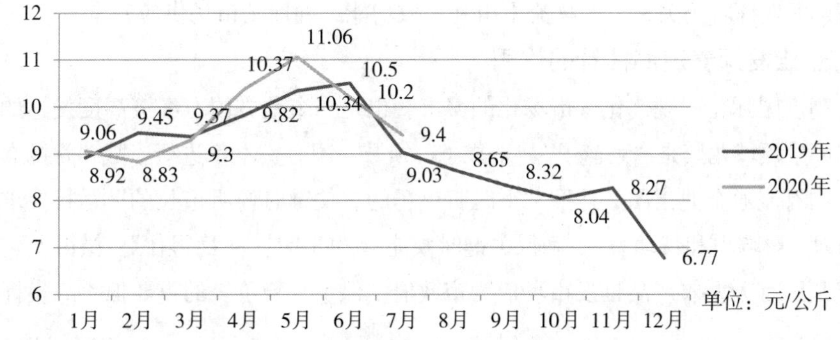

图 8　上海蔬菜集团 2020 年上半年果品价格走势情况

1—6 月份，上海蔬菜集团所属批发市场水产品批发混合平均价每公斤为 58.96 元，比上年同期每公斤 59.31 元，下降了 0.35 元，降幅为 0.59%（见图 9）。

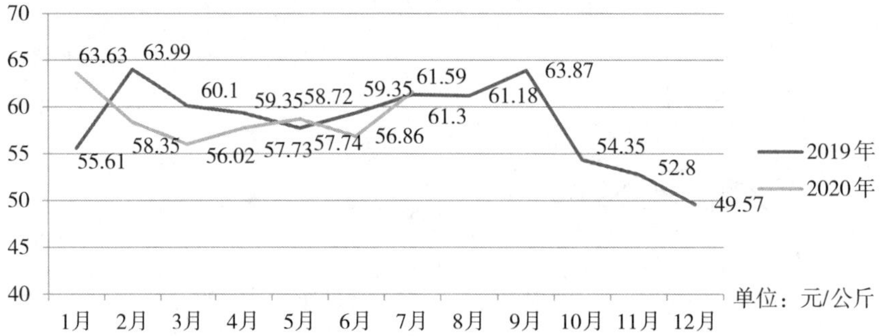

图 9　上海蔬菜集团 2020 年上半年水产品价格走势情

（三）农产品质量安全处于安全可控状态

上半年总体气温温和，蔬菜生产病虫害较少，适合蔬菜生长，多数蔬菜基本不需要用药。同时，上海一直严格加强食品安全监管，大力推进食品安全追溯体系建设，各大批发市场也严格按照食品安全监管的要求，加大抽检力度，为食品安全提供了有力的保障。因此，上半年上海蔬菜总体质量安全处于良好可控状态。据上海蔬菜集团各大批发市场检测数据显示，1—6 月份上海蔬菜集团各大市场共抽样检测各类农产品 1029137 个，合格率达到 99.99%。重点抽样检测各类蔬菜农残样本 899322 个，检出不合格样品 103 个，合格率高达 99.99%，销毁不合格青菜、生菜、芹菜、黄瓜等 10982.2 公斤。

二、疫情下上海城市生鲜农产品供应保障经验

对于上海这样一个两千几百万人口，日食品消费量高达几万吨，外来食品供应依赖度高达 70% 以上的超大型城市，面对突如其来的新冠肺炎疫情，能够顺利战胜疫情影响，确保城市农产品市场供应平稳有序，确实难能可贵。具体而言具有以下几个方面的宝贵经验：

（一）政府高度重视农产品流通体系建设，农产品流通渠道体系比较完善

上海作为一个特大型消费性城市，历届市委、市政府都高度重视农副产品供应和“菜篮子”工程建设，近几年来，在《上海市食用农产品批发和零售市场发展规划(2013 年—2020 年)》规划指引下，大力推进上海农产品流通体系建设，基本形成了以大型农产品批发市场和标准化菜市场为主体，超市、卖场为补充，新业态、新模式为发展方向的多元化、综合化、市场化高效运转的流通渠道体系，尤其是大型批发市场在疫情期间发挥着至关重要的物流重组和集散功能，确保了市场供应安全。

（二）国有企业发挥着定海神针的作用

上海是一个高度国际化、现代化、市场化的城市，也是一个地方国有经济高度发达的城市，在事关城市安全运行的民生领域尤其是“菜篮子”“米袋子”领域，国有资本都进行了战略性的布局，形成多个民生保障领域的国有流通企业集团，按照“平时听市场的，关键时候听市长的”运行要求，充分发挥国有资本的“控制力、影响力和带动力”，确保关键时候能够“叫得应”“稳得住”“供得上”。本次疫情中，国有主渠道尤其是国有大型农产品批发市场成为市政府“保供、稳价”的重要抓手，发挥着定海神针的作用。

（三）新闻舆论的及时、权威、科学的引导

新冠肺炎疫情下，上海媒体多管齐下，对病毒本身、病毒发展动态、安全防控措施和自我防护措施、城市保障和主副食品供应和货源组织保障状况进行了及时、全面、权威、科学的报道，科学有效地引导了舆论导向，增强了人们战胜病毒和城市主副食品供应安全保障的信心，尤其是年初三后，出现网上抢购蔬菜情况后，媒体连续地报道了大型农产品批发市场交易和货源组织情况，改变了人们对主副食品供应的预期，增强了市场供应保障的信心，为有效组织货源赢得了时间和空间。

（四）防疫保供措施得力，确保批发市场主渠道安全运行

重要的农产品批发市场按照市委、市政府的统一部署，一手抓安全防控，一手抓市场供应保障，根据疫情和防控要求变化，统一组织、谋划和调度，采取严格措施，层层压实责任，形成“联防联控、群防群控”的疫情防控工作格局，从宣传发动职工和客商、调整优化货源供应基地、加大防疫资金投入和物资保障、建立每日信息报送和值班制度、加强安全检测和环境消杀、建立并执行严格的人员信息追踪、设立固定、专用的废弃口罩回收处理机制等多方面着手，确保农产品批发市场流通主渠道在防疫上不出漏洞，在运行上平稳有序，成为非常时期城市生鲜农产品供应的可靠底板。

（五）复工复产工作组织严密，措施有效

上海蔬菜集团作为上海蔬菜副食品供应的主渠道，从2月9日复工启动，就开始着手部署节后复工的供应保障，采取措施一手抓疫情防控不松劲，一手抓安全有序复工。一是关注官方媒体发布的每日返沪人流数据，作为市场潜在消费群体复苏的参考；二是各批发市场每日统计摊位经营情况和市场进出车流情况，掌握市场信息；三是在市商务部门帮助下，有效协调蔬菜副食品运输车辆快速通道；四是动态更新货源供应情况，安排专人及时联系产区，利用集团蔬菜生产外延、市外主供应等各类型保供应基地优势资源，详细摸清各相关基地的可供应情况；五是结合复工后的市场需求变化及时调整保供策略，进一步做好价格监测和食品安全监管工作，确保市场货源供应充足；六是通过批发市场信息网络，了解各经营户对接的消费端情况，帮助产销对接，帮助购买防疫物资，提供周到细致服务，并减免批发市场经营商户租金，携手渡过短期经营困难。通过这些严密周到的组织和服务措施，使得复工、复产有效推进，批发市场流通主渠道的功能得到有效发挥。

三、下半年主要生鲜农产品行情展望

2020年下半年，随着疫情进一步得到有效管控和生产、生活日趋回归正轨，尤其是高校恢复正常开学和差旅的不断恢复，上海总体消费人口会比上半年增加，农产品总体需求量也会进一步恢复提高，同时，基于近年来我国蔬果产品总体供过于求的大格局，农产品总体供求关系和价格会比较稳定，与往年下半年的消费周期特点不会有根本性的变化。

蔬菜方面：三季度对上海而言进入“夏淡”季节，本地蔬菜的上市量会偏紧，大量蔬菜需要依赖全国各地尤其是北方和中西部地区供应，同时，高温季节人们普遍食欲比较差，烧菜做饭欲望也会减退，蔬菜供需量和价格在七八月份会呈现季节性回落，这一时段也是病虫害易发季节，农药残留和食品安全管控压力相对会比较大。随着疫情的结束和复工复产的推进，九十月份叠加学校开学、旅游旺季到来和国庆、中秋传统消费高峰的来临，蔬菜交易会呈现出量升价格小幅回稳的走势，由于下半年总体温度比较高，广大北方适合蔬菜生长，上海蔬菜供应不会紧张，价格也会处于一年中的相对低位，只在台风来临时内会引起供应和价格短期的波动。

肉类方面：由于“非洲猪瘟”对生猪生产的恢复和后续影响还要持续一年左右时间，同时因为中美贸易摩擦和新冠肺炎疫情对国际饲料价格的影响，尽管国内肉类生产和供应量会逐渐恢复和反弹，但总体价格预计还要维持高位运行，除非进口肉类会有比较大的补充。

果品方面：下半年国产果品将进入上市高峰，由于近十年全国各地新增了大量果品种植基地，很多果树进入挂果期，果品供应会呈现供过于求的状况，同时，受季节周期的影响，下半年水果混合平均价会走低，上海市场预计会出现量增价跌的走势，甚至部分果品不排除会出现销售困难、价格低迷的状况。进口果品会受国际新冠肺炎疫情走势影响比较大，如果疫情得不到有效管控，国际物流中断不能有效恢复，预计会出现量跌价升的状况，但好在进口果品不是必需品，且国产果品和进口果品在消费上可以相互替代，这在一定程度上也会减轻可能的紧张情况。如果进口果品受疫情影响进不来，那对国产水果而言相对是一个比较好的机会，部分国产水果价格和销量会好于上年同期。

水产品方面：2020 年水产品尤其是进口高档海产品是受疫情影响比较大的品类，随着国内餐饮业的恢复，总体状况预计要比上半年好。在夏季休渔期，总体水产品交易量还会处于低位，价格相对比较高，随着休渔期的结束，总体水产品交易会呈现量增价落的状况。但因为疫情和贸易摩擦等国际政治经济的影响，从加拿大、澳大利亚、新西兰等传统海鲜大国进口的海产品预计会受到比较大的影响，而且这一部分的不确定性也会越来越大。

第四篇　地方农产品流通业发展动态

2019年北京市农产品批发市场行业发展报告

北京商业信息咨询中心

一、基本情况

（一）土地，建筑

全市8家主要农产品批发市场，目前总占地面积4400亩左右，建筑面积230万平方米左右。零售网点约4000个，农产品总经营面积约300万平方米。

（二）上市量、供应量

蔬菜：2019年度，新发地市场蔬菜上市量约700万吨，占全市批发上市量约70%。本市蔬菜总上市量约1000万吨，过境量按照20%计算，本市蔬菜总供应量约800万吨。

水果：2019年度，新发地市场水果上市量716万吨，占全市批发上市量约80%。水果总上市量895万吨，过境量按照20%计算，本市水果供应量716万吨。

粮食：2019年本市粮食供应量约544.2万吨，过境量按照20%计算，本市供应量为435万吨。

肉类：2019年度西南郊市场交易量为53万吨，按照其占全市上市量40%计算，全市肉类上市量共132.5万吨；过境量按照20%计算，肉类总供应量106万吨。

水产：2019年度京深海鲜市场交易量19万吨，按照其占全市上市量35%计算，全市水产上市量约54.3万吨。过境量按照20%计算，水产总供应量43.4万吨。

（三）需求量

按照国务院印发的《中国食物与营养发展纲要（2014—2020年）》，到2020年，全国人均全年口粮消费135公斤、肉类29公斤、水产品18公斤、蔬菜140公斤、水果60公斤。因北京市人均生活水平在全国处于前列，暂按照2020年全国标准计算。

结合本市2019年常住人口2153.6万人计算，全市全年共需求原粮431万吨（口粮290万吨），肉类62万吨，水产42万吨（净38万吨，损耗率按照10%计算），蔬菜430.5万吨（净菜301.4万吨，损耗率按照30%计算），水果150万吨（净果127.5万吨，损耗率按照15%计算）。

经对本市主要农产品供应量及需求量进行比对，其中粮食、肉类、水产基本平衡，蔬菜供应量超过需求量86%、水果超过需求量4.8倍，我们认为出现这种数据偏差的原因还是因为北京居民生活水平高，餐饮业、旅游业发达所造成，如按照每人每天需求1公斤蔬菜、0.75公斤水果计算，蔬菜、水果需求量在786万吨和590万吨，本市农产品整体供应和需求基本平衡。（详见表1）

表1　北京市各主要农产品供需核算情况表

	蔬菜	水果	粮食	肉类	水产	合计
供应量	800	716	544.2	106	43.4	2199.2
需求量	786	590	431	62	42	1911

（四）从业人数

批发：整体从业人数：按照新发地等主要农产品批发市场交易面积及交易人数进行推算，我市从事农产品批发交易的就业人数应在30万—40万人之间。因约5万—10万一级批发商定期往来于农产品产区和销区间，因此农产品批发环节日常在京人数约在25万—35万人。

零售：按销售量计算，按照行业内一般标准，销售人员人均日销售蔬菜、水果量在250—300公斤左右，按照全市蔬菜、水果总供应量1600万吨计算，从事蔬菜、水果零售从业人员应在15万人左右。从事粮食、肉类、水产的零售从业人员总数一般与从事销售蔬菜、水果的人员总数相当，据此计算，本市从事农产品零售的总就业人数应在30万人左右。

按照以上计算方法，本市农产品流通总就业人数应在60万人左右。

二、重点措施

（一）严格遵循政府规定

按照《北京市“十三五”时期农产品流通体系发展规划》《北京市蔬菜零售网点建设管理办法》，优化农产品批发市场布局，加快新发地农产品批发市场转型升级，高水平建设运营北京鲜活农产品流通中心，共同构成本市农产品流通“双核”保障格局。因地制宜发展规范化、连锁化、品牌化社区菜店、菜市场、生鲜超市、综合超市搭载、社区蔬菜直通车等多种形式农产品零售终端。

（二）强化基本公共服务职能

市级负责全市农产品流通体系发展规划、规范标准和发展政策的制定，负责推进市级农产品批发市场、生活必需品政府储备和应急保障体系的建设；区级负责落实全市发展规划，负责本区农产品流通规范标准和政策的制定，负责本区农产品批发市场和农产品零售网点的建设。

（三）进一步加强政府对农产品流通体系建设的调控力度

加大政府对农产品流通体系的公益性资金投入。在引导社会资本加大向农产品流通体系投入的同时，市、区两级政府采取“股权投资”等方式，通过政府股权投资收益反哺市场公益性运营。

建立公益性农产品批发市场建设运营机制。研究制定相关配套政策措施和综合管理协调机制，推动公益性农产品批发市场建设和运营。落实公益性农产品批发市场用地、用水、用电、税收、运输绿色通道等相关政策，探索政府以土地作价出资（入股）公益性农产品批发市场。

加强蔬菜零售网点规划建设和使用管理。严格落实《北京市蔬菜零售网点建设管理办法》和《北京市居住公共服务设施配置指标》，制定《新建住宅小区商业配套设施使用管理办法》，进一步强化社区蔬菜零售网点规划建设和使用的管理。

（四）培育发展农产品流通龙头企业

进一步发挥本市农产品流通产业发展基金作用，支持培育发展农产品流通龙头企业，打造具有较强影响力的农产品流通品牌，优化整合农产品供应链条，推动农产品流通企业集约化、规模化、品牌化发展。

2019年天津市农产品批发市场行业发展报告

天津市商务委

农产品批发市场成为我国农产品流通的主流渠道、主要业态。随着改革开放的进一步深入，我国经济、教育、科技和社会生产力取得了巨大发展，并已跃升为全球第二大经济体，但目前仍处于新型城镇化、信息化、工业化和农业现代化的发展过程中，对农业和农产品流通发展仍处于重要战略机遇期，有利于农产品批发市场的发展。

一、行业发展现状

（一）行业规模分析

2019年，天津农产品批发市场行业监测样本水产品批发市场5个，与2018年持平；茶叶、花卉批发市场各2个，与2018年持平。市场摊位20092个，同比降低13.84%，从业人员数共计54080人，同比降低12.60%。

2019年，天津农产品批发市场综合市场的经营面积为1821580平方米，同比降低8.58%。茶叶市场的经营面积为40000平方米，与2018年持平。花卉市场的经营面积为45000平方米，与2018年持平。

2019年，天津农产品批发市场行业监测样本批发市场的信息中心4个，同比增长33.33%；电子结算中心2个，与2018年持平。

（二）行业结构分析

1. 市场类型结构

2019年，天津农产品批发市场行业监测样本水产品批发市场5个，与2018年持平；茶叶、花卉批发市场各2个，如图1所示。

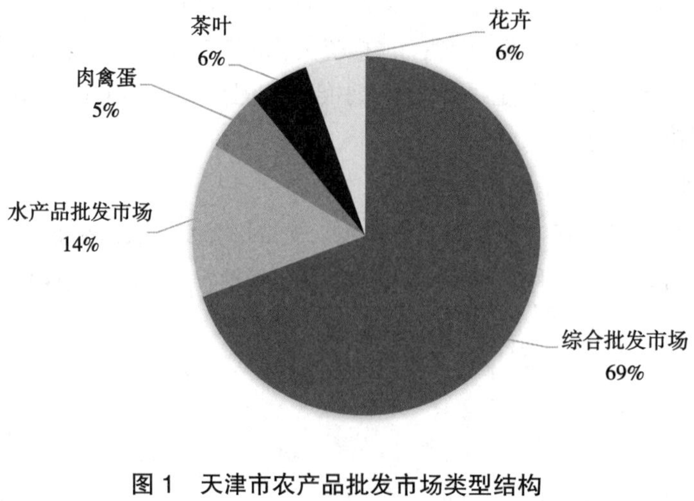

图1　天津市农产品批发市场类型结构

2. 经营面积结构

2019 年，天津农产品批发市场综合市场的经营面积为 1821580 平方米，同比降低 8.58%。茶叶市场的经营面积为 40000 平方米，与 2018 年持平。花卉市场的经营面积为 45000 平方米，与 2018 年持平。

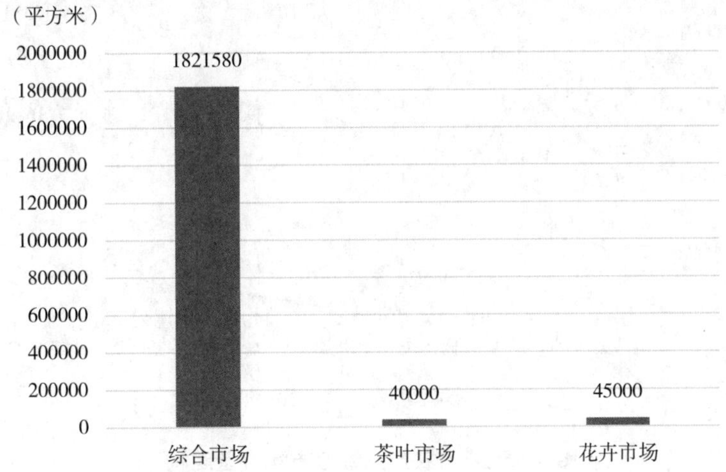

图 2　天津市农产品批发市场经营面积结构

3. 综合市场结构分析

2019 年，其他产品类年成交额最高，达到 1669737 万元；其次是水产品类年成交额，达到 1413000 万元；蔬菜类年成交额 840168 万元；肉禽类年成交额 543600 万元；水果类年成交额达到 170564 万元；蛋类年成交额 69849 万元；茶叶类年成交额最小，仅有 102 万元；如图 3 所示。

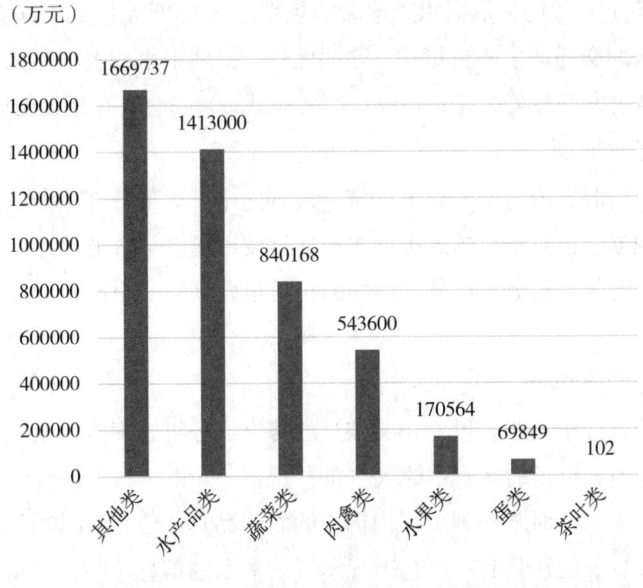

图 3　天津市农产品综合市场成交额结构

（三）行业效益分析

2019 年，天津农产品批发市场行业监测样本蔬菜类年成交额 840168 万元，同比降低 12.59%；水产品市场年成交额 1413000 万元，同比增加 12.62%；肉禽类市场年成交额 543600 万元，同比降低 12.60%；蛋类市场年成交额 69849 万元，同比降低 12.58%；水果类市场年成交额 170564 万元，同比降低 12.55%；茶叶类市场年成交额 102 万元，同比降低 12.82%；其他产品类年成交额 1669737 万元，同比降低 12.60%。

如图 4 所示。

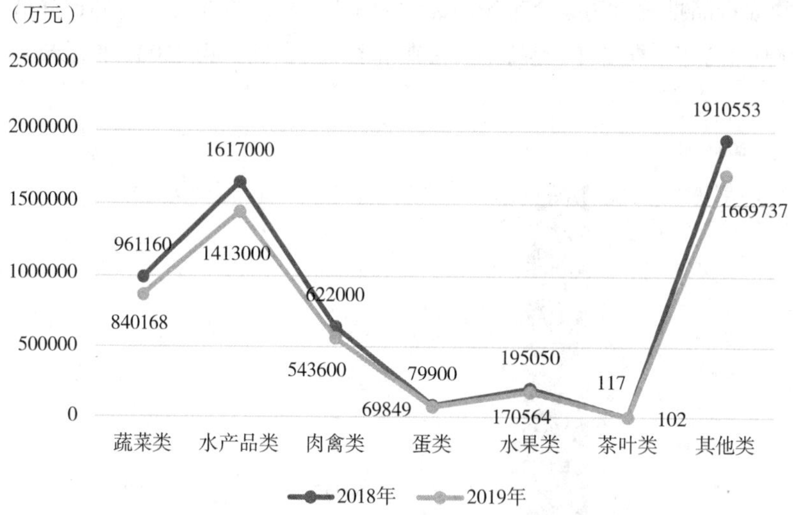

图 4　天津市农产品综合市场类型结构

二、存在问题及原因

（一）基础配套设施整体水平较为落后，不适应新时代消费需求

当前，一些农产品批发市场还是存在基础设施陈旧、配套设备不完善的现象，这些问题在中小型农产品批发市场中尤其突出。随着人们生活水平的不断提高，生活方式也发生了很大改变，但是很多市场还是处于以前那种陈旧的规划，跟不上时代的发展需求。落后的规划导致农产品批发市场经常出现人、车、物混乱的现象，进而对周边地区的交通产生不良影响。除此之外，一些中小型农产品批发市场在农产品准入方面监管不到位，农残检测室虚设甚至没有，导致农产品食品质量安全存在很大的监管漏洞。

（二）行业竞争激烈，缺乏统一规划

由于我国农产品批发市场的开设暂时还没有纳入政府的统一规划之中，大部分都是由私营企业运营的，因此经常出现市场重复建设的现象。相对密集的同类型农产品批发市场会导致彼此之间产生恶性竞争，出现“价格战”甚至争抢客户等问题，这极大扰乱了市场的正常运营秩序，阻碍了当地农业经济的良性发展。

（三）信息化水平较低，营销手段单一

目前农产品批发市场的信息系统还处于初级阶段，相关信息的搜集、分析处理能力比较低，无法及时提供农产品相关具体信息。主要是因为市场的运营主体大多是私营企业，由于自身经营以及客户要求等各方面利益交织，导致市场运营方无法及时掌握到市场内销售的农产品具体信息。同时，大部分农产品批发市场在信息系统方面的投资较少，往往只有一块LED显示屏，展示的信息单一且更新速度慢。还有许多中小型农产品批发市场甚至没有电子显示屏，导致农产品信息发布不及时。

三、行业发展趋势

（一）国际农产品贸易合作将进一步加深

未来农产品批发市场的发展，不仅有国内贸易还会涉及国际贸易。在打造农产品国际贸易平台的同

时，也需要实施"引进来"和"走出去"的战略。我国农产品批发市场汇集了大量的农产品批发商，产品丰富、来源稳定，市场资金雄厚、信誉有保障，组织化程度较高。凭借这些优势，再借助行业协会组织提供的智力支持，批发市场作为开展农产品国际贸易的平台，必将发挥更大的作用。

（二）批发市场将实现线上、线下协调发展

当前电子商务风起云涌，打破了农产品批发市场仅有线下交易的传统方式。今后，电子商务在农产品批发市场行业的发展还将更加深入，未来将呈现线上线下协调发展的局面。农产品批发市场在电子商务中的责任应该是建立平台，批发商应该做的是电子商务交易。今后农产品电子商务的发展重点，也将会着眼于探索电子商务批发业务，解决物流节点和产品标准化问题。

（三）农产品批发市场的公益性方向将更加明晰

长期以来，农产品批发市场承担着解决卖难、稳定产销、保障供应等重要的公益功能。目前对于农产品批发市场公益性的定位有关政策中已经有明确表述，但公益性的界定及实践方式尚不够明确。未来公益性农产品批发市场需要遵循以下规则：第一，公益性农产品批发市场并不能够平抑价格，市场的低收费并不代表能平抑物价；第二，市场内设置免费或者是低收费的供农民出售自己农产品的场所将成为普遍行为。随着理论界的不断探讨以及公益性农产品批发市场试点的推行，各地农产品批发市场的公益性实践将更加深入。伴随农产品批发市场法律的出台、市场化价格风险基金的建立、金融优惠政策的引入等，农产品批发市场的公益性实践问题会逐步清晰起来。

（四）把关食品安全仍将是重要任务

食品安全是农产品行业永恒的话题，把关食品安全也仍是未来农产品批发市场的重要任务。对于批发市场来说，主要从以下几方面严格把关：首先，把好"准入关"，严格进行索票、索证，把好第一道门槛；其次，把好"检测关"，对不同季节高风险的产品进行检测，市场自营配送的产品要实行逐批检测；第三，把好"信息关"，完善农产品信息的可追溯体系。

四、主要对策建议

（一）加强公益性建设，改造完善市场现有配套设施

农产品批发市场具有一定公益性，政府应加大对农产品批发市场的政策扶持力度。首先，政府应在宏观层面对管辖区内的农产品市场进行合理规划布局，引导市场按规模等级进行分级设立，保证农产品批发市场的良性发展。在硬件设施升级改造方面应该加以财政投入，助力市场经营者改建或扩建现有的空间，重新规划布局各项简陋陈旧的设施，尤其加强人、车、物流的道路规划。同时，市场经营者应该优化市场综合化功能，根据自身规模完善相应的配套设施，如物流加工、信息、配送、检验和结算等部门的建设。

（二）建立有效的信息搜集发布体系，实现产销信息资源共享

信息一直以来都是商业中的重要组成部分，商业上很大部分盈亏都与经营者所获取的信息相关。随着现今互联网进一步的发展和普及以及各种智能通信设备的层出不穷，信息的数量和复杂程度远远超过了以前，而且流传的信息真实性有待甄别。将来的核心竞争力会逐渐转移到信息方面，尤其是在对大数据的搜集、处理、分析和利用能力上。因此，一方面政府应该加大建设农业大数据平台的力度，多出台相关政策，而另一方面农产品批发市场经营者更应该主动积极地搭建大数据信息处理系统，建立切实有效的信息搜集发布体系，实现产销信息资源共享，营造一个良好的市场供需环境。

（三）加强农产品质量安全监管，推进品牌化建设

食品安全关系到广大人民群众的身体健康和生命安全，尤其随着人们生活水平的进一步提高，农产品食品质量安全将越来越受到消费者的重视，这在农产品批发市场升级改造过程中占据着十分重要的地位。因此，一是建立农产品流通追溯的体系，强制要求入驻的批发商建立进货来源记录和索证制度，确保可以寻找到问题产品的源头；二是建立农产品进驻标准，对入场的农产品进行审核筛选，全力保证农产品的品质以及合理安排市场内的商品种类构成；三是推进品牌化建设，市场应根据当地特色结合自身定位，以做强、做精为指导，以消费者满意为宗旨，努力打造富有自身特色的市场品牌。

2019 年河北省农产品批发市场行业发展报告

河北省商务厅

一、河北省农产品市场现状

截止到 2019 年底全省共有农产品专业市场 292 个，总经营面积 850 万平方米，市场经营总户 16 万个，其中固定经营户 11.3 万个，临时经营户 5 万个，年交易额 2800 亿元。

（一）以批发为主的市场 167 个，经营商户 15 万个，经营面积 820 万平方米，交易额 2700 亿元，产地市场 32 个，集散型市场 135 个

1．按经营户划分

市场经营户 200 个以上的市场 103 个，市场经营户 200 个以下的 64 个。

2．按交易额划分

（1）交易额百亿元以上的市场 6 个，即：保定新发地农产品市场 450 亿元；沧州崔尔庄枣业市场 385 亿元；沧州嘉华果品市场 260 亿元；邯郸联邦蔬菜批发市场 240 亿元；邯郸馆陶金凤禽蛋市场 110 亿元；石家庄桥西蔬菜批发市场 100 亿元。

（2）交易额 50 亿元以上的市场 4 个，即：唐山盛华世家 80 亿元，石家庄雨润农产品全球采购中心 80 亿元；唐山荷花坑农贸市场 67 亿元；邯郸南大堡批发市场 60 亿元。

（3）年交易额 20 亿元至 50 亿元（不含 50 亿元）的市场 9 个。

（4）年交易额 10 亿元至 20 亿元的市场 7 个。

（5）年交易额 1 亿元至 10 亿元的市场 89 个。

（6）年交易额 1 亿元以下的市场 53 个。

3．按经营面积划分

（1）经营面积 20 万平方米以上的市场 11 个。

（2）经营面积 10 万平方米至 20 万平方米的市场 13 个。

（3）经营面积 5 万平方米至 10 万平方米的市场 17 个。

（4）经营面积 5 万平方米以下的市场 126 个。

（二）以零售为主的农产品专业市场 125 个，总经营户数量 1 万个，总经营面积 30 万平方米，年交易额 50 亿元

（三）市场的辐射区域

主要辐射河北省、山西省部分地市、北京市、天津市、内蒙古部分地市。各地市超 80% 的超市、饭店、食堂能用的农副产品特别是蔬菜、粮油均是由农产品批发市场供应，有部分农产品市场辐射全国。

（四）市场的交易模式

电子结算交易，是买卖双方通过市场提供的电子交易平台开展电子交易。

现场对手交易、买卖双方以现场议价及对手现金、手机支付等方式完成交易。

（五）市场收费模式

市场商铺租金、佣金、市场车辆进门费、信用保证金。

二、2019年我省农产品市场的农产品批发价格情况

（一）蔬菜价格分析

参照河北新发地农副产品物流园的统计数据，2019年30种主要蔬菜批发均价为4.42元/kg，全年比2018年的4.22元/kg上涨4.8%。同比有上涨，但蔬菜价格走势基本保持正常状态，只有两个时间段出现了异常。

1. 2019年3月中旬到5月中旬

价格异常的主要原因：部分蔬菜在2018年冬季价格低廉，甚至出现阶段性卖难，导致2019年春季蔬菜的种植面积下降，主要品种分为菜花类、椒类以及莴笋、甘蓝等。同时天气变化导致蔬菜受冻，于是市场供应量减少导致蔬菜价格上涨。

2. 2019年的8月中旬到10月中旬

价格异常的主要原因：春季价偏高的蔬菜，秋季的种植面积相对扩大，同时2019年夏季的天气状况好于2018年同期，于是产量增加，蔬菜价格下跌。

2019年涨幅较大的蔬菜品类				
序号	品类	2018年平均价格	2019年平均价格	涨幅
1	莲藕	5.50元/kg	7.20元/kg	30.1%
2	蒜	6.20元/kg	7.90元/kg	27.4%
3	洋葱	2.20元/kg	2.52元/kg	14.5%
4	生姜	7.20元/kg	8.12元/kg	12.8%
2019年跌幅较大的蔬菜品类				
序号	品类	2018年平均价格	2019年平均价格	跌幅
1	南瓜	3.04元/kg	2.81元/kg	7.6%
2	胡萝卜	3.09元/kg	2.90元/kg	6.1%
3	茄子	2.54元/kg	2.39元/kg	5.9%
4	番茄	3.62元/kg	3.42元/kg	5.5%

河北新发地农副产品物流园2019年涨幅、跌幅较大的蔬菜品类

（二）鸡蛋价格趋势

鸡蛋价格的走势从2018年开始分析。

2018年1月鸡蛋价格200元/箱（每箱360枚，约22.5公斤。下同），春节前小幅攀升至215元/箱，春节至3月上旬，断崖式下跌到135元/箱，3月中旬小幅上升，之后鸡蛋价格在135元/箱至160元/箱之间震荡，7月中旬价格上扬，8月中旬达到最高值220元/箱，短期震荡后出现下跌趋势至2019年2月中旬达到低点115元/箱，2019年春节后鸡蛋价格稳定上扬，2019年5月中旬达到200元/箱，短暂

震荡后继续上扬，2019 年 9 月中旬达到最高点 260 元/箱，随后下跌在 11 月中旬 175 元/箱。

从走势来看，一是鸡蛋价格波动幅度大，最高价 260 元/箱，最低价 100 元/箱。二是价格变化快，比 2018 年初下跌约 80 元/箱，降幅 37%。

据业内人士分析，鸡蛋价格变动主要取决于国内禽蛋市场供需的变化，需要提出的是，由于国内、省内鲜鸡蛋冷储设备的不足，禽蛋市场没有形成有效的调节机制，鸡蛋价格的波动经常会进一步加剧供需矛盾。

（三）猪肉价格情况

以石家庄、唐山、保定、邯郸冷库批发价格为参考，2019 年度的猪肉价格受“非洲猪瘟”的影响，猪肉价格一路飙升，从 1 月份的 15.12 元/kg 到年底 12 月份上涨到 41.5 元/kg，其中 10 月份高达 46.42 元/kg。跟 1 月份相比最高涨幅达 205%，尽管如此，由于各级政府管理得当，猪肉市场供应充足，市民承受能力和心理趋于稳定，价格走势如下表：

月份	1	2	3	4	5	6	7	8	9	10	11	12
价格元/kg	15.2	14.76	19.16	20.22	20.34	23.01	24.4	29.05	34.92	46.42	43.02	41.5

2019 年双鸽市场猪肉价格一览

（四）粮食种植及价格情况

2019 年全省粮食产量 3729.24 万吨，比上年增长 1.0%。

1. 玉米

全省玉米种植面积稳定在 5100 万亩左右，总产量维持在 1900 万吨左右，年销费量 1600 万吨左右，总体质量较好，产量较多，大部分亩产在 1100—1300 斤/亩。与 2018 年相比单产均量增产态势并且增产幅度较大。2019 年的玉米价格走势初期明显上扬，接着回调，后期逐渐上扬。当然这种走势也符合玉米的经济趋势，这主要是应市场供应和消费的情况，也是供求关系决定的。

2. 小麦

河北省是全国小麦大生产省之一，年产小麦占全国产量 11% 左右。2019 年种植面积在 3400 万亩左右，较 2018 年减产 200 万亩，总产量约为 1794 万吨，优麦种植约占 10%。小麦平均单产在 527.17 公斤/亩，相比 2018 年的 450.75 公斤/亩，增产约 17%。

全年小麦价是高开低走，围绕小麦最低收购价上下波动。就小麦上市前期贸易商抢粮心态较强，导致小麦价格短期内快速上涨，特别是优质小麦抢收到 2580 元/吨，上幅速度较快，紧接着就是一波快速下调，还以优麦为例，最低跌到 2390 元/吨后逐渐进入相对平稳时期，尤其普通小麦一直以最低收购价为轴上下小幅波动，没有太好的市场表现，整年相对较为平静。

（五）大豆、豆油市场分析

由于我国大豆市场高度依赖进口，豆类品种市场国际化程度高，国家在政策层面调控影响相对较小，国内市场和国际市场关联度较高，并且市场交易较成熟规范等，因此国内种植面积和产量相对较少，产品主要用于食品副业以及出口。

河北省 2019 年由于政策鼓励种植大豆，一些地区如石家庄等，开始试种大豆，种植面积有所增加。但实际效益产量不及玉米，加上种植管理经验不足，农民种植大豆的积极性不高，种植面积难以大幅提高。

河北大豆及豆油的市场行情随全国及华北地区波动，波动规律受世界和全国总体行情因素影响较大，宏观市场行情基本与河北市场相吻合。

（六）水果价格与销量的对比

2018 年价格		2019 年价格	总量增减对比
香蕉	2 元/斤	2 元/斤	减少 20% 左右
西瓜	0.8 元/斤	0.5 元/斤	减少 30% 左右
哈密瓜	1.4—1.5 元/斤	1 元/斤	减少 30% 左右
菠萝	1.5 元/斤	1.5 元/斤	减少 25% 左右
榴莲	20 元/斤	20 元/斤	减少 28% 左右
火龙果	4—5 元/斤	3—4 元/斤	相差不多
特小凤	2.5—3 元/斤	1.5—2.5 元/斤	相差不多
苹果	5—8 元/斤	2—3 元/斤	相差不多
梨	3—5 元/斤	2 元/斤	增加 30% 左右
桃子	2 元/斤	2 元/斤	相差不多
橙子	1.8—6.5 元/斤	1—1.5 元/斤	减少 20%—30% 左右
柑橘	3—5 元/斤	3—5 元/斤	减少 20%—30% 左右
橘子	1—2 元/斤	1—2 元/斤	减少 25%—30% 左右
柚子	1.8—3 元/斤	1.2—2 元/斤	减少 36% 左右
荔枝	4—8 元/斤	5—10 元/斤	减少 20%—30% 左右

（七）茶叶市场情况分析

河北省不产茶，但却是茶叶消费大省。但是 2019 年以来，全省的茶叶市场总体消费下降，人流量明显不足，商户库存下降 50%，几大类产品销售价格有所不同，白茶比较稳定，销量大的中档品种稳定在 300 元均价。黑茶普洱茶价格下跌幅度较大，2018 年 500 元左右的畅销品种，价格下降到 380 元左右。花茶主要在中低端，价格从 200 元下降到 100 元左右。绿茶在上半年高端品种价格 2000 元左右的下降了三分之一。青茶，铁观音销量最低，价格也从 300 元一下降到 100 元左右。红茶高档品种下降一半，均价 1000 元的变为 500 元。市场外品牌专卖店呈现少量关停，打折力度比较大，关键是销量下降。

三、我省农产品流通体系 2019 年度发展状况

（一）流通渠道多样化，以批发市场为中心的流通模式仍是主渠道

批发市场的多环节流通渠道在很大程度上是农产品流通体制改革后市场自发形成和选择的结果，适应了我国现代农业生产分散、规模小的特点，并且不少区域中心城市的批发市场还初步具备了信息发布、价格形成等功能。在农产品流通中的带动和服务作用逐步明显。全国 70% 的蔬菜是经批发市场逐级向下销售的。蔬菜的种植直接向终端销售占比很小，只能作为蔬菜市场流通环节中的一种补充。

（二）新兴的流通方式发展正在快速普及

农产品批发市场和农贸市场大多仍是对手交易、现金结算的交易方式，但是随着市场规模的扩大和

信息技术的推广应用，跨区域贸易连锁经营，电子商务等迅猛发展，落后的对手交易正在逐步被淘汰，手机转账，网上银行正在使传统的农民逐步变身为现代化农产品流通领域中最基层、最中间的力量。

（三）流通设施不断改善，现代化水平有所提升

近年来，各级政府加大了对农产品流通基础设施的投入，特别是大型城市根据城市建设和发展解决交通拥堵的需要，对不少销地批发市场进行了搬迁。这些迁建的新市场在基础设施方面明显改善。除此之外，许多地方的农产品市场还建立了信息公共服务平台，质量安全检测系统。部分市场还拥有了冷藏、加工配送设施，甚至建立了垃圾分类回收，污水分流循环利用等环保低碳设施。

四、我省农产品流通体系中存在问题

（一）农产品市场体系存在的问题

1. 现有的农产品批发市场落后

我省现有的农产品批发市场大多是市场转型初期农民在街边路旁自发形成的“马路市场”逐步演变而成的。其主要特点是规模小，功能不全，设施落后，配套不全，店铺拥挤，道路不畅。尤其是这些市场大都是位于城市中心的主要交通干线上，给城市的道路交通、环境污染治理等方面带来了巨大的隐患并且难以治理和解决。

以省会石家庄市为例，所有的农产品批发市场都在三环以内，均是城市内大型运输车禁止驶入的区域。以桥西蔬菜批发市场为例，是石家庄最主要的菜篮子供应市场，但是由于位于西二环路边，不但大型运输车不能驶入，且严重造成主要交通干线的拥堵。同时由于扩建土地紧缺，改造空间缺乏，仓储冷库较少等问题，使之无法适应现代化农产品批发市场的发展。

2. 市场经营主体发育不充分

小生产与大市场的矛盾仍然突出，从收购环节看，由个体运输经纪人收购和运输的农产品约占农产品流通总量的 80%，并且多是以个体户的形式存在。即使经营规模已经很大，也很少会到工商部门去注册实行公司化运作。因此经营行为不规范的问题屡有发生。从批发环节来看，在蔬菜、肉类的全部经营户中，90% 是个体工商户，具有法人资格的仅占 10%。

3. 流通渠道成本高，技术含量低

目前，我省农产品营销通常需要经过产地→中间商→批发市场→市场中间商或超市→消费者等流通环节。中间环节多，大大增加了农产品的经营成本。很多农产品的辐射半径短，部分地区的农产品过剩现象严重，产品积压成本变得更高。

4. 农产品标准化程度低，附加值有待提高

我省农产品加工产值与农产品产值的比值为 2.2∶1。绝大多数的农产品是以初级产品形态进入流通渠道的，这就使得我省农产品流通环节的利润在很大程度上依赖于市场差价而非加工增值。然而省内农产品市场至今还没有完善的市场标准体系。市场经销的商品不分等级问题严重，好的优质的农产品品质体现不出来，价钱更卖不上去。即使有的产品附加值较高，也不能满足市场。特别是超市的标准化销售，与发达地区存在很大差距。并且我省农产品生产过程缺乏有效监控，随意性大。大部分农产品未按照标准化进行筛选和分类就进入市场。食品安全的溯源制度无法确立，难以有效保障农产品品质和安全，影响了农产品市场的信誉，导致消费者食品安全信心和满意度偏低。另外，由于没有分拣分类标准，也不能进入期货市场进行交易和拍卖。

5. 信息传播渠道不畅，产销难以有效衔接

我省农业信息网络建设缓慢，农民缺乏有效的信息指导，难以及时有效地了解市场行情和消费需求，导致产品积压或供不应求，规避风险能力较差。特别是我省作为农产品种植大省，产地市场较多，由于产销之间、区域之间的信息不畅通，农产品外销辐射能力差。

6. 农产品市场品牌程度不高

河北内环京津，外临渤海，农业物产丰富。虽然农业部门确定了迁西板栗、曹妃甸对虾、围场马铃薯、平泉香菇、承德国光苹果、沧州金丝小枣、临城核桃、深州蜜桃、武安小米、安国中药材等优秀的农产品区域公用品牌，但在市场中的知名度、美誉度方面与发达地区仍存在较大差距，消费者认可度较低。我省的农产品市场影响力较低。深圳海吉星市场、广州江南市场、上海西郊国际市场、北京新发地市场、山东寿光市场、海口南北果品市场，这些农产品市场因为市场品牌效应，承揽了全国乃至全世界的农产品流通交易。我们的市场却因为没有品牌，国外的果品不能直接投入，同样的商品形成规模销售，没有价格优势，市场难以形成竞争力。

（二）农产品冷链物流短板明显

近年来，国家和我省对发展农产品冷链物流极为重视，在政策、资金等方面给予了大力支持，加之城乡居民可支配收入增长，消费升级，市场需求不断扩大，农产品冷链物流行业得以长足发展，但也存在明显短板。通过调研，我省农产品冷链物流存在的突出问题是骨干网络未形成、管理运营体系不健全、缺乏立足全省的统筹规划。

1. 冷链物流企业组织化程度较低

经过多年的发展，我省物流企业数量不断增加，但不具规模。特别是专门从事冷链物流的企业较少。现有的冷链物流企业所建冷链物流仅为满足自身需求，目前尚未有一家可以统领全省的冷链物流骨干企业。中国物流与采购联合会星级冷链物流企业评估委员会对冷链物流企业进行星级评定，到2020年3月全国共有78家冷链物流企业被评为星级冷链物流企业。山东省共有21家冷链物流企业进入星级名单，说明该省的冷链物流行业发展水平较高，而我省空白。在2018年中国冷链物流百强排名中只有河北宝信物流有限公司和石家庄冰峰冷藏物流有限公司两家，说明我省冷链物流企业与发达地区相比差距很大。此外，上下游之间缺乏整体协调与规划，市场化程度偏低，冷链物流整体链条难以形成，规模效应无法体现，在一定程度上影响了我省冷链物流业的快速发展。

2. 冷链物流基础设施较薄弱

我省冷链仓储设施体量不足，整体建设规模偏小，硬件落后。与条件相近的邻近省份山东、河南相比，库容总量差距较大。山东、河南规模以上级库容总量分别为580万吨、270万吨，而我省仅为156万吨，分别是山东的26%、河南的57%。

3. 冷链物流运输车辆较少

2019年全国冷藏车社会保有量为13.2万辆，我省为4000辆，仅占全国冷藏车社会保有量的3%。冷链物流能力远远不能满足现有实际需求。且冷藏运输车辆大多是企业自备自用，车辆老旧，不成体系，使用率较低，难以产生较好的经济效益。我省冷链行业存在“两高一低”，即：投资成本高、运营成本高、运输收益低。运营中双向物流需求不平衡，空返率高达98%，冷链运输企业的运营成本是普通物流企业的近2倍，而冷链运输价格只比普通物流高20%—40%。普通物流企业的利润率为35%，而冷链物流企业的利润率仅为8%，发达国家冷链物流利润率高达20%—30%。

4. 冷链物流市场化水平有待提升

第三方冷链物流需求不足。农产品冷链物流大部分以经销商自营为主，冷链物流很少外包，生鲜

农产品冷链的第三方物流发展滞后，共享程度低；服务网络和信息系统不够健全，严重影响了生鲜农产品物流的在途质量、准确性和及时性；第三方冷链物流供给不足且功能欠缺。现有冷链物流企业以中小企业为主，实力弱，规模小，服务标准不统一。冷链物流初期建设投资较大，运营成本高，投资回报期长，影响了企业发展第三方冷链物流的积极性。

5. 冷链物流信息化程度不高

冷链物流的核心是实施全程温度控制，目前我省农产品冷链物流信息化程度较低，有的大型经营主体甚至没有一个完善的冷链信息系统。多数企业依然沿用经验性管理，信息化应用程度低，形不成完善的农产品冷链信息系统。鲜活农产品市场信息具有较强的时效性，一些果蔬鲜活农产品交易市场因为无法及时有效获取货主和运输企业双方准确信息，信息不对称，造成有车无货、有货无车浪费资源的现象。

6. 冷链物流专业人才短缺

冷链物流企业管理人员要掌握国内外冷链物流最新发展状况和前沿发展趋势，具有较强的运用能力；专业技术人员应能够熟练操作冷链物流智能化较高的设施设备。目前，冷链物流行业主要缺乏三大类型的人才。一是信息人才。互联网为冷链物流行业的发展提供了平台，而若想让冷链物流与互联网技术深度融合，需要专业化的信息技术人才，构建完善的冷链物流信息技术平台。二是管理人才。冷链物流在运输过程中需要争分夺秒高效运转，各个环节需要无缝协调配合，这就需要有经验的管理人才对信息、资源、设备等进行优化配置，以保障冷链物流各个环节都能畅通无阻。三是技术人才。由于生鲜农产品对温度、时间条件的苛刻要求，普通的运输方法无法满足，需要技术人才对设施温度和制冷设备系统全面掌握，以满足农产品冷链物流的需求。

7. 冷链物流标准还未形成

我省农业标准较为完善，但农产品冷链物流标准是短板。由于农产品冷链物流主体在建设中无标准可依，造成规划不合理、基础建设落后、科技含量低、投资重复浪费、缺乏市场竞争力。由于没有相关标准体系，政府在对农产品冷链物流的疏导监控环节也就缺乏理论与制度依据，故我省冷链物流经营主体的业务操作及管理亟须强制与规范化。

五、优化我省农产品流通体系的建议

（一）积极构建农产品产销对接平台

政府和农业部门应该定期举办农产品产销对接活动，充分发挥河北省农产品市场协会的功能，大力发展和培育多种形式的流通主体，发展种粮大户和专业合作组织，带领农民进行规模化、标准化的生产经营。同时，要提高农民素质，培养懂技术、有水平、有知识的农民经纪人，逐步引导农民经纪人服务从产前向产中和产后转化，形成生产、加工、贮藏、营销等一体化的经营模式。

（二）大力发展农产品电子商务

互联网+农业是实现农业现代化的重要途径，农产品电子商务是线下市场的主要补充，一是通过B2B（阿里巴巴、百度），B2C（天猫、京东）等电子商务平台，将农产品直接卖到消费者手中，以减少流通环节，降低成本。二是建立和完善市场信用体系，建立标准化、科学化的第三方支付平台，保障网络交易的安全性。三是要建立健全物流配送系统以及资金结算系统。利用线上和线下市场共同推进农产品营销快速发展。

（三）加强政策和资金支持

建议地方政府通过政府债券、减息、奖励等方式来扶持农产品冷链物流和农产品市场建设。建立担保公司，担保基金，解决目前农产品企业主体融资难问题。

（四）加强农产品品牌建设

以质量创造品牌，按照产品质量生产标准，在生产种植中严格标准进行生产，保证每个环节不出问题。打造出一批产地产业品牌，和类似北京新发地、深圳海吉星、广州江南、上海西部国际等市场品牌。

（五）加强农产品冷链物流设施建设

按照区位优势、交通优势、城市供应、辐射范围布局农产品冷链物流项目，建立全省农产品冷链物流骨干网络，实现“三环、三链”，即环京津雄，做好农产品供应链；环中心城市，做好农产品保障链；环产业基地，做好农产品输出链。达到我省农产品冷链物流全覆盖。

2019 年山西省农产品批发市场行业发展报告

山西省商务厅

山西省农产品批发市场是我省农产品流通的主要渠道和主要业态，其在农产品流通体系中处于枢纽和核心地位，起着载体和支点作用，上连农产品生产和加工环节，下连各超市、餐饮等零售终端甚至市民消费终端。承接并发挥着农产品集散、供需耦合、价格形成、信息集聚及传播等多项功能。集商流、物流、信息流为一体，对繁荣城乡市场和流通，丰富提高市民生活，拉动消费，促进就业，促进农民增收和农业产业发展具有重要意义。

我省农产品批发市场和经营，形成了以各级政府为指导，民间投资为主体，市场化运作，企业自主经营的格局。批发市场分综合市场和专业市场两类，主要经营粮油、畜禽肉、禽蛋、水产、蔬菜、瓜果、茶叶、调味料、花卉等。

一、行业发展基本状况

我省农产品批发市场是随着我国改革开放发展起来的业态，是从市民及农民自发形成的露天集市中经过政府引导、社会资本不断投入建设逐步壮大起来。形成了大中型批发市场为核心，以覆盖城乡社区农贸市场为基础。近年来，我省农产品批发市场设施条件不断改善，功能不断健全，交易服务水平不断提升。真正发挥了农产品营销的主渠道作用，为搞活农产品流通，保障城市供应促进消费，保障市民吃上放心粮油肉菜，促进农业生产发展发挥了巨大作用。

（一）行业规模稳步发展

2019 年，山西省农产品批发市场行业典型企业共 19 家。经初步调查，全省共有农产品批发市场 149 个，与上年持平。按经营品种分，综合市场 83 个；专业市场 66 个，其中肉禽蛋市场 7 个，水产品市场 5 个，果蔬市场 50 个，茶叶市场 1 个，花卉市场 3 个。

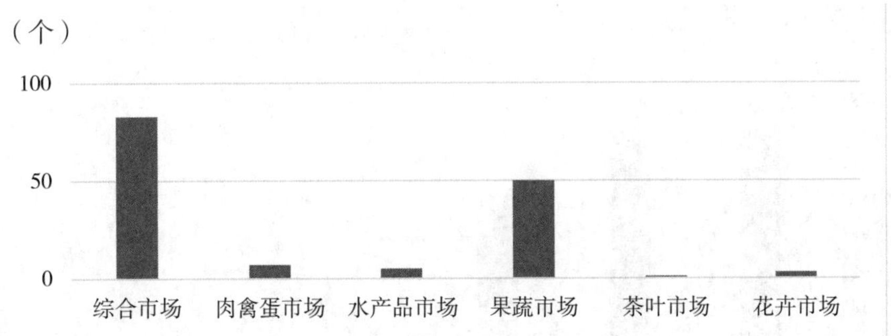

2019 年山西省农产品批发市场行业统计图

全省农产品批发市场共有摊位数 62062 个，同比减少 0.43%。其中固定摊位 50549 个，非固定摊位 11513 个。

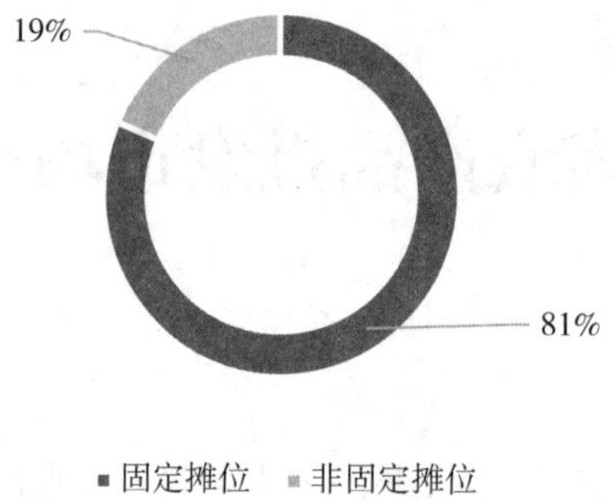

2019 年山西省农产品批发市场摊位统计图（单位：个）

全省农产品批发市场总营业面积 347.8 万平方米。其中，交易厅棚面积 248.3 万平方米，露天交易场所面积 99.5 万平方米。经销商 42085 个，同比减少 1.1%；市场从业人员 20.5 万人，同比减少 1.2%。

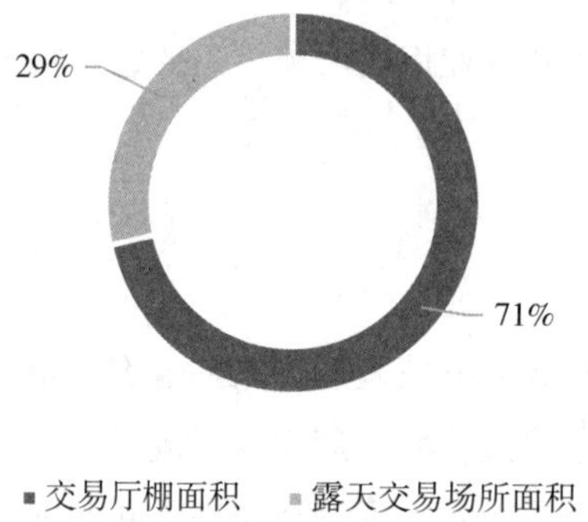

2019 年山西省农产品批发市场营业面积统计图（单位：平方米）

（二）行业结构较为趋于合理

我省农产品批发市场以经营各类农副产品为主。2019 年蔬菜类成交额 362.42 亿元，同比增长 4.14%；水果类成交额 371.53 亿元，同比增长 3.72%；肉类成交额 265.43 亿元，同比增长 17.05%；蛋类成交额 38.9 亿元，同比增长 9.7%；水产品类成交额 50.09 亿元，同比增长 17.06%；调味品类成交额 39.12 亿元，同比增长 10.7%。成交额较大幅度增加，即有成交量增加影响，最主要是受猪肉价格大幅上涨，拉动农副产品价格上涨所致。

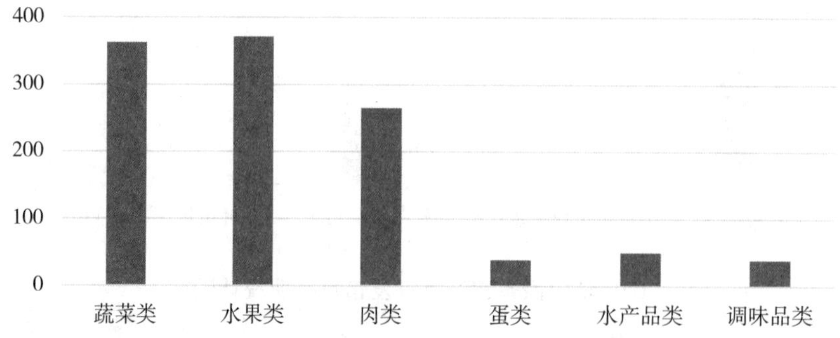

2019 年山西省农产品批发市场行业年成交额统计图（单位：亿元）

（三）行业效益呈上升态势

2019 年，全省农产品批发市场年成交量 7015 万吨，同比增长 2.12%；年成交额 1139.27 亿元，同比增长 7.65%。

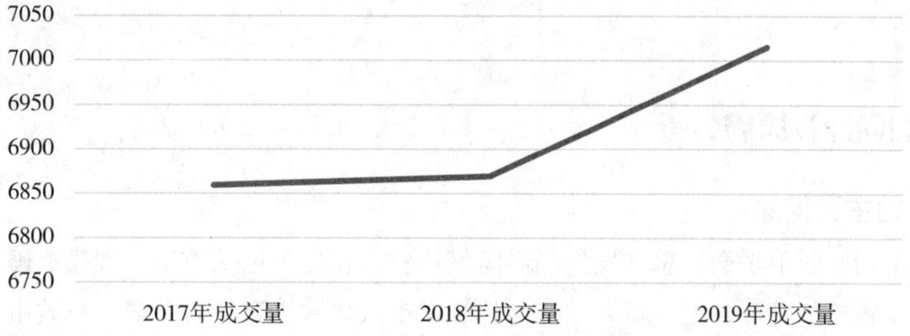

2017—2019 年山西省农产品批发市场年成交量统计（单位：万吨）

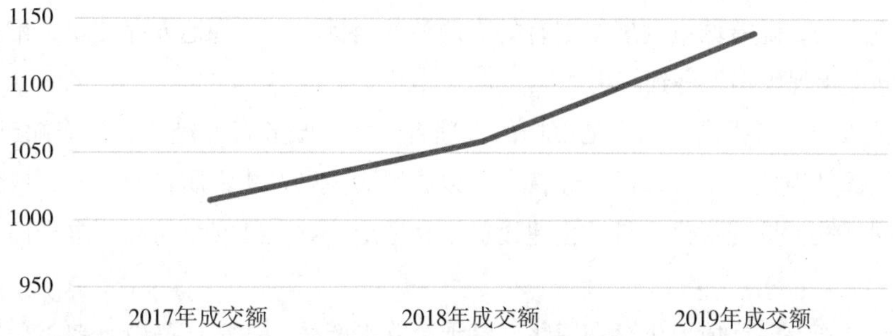

2017—2019 年山西省农产品批发市场年成交额统计（单位：亿元）

（四）行业现代化发展速度加快

2019 年，全省农产品批发市场行业现代化程度有明显改善，全省共建设废弃物处理中心 44 个、检验检测中心 70 个、安全监控中心 63 个、信息中心 64 个、电子结算中心 54 个，与上年持平没有增长。冷库库容达 54.76 万吨，同比增长 0.31%；冷库面积 36.25 万平方米，同比增长 0.30%。

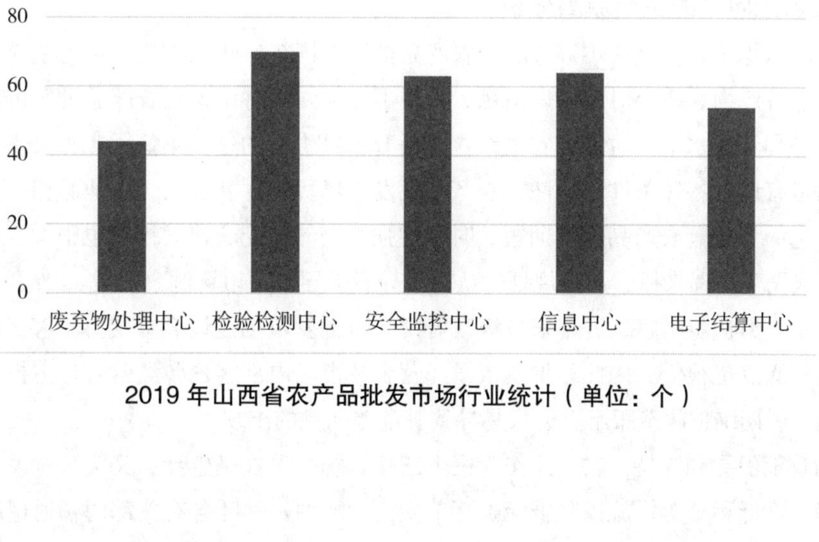

2019 年山西省农产品批发市场行业统计（单位：个）

（五）行业对社会贡献度增大

全省农产品批发市场行业有效将小生产与大市场对接。对于农产品的商品化、农产品的区域市场的流通、区域经济的发展起到了促进作用，实现了农产品的有效供给，保障了城乡人民生活。同时，有利稳定物价、改善民生、解决就业、提高居民收入。对农村的经济发展以及全省的经济发展起到了巨大的推动作用。

二、存在的问题及原因分析

（一）存在的主要问题

农产品批发市场发展不平衡，总体发展同沿海发达省市相比无论从数量、规模、硬软件建设上均有差距。本省各地发展，布局不合理，新兴城市与传统城市人均数也存在着差异。与城市化发展、城镇化发展不相适应，与农产品生产、流通、消费升级不相匹配。

宏观管理和制度建设滞后，规划不到位。在批发市场经营上体现自主经营为主，市场监管和应有的管理还不适应发展要求。地方管理条例，规划也不很到位。特别是缺乏长远的城市配套规划，导致一些刚建成几年的批发市场，随着城市发展规划有的需调整甚至拆迁。一些地方存在集贸市场无序发展，不规范竞争，经营同质化现象仍未得到解决。

批发市场人才素质有待提高。无论是市场的管理者、技术服务者及经营者普遍缺乏现代管理知识，甚至不少从业人员都是当地城中村村民，经营者仍以农民为主。人才素质参差不齐，成为制约行业发展的瓶颈，特别是同批发市场现代化、科学化建设极不相适应。对食品安全监测、电子商务发展、冷链物流发展极为不利。

市场基础配套设施差，环境卫生存在隐患。鉴于经营水产品、活禽产品特殊要求，以及蔬菜、瓜果等产品不易保鲜的情况。需要市场保持下水通畅，活禽检疫跟上，通风跟上，尾菜清理跟上，这些均需要相应的设施。但目前全省不少批发市场特别是农贸市场条件不好，设施简陋，有的农贸市场地面坑洼不平，油污满地，污水横流，极易导致病源滋生传播，对经营者、消费者健康安全，埋下了隐患。

内部交易主体个体化，交易方式单一落后。现阶段我省农产品批发市场的零售业务还占相当大比重，交易手段落后，基本上仍处于面对面洽谈，一手交钱一手交货。像委托代理交易、期货交易、网上交易等现代化交易方式仍处于起步阶段，缺乏应有的秩序和效率。

（二）造成以上问题的主要原因分析

一些地方政府认识不足，重视不够。由于农产品批发市场在一些地方是市场为主导，自发发展起来的业态，属小农经济产物，政府对此认识不足，重视不够，并没有认识到农产品批发市场建设发展体现城市城镇发展水平和管理水平，对促进农民致富，提升市民生活的这一菜篮子工程具有重要意义。而且它的建设和运营也有许多特殊条件和属性，农产品批发市场货物吞吐量大，占地面积广，对于空间、交通等要素都有一定的要求，农产品保鲜期短，时令性强，仓储、配套建设投资也很大。所以需要政府足够重视，把它当成民生工程来抓，加强规划，认真指导，引导批发市场健康发展。

资金投入不足。据初步了解，近年来各级政府财政对批发市场建设经营支持不够，投入不足。而农产品批发经营的利润点也很低，因此靠批发市场经营者及市场内部客户各经营者自主投入，造成批发市场前期投入不足，后期维护改造跟不上，极易导致脏乱差问题的出现。

缺少应有的政策引导和支持。农产品作为民生产品，既关乎农民生计，又关系全民日常生活，需要政府以免税减费、降低租金等措施以降低流通环节费用。特别是呼吁各有关部门畅通保障绿色通道，扶持帮助批发市场主体及市场经营者经营，促进良性发展。

市场经营者素质不高，行业自律急需加强。

三、行业趋势预测

（一）趋势预测

我省农产品批发市场仍有广阔发展空间。

我省农产品批发市场行业发展面临很大压力挑战和竞争，同时也具有很大的机遇。

农产品批发市场朝着大型化、规模化、标准规范化、功能化、现代化方向发展。

（二）主要依据及影响因素分析

随着城市户口放开，城镇化加快，城市城镇人口不断增加，以及城市居民收入提高，消费结构的转变，消费要求进一步多样化，消费需求升级，农产品消费量进一步增长。这是农产品批发市场发展基础支撑，同时我省不少地方农产品批发市场发展滞后，加之城镇棚户区改造，新城区发展，批发市场发展有很大空间。

随着城市发展，路网改造，城市土地供应的偏紧，批发市场必将洗牌，规划到位、管理升级，淘汰部分建设不达标的市场，改造建设更加大型化、规模化、标准规范化、功能齐全现代化批发市场必将成为趋势。批发市场必须建设冷链配套，互联网、物联网广泛应用。同时，也可能发展同步加工等形式。

三、促进行业发展的主要建议

做好顶层设计，加强规划和管理。各级政府要高度重视农产品批发市场发展和管理，明确主管部门，并做好整体发展规划和顶层设计。推动农产品批发市场建设有序、布局合理。要尽快出台省一级农产品批发市场建设标准、经营规范、管理条例，加大指导和监管力度，使批发市场健康运营，发挥更大的社会效益和经济效益，推动我省转型发展。

政府金融和企业均需加大资金投入。建议各级政府安排专项资金支持农产品批发市场新建、改建和改造升级，金融机构安排一定比例的优惠性信贷资金，带动企业民间资金参股投入。使新建、改建和改造的批发市场配套完善，设施先进，功能升级，特别是冷链、电子交易要进一步规模化、标准规范化，成为现代化农产品物流仓储、加工、交易中心。

加大政策支持。一是农产品批发市场建设用地优先保障；二是批发市场的用水、用电、用气、用热价格实行与工业同价；三是严格执行并完善农产品绿色通道政策；四是减免农产品经营环节的税费等。

加大农产品批发市场管理者、服务者和经营者人才引进和培养、培训，提高整体素质。高等院校、职业院校要专门培养、推荐一部分高素质人员到批发市场执业，有关政府部门、行业协会也要免费定期对市场管理者、技术人员及经营者进行有关知识培训，政策宣讲，提升从业人员文化、营商、法律素质素养，推动现代化交易模式，电子商务推广应用。

推动农产品批发市场信息化建设。建立农产品流通信息系统，应用信息化和互联网等手段，实现市场间以及产销的农产品交易、价格、质量检测结果等信息的采集、交换和共享。建立大数据库，发挥农产品流通资源的高效配置、预警及政策决策参考等作用。

加快市场内部管理，使交易规范，诚实守信，经营有序，特别保持整洁环境卫生，使经营者和消费者有一个舒适、放心的环境。

2019年黑龙江省农产品批发市场行业发展报告

黑龙江省商务厅

一、行业基本情况分析

2019年黑龙江省农产品批发行业整体持续稳步发展，运营效率和管理水平有所提升，市场辐射能力不断增强，以粮食批发市场、大牲畜批发市场、特色农产品产地批发市场、农产品中心批发市场为代表的大型批发交易市场继续发展壮大，外向型市场和内向型市场、综合市场和专业市场相结合的多层次发展格局更加突出，农商互联更趋紧密，市场带动作用愈发强劲。但在农产品流通不断涌现新模式、新业态的同时，也存在着批发市场流通方式落后、升级改造迟缓、市场布局不合理等诸多问题，成为制约我省农产品流通行业发展的瓶颈。

（一）市场分类及地域分布

截至2019年12月底，黑龙江省农产品批发市场共有常年性批发市场122家，其中综合批发市场55家、专业批发市场52家、农产品冷链物流园12家、农产品集配中心3家。以粮食、山特产品、林下产品、畜产品等优质农产品外销为主的外向型市场及以外埠蔬菜、水果等生鲜农产品内销为主的内向型市场相结合，构成我省特有的农产品批发市场体系，发挥着农产品流通主渠道的作用。主要地域分布见表1。

表1　黑龙江省农产品批发市场地域分布

	哈尔滨市	齐齐哈尔市	牡丹江市	佳木斯市	大庆市	鸡西市	双鸭山市	伊春市	七台河市	鹤岗市	黑河市	绥化市	大兴安岭地区
综合	9	10	3	2	2	2	4	2	1	2	5	9	4
专业	10	8	10	3	2	2	4	1	3	2	2	3	2
农产品物流园	2	1	1	1		1	1		1	1		3	
集配中心	1		1								1		
大宗农产品交易中心	3家在建											1家在建	
合计	22	19	15	6	4	5	9	3	5	5	8	15	6

（二）批发市场规模

截至 2019 年 12 月底，我省常年性农产品批发市场 122 家，较 2018 年减少 11 家，虽然批发市场数量下降，但市场体量不断发展壮大，市场先导作用愈发明显，总体规模不降反升。

重点批发市场统计。截至 2019 年 12 月底，全省拥有年交易额超亿元的骨干农产品批发市场 75 个，其中年交易额 100 亿元以上的 6 家（2 家综合性市场、2 家山特产品市场、1 家水产市场、1 家大牲畜市场），50 亿—100 亿元 1 家，10 亿—50 亿元 19 家，1 亿—10 亿元批发市场 49 家。其中，我省百亿市场增加 1 个。黑龙江省百亿市场名单见表 2。

表 2　黑龙江省百亿市场名单

市场名称	所在地区	2019 年交易额（亿元）
哈尔滨地利农副产品批发市场	哈尔滨市	105
哈尔滨雨润南极国际食品交易中心	哈尔滨市	100
黑龙江苇河木耳大市场	哈尔滨市	120
东宁雨润绥阳木耳大市场	牡丹江	120
齐齐哈尔水产品批发市场	齐齐哈尔	107
兰西县大牲畜交易市场	绥化市	130

市场经营面积统计。截至 2019 年 12 月底，我省农产品批发市场的经营总面积达 541.352 万平方米，其中：综合类批发市场经营面积 208.125 万平方米，专业类市场经营面积 214.877 万平方米，农产品物流园、集配中心经营面积 118.35 万平方米。

市场交易摊位统计。截至 2019 年 12 月底，全省农产品批发市场市场拥有摊位总数量达到 37749 个，较 2018 年增加 1.1%，其中：固定摊位数量为 33799 个，非固定摊位数量为 3950 个。

市场从业人数统计。截至 2019 年 12 月底，我省常年性农产品批发市场共有从业人数 78657 人，其中综合市场有 44830 人，专业市场 23601 人，农产品物流园、集配中心 10226 人。

（三）市场结构及经营范围

截至 2019 年 12 月底，按市场专业种类区分，全省拥有专业批发市场 52 个，其中果蔬市场 14 个，粮油市场 9 个，水产品市场 8 个，山特产品市场 12 个（其中涉中药材类 3 个），牲畜市场 8 个，花卉市场 1 个。

（四）市场效益分析

截至 2019 年 12 月底，全省常年性农产品批发市场成交额为 1363.768 亿元，较 2018 年增长 1.46%，其中综合市场成交额为 5134032 万元，专业市场成交额为 7417724 万元，农产品物流园、集配中心成交额为 1085930 万元。

2019 年，我省农产品专业批发市场销售额达到 741.77 亿元，其中，果蔬菜类市场年成交额 29.58 亿元，占专业市场总成交额的 3.98%；粮油类市场年成交额 44.88 亿元，占专业市场总成交额的 6.05%；水产类市场年成交额 142.91 亿元，占专业市场总成交额的 19.26%；山特产品类市场年成交额 257.65 亿元，占专业市场总成交额的 34.73%；牲畜类市场年成交额 265.85 亿元，占专业市场总成交额的 35.83%；其他市场占比 0.15%。

二、存在的问题

（一）部分地区市场规划布局缺乏前瞻性，新旧市场同质化严重

一是部分地区农产品批发市场建设缺乏科学合理的规划，市场分布疏密不一，市场体量严重富余和体量不足均有存在。部分市场盲目建设，体量过大，造成招商困难，经营举步维艰；亦有诸多县域，没有一定规模的批发市场，农产品流通不畅，某种程度上影响了县域经济的发展。二是部分地区过多建设同质化市场，面对有限的消费资源，势必效益低下，既造成资源浪费，也会扰乱正常的流通秩序，产生不良竞争。三是新建市场多是老调重弹，物业式管理，鲜有现代管理体系支撑。部分地区，招商引资建设新市场，只管招商，不管定位，泥沙俱下，物流园变成了停车场、菜市场，甚至建成就停业的亦有存在。

（二）综合型市场升级改造迟缓，现代化经营理念薄弱

我省综合性农产品批发市场绝大多数属于第一、第二代市场，设施简陋，购物环境较差，服务功能缺失，已经不能满足现代农产品流通发展的需要，急需升级改造。随着生活水平的不断提高，人们对农产品的需求不光是商品的需求，对质量安全、购物环境、便利服务皆有较高的要求，超市场细分、严苛质量、社交体验已经成为现代商家必备的核心竞争力。我省主要中心城市批零兼营的农产品市场，多数都是20世纪90年代建成的，属于第一代市场，虽然落后，但地理位置优越（多数位于城市区域中心），营业面积较大，改造空间充裕。但近几年，鲜有主动改建市场、提档升级现象发生。

（三）专业型市场指向性不强，发展驱动力不足

我省耕地面积辽阔，农产品品种多、产量大、品质优良，适合"一县一品"的规模性种植，但我省却鲜有真正形成规模产业的县域。很大一部分原因是我省专业型农产品批发市场的发展速度慢，指向性不强，对我省农产品产业化的驱动力不足。一是有针对性的专业批发市场不多，没有形成有效覆盖。全省52家专业批发市场，县域只有20家，集中在牲畜、粮食、蔬菜、山特产品几项，并且产业支撑不足，带动力不强。二是县域专业化市场规模较小，专业化水平不高。我省专业化农产品市场发展较晚，除了两家木耳市场和一家白瓜子市场，其他市场规模均不大，并且缺乏信息服务、分选包装、冷藏保鲜、冷链物流等必要的设施设备。三是我省专业农产品市场管理水平还有一定的差距，市场开拓能力不足。多数市场因循守旧，采用自然生存法，上不联生产，下不联消费，坐等商家上门。企业缺乏长远规划，市场没有起到引导生产，促进消费的流通先导作用，更鲜有主动开拓市场的举措。

（四）现代化平台经济生态薄弱，市场缺乏活力

历史的原因，我省农产品流通完全放逐市场，自由生长，形成了诸多的区域性垄断，一定程度上阻碍了市场的健康发展，加上各级政府重视不够，农产品批发市场现代化进程迟缓，平台经济生态异常薄弱，市场活力严重不足。一是缺少超大规模流通企业，龙头带动作用不足。我省缺乏区域性超大农产品批发市场，现有的几家百亿市场也是缺少产业延伸，对上下游产业融合力度不够，拉动力不强。二是现代化农产品流通支撑体系薄弱，市场功能不完善。我省现有农产品批发市场，均存在着信息化发展水平低，检验检疫不配套，追溯系统缺失，冷链物流分布不均衡等现象，与现代化平台经济的要求相去甚远。三是流通技术落后，市场开拓能力不足。由于管理者经营观念落后，绝大多数农批市场游离于交易模式和规则创新之外，大数据、云计算、物联网等信息技术应用更是无从谈起；坐商是我省农批市场的普遍经营模式，推广宣传、引导消费、集纳客户群体、线上线下相融等市场营销手段鲜有应用，市场开拓能力严重不足。

（五）人才匮乏，行业管理者到从业者整体水平不高

我省农批市场多数是由小到大自然成长，经历风雨，逐渐成为能者不愿、弱者不能的行业，企业人才吸纳力不强。

随着管理由粗放型模式向集约型转变，人才匮乏的问题日益凸显，我省许多农产品流通企业，在面对行业发展方向、产业延伸发展、相关政策衔接等问题时，踌躇不前，缺乏管理人才；面对数字化交易、集成化服务、智能化互联，一筹莫展，缺乏专业人才；面对新业态、新模式的竞争，不知所措，缺乏高素质的从业者。这是我省农产品流通行业的普遍现实，也是阻碍我省农产品流通产业快速发展的最根本原因。

三、行业重点发展方向

我省拥有优质的黑土地和草原带，土地面积大，耕地连片，是农牧产品生产大省，并且农产品品种多、产量大、品质优良，适合“一县一品”的规模性生产。但由于气候的原因，我省也存在着农业生产“半年忙、半年闲”的现象，严重制约了我省诸多农产品生产、流通等行业的产业化发展，突破这一瓶颈的关键是以“粮头食尾”“农头工尾”为抓手，打造“平台经济”，提高产业聚集度，促进“一二三”产融合发展，选择正确的发展方向，选准突破口，优先发展流通产业，以流通引导生产，带动生产规模化，促进产业聚集；以产业发展，支撑流通规模化、现代化，从而实现“一季生产四季销售”甚至“四季生产，四季销售”的良性发展。经实地调研走访，发现近几年我省中药材、大牲畜、大豆等农牧产品生产和流通产业发展迅速，潜力巨大，应予以优先扶持发展。

（一）优先发展中药材流通体系，推动中药材产业快速健康发展

2019 年 5 月 19 日黑龙江省发展和改革委员会等多部门联合出台《黑龙江省中医药产业发展规划》黑发改产业〔2019〕251 号，提出全面发展我省中药材种植养殖、生产加工、商贸流通、研发应用和健康服务等全产业链，力争 2030 年全省中医药产业营业收入达到千亿级。我省各地中药材流通企业应抓住机遇，加快中药材专业批发市场建设，完善中药材现代流通体系。一是建设专业化中药材市场流通体系。规划市场总体布局，明确重点发展方向，重点建设哈尔滨中药材商品交易中心和牡丹江、大庆、齐齐哈尔等八个地市中药材专业批发市场。二是促进传统中药商业模式向现代流通模式转变。鼓励流通企业开展连锁经营、电子商务、集中配送，推动建立方便快捷、符合药品储存特性的运输体系。建立全省中药材产业发展信息平台，及时发布技术规范、技术指南及中药材市场价格信息，建立覆盖全省中药产区的中药材生产、商品流通及产业研发服务体系。三是完善中药材商贸服务体系。在哈尔滨建设以电子商务为核心，以物流仓储联盟为基础，以质检平台、金融平台为保障，平台共享，体系完善的“中国北药交易中心”。

（二）重点发展大牲畜批发市场，促进我省大牲畜产业规模化、现代化、集约化发展

2018 年我省牛、羊出栏量 270.2 万头和 743.9 万只（2018 年统计年鉴），大牲畜生产已经成为我省部分地区和市县农村经济的稳定增长点，成为农业增效、农民增收的重要措施和手段。截至 2019 年 12 月底，我省大型牲畜市场共有 6 家，大牲畜交易活跃，其中牛交易量 157.5 万头，交易额 252 亿元，带动 5.25 万户养殖，实现利润 67.7 亿元，养殖逐渐规模化、集约化，市场带动作用明显，呈现良好的发展态势。未来一个时期，我省应重点扶持发展大牲畜批发市场，在建设用地、市场融资、硬件设施完善、市场开拓等方面予以政策性倾斜，增大市场体量、提高组织化程度、扩大产业延伸度、加速市场现代化建设，逐步完善大牲畜流通体系，使之真正成为加快实现乡村振兴的主导产业。

养牛经济账

犊牛价格 300—400 斤	饲料费用 1200—1400 斤 8 个月出栏	水电、防病费用	总成本	销售	利润
7000 元	2640 元	1560 元	11300 元	15600 元	4300 元左右

肉牛的养殖利润

犊牛价格 200—300 斤	饲养成本（饲料、防治、水电、人工） 1100 斤（10 个月增重 800—900 斤）	销售收入 13 元/斤	利润 （每头牛）
3000—4000 元	4500—5000 元	14300 元	5300 元左右

（三）推动大豆高端市场建设，促进产业融合发展

我省是优质大豆的原产地，一般种植面积和产量均占全国 40% 左右，做强大豆产业，对推动黑龙江省乡村振兴和区域经济发展有着重要的现实意义。虽然我省大豆生产规模和产量居全国前列，但流通和加工匹配度不高，目前我省没有一家大型的大豆批发交易市场，流通缺位现象严重。我省应充分利用后发优势，以大豆市场作为发展平台经济试点，集各方之力，构建大豆市场平台经济生态，打造高端大豆市场交易平台。运用大数据、云计算、物联网等现代信息技术，集合科研、生产、销售、加工、消费等全链条企业，推动大豆生产、流通、加工和服务信息实时交互，实现上下游企业和周边服务企业的智能互联，以流通创新促进商产融合，带动产业升级和消费升级；强化大豆及加工产品的市场交易、仓储物流、信息服务等配套功能，建立大豆价格指数，完善市场价格发现功能。推动大豆生产、流通、加工及配套服务高效融合、创新发展，带动我省大豆产业全面升级和高效发展。

四、政策建议

（一）科学规划，建设高效农产品批发市场网络

各地应根据本地区的资源禀赋、消费能力、区位交通等条件，结合城市建设、商业网点规划，按照市场主导、服务民生、有序发展的原则，加快构建统筹城乡、布局合理、流转顺畅、竞争有序的农产品批发市场网络，带动形成高效、稳定的流通渠道，提高流通效率。

（二）推动品质建设，加快农批市场升级改造步伐

建议我省筹措专项资金，出台相关政策，扶持、引导中心城市靠近居民区的农产品市场进行提档升级，在市场环境改造、安全监控、废弃物及污水处理、物流配送、冷链运输、保鲜仓储等基础设施建设方面给予政策扶持，引导市场逐步建立完善智慧公示、智慧支付、智慧溯源、智慧监管等现代信息管理系统。逐步实现最民生项目购物环境舒心、商品放心、服务贴心，拉动消费，构建和谐购销关系；引导生产，缔结紧密型农商互联，加快推进我省农产品流通体系的现代建设步伐。

（三）创新流通模式，推动农商互联及平台经济发展

建议我省制定推进农产品流通现代化建设的相关政策和法规，支持农产品流通企业以流通创新促发展，带动产业升级。引导农业产业化龙头企业、批发市场和大型农产品流通企业构建平台经济生态，建立新型高效农产品营销平台；支持建立一批跨区域的大型农产品物流配送中心，提高农产品集中采购、统一配送的能力；鼓励农民专业合作经济组织积极加入农产品供应链，推动农商互联。

（四）推拉合力，促进农产品流通企业创新发展

随着政府职能的转变，“放管服”正在逐步走向深入，对我省农产品流通领域来说，“服”有着更深刻的意义。政府应加大对农产品流通企业政策扶持，每年从新增的基本建设统筹资金中安排一定数量的资金，采取补助或贴息方式，专项用于支持重点农产品流通企业。在拉动农产品流通企业转轨变型的同时，应该积极拓宽农产品批发市场发展的融资渠道，加快建立谁投资、谁经营、谁受益的市场运作机制，鼓励社会资本和省外资本多渠道投资建设农产品批发市场，推动我省农产品流通体系现代化建设创新发展。

（五）筑巢引凤，招揽明星企业和专业人才

我省农业资源丰富，农产品质量优良，对发达地区大型农产品流通企业具有很强的吸引力。我省应聚焦动能转换，继续优化营商环境，强化招商引资，积极招揽实力雄厚、渠道优良、管理现代的优秀农产品流通企业来我省兴业，从而带动我省农产品流通行业快速发展。同时，鼓励支持有条件的企业积极招揽、培植专业的农批市场经营管理人才，参加企业的经营管理，为企业高质量发展提供新动能。

2019 年江苏省农产品批发市场行业发展报告

江苏省商务厅

农产品批发市场是农产品流通的主渠道，是城市的核心功能设施。我省农产品批发市场在保障市场供应、促进食品安全、助力脱贫攻坚、服务“三农”等方面发挥了积极作用，并逐步在信息化智慧化、线上线下融合、冷链仓储物流、食品安全监管等方面不断发展完善。

一、行业发展情况

（一）基本情况

2019 年，我省经商务部认定的农产品批发行业典型企业共计 32 家，全年总交易额 2760.33 亿元，年成交量 4853.01 万吨。市场总摊位数为 31447 个，农批市场向整体摊位交易效率和经营质量提升的方向转型；32 家典型市场总交易面积为 427.14 万平方米，经销商数量为 35478 个。

全省农批市场对保障城市供应起到至关重要的作用。经调研分析农批市场生鲜产品供应量达到 73% 以上，为第一主渠道。超市连锁占比 22%，电商平台占比 3%，其他渠道占比 2% 左右。典型案例如下：

（1）苏州南环桥市场通过现代化建设、精细化管理、市场化运作获得了突飞猛进的发展，交易体量逐年攀升，2019 年全年完成交易总量 266.50 万吨，承担了苏州全市 80% 以上及其他地区 30% 以上的农产品供应，是苏州市唯一的一级综合型农产品批发市场。

（2）常州凌家塘市场通过“市场 + 经营户 + 基地”等产销对接模式，市场供应量占到常州菜篮子供应量的 80% 以上，价格比周边城市便宜 10%—20%，为平抑价格和保障供应起到了关键作用。

（二）结构分析

目前我省农批市场综合化程度已达到较高水准，在农产品批发市场快速发展的过程中，专业型农产品批发市场转化为综合型市场。2019 年，全省 32 家农产品批发行业典型企业全部完成市场综合化建设。全省多数综合型的批发交易市场，经营品类可以包含蔬菜、鲜肉、水产、豆制品、冻品、干货、家禽等十几个大类，并配套有配送中心和万吨冷库等。

现阶段典型市场区域分布相对合理。苏南地区继续发挥示范作用的同时，苏中、苏北农批市场也迅速发展壮大，百亿元以上市场分布已由原来的主要集中在苏南地区逐步转变向全省均匀分布。全省 32 家农产品批发行业典型企业中有 11 家市场位于苏南经济发达地区，5 家位于苏中地区，16 家位于苏北地区。百亿元以上的农批市场 13 家，比例上升至 40.6%，其中南京农副产品物流中心以 607.97 亿位居榜首。

我省农批市场经营主体较为稳定，民营所有制占据主导地位，国有投资相当稳健，其他所有制经济协同发展。2019 年在全省 32 家典型农批市场中，民营控股及纯民营占比达到 59.4%；国有投资主体占比 15.6%；国有民营混合所有制占比为 19.4%；纯集体所有制占比 3%；外资参股的占比为 2.6%。

（三）效益分析

农产品批发市场作为民生工程建设的主要环节，承担着本地区城市发展中不可或缺的重要作用。2019 年 32 家典型农批市场盈利模式主要还是通过收费实现，主要收费项目由几大块组成，即门店及场地租金、经营交易费用、车辆入场费用、冷库使用费用。部分企业的销售收入稳定增长。如：苏南地区，常州凌家塘市场2019年完成交易总量495.53万吨，完成经营总额401.33亿元，经营收入3.04亿元，完成税后净利润为12315万元，上缴税收6208万元，分别比上年同期业绩增长了2.13%、7%、6.52%、77.94%和15.41%。无锡朝阳市场2019年全年完成交易总量150万吨，完成经营总额110亿元，上缴税收8200万元，分别较2018年上升5%、15%和4%。苏州南环桥市场2019年全年完成交易总量266.50万吨，完成经营总额281.71亿元，经营收入3.03亿元，税后净利润为5395万元，和上年同期业绩相比分别增长了4.01%、12.50%、5.21%、16.20%，上缴税收2419万元。苏北地区，盐城华东市场2019年全年完成交易总量100万吨，完成经营总额60亿元，经营收入3亿元，税后净利润为2600万元，上缴税收771万元，分别比上年同期业绩增长了32%、25%、33%、37%和16%。连云港农批市场2019年实现交易额70亿元，交易量90万吨，营收1亿元，上缴税收800余万元，分别比上年同期增长了11.2%、10%、10.15%、20%。

（四）现代化程度分析

1. 现代化基础设施建设

2019年度，江苏省32家农产品批发市场典型企业中，已建成废弃物处理中心30个，安全监控中心34个，检验检测中心36个，电子结算中心22个，信息系统中心22个。典型案例如下：

南京农副产品物流中心突出绿色发展导向，推进市场向绿色物流功能区转型。一是开展新能源建设。建设屋顶光伏项目、使用LED光源、建设多处新能源汽车充电桩，年度节约能源超过1000万千瓦时。二是减少污水排放。建设污水处理厂，日污水处理能力近300吨，完成4000米雨污分流管道建设，实现园区污水无害化排放。三是降低垃圾数量。建设垃圾中转场，有效改善了农批市场“脏乱差”现象，打造绿色环保市场环境。

2. 现代化信息体系打造

全省各大市场不断提升信息化、智能化水平。严格按照标准化规范管理，逐步打造信息化体系，大力提升市场现代化水平。在原有基础上，强化食品安全检测中心、结算中心、监控中心、信息中心等市场重点项目建设。典型案例如下：

无锡朝阳市场拥有全国领先的电子结算交易体系，通过物联网、大数据、智能电子秤等技术做到每一笔交易数据实时记录，农产品价格实时监控，商品产地和流向可追踪，溯源信息实时上传商务部肉菜追溯系统平台。市场的智慧化无感支付停车系统记录各类人员和车辆的每一次进出场信息，并可快速识别人员和车辆身份信息。市场设立检测中心、结算中心、信息中心三中心配合市场日常运营，并另有监控调度中心，全市场594个摄像头做到监控全覆盖；新建冷库并上线智能化WMS系统，为供应商提供顺畅冷链服务。智能水电系统防止跑冒滴漏，可电量预警，移动充值水电费。市场技术人员自主开发了农产品预报实到微服务，优化仓位调配，2019年还搭建了数据仓库和大数据平台，整合各类系统数据，通过大数据分析为决策层、运营层和使用层等各种对象提供科学的数据化的信息。

3. 线上线下融合促发展

传统农产品批发市场依托农产品收购方面的数量和渠道优势，可保障其产品筛选、分流及其品质。升级业态和交易模式，提高农产品供给质量和流通效率，以更丰富多样、优质安全、营养健康的产品满足城乡居民的消费需求，实现产销高效对接，线上线下融合发展成为新时代给予农产品批发市场体系建设的重要任务。典型案例如下：

无锡朝阳集团搭建的“朝阳到家”APP，线上与线下菜品一个价，通过平台运营和第三方配送，“朝阳到家”如今已经能够提供“3公里内上午订、下午达，其余的今日订、次日达”服务，而“朝阳到家”

中的区块链技术，为每件商品提供了溯源信息的存储，便于客户实时监管和查证。且依托朝阳农贸市场运行的“朝阳到家”，在供应链上有着绝对的优势。

（五）批发市场贡献度分析

1．构筑农产品大流通格局

我省农批市场地区发展较为平衡，基本覆盖了所有大、中、小城市和农产品集中产区，构筑起贯通城乡的农产品流通大动脉。从农产品供给角度看，农批市场能够有效将规范化的小生产与集中性大市场对接；从农产品需求角度看，农批市场有效将多样性的农产品与零售终端需求完美对接；从宏观经济角度看，农批市场以城市“菜篮子”核心地位与经济数据相对接。

审视我省农批市场发展现状，市场基础建设不断提升、管理水平不断提高、交易方式不断创新、物流配送设施不断完善。尽管近年来“农超对接”、电子商务等新型流通模式快速发展，但就目前而言，大型综超和电商平台从产地进行多品种农产品采购还具有很大的局限性，70%以上的鲜活农产品依旧通过批发市场流向消费终端，农贸市场80%的货源、超市60%的货源均来自农批市场，农产品批发市场仍是我国农产品流通的主渠道。大型连锁超市和电商的迅速扩张，与农产品批发市场的发展，并不必然是竞争和互替关系。特别是大型销地农产品批发市场由于具有交通便利、功能齐全、辐射范围广等特点，发挥了远距离运输集货和中转批发作用，有力推动了农产品大流通格局的形成。

2．保供稳价重要载体

农产品批发市场是城市“菜篮子”工程的核心部分，是确保应急时期市场供应稳定、价格平稳的关键。农批市场通过与上下游间的联动对接，发挥在货源组织、终端对接方面的作用，保障人民群众生活需要。我省农批市场在重大节日或突发事件期间针对居民消费特点，结合不同层次消费需求，积极组织货源，开展产销对接，丰富商品种类，保障紧缺商品供应，不断档、不脱销，确保市场价格稳定；在冬季蔬菜保供和应对突发事件上，把建立应急保供长效机制作为一项重要的政治任务来抓，认真制定应急保供预案，积极执行应急保供储备制度，构建了实物储备、在田储备、委托应急调运“三位一体”的常态化保供机制；在灾害性天气发生期间，根据辐射圈内发生重特大雨雪、冰冻灾害，灾区亟须物资援助实际，制订了灾害性天气市场保供措施和预案。我省各市的重点农产品批发市场作为重点民生保供企业，与当地政府或部门都签订了保供协议，保障各类情况下的农产品供给不受影响。

3．带动区域发展及农民增收

农产品批发市场与群众生活息息相关，其发展水平也体现了城市在区域经济中的地位，带动了农业产业结构的调整，推动了农业生产的规模化、标准化、集约化，在促进农产品流通、致富农民、丰富市场方面更是发挥着不可替代的作用。据统计2019年我省农产品批发市场经营全国农副产品超过千余种，直接带动就业人数超过50万人，通过农商互联、产销对接引导带动源头种植基地建设，实实在在促进农民增收，增加就业岗位，带动传统农业产业转型升级，促进长三角地区区域协同发展，为农村脱贫攻坚和建成小康社会发挥巨大贡献。典型案例如下：

苏州南环桥市场制订了“构筑客商菜摊子、编织市民菜篮子、推进农民菜园子”的经营方略，持续积极服务“三农”、带动区域经济发展。市场通过多种产销协作方式共带动农户78.2万户，联结种植、养殖基地面积220.23万亩，平均每户每年增收5000元。市场现带动各类从业人数2万余人，人均创收3万余元。

4．严把农产品安全质量关

食品安全已经成为当下全社会关注的热点，农产品批发市场无形中承担着流通过程中食品安全保障的社会责任。批发市场的责任重点体现在质量把关和索证索票上，把关进入市场的产品证件齐全，商户出具具有政府认可的检验检疫证明，同时市场与基地、政府实施联动，通过检测检验和追溯系统及时沟通反馈信息，从源头加强农产品质量把关。典型案例如下：

南京农副产品物流中心按照定员、定职、定岗、定薪“四定”管理考核目标，通过了ISO9001质量体系与ISO14001环境体系认证，健全了食品安全责任体系、溯源体系、联防联控体系、应急处置体系、教育培训体系在内的食品安全五大管理体系。严把进口关、检测关、溯源关，实行农产品市场准入与实验室检测两级管理。按照省级标准，投资1500万元，建成1200平方米的农产品实验室，配备30人的专职检测队伍，为进场农产品定量检测与溯源管理体系建设提供了必要的技术支持。

5. 产销对接助力乡村振兴

我省农产品批发市场紧扣新时代“三农”发展趋势，以服务乡村振兴战略为主线，积极响应政府精准扶贫的号召，依托自身农产品流通平台优势，推进产销精准对接合作，建立农产品长效对接机制，让特色农产品更好地走出产地。围绕农商互联，实现跨区域、跨产地的农民增收和商户创收，为助力乡村振兴贡献巨大。具体示例如下：

凌家塘市场先后赴新疆阿克苏地区、云南楚雄、西部贫困地区、中部地区参加农产品扶贫对接会、苏陕产业扶贫洽谈会、江苏省淮安市“订单农业”助力产业扶贫对接等活动，与当地农业经济组织、合作社签订农产品购销协议，对陕西安康镇坪县土蜂蜜、土鸡等，以“保护价”进行收购；与陕西安康、江苏响水等贫困地区建立了对口扶贫合作关系，组织市场经营户到贫困地区进行农业种植项目对接，引进贫困地区农产品如西兰花，在市场设立销售窗口，2019年销售量120万公斤，同时指导贫困地区优化农业品种，提高种植技术。依托市场成立的凌家塘商贸公司，组织生鲜农产品配送和微商电商扶贫培训，指导农户开展对农副产品的二次开发和渠道建设。与钟楼区团委、青联一起，赴陕西镇坪县开展“青系镇坪·雏鹰伴翔”助学金发放，与贫困户学生开展精准扶贫帮困，一对一提供资金、技术、产品等帮扶，促进贫困户实现“造血”功能。

二、存在的问题及原因

（一）存在的问题

1. 发展规划和法律规范还不完善

我省部分地区由于发展规划不明确，各种形式的投资主体盲目投资建设，同类型市场往往“比邻而居”，从而造成市场间的恶性竞争，经营者选择管理宽松的农批市场或者不入市场进行交易，市场的正常运营受到极大破坏，扰乱了市场秩序。而地方尚无完善的行业统一规划，区域内农批市场的布局和规模未能明确引导，无法满足不同地区的发展需要；城市发展与市场规划存在矛盾，由于城市发展需要，部分大型农批市场面临搬迁或已经搬迁，但存在市场规划用地不足或功能区域缺失的情况。市场内车辆停放问题尤为突出。部分市场经营区域中还存在经营、仓储、住宿“三合一”情况，安全隐患相对较大，与产城融合发展的要求存在差距。

2. 安全检验需加强监管

农产品批发市场作为农产品上市前的重要关口，承担着对于农产品重要的质量安全检测工作。我省绝大部分农批市场都已投入大量资金建设检测中心、配备检测人员、提高检测效率、完善追溯体系。但由于严格的管理措施和规章制度导致很多经营者在批发市场外自建仓储中心，将大部分农产品引流到批发市场外部交易，从而躲避交易费与检测费用。致使不少场外交易的农产品并没有进行有效的检验也无法有效追溯。

3．冷链物流建设还需提高

随着人们生活水平的提高，反季节蔬菜供应和长距离运输成为农产品流通的常态，因此低温保鲜成为物流的重要内容。虽然部分大型重点农产品批发市场投建了冷库，但是冷链物流技术推广滞后，冷链运输环节十分薄弱，大部分生鲜农产品仍在常温下流通。全程冷链比率较低，果蔬只有10%—20%的采用低温物流，导致每年果蔬产后损耗率高达20%以上。另外，冷链物流法律法规体系和标准体系不健全，冷库安全标准不统一，使得生鲜农产品的损失率高。

（二）原因分析

1．城市规划整合对市场发展的影响

随着我省各大城市疏解非城市核心功能，在农产品批发市场转型升级过程中，把农产品批发市场由城区迁移到城外，这样既可减少因车流量、人流量增加而造成的交通拥堵，又可减少因汽车尾气、垃圾等对周边环境的污染，达到畅通交通、保护环境的目的。我省大部分大中型市场因为城市发展的需要经历过整体搬迁或面临搬迁调整，由此带来的规划、建设、招商、管理及财务成本成为市场经营者的巨大难题。现阶段大部分市场容量不足、车位不足、功能区分散、城市道路贯穿市场等都给我省农批市场发展造成了极大困扰。另外像扬州、盐城、泰州等城市市场资源整合不到位，蔬菜、瓜果、粮油、水产、家禽、冻品等市场分散在新旧城区。城市环境既没有得到相应改善，规划建设的新市场也难以发挥聚集效应，不能满足一站式采购需求。

2．低回报率对市场转型投入的影响

农产品批发市场作为最传统、最落地的产业，固有优势明显，制约因素也很多，转型升级并不容易。近年来，我省部分大型农产品市场积极引导行业升级，完善基础设施建设，加大电子商务、电子结算、食品检测溯源、信息化市场、供应链体系等系统建设，但由于政策有限、人才匮乏、成本巨大等因素，造成市场在维持重资产运营模式的同时，无法在市场现代化转型升级上投入更多的人力、物力、财力，同时大多数中小型市场竞争力不足。同时市场在兼顾政府应急保供、价格调控、环境整治等公益化要求的同时，还是通过原始的收费模式维持市场运营。巨大的资金投入和极高的财务成本制约了市场的转型路线。

3．相关法规缺失对行业规范的影响

目前我国尚未出台专门针对农产品批发市场管理的法律法规，由于缺乏统一规范，部分地区的农产品批发市场处于无序发展状态，市场交易秩序混乱。有些地区以农产品批发市场建设为名，低价获取土地和支持政策，变相从事其他产业经营谋取利益；有些地区由于缺少退出机制，存在乱建农产品批发市场和采用不正当手段进行恶性竞争的现象；有些地区的批发市场检测出问题农产品却无权处罚，还担心会影响经营户租赁摊位。

4．农产品安全形势严峻带来的影响

随着我省经济发展和人们生活水平的提高，消费者的饮食结构不断优化，对农产品的质量安全问题越来越关注。然而，农产品食品安全问题不仅涉及农产品生产、流通、销售等多个环节，而且与农业、工商、质检等多个管理部门密切相关。我省重点市场虽全部配备的专业检测中心，每天对蔬菜、水果进行检测达数百、千个批次。市场也不断向客户宣传食品安全的重要性，但仍有农残超标的商品进入市场销售。市场无权对客户作出处罚措施，也无法对产地源头进行把控。政府部门虽然加强对市场的食品安全监管力度，但种植地源头的把关，统一种植和加工标准缺乏监管，农产品安全问题屡禁不止。

5．基础设施不完善对配套服务的影响

目前国内农产品生产的专业化和商品化水平已经大幅提高，客观上对农产品流通过程中的分级整理、冷藏保鲜等配套设施和供求信息、检测检验、金融结算等配套服务的要求也越来越高。但我省苏南、苏北不同地区的农产品批发市场在基础设施建设和管理水平上存在差异，除经济发达地区少数规模较大的农产品批发市场外，还有部分农产品批发市场基础设施还不够完善，仅能提供农产品集中交易的场所和基本的仓储服务，农产品批发市场管理也基本停留在出租摊位和交易场地的单一功能物业管理模式上，缺乏农产品分级、整理、加工、包装、冷藏、配送等配套设施，包括农产品质量检验、食品安全监管、代理储运、委托购销、资金结算、商品保险、争议仲裁、信息发布等在内的服务功能不健全，未能满足现代化农产品流通的需要。随着经济全球化发展和绿色健康消费的不断增长，农批市场产业升级要求提升经营服务模式。

三、批发市场趋势及建议

（一）市场信息化智慧化发展

我省部分重点农批市场正向信息化、智慧化农批市场转型升级。市场运用智能设备、互联网、物联网、云计算、区块链及大数据等先进技术为主要手段，通过对传统农批市场的管理、交易、采购、物流、配送等环节进行系统化、信息化的升级和改造，从而实现整个市场的数字化、智能化转型，并随之构建起基于农批市场经营管理+供应链采购+电子支付+物流配送+仓储冷链+食品安全溯源等体系的智慧化农批市场数据应用平台。建议支持农产品批发市场智慧化建设，明确智慧化市场建设标准和要求，引导农产品批发市场向智慧化发展。

（二）线上线下融合协同发展

农批市场要以现有的线下资源优势，利用互联网技术一方面连接农产品产地资源，另一方面整合优化城市的市场资源，由此转型升级成为智能化的农产品供应链路由器，以更好地连接与服务买家卖家，实现线上与线下的融合协同发展。农产品终将向着标准化、品牌化发展，品牌产品的物流链条将大幅缩短，优质农产品对农批市场的依赖逐渐降低，基于互联网的供需双方直接交易模式将长足发展。加快延展和改造商业模式是农批市场企业继续生存的必然选择。品牌力强，有实力的大型农批市场可以完善农产品线下交易区设施，做强线上生鲜电商平台功能，打造线上线下相结合的、具有较强影响力的区域性农副产品交易中心，为农产品生产基地、农产品流通企业、批发市场商户、生鲜超市等提供多种公共服务。

（三）围绕农商对接强化供应链发展

农产品批发市场要从农产品产销对接、品牌宣传、创新推广、项目对接、标准建设等方面，进一步完善农产品供应链，深化农业供给侧结构性改革。以市场为导向形成“拉式供应链”，探索高效、安全、健康、智慧、生态的产销关系。农批市场在供应链体系建设上要完善仓储、运输、配送、货运配载、信息等相关物流基础设施，提供完善的加工、包装、车辆配套、餐饮、住宿等公共服务。农产品批发市场应发挥产销对接平台作用，加强与新型农业经营主体进行深入对接，构建农产品现代供应链。支持农批市场建立开放的农产品公共信息服务平台，系统收集、整理并及时发布准确的农产品供求及市场价格信息，有效发挥农产品批发市场的信息服务和价格导向功能。打造以农产品批发市场为中心的支撑农商互联发展的现代供应链体系。

（四）建立多级应急储备和长效应急预案机制

农批市场应进一步加强农产品批发市场的应急管理体系建设。建立由基地储备、市场滚动储备、供应链储备等多级应急储备，建立长效应急预案机制，面对应急突发事件和灾害时，充分利用农产品批发市场公益性特点，结合农产品主产区，建立大型公共事件农产品应急储备体系，在储备肉、储备粮的基础上，增加蔬菜动态储备。与此同时，农产品批发市场在产区端与大型蔬菜主产区建立长期合作，在城市端与城市社区等动态对接，保证储备充足的情况下，分层、分需求的动态流通。长效应急体系建设一方面日常维护基本零成本，另一方面还能与贫困地区主产区建立长期联系。面对突发事件，可以有条不紊地快速调动农产品货源，并且高效精准地定点投放。建议对农产品批发市场应急储备体系建设给予支持，确保蔬菜等重要农产品供应链不断链，有力保障市场供应。

2019年湖北省农产品批发市场行业发展报告

湖北省商务厅

农产品批发业主要是指农业产出品销售给社会供人们生活消费需求的批发行业和批发市场。农产品批发业、工业品批发业、工农业生产资料批发业是流通业中的几种批发业态，它们占据了流通业中十分重要的主体部分。

湖北省是农业大省，历来有“湖广熟天下足”的说法，是全国重要的农产品生产基地，湖北省农产品批发业比较发达。农产品因其多数是鲜活产品，对时效性和冷链物流等方面的特殊要求，从而使得农产品批发业具有自身的特殊性和流通模式。

因农产品多数是生活必需品，具有收入弹性和价格弹性低的特点，因此受经济周期影响比较小，2019年农湖北省农产品批发业发展规模稳定，年成交量3054.78万吨，比上年增加0.80%，各类业务交易成交额均有增加，农产品批发业基础设施建设在匹配发展。

一、发展规模与速度分析

从发展规模看，湖北省农产品批发业发展规模稳定，各项指标波动不大。据统计资料显示，2019年，全省农产品大型批发市场数十个，与上年同期持平；农产品批发业经销商62967个，比上年增加0.13%；法人企业从业人数448123人，较上年增加0.20%；年成交量3054.78万吨，比上年增加0.80%；年成交额1488.9852亿元，比上年增加0.75%。

二、业务交易情况分析

从湖北省农产品批发业业务交易情况分析，2019年，农产品批发交易中肉禽类年成交额171.6344亿元，比上年增加4.99%；蛋类年成交额5.2917亿元，比上年增加3.00%；水产品类年成交额223.8519亿元，比上年增加0.99%；水果类年成交额129.2185亿元，比上年增加2.00%；蔬菜类年成交额443.7229亿元，比上年增加3.00%；茶叶类年成交额0.1303亿元，比上年增加4.16%；调味品类年成交额93.7982亿元，比上年增加3.00%；其他类年成交额77.1028亿元，比上年增加0.09%。

三、基础设施建设分析

关于农产品批发业基础设施建设，2019年湖北省批发市场总面积214.5678万平方米，比上年增加2.73%；市场摊位数50765个，比上年增加3.04%；冷库库容116.8936万吨，比上年增加1.31%；冷库总面积35.4972万平方米，比上年增加2.58%。

总体来看，2019年湖北省农产品批发业的发展主要有以下特点：（1）行业发展规模稳定，肉禽类、蛋类、蔬菜类、茶叶类农产品的交易规模有较大幅度的扩大；（2）行业基础设施建设投资增加，市场经营总面积有小幅度上升。湖北省作为中部地区的农业大省，农产品批发业加快发展和高效运作对于促进商品流通、改善人民生活具有积极作用。为了更好更快地促进湖北省农产品批发业发展壮大，应继续强化市场基础设施建设，改善交易条件；同时推进市场信息化建设，提高市场经营管理水平；加强储运保鲜等冷链设施和物流配送系统建设，提高农产品流通效率，积极探索交易方式创新。

2019 年湖南省农产品批发市场行业发展报告

湖南省商务厅

农产品批发市场以粮油、畜禽肉、禽蛋、水产、蔬菜、水果、茶叶、香辛料、花卉、棉花、天然橡胶等农产品及其加工品为交易对象，为买卖双方提供长期、固定、公开的批发交易设施设备，并具备商品集散、信息公示、结算、价格形成等服务功能的交易场所。2019 年，湖南农产品批发市场稳步发展，继续扩大规模，在促进商品集散，形成农产品价格，把关农产品质量，保障全省农产品供应和菜篮子工程，引导农作物生产等方面发挥了重要的作用。

一、行业发展基本概况

（一）行业规模分析

2019 年，全省各类规模以上农产品批发市场 91 个（年交易量在亿元以上），其中：农产品综合市场 42 个、肉禽蛋市场 7 个、水产市场 5 个、果蔬市场 17 个、茶叶市场 1 个、花卉市场 1 个、其他市场 18 个。批发市场的经营范围包括本省及外地各类农副土特产品、粮、油、蔬菜、水产品、瓜果、干货、花卉苗木、茶叶制品等。农产品批发市场对促进我省经济发展、提高人民生活水平做出了巨大的贡献。

表 1　2018—2019 年规模以上农产品批发市场法人企业单位数（单位：个）

指标	2019 年	2018 年	比重（%）
综合市场	42	42	45
肉禽蛋市场	7	7	8
水产市场	5	5	5
果蔬市场	17	17	18
茶叶市场	1	1	1
花卉市场	1	1	1
其他市场	18	18	20
合计	91	91	100

（二）行业结构分析

从行业经营面积看，2019 年全省规模以上农产品批发市场营业面积 2931302 平方米，同比增长了 5.4%；从行业市场摊位数量看，2019 年全省规模以上农产品批发市场摊位 46907 个，同比增长了 0.9%。另外，2019 年全省规模以上农产品批发市场的冷库库容 4025781 吨，同比增长了 212.1%；冷库总面积达 913421 平方米，同比增长了 5.3%。这些冷链储存体系的完善和摊位管理的规范化为城乡居民食品安全提供了有力保障。

表 2　2018—2019 年农产品批发市场行业结构（单位：平方米、个、吨）

	2019 年	2018 年	同比增长
营业面积	2931302	2780006	5.4%
摊位总数量	46907	46482	0.9%
冷库库容	4025781	1290110	212.1%
冷库总面积	913421	867641	5.3%

（三）行业效益分析

随着居民经济收入的增加，居民生活质量不断改善，购买力大幅提高，农产品市场交易量增幅较大。从农产品批发市场的成交量看，2019 年全省各类产品的年成交额分别为：肉禽类成交额 135.77 亿元、蛋类成交额 37.15 亿元、水产类成交额 167.11 亿元、水果类成交额 106.94 亿元、蔬菜类成交额 205.06 亿元、茶叶类成交额 81.96 亿元、花卉类成交额 67.97 亿元、调味类成交额 42.39 亿元、药材类年成交额 35.51 亿元、其他农副产品成交额 109.94 亿元。其中，蔬菜类、水产类和肉禽类年成交额分别占总成交额的 20.7%、16.9% 和 13.7%，三类产品合计超过半数。

二、存在的问题

（一）农产品批发市场基础设施建设不足

目前，我省大多数农产品批发市场仍然停留在提供的是最简单的交易场地，批发市场都是露天交易，缺乏遮阳避雨的交易棚厅，特别是一些产地批发市场的基础设施简陋，水电设施建设水平低，导致场内经营环境脏、乱、差。还有一部分批发市场缺乏垃圾处理、质量检测、电子统一结算、信息服务、安全监控等配套服务设施，进入市场交易的农产品质量安全存在隐患；也没有建立农药残留检验检测系统，农产品检疫制度不完善。建设现代化农产品批发市场、完善市场服务功能的重要基础条件也不具备，比如：分选包装、冷藏保鲜、冷链物流和配送等设施缺乏。

（二）农产品批发市场现代化运营能力较差

我省农产品批发市场还处于发展的初级阶段，多数农产品批发市场交易方式落后，管理水平、综合服务能力低，市场管理“重收费轻服务”，一般只是停留在物业、卫生、保安等管理上，没有为商户提供便捷的信息查询、信息服务、冷藏保鲜等配套服务。市场内商流、物流、人流往往处于自发、无序的状态，缺乏及时有效的协调掌控机制与手段，用现代信息技术加强和改善市场运营管理还做得不够。欺行霸市、哄抬物价、强买强卖等大量违法现象时有发生。管理制度不够规范和健全。

（三）农产品批发市场区域规划布局不够合理

在批发市场的建设上，由于政府缺乏统一规划，造成了重复建场，盲目竞争，同类型市场往往出现“比邻而居”“有市无场”的现象，造成了恶性竞争。甚至“买客户”的现象成为一些地方的竞争常态，对市场的公平运营造成了极大的影响，扰乱了市场秩序。

三、行业发展趋势分析

（一）农产品批发市场与电子商务的融合发展

目前，随着电子商务政策环境的不断完善，农产品电子商务面临着前所未有的发展机遇。电子商务在农产品流通中起到越来越重要的作用，电子商务的介入为现代农产品批发市场的业务创新提供了很好的机会，传统的农产品批发市场将与电子商务一起协同发展，构成线上线下联合发展的局面。在电子商务中，农产品批发市场的责任应该是建立平台，批发商应该做的是电子商务交易。农产品电子商务以后的发展重点应着眼于探索电子商务批发业务，主要解决物流节点问题和产品标准化问题。同时，对于农产品电子商务的研究也将会更加深入。

（二）农产品批发市场运营管理的信息化

目前，社会公众获得农产品信息大多直接来自于农产品批发市场，农产品批发市场充当了市场信息发布和信息收集的平台，发布关于农产品的价格、成交量和供求双方的信息，成为社会公众很好的信息来源地，对引导农民调整农业农村的经济结构、稳定市场供应、提高农民收入、促进产销衔接发挥了重要作用。一些发展较好、经济实力较强的农产品批发市场还利用现代化信息技术，实行了人事管理、保安管理、客户管理、摊位管理、财务管理等的信息化。

（三）农产品批发市场与冷链物流的结合发展

尽管国家对冷链投入很多，我省冷链物流得到了快速的发展，但是冷链物流在农产品批发市场的应用始终得不到推广，“断链”问题依旧严重，不少在生存、屠宰、储藏环节采用低温处理的产品，在运输销售阶段出现“断链”，主要是由于高成本和低消费水平之间的矛盾。然而，在当前农产品电子商务迅猛发展的社会环境下，生鲜农产品的首要条件就是品质，因此高效、低损耗的运输是电子商务中最重要的环节，农产品冷链物流的应用必将在未来农产品批发市场发展中占有重要地位。

四、政策及对策建议

（一）推动农产品批发市场标准化建设

目前，一些大型批发市场已不再是单一的产地市场或销地市场，而是向着两个方向一起发展，因此政府可以通过资金上的支持，引导大型批发市场发挥示范作用，鼓励其先行推进农产品的标准化，实现包装的标准化。标准化虽能有效地提高效率，降低损耗，但是其成本也随之增加，因此在推广的过程中存在着很大的障碍。因此建议：（1）在适当的时候必须包装标准化才能够进行交易；（2）在初始推广阶段政府适当地给予补贴；（3）制定标准与标准推广同步实施，且在相应政策出台后，对实行包装标准化的批发商给予鼓励和优惠政策，并逐步过渡到强制性标准。

（二）提高农产品批发市场信息化能力

农业生产由于具有分散性的特点，使得农产品批发市场信息传递的范围十分有限，因此获取到的关于农产品的供求、品牌、质量、价格等信息不全，互联网、手机、广播等现代技术得不到充分有效的发挥，无法及时指导农业的生产。因此建议，在农产品批发市场上构建一批信息覆盖面广、传递能力强的信息网络平台，根据农产品种植、周期特征和销售情况，建立和完善覆盖多个品种和不同地域的统一的农产品的供需和价格信息的检测系统，保证信息的公开透明化，为消费者、零售商和农民提供第一手的信息来源。

（三）促进农产品批发市场的辐射能力

要重视信息工作，开展信息网络工程建设，通过信息全方位、网络化、及时化传递，电子商务、网络交易等现代交易手段，实现信息的共享，提高农产品批发市场的辐射力。因此可以通过信息化手段，建立农产品生产、流通、销售和消费的综合性信息数据库和信息服务平台，形成具有信息采集、信息处理、信息查询、信息发布、供求对接及资金申报管理等功能的综合性平台，打造“湖南农产品流通综合信息服务网”，引导企业开展产销对接，发挥信息引导作用。

（四）提高农产品批发商市场的冷链水平

以现代冷链物流技术为支撑，以农产品产地批发市场、销地批发市场、大型连锁零售企业和大型农产品流通企业为依托，建设从产地预冷、冷藏运输、冷鲜加工、冷冻贮藏、冷冻配送到消费终端的全程农产品物流冷链体系。形成一批现代化、规模化、运转高效的跨区域冷链物流配送中心，积极推广冷链物流的核心技术，培育一批具有国际核心竞争力和较强资源正合能力的核心企业，初步建成健全标准、功能完善、管理规范、设施先进、布局合理和上下游衔接的农产品冷链物流服务体系。

2019 年广东省农产品批发市场行业发展报告

广东省商务厅

一、行业发展基本情况

（一）行业规模分析

从数据中可以看到，2019 年广东省农产品批发市场在规模上，与 2018 年相比发展速度有所回落，发展趋势放缓。2019 年广东省农产品批发市场总个数 96 个，与 2018 年相比市场总数无明显变动；经销商数总个数约 2.7 万个，与 2018 年相比有略微减少，降幅约为 0.04%；从业人数约 15.8 万人，与 2018 相比从业人数降低幅度较大，降幅约为 14.4%；成交量约 11407 万吨，与 2018 相比成交量也有小幅度下降，降幅约为 3.5%；成交额约 10849 亿元，与 2018 相比成交额有效幅度增加，涨幅约为 2.4%。

从数据上看，2019 年广东省农产品批发市场发展速度较 2018 年相比有所回落，发展速度放缓。在从业人数方面减少较多，且成交量也有小幅度降低，但是总体发展规模趋势依旧良好，成交额较 2018 年相比有轻微增长，市场总体规模变化幅度不大，仍旧具有庞大的发展潜力。

（二）行业结构分析

根据数据统计，广东省农产品批发市场在结构上分为综合市场、肉禽类市场、水产品市场、果蔬类市场、茶叶市场、花卉市场和其他市场等多种类型。除花卉市场数据暂缺外，下文将根据这六种市场类型的有关统计数据进行分析。数据来源为广东省商务流通统计典型企业数据及 2019 年广东省统计年鉴测算数据。

1. 综合市场规模保持领先，果蔬市场成交额占比最多

在市场个数方面，根据数据统计，2019 年广东省农产品批发市场综合市场个数为 36 个，占市场总数的 37.5%，其次是果蔬类市场 19 个，占市场总数的 19.8%，随后是肉禽类市场 13 个，占市场总数的 13.5%，水产品市场 13 个，占市场总数的 13.5%，其他市场 8 个，占市场总数的 8.3%，茶叶市场 7 个，占市场总数的 7.3%。从数据中可以看出，在市场数量上，综合市场依旧保持第一，此外由于近年来人们对健康生活的关注和对绿色健康食品的需求，果蔬类市场数量也占比较大。

在经销商方面，根据数据统计，2019 年广东省农产品批发市场综合市场经销商数量达到约 1.7 万个，占经销商总数的 63.2%，其次是果蔬类市场经销商约 4000 个，占经销商总数的 15.6%，随后是肉禽类市场经销商约 3000 个，占市场经销商总数的 10.6%，水产品市场经销商约 2000 个，占经销商总数的 7.4%，其他市场约 505 个，占经销商总数的 1.9%，茶叶市场经销商约 324 个，占经销商总数的 1.2%。从数据中可以看到，在 2019 年广东省农产品批发市场中，经销商数量分布总体比例无明显变动幅度，综合市场的经销商数量依旧占据榜首，随后是果蔬类市场等其他市场。

在从业人数方面，根据数据统计，2019 年广东省农产品批发市场综合市场从业人数约 7.9 万人，占到农产品批发市场从业总人数的 50.3%，其次是水产品市场从业人数约 5.7 万人，占到农产品批发市场从业总人数的 36.3%，随后是果蔬类市场从业人数约 1.5 万人，占到农产品批发市场从业总人数的 9.7%，肉禽类市场从业人数约 4000 人，占到农产品批发市场从业总人数的 2.4%，其他市场从业人数约 2000 人，占到农产品批发市场从业总人数的 1.3%。茶叶市场从业人数 28 人，占到农产品批发市场从业总人数的 0.02%。从数据中可以看出，综合市场在带动就业依旧保持业内领先地位，驱动力保持强劲的趋势，紧

随其后的是水产品市场。这可能是由于综合市场面积较大，市场种类繁多，吸引更多商家前往入驻，其他市场由于专业集中度较高，相对而言从业人数较少。

在成交量方面，根据数据统计，2019 年广东省农产品批发市场综合市场成交量约 9713 万吨，占到农产品批发市场成交量的 85.1%，其次是果蔬类市场成交量约 1264 万吨，占到农产品批发市场成交量的 11.1%，随后是肉禽类市场成交量约 181 万吨，占到农产品批发市场成交量的 1.6%，水产品市场成交量约 126 万吨，占到农产品批发市场成交量的 1.1%，其他市场成交量约 121 万吨，占到农产品批发市场成交量的 1.1%，茶叶市场成交量约 4 万吨，占到农产品批发市场成交量的 0.04%，从数据中可以看出，2019 年广东省农产品批发市场成交量仍然以综合市场为主，占市场成交量的绝大多数，其次是果蔬类市场，肉禽、水产品等其他市场成交量的占比较小。

在成交额方面，根据数据统计，2019 年广东省农产品批发市场果蔬类市场成交额约 5769 亿元，占到农产品批发市场成交额的 53.21%，其次是肉禽类市场成交额约 1978 亿元，占到农产品批发市场成交额的 18.2%，综合市场成交额约 1937 亿元，占到农产品批发市场成交额的 17.9%，其他市场成交额约 1090 亿元，占到农产品批发市场成交额的 10%，茶叶市场成交额约 40 亿元，占到农产品批发市场成交额的 0.4%，水产品市场成交额约 1937 亿元，占到农产品批发市场成交额的 0.3%。从数据中可以看到，果蔬类市场成交额占农产品批发市场成交额比重最大，其原因可能是果蔬类商品为人们日常消耗品，需求量较大，且不易长期储存，因此交易流动性较高，交易额较大。

4. 农产品交易以蔬菜交易为主，肉禽蔬菜交易幅度有所上升

根据数据统计，在广东省农产品批发市场中，肉禽年交易额约 1702 亿元，占农产品交易总数的 8.3%；蛋类交易额约 11.6 亿元，占农产品交易总数的 0.1%；水产品交易额约 3532 亿元，占农产品交易总数的 17.3%；水果类交易额约 4128 亿元，占农产品交易总数的 20.2%；蔬菜类交易额约 11010 亿元，占农产品交易总数的 53.8%；调味品类交易额约 1.2 亿元，占农产品交易总数的 0.01%；其他农产品交易额约 84 亿元，占农产品交易总数的 0.4%。

从数据中可以看出，人们对于农产品的需求以蔬菜类、水果类、水产品类、肉禽类为主。蔬菜、水果类交易量占所有农产品交易量的 70% 以上，表明人们在生活水平提高的同时，更加注重饮食健康和营养均衡。此外，受 2019 年猪肉价格的波动，人们对蔬菜的需求与 2018 年相比有一定幅度的上升，猪肉替代品的其他禽肉类需求量也有所增加。

表 1　2018—2019 年广东省农产品批发市场交易情况（单位：亿元）

交易类别	2019 年		2018 年		涨幅
	交易额	占比	交易额	占比	
肉禽年交易额	1702	8.3%	1597	8%	6.6%
蛋类交易额	11.6	0.1%	12.2	0.1%	-4.9%
水产品交易额	3532	17.3%	3556	17.9%	-0.7%
水果类交易额	4128	20.2%	4206	21.1%	-1.9%
蔬菜类交易额	11010	53.8%	10444	52.5%	5.4%
调味品交易额	1.2	0.01%	1.3	0.01%	-7.7%
其他农产品交易额	84	0.4%	85	0.4%	-1.2%

资料来源：根据广东省商务流通统计典型企业数据及 2019 广东省统计年鉴测算

（三）农产品市场基础设施建设

根据数据统计，2019年广东农产品批发市场经营总面积约6181万平方米，与上年相比经营面积新增8.5%；2019年市场摊位总数量约42721个，与2018年相比有轻微幅度减少，降幅约为0.02%；2019年冷库库容约23万吨，与2018年相比，库容有所减少，减少幅度约为4.2%；此外，2019年广东农产品批发市场检验检测中心、废弃物处理中心、安全监控中心、信息中心、电子结算中心与2018年相比数量无变化，基本持平。

从数据中可以看出，广东省农产品批发市场基础设施建设情况总体上与2018年相近，市场经营总面积有一定比例的增加，主要因素是新市场建设完成，开始批量投入使用，但检验检测中心、废弃物处理中心、安全监控中心、信息中心、电子结算中心同比增加速度较慢，未能跟上市场发展速度，尤其是冷库库容有所减少，不利于农产品市场规模迅速扩大过程中的商品的储存，农产品流通成本会受到一定影响。

表2　2018—2019年广东省农产品批发市场基础设施建设比较

指标	2019年	2018年	涨幅
市场经营总面积（万平方米）	6181	5699	8.5%
市场摊位总数量（个）	42721	42730	–0.02%
冷库库容（万吨）	23	24	–4.2%
检验检测中心（个）	53	53	0%
废弃物处理中心（个）	52	52	0%
安全监控中心（个）	207	207	0%
信息中心（个）	48	48	0%
电子结算中心（个）	48	48	0%

资料来源：根据广东省商务流通统计典型企业数据及2019广东省统计年鉴测算

（四）行业现代化程度

1. 互联网技术不断普及，现代化设施日益完善

2019年以来，广东省积极探索建设农业互联网短视频直播营销模式，在互联网平台上积极借鉴新技术，寻求新的发展模式，随着短视频+直播营销模式的推广，广东省通过短视频直播为广东特色农产品“带货”逐渐成为新的营销手段，电商模式的农产品营销迅速发展。除了在农产品销售方面广泛借助现代化技术，在支付、检测、监控等方面，互联网等现代化技术也不断被推广应用。广东省农产品批发市场许多地方已经广泛采用电子结算的形式，大大提高了服务效率和准确率，还综合运用大数据管理，实现信息共享，许多批发市场展示电子银屏，对交易农产品的价格、质量、计量、检测等数据进行实时公示，对诚信经营，维护消费者权益发挥着积极作用，使农产品批发市场运行更规范合理。

2. 经营规模扩大，市场发展迅速

近几年，广东省农产品批发市场蓬勃快速发展，尤其是随着社会主义市场经济体制的日益完善，改善了人们的生活水准，农业市场化改革和国际化进程不断推进，人们对农产品的消耗逐渐增加，农产品批发市场在促进产销衔接、保障农产品有效供给及引导生产资源市场化配置等方面的作用日显突出。以

往农产品多以农户自主经营、自主营销为主。随着经济社会的发展，交通基础设施的完备，有规模的经销商数量日益增多，目前广东省农产品批发市场经营面积逐步扩大，农产品批发市场网点分布在广东省全省范围内，有效拉动各地区的经济发展，提高农产品交易的效率，各个农产品市场均得到不同程度的发展，农产品经营结构也日趋合理，行业集中度也不断提高，逐渐出现以农产品交易为主营业务的大型企业集团，开始走向规模化经营模式。

（五）行业贡献度分析

2019 年虽然广东省农产品批发市场从业人数有一定幅度的减少，但是总体市场体量依旧庞大，为社会解决了大量就业问题，对于维护社会安定具有重要作用；农产品批发市场在促进农产品产销衔接、保障农产品有效供给及引导生产资源市场化配置等方面具有重要作用，随着广东省农产品批发市场的发展，农产品批发市场网点布局逐渐覆盖全省，有利于推动省内农产品资源的快速流通，实现农产品产销供给均衡的稳定性，防止农产品因为信息不对称等原因价格大起大落，保障农产品长效稳定供应，也对经济社会发展作出了重要贡献。

二、存在问题及其原因

（一）行业发展速度放缓，转型升级面临瓶颈

从今年数据中可以看到，广东省农产品批发市场企业数量、从业人数等方面都有不同程度的减少，交易量也出现下滑趋势，交易额除肉禽、果蔬外，都出现了不同程度的负增长，表明 2019 年广东省农产品批发市场增长速度放缓。由于农业批发市场行业准入门槛较低，开放程度较高，在发展早期，为了快速推动农产品批发市场的发展，通过大量资本进入，再加上缺乏规划，法律法规不够完善，盲目招商引资等，导致行业投资严重过剩，恶性竞争加剧，随着近几年农产品供应量的提升，以及经济大环境的影响，农产品批发市场竞争矛盾凸显。虽然这几年在“互联网+”模式以及国际贸易等发展方向上有了新的突破，但许多历史问题仍未得到解决，企业转型升级较为困难，尤其是实体业企业，近几年发展愈加艰难。

（二）市场发展缺乏整体合理规划，基础设施建设投入力度不足

2019 年广东省农产品批发市场有固定摊位约 27886 个，非固定摊位约 12715，非固定摊位仍然占据较大比重，虽然非固定摊位灵活性高，机动性强，但是在农产品交易高峰期，由于市场管理不善，摊位缺乏统一规划，加之从业人员素质高低不齐，公益缺失，所引发的环境卫生脏乱差、市场周围交通拥堵、附近社区外来人口集聚造成治安压力大更加难以管理，影响公共卫生安全。另一方面，2019 年广东省农产品批发市场经营面积与 2018 年相比，保持增长趋势，但是在检验检测中心、废弃物处理中心、安全监控中心、信息中心、电子结算中心等基础配套设施方面的发展速度远低于经营面积发展速度。基础设施建设不完善，在信息汇集、质量安全检测、产品溯源、废弃物无害化处理等方面的建设与投入严重不足，市场运作与管理模式比较粗放。

（三）市场监管力度亟须加强，农产品流通体系有待完善

随着人们生活水准的提高，对于食品安全的要求也与日俱增。然而在商业利润的驱使下，农药、催熟剂等各类化学物品的大量使用，使得蔬菜水果、牛羊猪鸡等得以实现大批量规模生产，与此同时带来的是各类食品安全隐患问题。当前政府与市场主体之间的监管存在障碍，信息交流效率不高，尤其是食品安全方面的监管漏洞较多。许多大型农产品市场的食品安全监管，更多依靠的是市场本身的自我调节，在利润的驱动下，有些企业往往选择铤而走险，危害食品安全。此外，在农产品流通领域，当前广

东省的农产品市场信息化管理水平有待提升，现代化管理手段不足，在农产品流通中的产地信息、物流信息、人员信息、质检安全信息等没有形成统一的农产品流通信息管理系统，农产品的流通环节也较多，不利于农产品批发的稳定供给。

三、趋势预测与政策建议

（一）趋势预测

1. 市场发展规范化加强，整体布局走向合理化

随着 2020 年新冠肺炎疫情的暴发，暴露出许多农产品批发市场建设和运营中还存在一些缺陷和问题，此外，随着现代物流水平飞速发展，电子商务等外部环境的迅速变化对传统农产品批发市场生态产生了巨大冲击，制定农产品批发市场现代化整改与升级方案已迫在眉睫。在现代技术的运用下，建设物流商流分离、批发零售分离、垂直物理空间分离的新型农产品批发市场将成为可能，把办公区、餐饮休闲区、销售市场和物流转运区进行合理规划，农产品批发市场布局将日益合理，更便于运营管理。

2. 政府监管力度加强，市场管理逐渐信息化

2020 年我国新冠肺炎疫情暴发地集中在大型批发市场，也暴露了农产品批发市场在公共卫生安全监管力度上的不足。随着我国疫情得到控制，但是境外疫情确诊数量居高不下，境外输入问题开始成为疫情防控的首要问题，为吸取经验教训，未来农产品批发市场将会逐渐加强监管力度，尤其是针对公共卫生安全问题、食品安全问题等，保障食品流通卫生安全。在加强监管方面，也会促进农产品批发信息管理模式的转变，现代化信息技术将会广泛运用于农产品流通、人员流动产地溯源等方面，进一步维护农产品市场发展。

（二）政策建议

1. 加大资金投入力度和政策支持，推动传统农产品批发转型升级

自 2020 年新冠肺炎疫情暴发以来，为稳定民生，保障生活必需品供给，各地的农产品批发市场起到了不可忽视的重要作用，农产品批发市场坚持开市营业，充分发挥了蓄水池和调节器作用，零售市场也有效发挥了便民服务功能。但也相应暴露出了许多问题，传统的农产品流通模式早已不能满足现代社会需求，为进一步巩固农产品批发市场对保障城市供应，解决农产品销售问题等服务功能，推进农产品批发市场顺应时代发展，有关部门要加大资金投入力度和政策支持，帮助传统农产品批发转型升级。一是在资金方面给予传统农产品批发企业支持，扶持一批资质良好，经营优秀的企业，帮助其引进先进技术和现代化管理经验，加快转型升级；二是在政策和立法方面，从市场的性质定位到规划布局、政府管理、市场运行、市场准入、交易行为、规范标准等方面作出明确具体的规定，确保农产品批发市场建设和管理有法可依，推动农产品批发市场依法、科学、合理、有序、规范、高效运行和健康发展。

2. 制定现代化合理改造方案，加强政府监管体系建设

长期以来，农产品批发市场处于“谁投资、谁管理、谁运营、谁受益”的模式，存在着规划布局不合理、公益属性不明确等问题，与经济社会发展阶段要求以及人民群众对美好生活的向往还有不小的差距。因此，对农产品批发市场升级改造，要与城市的发展相融合。要根据城市发展要求，对农产品批发市场制定现代化整改与升级方案，规划合理，布局分明。大型农产品市场的规划、建设、管理、运行、发展等不能仅仅依靠市场企业自发行为，有关政府部门应当通过合理引导和有效监督参与管理，保障城市农产品市场安全运行。因此，政府要加强对农产品批发市场的监督管理工作，建立沟通顺畅、信息共享的有效监督管理体系，加强对农产品批发市场的日常监督管理工作。

3. 加大食品安全监管力度，加快建设农产品流通体系

政府有关部门要加强食品安全管控，加快建设农产品流通体系，主动积极参与到农产品流通制度和农产品安全追溯体系建设，充分利用互联网和大数据技术，从源头、流通过程到销售上把握农产品的流通信息，建立农产品流通追溯机制，从生产、运输、进场和交易等全过程执行溯源码制度，确保能随时随地追溯每件农产品信息。此外，可以引导市场对于销售的商品加贴二维码或标识码，为消费者提供食品安全溯源保障。农产品安全追溯体系要体现国际化、本土化、细分化的特点，结合本土特色以及保障企业利益，争取做到农产品物流与安全信息一体化。

2019年重庆市农产品批发市场行业发展报告

重庆市商业委员会

随着经济的不断发展，以及“互联网+”的出现，电子商务行业发展迅猛，其促使了农产品物流模式发生改变，从而为农产品批发市场带来了新的发展机遇。但与此同时，农产品批发市场在新背景下也面临了诸如“小生产、大流通”等问题。对此，农产品批发市场要基于现代化的市场交易方式和技术，加大信息化建设，进一步整合资源，强化市场交易者组织的广度和深度，不断完善市场体系，蜕变为提供全方位增值服务的农业平台，提高农产品批发市场的功能、地位，进而发挥作为农产品流通的主渠道和关键节点作用。

一、农产品批发市场的发展现状

农产品批发市场作为农产品市场系统的重要枢纽，在农产品流通领域发挥着核心作用。重庆主城区常住人口超过3000万人，其中城镇人口超过1970万人，随着城镇化建设的加快，居民的生活水平得到明显提升，但与此同时，农产品批发市场的发展速度却不断放缓。现阶段，只能提供简单批发零售服务的农产品批发市场，已无法满足居民对高品质生活的需要。农产品批发市场存在诸多突出问题，如市场现代化程度不高、空间布局不科学、市场功能不完善、批发市场整体素质不高、规模偏小、技术手段落后等，这严重阻碍了农产品批发市场发展。因此，在“互联网+”背景下，作为农产品流通的主要环节，农产品批发市场亟须进行转型升级。

（一）建成三级农产品市场体系

网络电商、生鲜超市、社区菜店以及快递配送等新型营销模式驱动菜市场加快新一轮的变革与发展。建成跨区域一级批发市场1个、区域性农产品批发市场31个、乡镇农贸市场及城区菜市场1686个。深入开展公益性农产品市场体系建设示范试点，培育示范试点区县7个、新增示范试点区县7个，新改建农产品批发市场8个、乡镇农贸市场（城区菜市场）212个，培育示范试点区县14个、全国示范市场5个、市级示范市场51个，打造乡镇商贸综合服务中心140个。形成以大型农产品批发市场为龙头、区域性农产品专业特色市场为支点，城区菜市场和乡镇农贸市场为基础的三级农产品市场体系。

（二）农产品品牌特色凸显

围绕拓宽农产品营销渠道助力脱贫攻坚，打造“武陵遗风”“一江精彩”等农产品公共区域品牌230多个，建成农产品产地集配中心150个、农产品冷链流通标准化信息化项目158个，举办线上线下产销对接活动400余场，打造特色农产品全产业供应链38条。

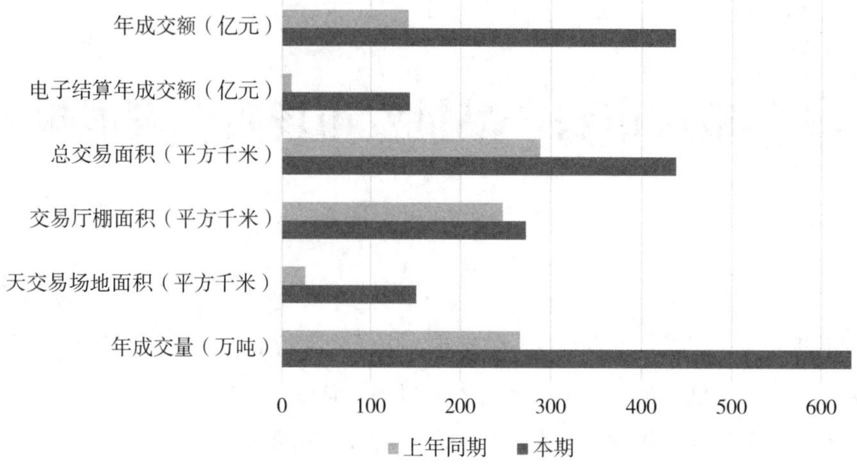

图 1　重庆市农产品批发市场典型企业 2018—2019 数据对比

2019 年，重庆市列入商务部农产品批发行业典型企业统计的市场共有 8 个，全年总交易额 437.76 万元。（见图 1）

（三）智慧建设逐步推行

充分运用云平台和大数据分析，采取先线上、后线下，先商户、后平台，先试点、后推广的方式不断提升农贸市场管理水平和运营水平，改善购物环境，提高商户经济效益和市民购物体验，解决食品溯源问题，确保食品安全，着力推进智慧菜场改造工程。一是联合阿里巴巴推进线上菜市建设，饿了么"重庆菜市"30 家试点市场将于 6 月底前全面上线；二是试点市场统一配备电子智能秤、食品检测室和快检设备，推广普及各种电子支付方式，数据自动抓取；三是完善溯源系统，消费者通过扫描商品二维码可了解食品的相关流通信息。下一步，市商务委将进一步加强与阿里巴巴合作，推动传统农贸市场进行数字化、智慧化改造，实现生鲜商品进销存全链路管理与食品溯源、价格管控、野生动物违法经营等数字化监管有机结合，提升监管效能，助力放心消费。

二、农产品批发市场转型发展存在的问题

（一）农产品流通过程复杂冗杂

在农民生产农产品后，其首先将农产品聚集在原产地的批发市场，然后由中间批发商收购，再由运输商向销售市场销售，最后，这些农产品通过餐饮、零售等渠道流向终端消费者。流通环节的多样性导致农产品价格出现了差异，多环节的流通提升了农产品价格。（见图 2）农产品流通存在着不可避免的差异，这进一步影响了农产品流通的效率。另外，价值链的主要参与者可以通过流通加工、产品储存、批发零售活动获得较高的收益率，而在生产环节农户获得的投资收益率却相对较低。同时，由于农产品存在易腐性和破坏性，其贮存困难，这就导致了农产品在多层次流通环节损失率的增加，这降低了其流通效率。

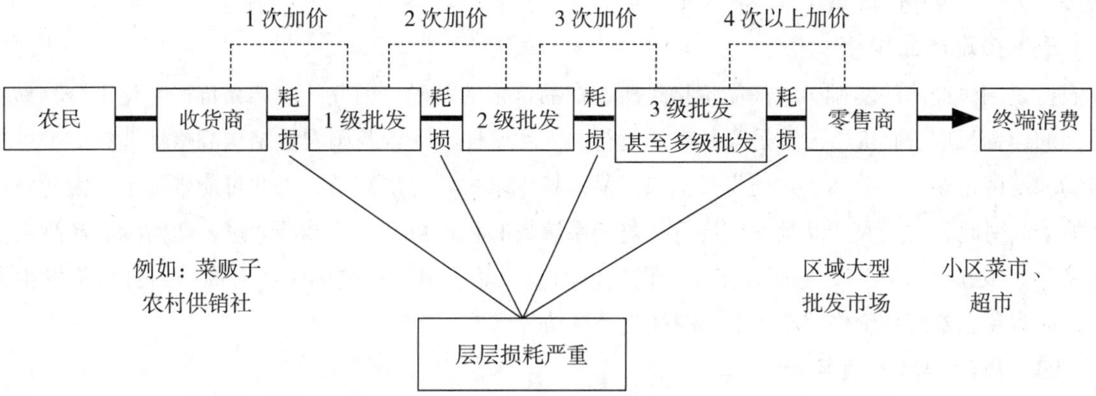

图 2　农产品流通环节及其加价过程

（二）农产品批发市场的现代化水平不高

其尚未实现自动化和智能化。现阶段农产品的装卸仍基本依靠人工完成，农产品批发市场物流、人流、车流均比较混乱。并且，农产品批发市场的组织化程度低，其体现在以场地、设施出租为主的物业式经营布局上的不合理。经过长时间的发展，农产品批发市场已初步建立了以“信息中心、检测中心和结算中心”为核心的信息系统。然而，部分农产品批发市场仍存在信息化建设不足、基础设施建设不完善、信息化水平较低、储存加工能力弱、缺乏与现代流通方式的对接、市场功能不健全的问题。此外，部分农产品批发市场的信息搜集内容不广泛，其处理和分析能力较低，在信息资源共享方面水平的不足，导致了其信息传播滞后，其无法实时公布产品和市场交易信息，难以充分发挥农产品批发市场对农业产业化的辐射引领作用。

三、农产品批发市场转型的目标

（一）突出公益性

商务部的公益性农产品批发市场建设要求已经落地一批。但农产品批发市场的投资人大多仍然是个体股东或企业股东，其投资目的主要是为获得最大化的收益。这导致农产品批发市场尚未发挥其公共物品的属性，这就导致农产品批发市场上的产品质量安全无法得到保障。农产品批发市场应继续突出准公益性和低收益性，因此应继续加大政策资金扶持力度，政府出面建设，借此农产品批发市场可以完善流通基础设施和批发市场公益性设施建设，由政府统一进行指导与规范而承担的大部分农产品的集散功能，能形成绝对的规模优势，有助于提高农产品物流标准化和生产组织化、规模化。不但能够减少农产品批发市场由于信息不对称造成的负面影响，而且政府还能对农产品质量进行严格精细的把控。

（二）提高信息化

在智慧城市、智慧农业发展的大背景之下，随着互联网的普及和各种智能化通信工具的推广，以及信息化、电子化技术为依托的商品交易更加简便。而农产品批发市场作为沟通前端农业生产和后端消费的主渠道，其应向智慧化的方向发展。对此，农产品批发市场要不断推进信息化进程，通过多元的资源整合，加强对大数据的搜集、处理、分析和利用，逐步实现功能综合化、品种多样化、交易简便化、产品安全化、建设标准化。此外，农产品批发市场信息化程度的提高，可以促使其形成统一的信息化平台，这能使农产品消费量信息、价格信息、物流信息及统计信息得到实时展示，通过让物流企业、经销商、农业企业、零售商、生产者、消费者、政府获取实时信息，将有助于农产品批发市场实现农产品供销的协同统一，进而促进农业生产现代化。

（三）稳定产品价格

农业是国民经济的基础，农产品价格是所有商品价格的基础，因此，农产品价格变化十分容易带来一系列的连锁反应。而价格波动是商品市场运行的天然属性，随着我国农业结构战略性调整的推进，产区市场和销区市场逐渐分离，这使得我国农产品市场供求关系更加复杂，由此可能带来了更大的农产品价格波动。因此，建立农产品批发市场价格监测系统具有积极意义，其能够通过密切监测农产品物流以及农产品批发市场等环节，从而稳定整个供应链的农产品价格，通过确保所有商品的价格不发生大变动，进而避免因农产品价格波动而形成的社会经济动荡。

（四）搭建智慧监管平台

一方面，要加大统筹谋划、合理布局，加强市场基础设施建设，并根据地方市场的区位优势、资源禀赋、基础条件、项目储备和市场需要，对现有的空间进行改建或重新布局。新建的现代化大型市场，要将批发市场划分为不同功能区，从而优化市场综合化功能，提升现有市场交易服务功能，进而构建起与新型工业化、信息化、城镇化和农业现代化相适应的农产品批发市场体系。另一方面，应基于现代信息技术和电子商务，打造一批具有国内外影响力的农产品加工中心、电子交易中心、配送中心、检验中心、结算中心、信息中心和农产品进出口展销中心，对此，要加大冷藏冷冻加工储藏设施、运输检验设备的投入，强化冷链物流全程监控管理，提升冷链物流信息化水平，不断推动高端农产品现代交易市场的建设。

农产品批发市场作为农产品流通的主要环节，其传统功能已不能满足当今市场需要。现阶段，农产品批发市场行业在公益性市场建设、标准化改造、智慧菜市（网上）试点的工作下，交易额和利润稳中上升，但仍然需要继续在硬件设施、信息化平台、交易方式、交易主体、市场管理制度等方面加强建设，加快农产品批发市场转型升级。对此，可从提高农产品批发市场的公益性、信息化、智能化程度出发，推进农产品批发市场转型升级，促进其实现现代化发展。

2019年贵州省农产品批发市场行业发展报告

贵州省商务厅

2019年，面对复杂严峻的国内外经济环境，全省商务系统积极应对经济下行压力，紧紧围绕实体经济发展需求和现代化经济体系建设要求，积极推动供给侧结构性改革，主动适应经济发展新常态，以流通创新促进商产融合和消费升级，推动全省批发业规模化发展。全省批发业加快提档升级，行业效益平稳增长，批发市场企稳向好态势进一步显现。

一、基本情况

（一）行业规模稳步扩大

2019年，贵州省批发业法人企业数量为29936个，同比增长7.7%。法人企业购进额为3390.11亿元，同比增长7.3%。销售总额为9433.20亿元，同比增长6.8%。

（二）行业效益平稳增长

2019年，贵州省批发业主营业务收入为7819.00亿元，同比增长9.3%。利润总额为791.33亿元，同比增长5.2%。

（三）行业贡献持续向好

2019年，贵州省新增就业人数3.81万人，从业人数同比增加4.4%。企业支付职工薪酬427.00亿元，同比增加5.3%，社会贡献持续增加。

（四）重点地区增速保持领先

2019年全省9个市州中，六盘水市增速最高，为14.8%，其次为贵阳市、黔西南州、遵义市、毕节市、黔南州、铜仁市，增速分别为13.9%、12.9%、10.5%、10.4%、10.0%、3.0%；黔东南州、安顺市销售额为负增长，增速分别为–0.6%、–3.6%，位列最后两位。

二、主要特点

（一）批发业加快提档升级

贵州省政府办公厅2019年印发《贵州省批发零售业上规提质三年行动计划（2019—2021年）》，围绕实体经济发展需求和现代化经济体系建设要求，以流通创新促进商产融合和消费升级，从优化发展环境、改善消费环境、加强基础设施建设、完善质量标准体系、推动职业化发展、加强政策引导支持、建立健全法律法规和统计制度等方面着重发力，推动全省批发业规模化发展。从2019年批发业各季度增速看，贵州呈现逐渐回升态势，批发业市场发展加快提档升级。

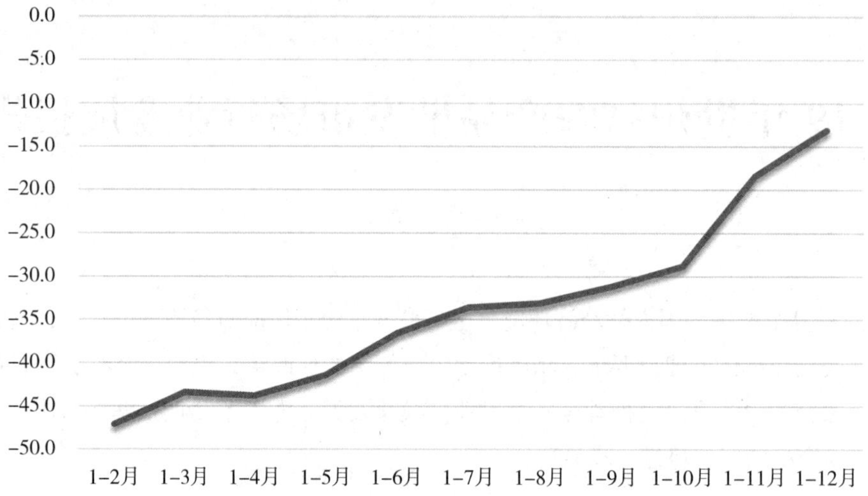

2019 年全省限额以上批发业销售额增速情况（%）

（二）重点产业仍为行业发展重要推手

近年来，贵州省以白酒、烟草作为优势特色产业来打造新名片，而重点产业的快速发展也拉动了批发行业的整体提升。截至 2019 年 12 月底，全省销售额达到 10 亿元以上的批发企业共有 81 家，销售总额为 3777.63 亿元；其中，白酒、烟草企业共有 16 家，销售额共计 1552.86 亿元。在 10 亿元以上级批发市场中，白酒、烟草产业，以 19.8% 的企业数量占据 41.1% 的销售份额，拉动批发行业销售额整体提升。

（三）布局智慧微菜场，推广新零售业态

2019 年，贵州省在大型社区、写字楼及地铁等区域布局生鲜自提柜、智能贩菜机等智慧微菜场，促进社区生鲜配送与贫困地区农产品销售有机结合；大力推广“盒马鲜生”等新零售业态，促进农村电子商务与大数据融合发展。此外，贵州积极建设绿色农产品上行平台，围绕 500 亩以上坝区农业产业结构调整，聚焦茶叶、食用菌、蔬菜等 12 个特色产业，完善“企业 + 合作社 + 贫困户”利益联结机制，推动农产品上行稳定供给。

（四）培育供应链配套企业和产业

贵州省 2019 年积极培育供应链企业，鼓励批发业传统流通企业向供应链服务企业转型，推动省内中高端制造业与生产资料市场原材料供应市场开展供需对接，支持模具设计制造、原材料供应、配件供应、市场服务企业发展，提升本地配套能力。计划到 2021 年，全省培育 50 家供应链服务龙头企业。

（五）推动传统市场转型升级

2019年，贵州省加强推进传统农批（贸）市场信息化改造和转型升级工作，推广智能（溯源）电子秤和移动聚合支付，实现交易市场数据的整合。支持贵阳农产品物流园、遵义黔北物流新城信息化改造。推动省内酒、茶、药、特色农产品等特色商品市场改造升级，构建统一支付结算平台。支持贵阳市建设“酒世界”特色商品市场，鼓励其他市（州）结合本地产业优势开展特色商品市场升级，在信息化改造、线上线下融合、服务功能拓展、业态优化调整等方面给予支持。

三、存在的问题及原因

（一）流通方式落后，缺乏市场竞争力

目前省内大多数批发企业仍然以传统流通方式为主，粗放经营现象严重，流通效率低下，交易成本

较高，经营规模小，经营分散，服务功能也比较单一。电子商务、第三方物流等现代流通方式虽然在一些批发企业得到应用，但尚未普及，不少企业仍以简单的买卖为主，经营品种单一、盈利方式单一，自身的增值服务和盈利能力都较低，缺乏市场竞争力和抵御风险的能力。

（二）批发市场基础设施建设滞后

我省批发市场建设起步较晚，基础薄弱，建设投入不足，规模化、标准化、冷链化程度不高，大多数批发市场仍然处于提供交易场地等简易条件的传统行业模式。由于生产流通组织化程度低，流通主体以农民和个体运销户为主，导致批发市场人流量大且杂乱；部分老市场设施陈旧，管理粗放，废弃物清理不及时，与周边环境的相容性差，存在安全隐患。

（三）地区发展不平衡不充分

贵州各市州经济发展水平差异较大，2019 年贵阳市与遵义市 GDP 共占全省比重达 44.9%，其余 7 个市州仅占 55.1%。而由于贵州省批发行业的重点产业较为单一，地区发展的差异更为明显。从销售额地区占比看，遵义占比（39.8%）最高，贵阳市占比（31.9%）第二，两个市共占全省比重达 71.7%；其余市州占比均低于 10%，占比最低的是铜仁市，仅 2.1%。从大型批发企业所在地区看，2019 年贵州省共有销售额 40 亿以上级批发企业 21 家，其中贵阳市 7 家，遵义市 4 家，共占全省比重达 52.4%；2019 年贵州省共有百亿级企业 7 家，均分布在贵阳市、遵义市，其中贵阳市 5 家、遵义市 2 家。

（四）受市场环境影响大，抗风险能力弱

受多年来我国行业和产业粗放式发展、重复建设和无序竞争影响，贵州省多数工业企业产能过剩，市场供求关系不平衡，生产资料批发企业对市场难以产生主导作用；一旦需求不足、价格下跌，造成库存积压、资金周转困难，将给企业带来致命的打击。

（五）外贸订单减少，进出口交易发展受阻

2019 年受中美贸易摩擦影响，美国对我国的高新行业、机械行业、化工行业等加征关税，对我国的进出口公司影响很大。我省进出口企业受国内外市场变化影响，销售下降；大部分进出口公司对外贸易订单减少，业务下降。

四、趋势预测与政策建议

（一）行业趋势预测

一是电子商务快速渗入。随着大数据时代的来临，电子商务已渗入流通行业各个领域，并带动行业的快速发展。电子商务不仅创新了流通方式，更提高了流通效率。在这一趋势下，贵州批发业的发展也将借助大数据发展优势，不断增强行业现代化程度，通过搭建电子商务平台，创新销售渠道和服务方式，实现线上线下融合发展，最终达到扩大影响范围、争取更多客户、降低经营成本、提高经营效益的目的。

二是物流科技得以发展。批发业要降低流通费用和提高流通效率，必须发展现代物流。未来，批发企业将会更加关注现代物流，积极采用现代流通方式，应用现代物流科技，提高流通现代化水平。

三是向产供销一体化经营方式转变。目前批发行业正从小规模批发向大型批发交易方式转变，经营大户将与生产企业和消费用户建立稳定的联系，形成稳定的工商关系。现代商业代理制将得到发展，一般商品经销将向总代理、总经销方式转变；批发市场与现代商业流通业态将得以结合，从而扩大商品流通规模，减少流通环节，降低流通成本。产供销一体化的经营方式会得到重点发展，生产、流通、消费将更有机地联结起来。

四是农产品品牌化效应增强。自“黔货出山”实施以来，贵州农产品品牌化效应增强，而贵州省紧紧围绕“大扶贫、大数据、大生态”三大战略行动，结合农产品发展实际，出台了《贵州省绿色农产品“泉涌”工程工作方案》，该方案为全省农产品带来新的发展“春天”，将助力全省绿色农产品向品质更好、品种更丰、品牌更响方向发展。未来，省内将有更多传统农产品批发企业开展电子商务活动，实施农产品电子商务出村工程，将大力助推实现农村产业扶贫，拉动批发行业整体发展。

（二）相关建议

一是推进供给侧结构性改革。促进批发业平稳较好发展，必须改变市场需求低迷和产能过剩的格局。为此，要继续深入贯彻落实供给侧结构性改革，坚决执行中央经济工作会议提出的积极稳妥化解产能过剩的任务，加强市场监管，严控新增产能，推动行业“去库存”。

二是发展“互联网+”产业新模式，完善服务功能。依托贵州大数据发展机遇，创新批发企业经营和服务模式，整合先进信息技术和各种资源，扩大资源配置范围。根据商品特点、区位优势和企业实际情况，因地制宜地规范发展连锁经营、电子商务、物流配送等现代流通方式。鼓励大型骨干批发企业、大宗商品交易市场规范发展电子商务。支持建设专业化的批发企业第三方电子商务平台，整合供应链上不同环节、不同领域、不同企业间的生产、需求和物流等服务信息资源，完善服务功能。

三是促进产业联动融合。通过产业引导，促进生产企业、生产资料流通企业与物流企业的联动与融合发展，发挥流通业在引导传统产业转型升级向价值链高端延伸中的积极作用，鼓励批发企业与上下游企业建立供应链联盟，让相互独立的组织通过经营资源和信息共享，消除不必要的商品转运和积压；大力发展深度加工、精细加工；优化运输、仓储、包装、配送等环节资源配置，降低成本、提高效益和市场竞争力。

四是建立规模化、集约化连锁经营模式。支持具备条件的批发企业以品牌和成熟的经营管理体系为依托，以现有门店和经营网点为基础，吸收中小企业加盟，建立规模化、集约化的连锁经营模式，培育一批主业突出、经营规模大、网络覆盖广、核心竞争力强、现代化水平高的大型批发企业，提高行业组织化和规模化水平。

五是加强重点企业经营情况跟踪监测。加强对重点企业经营情况跟踪监测，随时关注其经营情况及上下游发展变化，帮助畅通企业销售环节和销售渠道，努力扩大重点企业销售额；督促企业实事求是填报统计数据，杜绝瞒报漏报。加强对出现临时性困难的限额以上企业调研帮扶力度，一企一策、精准施策帮助企业实现稳定经营，确保批发业销售额存量稳定。

六是完善信用体系建设，化解流动资金风险。完善信用建设法律体系和评价体系，加强市场监督；对医药、建材等回款期较长的行业进行调查清理，规范产业链上下游资金流动程序和流动期限，努力化解长期积压的流动资金风险。

2019年云南省农产品批发市场行业发展报告

云南省商务厅

一、行业发展基本状况

2019年，云南省全力打造世界一流“绿色食品牌”，鼓励传统农产品批发市场转型升级，构建信息化服务平台，开展电商等多形式交易，促进高原特色农产品批发市场保证生存、稳步发展。各地农产品批发市场功能日趋完善，市场辐射带动能力不断增强，农产品种类日益丰富，以昆明王旗营蔬菜批发市场、昆明市金马正昌果品市场、昆明斗南花卉交易市场、云南滇西蔬菜批发市场等为代表的大型农产品批发市场日益发展壮大，逐渐形成了一个覆盖城乡、连接产地和销地的骨干农产品市场网络，在保障城市供应、解决农产品卖难、调节物价、引导农业生产等方面发挥着重要作用，为农产品走出云南、走出国门奠定坚实基础。

（一）农产品批发市场的规模情况

据抽样统计显示，截至2019年底，全省共有大型农产品批发市场147家，年成交总额2207亿元，同比增长5.2%；年成交量7523万吨，同比增长6.1%；市场总摊位数67173个，同比增长2.2%，其中固定摊位26898个，非固定摊位53103个；总交易面积925万平方米，同比增长10.4%，其中交易厅棚面积297万平方米，露天交易面积664万平方米；经销商共计68632个，同比增长4.9%，从业人员309892人，同比增长27.2%。

表1　2019年按规模农产品批发行业变动情况

指标名称	计量单位	2019年合计	2018年合计	增长百分比
市场个数	个	147	136	8.1%
经销商数	个	68632	65426	4.9%
从业人数	人	309892	243581	27.2%
年成交量	万吨	7523	7088	6.1%
年成交额	亿元	2207	2097	5.2%

（二）农产品批发市场结构及交易额情况

抽样调查结果显示，2019年，云南省农产品批发市场中，果蔬菜类市场年成交额1611亿元，占全部市场总成交额的61.2%，是农产品批发市场的主力军；其次是肉禽类市场，年成交额为401亿元，占市场比重达15.2%。其余市场占比排列依次是其他市场、综合市场、花卉市场、茶叶市场、水产品市场。农产品批发市场仍然是以果蔬类产品交易额为主要市场占比的占比结构。

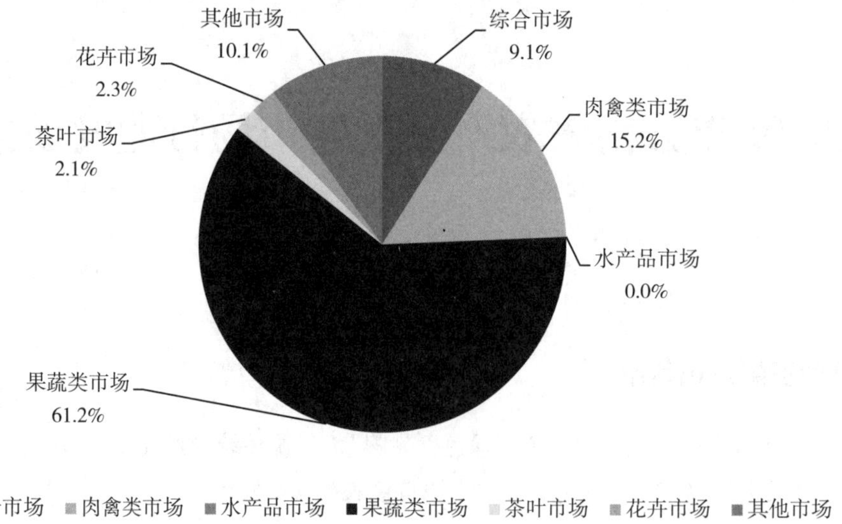

图 1　2019 年农产品批发行业市场占比

2019 年抽样显示，农产品批发市场中，果蔬市场摊位数 22236 个，同比减少 11.0%，占总摊位数的 33.1%；经销商 48634 个，占总经销商数的 70.9%；从业人员 93633 人，占总从业人员的 30.2%；年成交量 5425 万吨，占总成交量的 72.1%。综合市场的市场数 36 个，占农产品批发市场的 24.5%，为第二大主要市场；综合市场经销商数 10507 个，占总经销商数的 15.3%；从业人员 21578 人，占总从业人员的 7.0%；年成交量 279 万吨，占总成交量的 3.7%。其他市场的市场数 16 个，占农批发市场的 10.9%，为第三大主要市场；其他市场经销商数 363 个，占总经销数的 0.5%；从业人员 140588 人，占总从业人员的 45.4%；年成交量 1139 万吨，占总成交量的 15.1%。

（三）基础设施建设现状

截至 2019 年末，统计显示，与上年相比各市场在废弃物处理中心、检验检测中心、安全监控中心、信息中心、电子结算中心、冷库等投入均与 2018 年持平。其他基础设施建设中，市场总摊位数、市场经营总面积等指标较 2018 年相比均有所增加。市场经营总面积从 838 万平方米增加到 925 万平方米，增幅 10.4%。市场摊位总数从 65709 个增加到 67173 个，增幅 2.2%。

二、存在的问题及原因

（一）规划布局不科学

云南省农产品批发市场数量多但规模较小，市场过于集中，规模较大的批发市场主要集中在昆明，地州批发市场数量少、规模小且布局不合理。有的地区缺少与当地农产品流通和居民消费水平相适应的农产品批发市场，有的地区拥有多个农产品批发市场，各市场的功能定位不清晰，同质化竞争导致市场潜力得不到充分发挥。

（二）基础设施滞后

云南省农产品市场的基础设施相对滞后，生鲜农产品的加工、仓储、保鲜能力不足，产品包装、专用化肥农药、加工制造、仓储物流等配套设施发展难以满足需求。农业基础设施保障程度不高，农产品冷链设施不足，标准体系不完善，交通运输不便，特别是农村农贸集贸市场交易设施简陋，服务功能严重滞后，鲜活产品外销困难。各类信息设施分散，市场信息不畅，市场信息的形成机制和信息传播手段的落后，使得生产者缺少有效的市场信息的科学指导，导致农产品的结构性、季节性、区域性不足或过剩。

（三）经营创新能力不足

现农产品批发市场仍然存在大量低水平复制的情况，管理模式传统，缺少核心竞争力，导致区域内市场之间不能进行差异化经营，带来一定的资源浪费和低水平的恶性竞争。

（四）人才队伍建设不强

农产品批发商绝大多数是农民出身，以高中以下文化程度为主，副总级以上管理者学历主要以专科为主，本科较少。农产品批发市场从业人员中，严重缺少市场规划、食品安全管理、电子商务运营、冷库管理等人才。专业批发市场在培育市场自己的大型批发商等方面也亟待改善。从业者专业素质较低，对提升市场的专业性、打造市场的专业品牌、占据本地区的市场份额等产生了严重制约，亟待加强教育培训。

三、趋势预测与政策建议

（一）趋势预测

1. 供应链推动批发市场流通模式不断创新

在信息技术、消费需求升级、电商冲击等影响下，农产品批发市场积极创新经营理念和交易模式，主动适应经济发展新常态带来的挑战。供应链发展模式能够有效整合产业链各个环节、各种资源，提高物流、资金流、信息流流转效率，降低运营成本，将逐渐成为农产品批发市场改革发展的方向。农产品批发市场作为农产品流通的主要渠道，正处于由第二代向第三代批发市场过渡的阶段，并向智慧农批转型，构建基于农产品批发市场的流通大数据，开展供应链服务。另一方面，作为部分B2C电商与商超的采购源头，批发市场或可尝试成为生产、加工、流通企业与电商对接融合的载体，实现线上线下共生共享。延伸供应链两端采用B2B模式借助互联网实现高效链接，消除产销之间的信息不对称，帮助农户、合作社、加工企业构建覆盖全国市场的流通渠道。通过反向实现农产品生产到流通整体供应链的在线化。通过以销定产的反向供应链模式，对市场进行准确的预估，深入上游农产品原产地，指导菜农或合作社按需生产，从而解决蔬菜市场产销信息不对称、生产者卖货难的问题，助力实现生产到流通整体供应链在线化，提高整个生鲜农产品行业的效率。

2. “一带一路”建设推动了批发市场成为农产品国际贸易新平台

“一带一路”建设将不断扩大优质农产品进出口，进一步推进农产品跨境电商新兴贸易模式发展，而批发市场是农产品流通的主渠道，是产品和信息的汇聚平台，是价格的形成中心，配套设施相对完善，信誉度较高，农产品国际贸易新平台的优势日益凸显。在打造农产品国际贸易平台的同时，也需要实施“引进来”和“走出去”的战略。农产品批发市场汇集了大量的农产品批发商，产品丰富、来源稳定，市场资金雄厚、信誉有保障，组织化程度较高，凭借这些优势，再借助行业协会组织提供的智力支持，批发市场作为开展农产品国际贸易的平台，必将发挥更大的作用。

3. 统筹农产品产地、集散地、销地批发市场建设

中央一号文件明确提出要统筹农产品产地、集散地、销地批发市场建设，加强农产品物流骨干网络和冷链物流体系建设。培育农业产业化龙头企业和联合体，推进现代农业产业园、农村产业融合发展示范园、农业产业强镇建设。健全农村一二三产业融合发展利益联结机制，让农民更多分享产业增值收益。

（二）有关建议

1. 继续加强农产品批发市场建设

结合云南高原特色农产品发展优势，继续支持鼓励各地建设区域性农产品批发市场，有序推进云南特色大宗商品国际现货交易中心建设。以产地集配中心和田头市场为源头，以功能集聚农产品批发市场为中心，以绿色便捷农产品零售市场为基础，以高效规范的电子商务等新型市场为重要补充，线上和线下融合、产地和销地匹配的云南特色农产品市场体系。加强农产品批发市场行业管理，引导农产品市场良性竞争、协同发展，充分发挥跨区域农产品流通基础设施的作用，加强农产品市场间的横向联合和贸易互助。

2. 完善批发市场流通基础设施

鼓励已经建成的批发市场依托云南省蔬菜、水果、坚果、中药材等八大重点产业产地，结合各地市场需求，继续加快加工配送、交易展示、冷链仓储、信息平台、检验检测、废弃物处理、消防安保等基础设施建设，完善公共服务功能等，形成农产品分拣、加工、包装、发运的集散地，推动农产品流向国内外消费市场，打造全省“绿色食品牌”内流、外流型农产品批发市场。

3. 提升批发市场信息服务水平

加强信息网络体系建设，建立信息化的交易系统，采用先进的电脑系统进行管理和运作，实现主要农产品批发市场网络的互联互通以及各市场之间的信息交流和共享，形成高度集成的农产品批发市场信息网络，发展网上农产品在线拍卖、订货和其他交易服务。及时发布我省各地农产品上市时间段和种植面积及产量以及产品信息，在扩大高原特色农产品品牌宣传和规模扩大的同时，联通国内外各大农产品采购平台，解决农产品滞销问题。

4. 扩大市场辐射范围，打造品牌市场

目前云南农产品批发市场商品供应大多基于我省自产农产品为主，除蔬菜、茶叶、花卉等少数农产品销往省外和国外，其他农产品仍在自产自销中。积极发挥农产品批发市场作用，带动产品辐射力，把省内外各地区各种类型的批发和零售市场有机地结合在一起，形成一个畅通的市场网络，使批发市场不仅是进行农产品交易的场所，而且是市场内外的各种交易联系的平台，从而打造云南地区品牌走出云南，并带动当地农产经济发展。

5. 加强农产品流通领域人才引进和培养

以市场需求为导向，加强监管部门、高等院校与企业之间的合作，建立创业型和实用技能型人才培训基地，形成农产品流通领域人才培养的校企合作机制。鼓励社会培训机构开展农产品流通领域人才培训，加强对农产品流通主力军农民经纪人、运销专业户、城镇职业零售商贩和季节性与临时性农民运销人员的培训，提升农户对生产与销售信息的收集、了解能力和抵御市场风险的能力，鼓励并支持农户参与农产品电子商务。

2019年甘肃省农产品批发市场行业发展报告

甘肃省商务厅

“十三五”时期甘肃批发市场进入转型阶段，省商务厅提出以大型商品交易市场为龙头，农产品产地批发市场为骨干，县乡农贸市场为基础，冷链物流为支撑的三级市场体系建设发展规划，通过几年努力，实现到2020年大市场14个市州全覆盖、农产品产地批发市场主要县区全覆盖、县乡农贸市场贫困县区和重点乡镇全覆盖的任务目标，打造三级市场交易平台，构建我省农产品流通支撑体系。

一、农产品批发市场基本情况与特点

据商务部行业统一平台数据显示，2019年，选取的16个典型农产品市场中，经销商7486人，年成交量545.93万吨，年成交额361.46亿元，市场经营总面积80.63万平方米，市场摊位17620个。16个市场中，年成交量与年成交额较去年同期分别增长1.85%、3.43%。除蛋类、调味品、药材交易额有增长外，其他类别如肉禽、水产品、蔬菜、菌类交易额略有下降，同比分别降低0.28%、0.07%、2.49%、2.89%、25%。

2019年，我省积极贯彻落实《甘肃省市县乡农产品市场体系建设实施方案》《甘肃省特色农产品冷链物流体系建设实施方案》，着力打造以大型商品交易市场为龙头、农产品产地批发市场为骨干、县乡农贸市场为基础、冷链物流为支撑的三级市场体系。利用政府资金支持建成20个农产品产地批发市场、30个县乡农贸市场、40个冷链物流发展项目。

总体来看，16个市场总交易面积增长23117平方米，总摊位数量增长5495个，冷库库容增长27000吨，冷链库总面积增长50716平方米，配送中心增加12个。同比涨幅分别为：2.87%、31.19%、9.81%、22.15%、63.16%。市场基础设施不断完善，冷链及配送功能不断加强。

二、存在的问题

（一）流通主体组织化程度低，营销规模小

我省大型龙头企业缺乏，产品成交量小，现有市场还难以承担农产品大流通之重担，难以解决一些农产品的“卖难”问题，同时制约了农产品流通合作组织的培育，难以拓宽销售市场。由于农民个体户或农村经纪人是目前承担农产品运销的主要力量，农民专业合作组织的发展起步较晚，农产品批发市场内大多数经销商的营销规模小、效率低，缺乏有实力、信誉好、规范化的大批发商、代理商组织，因此不能形成稳定的、规模化的农产品供应链条。

（二）市场线上线下融合力度不够，新业态功能发挥不足

疫情影响导致传统销售渠道消费能力减弱，急需拓展线上营销新能力，但线下企业仍存在转型慢、创新力度不够的问题，线上探索效果不明显，主动适应新零售格局、“宅消费”模式应变性还不够，线上线下全渠道销售能力还需加强。

三、主要对策与建议

（一）狠抓线上线下融合发展

“云购物”“宅消费”是企业寻求发展的良好机遇。面对居民消费习惯、理念的变化，当前政府与企业还需加快创新步伐，围绕线上引流、线下体验模式，进一步推动线下企业转型升级，开拓线上销售渠道，深挖市场消费潜力。

（二）加强农产品冷链物流体系建设，提高农产品流通效率

以我省草食畜、优质林果、高原夏菜、马铃薯、中药材、现代种业等六大产业为支撑，结合戈壁农业发展和“一带一路”“南向通道”建设，积极推动农产品冷链物流发展，实现冷链仓储静态库容 3 年翻一番，到 2020 年，全省各类冷链仓储静态库容总量达到 1000 万吨。果蔬、肉类、水产等重点农产品的冷链流通比例进一步提高，冷链物流企业信息化管理和综合服务能力显著增强，食品安全保障能力明显提升。

2019 年宁夏回族自治区农产品批发市场行业发展报告

宁夏回族自治区商务厅

近年来，随着经济的快速发展，宁夏农产品批发市场得到了较快的发展，农产品流通的环境与基础条件进一步优化。2019 年，宁夏农产品批发市场数 17 个，比上年下降 5.56%；年成交额 221.63 亿元，比上年增长 2.84%。

一、发展概况

（一）行业规模

1. 市场数量基本持平

2019 年，宁夏农产品批发市场数 17 个，比上年下降 5.56%。其中，综合市场 11 个，比上年下降 8.33%；肉禽蛋市场 3 个，果蔬市场 2 个，其他市场 1 个，均与上年持平。

表 1　2019 年宁夏农产品批发市场类型分布

市场数量	2019 年（个）	2018 年（个）	增长率（%）
综合市场	11	12	–8.33
肉禽蛋市场	3	3	–
果蔬市场	2	2	–
其他市场	1	1	–

2019 年，宁夏农产品批发市场经销商总计 18258 个，比上年增长 1.03%。其中，综合市场 14733 个，比上年增长 4.05%；肉禽蛋市场 1604 个，比上年增长 6.51%；果蔬市场 1327 个，比上年下降 27.72%；其他市场 594 个，比上年增长 4.39%。

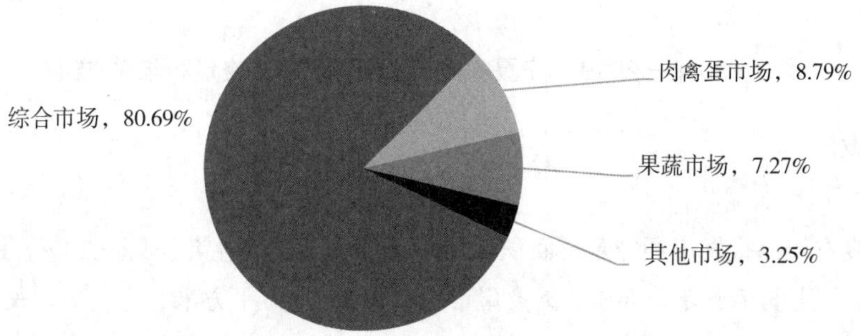

图 1　2019 年宁夏农产品批发市场经销商数量类型分布

2. 从业人数略有增加

2019 年，宁夏农产品批发市场从业人数 31916 人，比上年增长 2.14%。其中，综合市场从业人数

22117人，比上年增长3.01%；肉禽蛋市场3644人，比上年增长2.94%；果蔬市场3791人，比上年下降2.92%；其他市场2364人，比上年增长1.37%。

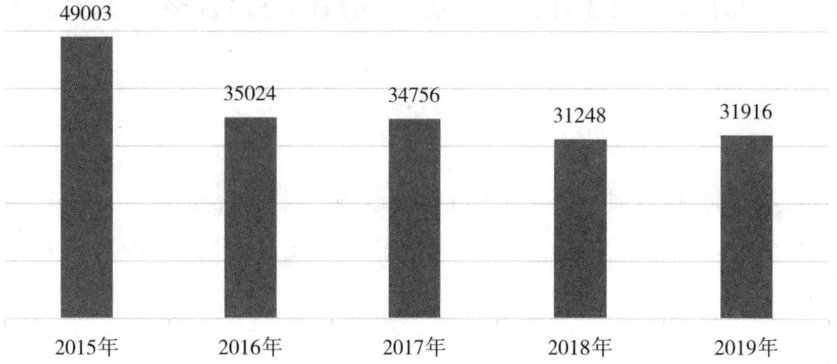

图2　2015—2019年宁夏农产品批发市场法人企业从业人数

3. 交易规模保持增长

2019年，宁夏农产品批发市场年成交量485万吨，比上年增长12.53%。其中，综合市场成交量354万吨，比上年增长16.83%；肉禽蛋市场成交量53万吨，比上年增长1.92%；果蔬市场成交量65万吨，比上年增长1.56%；其他市场成交量13万吨，比上年增长8.33%。

2019年，宁夏农产品批发市场年成交额221.63亿元，比上年增长2.84%。其中，综合市场140.06亿元，比上年增长2.76%；肉禽蛋市场21.31亿元，比上年增长0.17%；果蔬市场8.91亿元，比上年增长0.72%；其他市场51.35亿元，比上年增长4.62%。

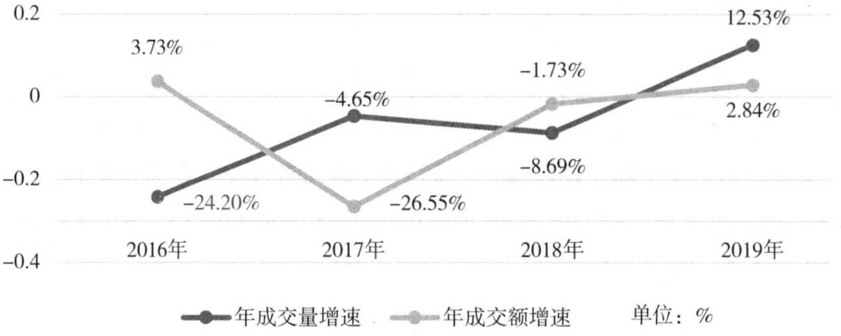

图3　2016—2019年宁夏农产品批发市场年成交量和年成交额

（二）基础设施

1. 市场经营面积有所缩减

2019年，宁夏农产品批发市场经营总面积229.98万平方米，比上年下降7.38%。其中，综合市场面积148.56万平方米，比上年下降11.80%；肉禽蛋市场面积28.54万平方米，比上年增长4.22%；果蔬市场面积31.9万平方米，与上年持平；其他市场面积20.98万平方米，比上年增长1.90%。

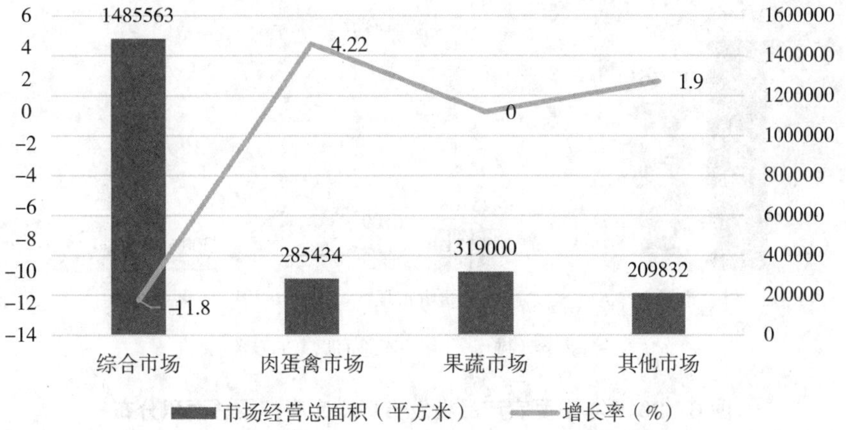

图 4　2019 年宁夏农产品批发市场经营面积分布

2. 市场摊位数小幅增加

2019 年，宁夏农产品批发市场摊位总数量 19321 个，比上年增长 6.59%。其中，综合市场摊位数量 13060 个，比上年增长 11.70%；肉禽蛋市场摊位数量 2503 个，比上年增长 8.07%；果蔬市场摊位数量 1327 个，比上年下降 27.72%；其他市场摊位数量 2431 个，比上年增长 6.48%。

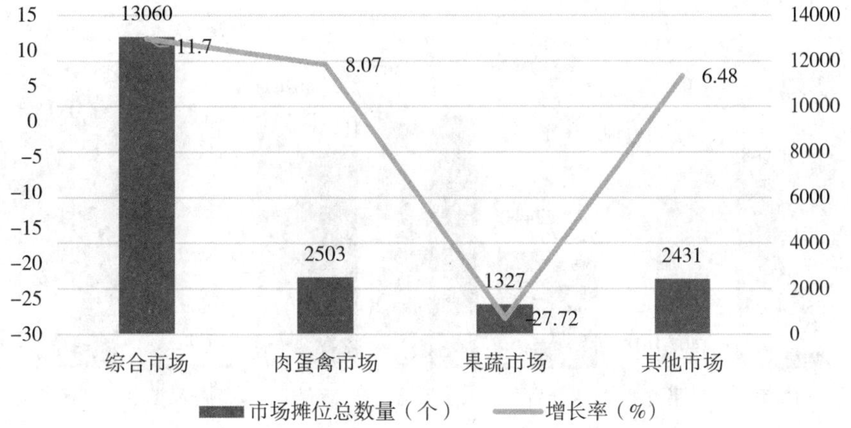

图 5　2019 年宁夏农产品批发市场摊位数量分布

3. 市场冷库供应良好

2019年，宁夏农产品批发市场冷库库容28.96万吨，比上年增长2.62%。其中，综合市场24.15万吨，比上年增长 2.56%；肉禽蛋市场 4.51 万吨，比上年增长 3.20%；果蔬市场 0.3 万吨，与上年持平。

2019 年，宁夏农产品批发市场冷库总面积 20.87 万平方米，比上年增长 10.24%。其中，综合市场 17.72 万平方米，比上年增长 12.13%；肉禽蛋市场 2.65 万平方米，比上年增长 0.83%；果蔬市场 0.50 万平方米，与上年持平。

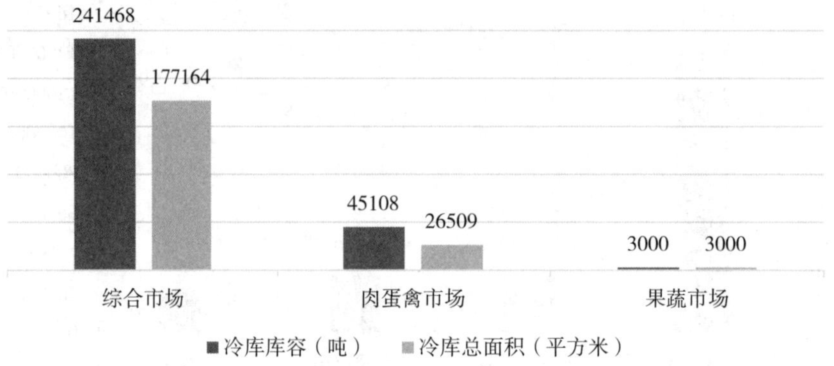

图 6　2019 年宁夏农产品批发市场冷库库容及总面积分布

（三）农产品交易

2019 年，宁夏农产品批发市场农产品总交易额为 221.63 亿元，比上年增长 8.52%。其中，肉禽类年成交额 35.95 亿元，比上年增长 3.97%；蛋类年成交额 0.16 亿元，比上年增长 15.00%；水产品类年成交额 22.44 亿元，比上年增长 7.62%；水果类年成交额 51.53 亿元，比上年增长 7.66%；蔬菜类年成交额 48.76 亿元，比上年增长 18.57%；调味品类年成交额 1.19 亿元，比上年增长 5.57%；其他类年成交额 61.60 亿元，比上年增长 18.74%。

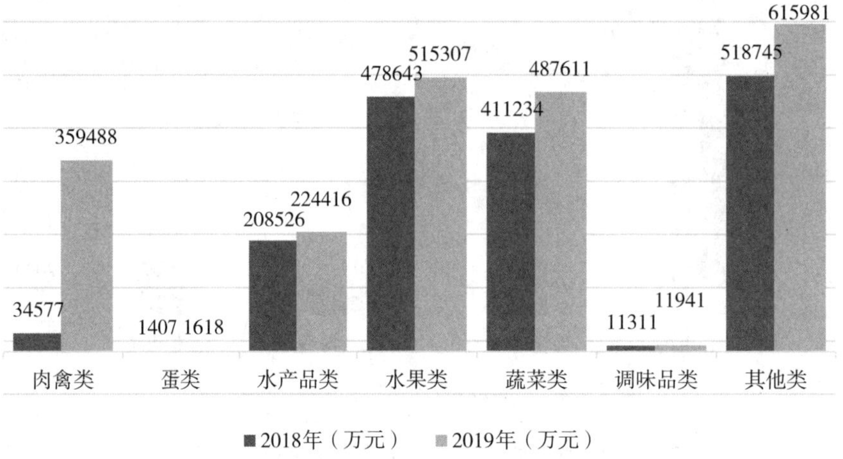

图 7　2019 年宁夏农产品批发市场农产品交易情况

二、发展趋势

（一）市场形态多样化、功能多元化

近年来，随着农产品经营品种、规模等变化，宁夏农产品批发市场形态开始从摊位式集合向批发企业集合方向发展，经营模式开始从单一的摊位式向“摊位＋商店＋专业街”相结合模式转变。一是部分地区凭借其城市交通、信息、生产、金融等良好条件，创新出仓储式平价超市的市场新形态，有效提高了集聚效应，降低了交易成本。二是一批大型专业市场积极进行市场功能创新，开始从单一商品交换向产品展示、信息交换、价格形成、造产引导、商品配送、资金结算等多功能方向发展。

（二）企业办市场成为重要的发展方向

一是部分市场借助与当地产业紧密结合、商品成本低、品种多、更新快的优势，成为一类产品的一级批发市场，显示出强大的生命力和强劲的发展势头。二是部分原属集散型性质的市场及其经营者，为了增强竞争力，提高经营效益，在完成资本的原始积累后，纷纷兴办实业，走“前摊（店）后厂”、前市场后产业（基地）等产销一体化的路子。“企业办市场，市场企业化”模式兴起，极大地整合与农产品批发市场相关的加工、仓储、配送等配套业务，形成完善的农业产业链条体系。

（三）网红经济为商户提供了新的营销手段

随着内容营销的兴起，网红经济已经进入黄金发展阶段，逐步形成了较为成熟的产业链条，影响着电商、视频、直播等各平台以及各行业的发展。“网红+直播+电商”将为农产品批发行业开拓出新的商机。一是可以借助网红直播营销缓解批发商户销售萎缩、盈利难等问题。二是批发商在营销渠道上创新拓展，以应对快速变化的消费趋势，既满足市场蓬勃发展的需求，同时为商家提高创收能力。

三、存在问题

（一）市场饱和加剧，竞争压力逐渐加大

一是农产品批发市场大多以县区为主进行地域分割，缺乏对行业环境以及战略定位的分析，无法形成自身特有的经营模式，盈利模式千篇一律，在一定程度上造成“饱和竞争”的局面。二是缺乏对农产品批发市场的布局和数量进行合理引导机制，造成空间资源浪费，在一定程度上影响农产品批发市场的运行效率，致使部分农产品批发市场面临交易额增幅明显放缓、利润下降的困境。

（二）市场布局有待优化，基础设施影响流通效率

随着宁夏农产品批发市场规模的扩大以及土地资源日益紧缺，在市场布局及基础设施方面产生了新的矛盾。一是交通拥堵问题，由于市场规模的扩大及人流、车流量的增大，部分批发市场原先设计的道路越来越拥挤，致使市场周边及内部的交通拥挤堵车现象时常发生，影响到市场整体的流通效率。二是居住生活不便性，由于大部分批发市场附近缺少相对集中的仓储区和商住公寓，大部分商户吃、住、储、商全部集中在一起，影响生活便利性。三是信息化基础设施尚未形成用户基础和规模效应。

（三）商户经营观念落后，市场经营模式滞后

宁夏农产品批发市场的商户多以个体形式存在，市场集中度低，缺乏竞争力和经济实力，产业信息化水平偏低，行业发展缓慢。一是交易手段落后，缺少现代化交易方式。当前宁夏农产品批发市场多采取“摊位制”交易和“一对一”式现货交易形式，与国外和国内发达城市采用的公开竞价、拍卖式“交易所”交易形式相比，不再符合现代化流通的要求，不能准确反映供求关系。二是现代化的商品交易模式如各种电子交易、会员制、连锁型、物流、商流、拍卖交易等市场模式普及率偏低。

四、对策建议

（一）合理规划市场布局，推动资源有效整合

一是对全区农产品批发市场的布局进行统一规划，鼓励各地培养各类具有地方特色和优势的专业农产品批发市场，并以周边小型农产品批发市场为依托形成贯通城乡的区域性农产品批发市场网络。二是积极推进批发市场的资源整合，按照商品归类、功能聚集的原则加快传统批发市场改造提升，避免重复建设和饱和竞争，运用聚焦战略提高各批发市场的核心竞争力。

（二）加大基础设施投资力度，逐步推行电子交易

基础设施是农产品批发市场赖以生存和发展的重要载体，其规划布局是提高流通效率的关键。一是鼓励农产品批发市场运营商加大道路、食堂等基础设施的资金投资力度，改善市场服务，完善市场功能，使其与不断扩大的交易需求和不断上升的服务要求相适应。二是逐步完善批发市场的信息结算和价格形成功能，建立全区统一的现代电子交易系统，积极推行代理制和拍卖制，在条件成熟的情况下逐步发展远期合约和期货交易。

（三）依托现代信息技术，实现经营模式转变

一是引导商户大力发展电子商务及总经销、总代理的现代经营模式，把无序的运输和过多的分销批发整合为便捷、经济的物流和以信息流为主体的现代批发市场模式。二是鼓励农产品批发市场商户转变保守观念积极主动学习掌握先进的电子信息技术、金融期货、现代仓储、配送等交易方式，大力引导企业建立或借助已成熟的B2B平台开拓网上贸易市场，同时鼓励企业利用成熟的交易系统，实现企业与客户的电子交易，远期交易。

注：除已标注数据外，本文其余数据均来源于2019年宁夏商贸流通业行业测算数据。

第五篇 行业创新与探索

2019年中国农产品批发市场发展亮点

2019年，是新中国成立70周年，也是全面建成小康社会的关键之年。农产品流通渠道更加多元化，批发市场、农贸市场、生鲜超市、生鲜便利店将撷取其中有意义的事件载入行业史册。电商等多种流通模式和业态百花齐放，满足着不同消费者多元化的农产品消费需求。农产品批发市场改革创新也在提速，农产品供应链进一步升级完善，农产品标准化、品牌化水平提高，智慧农批、冷链物流等建设蓬勃开展，服务“三农”适应消费升级基本职能更加凸显。全国城市农贸中心联合会将撷取其中有意义的事件载入行业史册。

一、坚持党建统领全局

北京八里桥农产品中心批发市场：以惠民生为初心，“保安全、稳价格、保供应”为目标

2019年市场党总支重点从三方面加强对市场的领导，一是通过党组织的日常工作，加强学习教育，提高党性意识，开展“四风问题”的监督检查和各项专项整治，落实全面从严治党工作部署。二是开展“不忘初心、牢记使命”主题教育，制定了“以惠民生为初心，保安全、稳价格、保供应”的工作目标，各支部召开支部会议及时传达贯彻，要求坚决贯彻中央、市委、区委、国资委的要求，通过主题教育不断推动市场发展，为通州城市副中心工作大局服务。三是按照“三重一大”审议市场重大维修、改造、升级项目。人事工作根据市场经营布局面和结构性调整，及时整合人力资源，优化企业内部机构设置和职能配置，对5个部门进行重组，对4名中层管理干部、3名基层管理干部进行轮岗。工会工作根据巡视反馈意见，积极整改，依法合规关心职工生活，开展丰富多彩的工会活动，为广大职工谋幸福感的提升，不断提高队伍的凝聚力、向心力和主人翁创新精神，更好地为市场发展作出新贡献。

北京昌平市场服务管理中心：把“不忘初心、牢记使命”主题教育做深做实

积极开展“不忘初心、牢记使命”主题教育。在宏达兴公司主题教育巡视指导组的统一安排下，市场中心党支部高度重视，成立市场中心“不忘初心、牢记使命”主题教育领导小组，制定主题教育实施方案，召开主题教育动员部署会。制定每周学习计划5次；发放党员学习书籍《初心——向共产党员张富清学习》31本、《习近平关于“不忘初心、牢记使命”论述摘编》31本；组织党员自学、集中学习《习近平新时代中国特色社会主义思想学习纲要》6次12学时，《初心——向共产党员张富清学习》6次12学时，《习近平关于“不忘初心、牢记使命”论述摘编》7次14学时；组织观看爱国主义教育影片《决胜时刻》《我和我的祖国》《小巷管家》3部，96人次参加；组织党员、发展对象30人参观爱国主义教育基地——昌平烈士陵园；撰写上报主题教育信息16期，周总结5期，阶段性总结2期，召开支委会、党员大会、专题研讨会对主题教育相关工作进行讨论安排部署学习，下发主题教育征求意见表，对照党章党规完成整改检视工作，把主题教育工作做好做深做实。

北京大红门京深海鲜批发市场有限公司：确保党的领导、党的建设在企业改革中充分体现和加强

全面加强党的建设，提高党建科学化水平。一是圆满完成市场党支部委员会换届选举工作。成立筹

备工作领导小组，集中力量、统筹协调，精心做好换届筹备工作的每一个环节、每一项流程，按照时间节点高质高效推进筹备工作，选举产生了市场新的党支部委员会和纪律检查委员会。二是稳步推进党支部规范化建设。按照“B+T+X”工作体系，运用“一规一表一册一网”四个支撑载体，以开展好主题党日活动为突破口，落实“三会一课”制度、组织生活会制度、民主评议党员等制度，严格党员日常教育管理，发挥党员先锋模范作用。三是扎实开展“不忘初心、牢记使命”主题教育。结合企业经营管理工作，坚持把政治建设摆在首位，增强“四个意识”，坚定“四个自信”，做到“两个维护”。坚持党委理论学习中心组学习、“两学一做”学习教育常态化制度化，抓好全体党员学习工作，推动形成积极健康的党内政治文化氛围，不断提高政治觉悟和政治能力，推进企业高质量发展。四是切实履行党风廉政建设主体责任和监督责任。坚持问题导向，做好巡察问题自查自纠、基层党建、“私车公养”专项检查等工作。强化日常监督执纪问责，运用监督执纪“四种形态”，抓早抓小、防微杜渐，推动“一岗双责”落实。

北京二商东方食品集团公司：推进党建工作规范化，筑牢意识形态安全防线

推进党建工作规范化，党建责任落实取得实效。一方面加强制度建设，完成了三级企业《贯彻落实“三重一大”决策制度实施办法》《党委会工作规则》等制度，规范企业治理结构。另一方面以党建考核为抓手，夯实党建规范化体系建设。严格落实基层党组织“三会一课”制度，全部完成15家党支部换届选举工作。

建立意识形态管理体系，筑牢意识形态安全防线。召开党委会对意识形态工作进行专题研究，制定了《意识形态工作管理的系列文件》，与各级党组织负责人签订了《意识形态责任书》，每季度召开意识形态研判会，完善意识形态工作研究、通报研判、工作督查等机制，确保责任制落细落实。

北京农产品中央批发市场有限责任公司：把方向、谋全局加强阵地建设

认真落实支部年度学习计划，利用党课学习，以贯彻习近平新时代中国特色社会主义思想、党的十九大精神、“不忘初心、牢记使命”主题教育、“深化改革、转型发展”大讨论活动以及庆祝新中国成立70周年等为主题，进行集中学习，带领支部党员，提高政治站位、增强政治担当，提升政治能力，不断增强党支部的政治领导力，使党支部永葆旺盛生命力。

严格落实“三会一课”制度、组织生活会制度、谈心谈话制度、民主评议党员制度、请示报告制度，坚持建管用相结合，不断加强党支部阵地建设，充分利用现有资源，修缮党员活动室、成立党员电教室、法律援助中心，增强党组织的凝聚力。全年共组织召开党员大会27次、支委会33次、中心组学习14次，主题党课7次，每月定期召开主题党日活动。此外，按时足额收缴、上缴全年党费7.4万元。

北京盛华宏林粮油批发市场有限公司：强化担当、压实责任，将党中央决策部署落到实处

按照北京市朝阳区王四营乡党委和村党总支的部署，盛华宏林强化担当、压实责任，以强有力的行动将党中央决策部署落到实处。一是召开动员部署会。二是加大宣传力度，营造浓厚氛围。组织所有员工和商户观看扫黑除恶宣传片，每个商户人手一份“扫黑除恶专项斗争应知应会知识”宣传资料，确保商户扫黑除恶知晓率达100%。三是摸清底数，掌握实情。认真梳理商户投诉的问题，切实做到底数清、情况明，发现问题及时处理。

福州民天实业有限公司：从严从实落实管党治党责任，推动党建工作与企业发展双促双强

公司党委始终把政治建设摆在首位，持续加强思想政治建设，增强“四个意识”，坚定“四个自信”，自觉做到“两个维护”；有效发挥党委把方向、管大局、保落实的领导核心作用；开展“红色领航”，在企业积极营造红色氛围，结合企业实际，推进“红心铸魂食安卫士”党建品牌，发挥党建典型示范带动效应，海峡蔬菜家禽批发市场业务党支部被国资委授予先进基层党组织；海峡果品副食品批发市场党支部被国投集团党委授予先进基层党组织；以市委巡察整改为契机，修订完善企业相关规章制度，并将巡察发现问题的整改任务逐一分解，明确责任领导、责任部门，制定整改措施，抓好整改落实；按照“守初心、担使命，找差距、抓落实”总要求，扎实推进“不忘初心、牢记使命”主题教育，公司及司属各党组织领导班子成员围绕8个专题分别进行集中学习研讨，还通过设立意见箱、发放意见征求函、召开座谈会等形式，共征集到企业管理、人事用工等五个方面合理化意见建议10条，制订出改进措施，着力解决广大职工、经营户所想所盼，在服务商家、职工和企业内部管理等方面得到进一步提升。

商丘农产品中心批发市场：紧密结合市场实际 确保主题教育取得实效

紧密结合市场实际，深入贯彻“守初心、担使命，找差距、抓落实”的总要求，坚持将学习教育、调查研究、检视反思、整改落实四项重点措施贯穿始终，压实责任，积极作为，妥善处理工学矛盾，确保了主题教育取得实实在在的成效。一是思想认识到位。大家都能深刻认识到开展主题教育，是用习近平新时代中国特色社会主义思想武装全党的迫切需要，也是推动习近平新时代中国特色社会主义思想在公司大学习大普及大落实的必然要求；是推进新时代党的建设的迫切需要，也是全面提升公司党建质量的必然要求。二是筹划部署到位。专门召开动员大会，认真学习习近平总书记在全党“不忘初心、牢记使命”主题教育工作会议上的重要讲话，对公司的“不忘初心、牢记使命”主题教育作以安排部署，动员大家提高政治站位，扛起政治责任，以高度的政治责任感，认真负责地把主题教育组织好、开展好。为促使全体党员干部读好原著、学精原文、悟通原理，做到“原汁原味学”，为每名党员干部发放《习近平关于“不忘初心、牢记使命”重要论述选编》《习近平新时代中国特色社会主义思想学习纲要》等必学书目，并发放了学习笔记和笔。三是狠抓落实到位。公司主题教育领导小组做了大量卓有成效的工作，高标准布置了主题教育办公室，对各支部开展主题教育情况进行督促指导，积极创新宣传形式和载体，把线上线下结合起来，组织参观毛主席视察黄楼纪念馆，编辑简报23期，梳理了经验做法和身边典型，按时报送各类材料，及时汇编学习资料。

重庆观音桥市场有限公司：开展党的建设，激发活力纵向聚合

公司党委切实履行把方向、管大局和抓落实的职责，充分发挥党组织的参与决策功能，担负起管党治党政治责任，坚持党建工作与业务工作同谋划、同部署、同推进、同考核，坚决克服“两张皮”和“一手硬、一手软”。按照集团党委统一部署，公司党委严格开展“不忘初心、牢记使命”主题教育，认真拟定并落实学习研讨计划，不断推动主题教育深入开展。公司党委主题教育专题学习8次，各支部党员干部专题学习4次。在主题教育中，公司党委始终将抓落实放在首位，特别是在市场停车管理经营权收回过程中，专门成立“党员先锋突击队”，攻坚克难，以上率下，党员先锋模范作用发挥突出。

群团协调发展，助力企业向好发展。公司工会组织召开职代会对拟修订的薪酬管理和绩效考核等制度进行认真审议，经审议通过后提交公司董事会审定印发实施，依法维护职工合法权益。公司团支部顺利完成换届选举、完善组织架构等相关工作。结合企业生产经营实际，开展品牌创建活动，以食品市场三楼服务中心为重点，开展“青年安全示范岗”创建活动，进一步强化团组织建设意识，积极发扬青春正能量。

长沙马王堆农产品股份有限公司：建设幸福企业 宣传企业文化形象

一是结合公司经营管理和效益完成情况，继续做好2020年度的工资集体协商工作；二是充分发挥工会、团委组织作用，组建兴趣小组，并组织开展员工喜爱的文体活动，进一步丰富员工精神文化生活，为广大职工提供展示自我的平台；三是继续做好重症大病帮扶和困难帮扶工作以及其他常规性慰问工作，将企业对员工的关心关爱落到实处。升级企业文化建设。一是结合“建党”“国庆”等重大节日及公司重大发展成就，组织庆祝活动的短视频拍摄和系列展播；二是将《长沙海吉星朗读者》打造成企业文化宣传的品牌栏目，充分利用微信等新媒体宣传公司企业文化形象。

深圳市南方农产品物流有限公司：加强党组织规范化制度建设

着力把推进“两学一做”和“三会一课”学习教育常态化制度化作为一项重大政治任务，作为领导干部教育培训的必修课。坚持“三会一课”制度，为促进党建工作的制度化、规范化，做到严格按《党章》规定，按时按标准交纳党费，并编制整理了公司党支部党建工作制度，建立健全党支部工作职责、党风廉政建设制度、党建工作考核制度、“三会一课”制度、重大决策征求意见制度、党员管理制度、党费收缴和管理等制度。公司党支部以纪念新中国成立70周年为主题开展系列党建活动，坚持把党建工作与业务工作同部署、同落实、同考核；开展“不忘初心、牢记使命”主题教育，深入学习贯彻党的十九大和十九届四中全会精神，全面推进南方项目发展，每月党组织生活会做到学习有主题、有重点、有内容。

台州市农副产品集配中心有限公司：党建强 发展强

常态化开展支部主题党日活动及“三会一课”，扎实推进“不忘初心、牢记使命”主题教育工作，开展“瞻仰革命圣地、强化红色教育”“查摆问题找差距”“民主恳谈会”“强服务树形象”“我是党员我带头”等系列活动。与绍兴银行台州分行对接共建，共谋发展促双赢。创建农港城电商园党群中心，成功召开椒江区市监系统党建现场会。

河北新发地农副产品有限公司：组织开展志愿活动 提升企业凝聚力、战斗力

河北新发地以党总支、共青团、工会、妇联等组织为抓手，多次组织开展志愿活动，取得良好成效。2019年为困难员工筹款及慰问品共计14万余元，开展“送温暖”活动10余次。通过一系列志愿服务活动的举办，不仅提升了企业的凝聚力、战斗力，也展现了河北新发地关注社会、奉献社会的精神风采。

江苏凌家塘市场发展有限公司：开展主题党日活动 丰富职工生活

公司党总支组织党员赴长沙参观毛主席故居，开展“扫黑除恶先锋行动”等主题党日活动，凝聚发展动力。工会妇联等组织职工体检580人次、外来妇女两癌筛查250余人次，走访慰问补助困难职工64人次，组织了先进职工疗休养、乒乓球比赛，参加了市飞镖比赛等活动，丰富了职工生活。

苏州市南环桥市场发展股份有限公司：以人为本 推进和谐企业文化建设

市场积极构建“党委领导、工会组织、部门协同、上下联动”的工作机制，充分发挥工会部门“维护、建设、参与、教育”四项职能，坚持以人为本推进和谐企业文化建设，在提升员工幸福指数的同时，激发了队伍凝聚力和经营发展活力。围绕“不忘初心、牢记使命”的主题，公司党委先后开展了党员专题阅读活动和“喜迎党的生日”歌曲比赛，观看了《红船精神，梦想的启航》等视频节目；市场关爱职工，把节日福利、员工体检、三八节旅游、重阳节活动等人文关怀融入企业文化，2019年工会共上门探望慰问生病员工100多人次，发放慰问金10多万元。“双优”评选工作的深入开展，营造了良好的“学先进、赶先进、超先进”的工作氛围。

无锡天鹏菜篮子工程有限公司：主动作为改进加强党建工作，有效提升服务保障功能

深入开展主题教育活动，助推公司发展取得实效。公司党委扎实落实中央精神和上级党委部署要求，制定主题教育实施方案、运用书记领学、学习强国APP自学、党员研讨等灵活多样方式开展学习，利用好红色资源，参观雨花台红色教育基地，重温入党誓词，观看了《我和我的祖国》《孤岛32年》《时代楷模——张富清》《榜样》《初心力量使命担当》等，举办了庆祝中华人民共和国成立70周年企业老照片展与剪纸作品展，自制拍摄了天鹏党员微视频等活动，突出榜样示范作用，加强对广大党员干部的革命传统教育。同时，党委把开展主题教育和推动企业重点工作相结合，围绕“人才培养”“业务单位提质增效”“学生餐配送”等企业生产经营过程中的难点、痛点、重点问题，实地走访、召开座谈会，并与市场监督管理局、农业农村局等党组织深入交流，广泛征求可行意见，切实将主题教育成效转化为为民服务解难题的实际成果。

徐州雨润农产品全球采购有限公司：强化模式创新 为企业发展提供政治保障和动力支持

公司党委不断加强对优秀员工的教育和引导，2019年新发展党员4名，积极分子13名。各支部鼓励党员充分发挥自身优势及特长，组建或参加各类兴趣小组，开展讨论、头脑风暴、带头工作、攻坚克难等活动，解决了多项难题。同时公司党委及党支部把公司发展工作的重点、难点作为党建工作的主攻点，积极探索与岗位工作相融合的活动载体，在创新、创优、创先、创效上下功夫，结合党员金点子、党员攻关项目、拓展党建共建单位等活动，推广“党员示范岗”“共产党员经营户”“党员亮身份”等有效做法，为公司发展提供坚实的政治保障和动力支持。2019年，公司党委被泉山区党委评为“先进基层党组织”。

内蒙古食全食美股份有限公司：坚持以人为本 提升企业文化

2019年集团公司继续坚持以人为本，多措并举，持续提升企业文化，成效初显：一是配齐配强硬件设施，营造和谐人文环境。通过创建“爱心妈咪小屋”，打造职工书屋、职工活动中心，营造了温暖的“职工之家”，进一步提升员工幸福感和归属感；组织员工、优秀商户赴越南芽庄旅游度假，组织全体党员、优秀商户代表赴大青山红色文化公园进行革命传统教育和爬山活动，丰富了精神文化生活，进一步增强了企业的凝聚力和战斗力。二是升级企业文化展厅，提高企业文化软实力。为初心溯源，在原有基础上升级打造了“走过的路”历史展厅，以文字、图片、实物、场景为载体，进一步丰富了展厅内容，给广大员工和外来参观人员带来了更多体验式和沉浸式感受，全方位、多角度展现企业悠久的发展历程和深厚的商业文化底蕴，使企业文化展厅成为员工熟悉企业、融入企业、扎根企业的教育基地，成为对外展示企业形象的重要窗口。三是成立通讯员队伍，创立企业电子内刊。组建了遍布公司系统各单位、各部门广泛参与的通讯员队伍，召开了通讯员队伍专题会议，形成了自下而上的通讯员网络，创立了食全食美集团公司第一期电子版内刊，成为传播、宣扬、沉淀企业文化的新载体，构筑起了企业宣传工作的新框架，标志着集团公司在企业文化体系搭建上迈出了重要的一步。公司党委充分发挥政治核心作用，紧紧围绕公司经济工作大局，积极探索党建工作新路径，开展“不忘初心、牢记使命”主题教育活动，开展了关心关爱党员“五个一”行动，创新了党费收缴方式，落实了非公企业党建入章程工作，重新规划打造集团公司党建阵地，创新性设立支部共建活动阵地，全面提升了党建工作水平，增强了党建工作活力。以党建带团建、工会建设，团委组织开展了以“传承五四薪火 展现青春风采”为主题的五四青年节表彰大会和主题团日活动；完成了“智慧团建”整理整顿团支部工作，获得团市委的好评。工会因严格执行制度、档案齐全规范、阵地建设完善、发挥作用明显，于2019年12月正式被呼和浩特市总工会评选为规范化标准化企业工会。

上海西郊国际农产品交易有限公司：党建引领保稳定，夯实基础聚合力，强化责任促融合

2019年，公司党委以全面从严治党主体责任为主线，以规范党内政治建设、思想建设、制度落实、能力提升和工作推进为重点，聚焦问题、狠抓落实，为企业发展和整合融入西郊国际的战略实施提供坚强的政治保证和组织保障。具体体现在：一是突出主题教育的实效。西郊江桥党委以“不忘初心、牢记使命”主题教育为总抓手，把主题教育和推进企业重点难点工作结合起来，解难题、促发展、求实效。结合企业的重点、难点问题，江桥制定了严格劳动纪律、垃圾分类两个调研课题，有效地推动了垃圾分类等重点工作的推进落实。西郊国际党委在持续抗击非洲猪瘟以及在上海市各区县推行“公益+消费”

精准扶贫的工作中积极发挥党组织的战斗堡垒作用和激发党员的先锋模范作用，将“保供稳价”“精准扶贫”的相关工作落到了实处，实现党建经营双融入双促进。二是着力打造优秀党建品牌。江桥党委发布了以相融、相通、相携党建共建为特色的“邻+”党建品牌，成功入选光明食品集团党建品牌。党建共建品牌的创建，充分发挥了党建工作优势为经济发展的引领、促进、保障作用。三是丰富党建载体活动。拓展活动形式，丰富活动内涵。江桥党委开展了过好一次政治生日、赠送政治生日贺卡、重温一次入党宣誓、观看红色电影、建党98周年等系列活动，参观红色革命教育基地、团队拓展等活动，增强党员的身份意识、担当意识、团队意识。西郊党委与上海百蒂凯蔬果种植专业合作社开展“走进农业基地，创新党日活动”党建共建主题党日活动，让党员了解现代蔬菜种植科技，为今后的业务工作带来了有益启发。组织党员参观四行仓库，通过回顾革命历史、牢记革命先烈英勇抗战的感人事迹，激发党员为公司发展承担起时代赋予的职责和使命。四是参与进博，展西郊国际党团员风采。进博会期间，西郊党团员青年们积极参与进博会志愿者活动，做好外宾接待、引导咨询、企业宣讲、英语翻译、安全保卫等工作，奋斗在进博服务最前线，以良好的形象获得参观宾客的一致好评，彰显了西郊国际的先进风范。

二、保供应稳价格

北京八里桥农产品中心批发市场：扶持服务商户，降低交易成本

2019年，市场采取了一系列扶持服务商户、降低交易成本、稳价促销的措施，全年交易量达到16.3亿公斤，交易额106亿元，分别比上年增长了2%和5%。继续跻身全国农产品批发市场100强行列。特别是受非洲猪瘟疫情影响，猪肉价格持续上涨，消费者多掏腰包，幸福感受到影响。对此，市场勇于承担社会责任，主动下调猪肉批发交易费率，有效抑制了城市副中心猪肉价格上涨幅度，据统计，前三季度全市白条猪平均价格上涨29.9%，而市场低于全市平均涨幅2.3个百分点；前三季度全市白条猪上市量增加0.4%，而增幅高于全市平均增幅24.1个百分点。其他主要品种增幅也高于北京市各大主要农产品批发市场交易量的平均增幅。

三、保障食品安全

北京八里桥农产品中心批发市场：不断满足首都副中心居民对鲜活农产品食品安全的需求

民以食为天，食以安为先，保供应首先保安全，全年主要采取了以下措施：一是制定《食品安全责任人职责》《食品标识管理办法》进一步完善制度，落实责任。二是签订《蔬菜水果场地挂钩协议》，落实“区域协作、基地保障、全程监管”的食用农产品供京监管体系的工作要求，提升食用农产品的安全控制水平，保障首都人民食品安全。2019年，市场与蔬菜水果产地、基地或食用农产品生产企业签订了《蔬菜水果场地挂钩协议》，蔬菜已签订243份、水果已签订47份。三是市场与商户签订《质量安全协议书》1373份，用契约规范经营行为，责任落实到人头。四是开展专项检查，对重点商品和节日商品进行重点监管。五是市场主动扩展了消费者投诉渠道，由原来单一的永顺工商所，扩展到通州区市场局食品科、区市场局消保科和区市场局永顺所。让消费者多渠道维护自身权益，同时监督市场不断改进不足，更好地为消费者服务，不断满足副中心居民对鲜活农产品数量、品种和食品安全的需求。

北京昌平市场服务管理中心：保证上市农产品的可追溯性和安全食用性

一是加强食品检测工作。市场食品检测中心1—10月份采集蔬菜、肉、蛋等样本3300个，检测合格率100%。二是严把市场准入关。市场食品安全管理办公室和各管区科室在日常食品安全管理工作中，主动与食药监、工商、卫生等部门加强合作，保持市场管理高压态势。认真落实好北京市生猪、牛羊肉、分割鸡等多项食品的准入目录制度，供货生产厂家备案制度，商品进销台账登记制度等，市场与猪肉（6家）、牛肉（1家）、羊肉（2家）、分割鸡（3家）、鸡冻品（2家）供货厂家签订厂场挂钩准入协议，确保上市食品质量安全。三是加强食品安全监督检查。市场每月由食品安全办公室牵头，对全场经营食品商户进行一次大检查，重点检查食品进货台账、销售台账、检验检疫票据、证照等情况，通过持续的监督检查，台账的登记备案，有效避免了“三无”产品、不合格商品流入市场，保证了上市农产品的可追溯性和安全食用性。

北京大红门京深海鲜批发市场有限公司：加强日常食品保障监管 从源头筑牢食品安全线

为保证食品供应安全，市场加强日常食品保障监管工作。一是着重对鲜活水产品及畜禽鲜肉的兽药残留和违禁药品进行检测，日常自检累计样次3664次，合格率达99.72%；委托送检79件，合格率100%；配合第三方机构采样，共抽取样品490件，合格率96.73%。二是注重管理，从源头筑牢食品安全线。优先推选12家基地，与10家签署《食用农产品产销对接供应保障合作协议》。三是督促落实非洲猪瘟防控工作。组织召开专题会，重点部署防控工作要求，严格落实索证索票规定，必须做到一头一票，禁止未经检验检疫合格畜禽产品进场，做好交易大厅消毒、巡查、记录工作。

北京二商东方食品集团公司：落实企业主体责任 严控食品安全风险

一是强化食品安全管控，落实企业主体责任。加大监督检查力度，全年配合完成各级政府部门食品安全检查144次，内部自查182次，自检和外检各类商品25809批次。严控食品安全风险，加强委托加工基地管理，清理年产值较低的基地6个，整改提升2个。深入落实“四个最严”要求，以34号供应部、篮丰配送等直供单位为重点，更新检测设备，改造可视化商品追溯系统和数字化视频监控系统，加大专业人才引进，全面提升食品安全的“硬环境”和“软实力”。二是牢固树立安全发展理念，确保企业安全形势持续稳定。紧密围绕“新中国成立70周年安全保障工作”和“防风险、除隐患、遏事故”主题开展全年安全生产工作。完善安全生产管理体系，强化隐患排查治理，加大人防、物防、技防投入。2019年，集团公司系统开展各类安全检查320次，排除隐患185处，开展应急演练33次、安全培训80次，安全生产投入1689万元，加快挂账安全隐患整改，启动了西南冷平层库制冷系统改造项目，全年未发生各类重大安全生产甲方责任事故，实现了全年安全稳定工作目标。

福州民天实业有限公司：将“一品一码”追溯系统建设列入食品安全工作重点

根据政府监管部门的部署，将蔬菜和果品市场的“一品一码”追溯系统建设列入食品安全工作重点，蔬菜和果品市场的“一品一码”追溯系统分别于2019年3月底和5月底完成建设，9月底，果品市场“一品一码”建设项目通过专家组的验收，10月底，蔬菜和果品市场“一进口一出口”标准化市场建设项目通过专家组的验收，蔬菜和果品市场每日都向福州市食品追溯平台、市商务局肉菜追溯平台、福州城市信用平台等政府监管平台上传交易记录和检测记录。各市场进一步健全食品安全管理制度，完善入场销售者档案和车辆进场登记、查验制度，蔬菜市场在入场批检基础上进一步健全食品安全管理制度，全年检测蔬菜、水果达44万批次，销毁不合格蔬菜101批次，累计重量达24700斤；全年协助农业农村部以及省市农产品质检中心、第三方检测公司完成农产品质量安全风险监测2076批次，总体合格率达99.3%。蔬菜市场在健全批发市场食品安全管控方面的做法得到了各级政府部门的充分肯定。

厦门闽夏农副产品批发市场有限公司：开发上线“闽夏市场APP” 实现无纸化食品安全追溯

根据省、市监管部门关于食品安全“一品一码”全过程追溯体系建设的工作安排，闽夏公司开发的“闽夏市场APP”在2019年上半年完成开发，与市场监督管理局“入市必登”系统完成对接并上线试运行，实现通过手机APP进行申报、交易生成追溯二维码，从而实现无纸化食品安全追溯。在5月份进行了第一期的推广宣传活动，主要目的是让经营户及采购商下载并注册使用“闽夏市场APP”。经过对“闽夏市场APP”功能的进一步完善，闽夏公司自10月份起进行了第二期的推广宣传活动，根据市场经营户及采购商的实际情况制订可行的推广奖励方案，向经营户及采购商进行全面的宣传推广。在10—12月的推广中，“闽夏市场APP”共完成有效交易29余万笔，成功交易24余万笔，上传入市必登系统14余万笔。第二期推广已经取得初步成效，一级批发经营户使用“闽夏市场APP”已经全覆盖。截至2019年12月，第一期和第二期的“闽夏市场APP”推广奖励情况：奖励经营户及采购商油卡61800元，退还采购商缴交的理货区停车费145200元，免收二次检测费103330元。

福建厦门夏商（中埔）农产品批发市场：完善“一品一码”溯源体系建设

继续健全进、出场查验制度，持续推动进、出场查验各项工作，切实落实车辆“一进一出”及出口验票。对经营户及购货商使用溯源秤交易进行督导，一是责任班组在交易时间点在场监督、指导经营户溯源秤交易，对不按“一品一码”要求交易的，督促整改，拒不整改或整改不到位的经营户将做退市处理。二是对于督导无效、拒不遵循“一品一码”的购货商，上报属地监管所，由执法部门按相关法律法规处理。通过以上措施，中埔市场已将食品安全追溯系统登记量占总交易量的占比提升至50%，比上年下达的25%指标提高了一倍。完成入市必登上市凭证系统前置工作，系统及时性、稳定性得到提高，完成上市凭证改版工作，所有从中埔市场出具的上市凭证均有“福建一品一码”和“厦门追溯码”二维码图标。完成中埔市场“一品一码”溯源体系建设工作材料的整理及上报工作。按市商务局要求，核对夏商农产品集团肉、禽、菜流通追溯项目资金使用情况，并聘请第三方审计单位重新审计，出具审计报告书并提交《项目投入资金及使用情况账目明细表》。截至2019年11月底，办理厦门市肉类蔬菜流通服务卡2124张，其中供应商332张（10月份统一清除了已经不在场内经营的供货商）、农贸市场608张、酒店318张、商超192张、伙食单位588张、配送企业30张、其他56张。

福建海峡两岸农产品物流城发展有限公司：全面建设“一品一码”追溯体系

为响应政府食药监局对“一品一码”追溯体系建设的号召，根据食药监局的要求，公司全面建设“一品一码”追溯体系。2019年11月12日完成漳州市实施食品安全“一品一码”全过程追溯体系建设验收，得到高达99.5分的成绩。通过一系列“一品一码”工作的开展，保障老百姓菜篮子的安全。

武汉白沙洲农副产品大市场有限公司：严格落实销售台账管理制度

对市场各业态进行相关销售台账排查，严格落实销售台账管理制度，全面推行农产品质量安全责任制，坚持“一票通”制度，严把“准入、抽检、处置、追溯”四道关，确保“来源可查、去向可追、责任可究”。与蔬菜、水产品基地保持紧密联系，将检测出问题产品的信息发函至当地政府，努力搭建跨省农产品质量安全监督平台，实现跨省农产品质量安全监管信息共享。

随州白沙洲农副产品物流园有限公司：督促市场商户履行主体责任 推行“一票通”销售凭证

作为随州市食用农产品批发市场规范管理试点单位，物流园对照省市场监管局下发的《关于开展食用农产品批发市场规范管理试点工作的通知》文件精神，检查整改物流园主体责任履行情况，督促市场商户履行主体责任，并开展系列工作。一是督促亮证经营。物流园先后收集商户资料，到南郊市场监管所为商户办理、变更176份证照；制作亮证牌，发放至商户公示营业执照、质量安全责任书、进货凭证。二是协助落实产地公示。定制公示牌，督促商户将农产品品名、详细产地、价格等信息进行填写公布。三是完善园区管理资料。整理物流园质量安全管理、农产品检测台账等内容，及时补充“不合格农产品处理记录台账”，做好痕迹化管理。四是推行一票通。2019年物流园再次印制了统一版本的进货台账和“一票通”销售凭证，指导经营户如何进行填写，保存购货、销售信息，以备质量安全可追溯，因商户主动填写意识不强还未达到效果。五是区市场监督管理驻企业服务站入驻。2019年10月18日上午10时，曾都区市场监督管理局驻企服务工作站在物流园揭牌，驻企工作站联络员将督促市场及经营户落实主体责任，宣传政策法规，及时处理消费纠纷，促进物流园的安全消费、和谐消费。

武汉市惠商丰华市场管理有限公司：注重食品安全，把好“入口”关

四季美农贸城始终把保障食品安全作为市场管理的重点，对所有进入市场的蔬菜、水产品采取“逢进必检”的检测措施，对不合格的产品及时依法查处，把好进货关，确保进、销货安全情况有据可查。

加强电子交易系统建设。2019年积极开展食品安全可溯源体系的建设工作。可追溯体系的试点工作在鲜肉市场展开，可将市场的上游供应商及下游采购商链接起来，整个销售链记录了食品流向及各种证明信息，达到食品可追溯。该电子交易系统运行稳定后，将为市场运营、管理及决策提供有效依据。

重庆市新大兴国际农副产品交易中心：将食品安全发展作为市场可持续发展和提升品牌竞争力的关键要素之一

通过学习《食品安全法》等法律法规，积极自主整改，进一步提升了市场食品安全的监管水平。同时花大力气落实市场准入制度，坚持开展农残检测，全年内外合计检测蔬菜农残3000余批次，农残达标率99%，发现个别批次蔬菜四季豆、豇豆、莴笋有机磷超标；检测水果900余批次，发现极少量苹果、猕猴桃、砂糖橘多菌灵超标，检测不合格商品都按规定上报市场监管局（所）并进行了处理。目标就是要在市场真正建立起“来源可追溯，去向可查证”的食品安全监管体系。

台州市农副产品集配中心有限公司：构建长效考核机制 加强食品安全工作

构建“领导小组考核部门、部门考核食品安全专员、食品安全专员考核区域管理员”三级长效考核机制。引入公安食品安全指导员，对日常市场准入、索证索票、购销台账进行督导。完善经营者档案，建立责任清单。通过公众号、标语、培训、演讲比赛、演练等方式强化宣传。开展“食安农港城，责任担当”主题演讲比赛，知识培训4次，应急演练2次，设计制作下发安全手册1000份，发放宣传资料2250份，完成经营户公示牌、网格化公示牌制作。

金华农产品批发市场有限公司：完善制度 健全食品安全追溯体系

加大食品安全检测力度，全年采集样品66404批次，并对检测结果进行公示，同时全面启用IC卡预约登记系统，通过对入场商品进行信息采集，切实做到溯源管理；按照《浙江省食用农产品批发市场食品安全规范化建设评价细则》要求，完善各项制度，健全追溯体系，顺利通过了省市场监督管理部门的审评，达到2A级食品安全示范市场标准。

合肥周谷堆农产品批发市场股份有限公司：严格把好农产品质量安全关

面对2019年非洲猪瘟严峻的形势，严格做好猪肉入场索证索票准入把关，由畜禽肉类市场管理部每天查验猪肉《动物检疫合格证明》及《肉品品质检验合格证》，并按合肥市食药局要求在《肉品品质检验合格证》背面加盖市场查验章，随猪肉流通到集贸市场。农产品质量安全管理部不定期进行抽检，既做到了市场日常查验把关的职责，也保障了下游集贸市场销售的猪肉检验检疫票据的有据可查，为市场营造放心交易的环境。同时质管部加强鲜活农产品抽检力度，扩大检测范围，完善检测品类，提升监管能力。全年共计完成蔬菜、水果农残检测109312例，平均每日检测样品数303例。联合各交易中心做好日常巡查记录及索证索票的收取，每月底统一存档，逐步完善市场准入材料存档。此外，密切关注各类食品安全热点问题，组织开展各类食品安全专项整治行动，有效打击场内经营“三无”、腐败变质、假冒伪劣产品的不法行为，净化场内经营环境。

河北新发地农副产品有限公司：建设“河北省原产地农产品质量风险监测站”

高度重视食品安全保障工作，公司与河北省农业厅合作建设了“河北省原产地农产品质量风险监测站”，该站建筑面积600平方米，配备专业检测人员12名，检测设备及耗材共计投资近千万元。该站对园区经营的农产品实行严格的每日监测，并及时通报检测结果，对不合格产品实行就地销毁处理，做到严把农产品市场准入。2019年，该站累计检验农产品达4.9万批次，产品合格率达99%以上。该站已与全国主要产区实现联动机制，并不断加快各地食品安全互检互认。为进一步推动全国范围内食品安全保障工作，2019年，公司加大了食品安全巡查力度，增加了巡查范围、监察频次，多次开展食品安全培训等举措，有效保障了园区内农产品质量安全。

江苏凌家塘市场发展有限公司：以防控猪瘟抓好食品安全

加强非洲猪瘟疫情防控，积极落实“两证两章”等准入溯源制度，落实活禽交易休市制度，每月强制休市二天，定期开展消毒防疫和投放灭“四害”药物。加强农产品质量检测，省市区双随机抽检750个批次，市场检测果菜31.15万个批次、水产品8909个批次、肉类水分8990个批次、添加剂10796个批次，检出超标11个批次，销毁处理3575公斤检测超标商品。

苏州市南环桥市场发展股份有限公司：全方位提升食品安全水平

以7月开展的“食品安全月”活动为契机，进一步增强市场商户、员工、消费者的法律意识、自律意识、安全意识，全方位提升食品安全水平。2019年度，市场检测并上传食药监平台数据160279批次，全年检测数据不合格36批次，合格率99.97%。政府相关部门全年法检310个样本，未发现不合格。在省市场监督管理局对市场进行的食品安全飞行检查中，给予市场工作肯定。

徐州雨润农产品全球采购有限公司：加强检测　打造食安市场

检测中心全年完成产品抽样检测20035批次，检测范围涉及各业态200余个品种，产品抽检合格率99.35%，在打造食安市场方面作出了贡献。江苏省、徐州市食品安全工作会议多次在市场召开，对食品安全工作给予了高度评价。

徐州源洋商贸发展有限公司：抓好食品安全监管工作　落实主体责任

市场着力抓好食品安全监管工作，督促市场食品生产经营业户落实主体责任，切实保证商品符合国家食品安全标准，在增加检查频次的基础上，加大抽检力度，突出专项抽检，做到“早发现、早处理”，确保问题产品及时下架。为进一步加大食品安全宣传力度，采取发放宣传单、广播等多种途径，广泛宣传，提高客户的食品安全意识。市场食品安全检测中心每天对40余种农产品进行快速检测，总计达12924次，合格率为99.8%，并对食品安全热点进行专项检测，组织客户进行食品安全培训2次。

上海市江桥批发市场经营管理有限公司：成立“食品安全创新工作室”

成立了以“不断提升检测技能”为主要内容的“食品安全创新工作室”，通过轮岗、每月全员的技能比拼，提升检测人员的检测能力；实验室新购了气相色谱质谱联动仪，扩大了项目检测范围，检测结果更精准，提升了检测监管能力。在食品安全监管方面，充分利用挂牌和张贴二维码，进一步完善公司追溯系统，增强客户二维码的查询信息，方便监管人员的可视化现场查询和监管。在安全生产方面，正式启用安全用电云平台管理系统，及时发现和处置因漏电、过热造成的用电预警。

上海西郊国际农产品交易有限公司：拓展货源　签订非洲猪瘟食品安全专项承诺

在受到非洲猪瘟影响，猪肉价格飞涨的情况下，公司积极拓展货源，对货物来源地的厂方资质进行了严格的筛选和梳理，与经销商签订非洲猪瘟食品安全专项承诺，关键时刻稳定了猪肉价格，确保了上海市场的猪肉供应和食品安全，彰显了西郊国际肉类批发业态在全市同行业中的龙头地位。

天津金元宝滨海农产品交易市场："联动式"监督严抓食品安全管理

市场一直把食品安全监管作为工作的重点，主动承担市场主体责任，为滨海新区百姓严把食品安全关。市场按时参加上级部门组织的食品安全工作会议，传达精神，落实工作。2019年，业务信息科组织开展商品质量和经营秩序检查，进行"联动式"监督，对食品安全、证照、计量进行检查，严抓市场食堂和宝地美食城的食品安全管理，做好市场可追溯系统软硬件的定期维护，确保正常运行。2019年1月，市场"大肉电子结算"正式启用，运行中发现配套需要完善。为解决问题，市场在大肉交易厅门前加装2台电子磅，改由管理人员统一过磅，保障了质量可追溯体系的完整性。同时，由市场提供场地，商户自行出资修建小型冷库13个，满足了商户存储需求。在业务信息科、综合商场、蔬菜商场和物业科的配合下，完善了系统配套设施。此外，综合商场于7月、9月先后启用禽类和牛羊肉电子结算，实现了市场肉类经营的全面规范化管理。综合商场对场内食品经营商户的索证索票、"三无"商品进行了抽查，处罚商户3家，要求整改6家，打击了违规行为。在市场的监管下，商户自觉提高了食品安全意识，2019年市场农残检测128个品种，检测16779样次，水果的农残检测合格率达到99.55%，蔬菜的农残检测合格率达到99.96%，猪肉、牛羊肉的瘦肉精检测、水产品的检测、米面和豆制品的吊白块检测合格率都达到了100%。

四、市场管理

北京二商东方食品集团公司：打破"库""商"资源壁垒 建立共享合作机制

借助网络招租平台，提升冷库出租率，全年冷库平均出租率同比增长7.4%。实施地下冷库改造工程，提升仓储服务规范化水平，进一步提高冷库收益，全年实现仓储增值服务收入5756万元，同比增长12.7%。篮丰配送加大招商力度，完善便民服务功能，提高资源利用率。2019年，集团公司实现冷库租金收入1.2亿元，同比增长3%。西南郊市场发挥平台职能，做好管理服务。四道口市场积极配合海淀区创建国家卫生区工作，优化经营环境，清退不合格商户56户。

北京农产品中央批发市场有限责任公司：加强员工教育培训 牢固树立保安全、守安全思想观念

通过组织员工商户开展生产、交通、消防、治安、食品安全教育培训；张贴宣传海报，规范商户台账书写，完善食品追溯体系，同时以安全生产月活动为契机，深入开展市场"扫黑除恶"专项斗争，加强宣传、落实责任、查找安全漏洞，使市场员工商户牢固树立保安全、守安全思想观念。

福州民天实业有限公司：补强市场硬件设施 优化市场营商环境

2019年，公司陆续投入资金1000多万元，重点对家禽市场和副食品市场的地面沉降、蔬菜市场生活供水管网、家禽市场加工场、冻品市场卸货平台及事故水池进行了修复或提升。除了在市场硬件设施上进行补强外，公司也不断优化市场营商软环境：一是引进了一家专业的维保公司负责市场消防设施的日常维保，确保市场的安全运营。二是与中国银行合作，将原来分散、人工收取的租金、水电费、物业管理费等，统一整合到电子收款系统"中银易缴通平台"上，方便租户通过微信、支付宝、银行卡等实现免手续费转账支付。电子收款平台的推广使用，在便捷用户缴费、减少现金流通量的同时，也有效降低了公司财务人员在收取、保管、存储现金等环节存在的安全隐患。三是严格按电业局供电单价向商户收取电费，清理不规范收费。

厦门闽夏农副产品批发市场有限公司：通过现场网格化管理提升市场卫生状况

闽夏市场自2019年3月起委托第三方专业的保洁单位负责市场的卫生保洁工作，增加保洁人员数量，划分责任区域，提高保洁力度。通过现场网格化管理，督促保洁单位加强保洁和经营户做好“门前三包”，市场卫生状况有明显的提升。进一步落实垃圾分类工作。在继续做好蔬菜垃圾、大宗分拣垃圾分类处理的同时，加强其他垃圾分类宣传教育，进一步落实全场做好垃圾分类工作。闽夏市场搬运三轮摩托车“油改电”工作相关的4家电动车厂商已经进驻市场正常运营，逐步推动经营户更换电动三轮车，已基本完成燃油摩托车更换为电动三轮车的工作。与洪塘镇政府、苏厝村进行三方合作，组建联合巡查组负责整治市场周边占道经营现象和车辆乱停放现象。

齐齐哈尔市城乡粮油交易市场有限公司：确保市场良好的交易秩序 优化市场经营环境

在做好日常管理工作的同时，积极与市场监督管理局、发改委、农委等职能部门密切配合。根据不同时期工作，侧重抓好日常管理工作，有效地杜绝假冒伪劣、短斤少两、以次充好、价格欺诈等违法违规的行为发生，积极配合协调市场监督管理局，对市场业户索证索票、购销台账、明码标价、经营场所环境卫生和着装的督促检查，收到显著成效。

武汉市惠商丰华市场管理有限公司：完善制度和网格化管理

完善制度管理。已制定产品准入制度、质量安全抽检制度、经销商准入管理制度、不合格商品清退制度、环境卫生与防疫制度、商户“门前三包”制度等制度并形成文件，并严格执行。实行网格化管理，专人专责。对日常环境卫生、垃圾处置、交通秩序、占道经营、治安、消防安全等进行精细化管理，确保市场安全有序经营。

四川雨润国际农产品交易中心：改善创新市场管理模式

蔬菜市场改变收费模式，资源利用，划行规市，增收创收。为贯彻落实集团增收创收的总体目标，蔬菜市场先后在元月初分别对阿坝州菜、姜蒜、食用菌进行了提价。7月8日起实施全场车型改计重收费的新型收费模式，建立公平、公正、公开的计重交易体系。

划行规市，专区经营，规范管理。利用原来五区闲置76个车位，形成土豆专销区，阿坝州蔬菜、洋葱、毛葱等逐步形成专销区，提高坪效。原部分公共厕所建在区域内，占用公司经营资源，通过改造升级，建设新型环保厕所，同时移除至区外，增加经营资源。果品市场取消封顶创新模式，专区改造，盘活资源，创效增效。通过市场改造升级，将原来的移动大棚拆除并新建钢构大棚，打造经营专区，试行高底价租赁、竞价结合的模式进行招商。打造新进口车货专区，采取“内部搬迁+外部招商”的模式，已完成整体规划方案，并到广州、深圳等地进行招商工作。已经完成前期的招商工作，但由于2019年柚子上市和场地使用冲突及工程方面的原因，为不影响本年度经营需求和稳定商户工作，新建进口大棚事宜2020年春节后动工。积极打击场外交易，杜绝市场交易分流，盘活闲置资源。已拟定杜绝场外交易的整体方案，疏堵结合加大力度，约谈涉及场外交易商户共计11名；整合周转筐资源，将18棚二楼作为周转筐业务开展场地，同时引进打蜡场，引入电商、配送和打蜡场商户入场，杜绝场外交易，盘活场内闲置资源。

重庆香满圆农产品有限公司：以精细化管理提质增效 提升市场整体形象

菜园坝市场集群，一是苦练内功，深挖潜力，以精细化管理提质增效。市场通过充分利用现有场地，根据季节和进货量优化水果品类布局，提升了服务质量和商家满意度，保持了良好的客户关系，保证了市场稳定。二是不忘保障民生初心，共筑食品安全防线。随着国家对食品安全工作的重视程度和要求日益提高，公司积极落实市场主体责任，建立了食品安全相关检查制度和商家档案，开展了每日抽样检测等工作，配合市场监管局开展了诚信经营宣传和检查工作，配合质监局开展了诚信计量工作，实现了市场秤只检测全覆盖，同时开展了对走私冻品、带病猪肉和柑橘检验检疫等专项检查活动。三是运用“互联网+”思维，助推信息化管理水平提档升级。结合实体市场实际情况，在现有条件下通过推进管理信息化，积极引导商家转型升级。四是加强“两江四岸”环境保护，力促“城市提升行动”工作落实。通过开展形象提升工作，对老旧建筑物翻新和通过开展环境美化工作，提升了市场整体形象。

金华农产品批发市场有限公司：持续加大网格化管理机制

按照“要求不降、压力不减、工作不松、状态不放”的原则，成立创建工作领导小组，组建志愿者服务队，引入红黑榜制度，实行优胜劣汰奖惩机制，同时加大督导力度。

合肥周谷堆农产品批发市场股份有限公司：完善内控体系，提升风险防控能力

加强内控稽核检查。2019年累计开展内控稽核检查29次，涉及收费岗位16个，通过多次实地核查，严格整改存在的违规风险，进一步规范业务操作流程，加强收费人员责任心和安全意识，有效提升了资金监管以及风险防控能力。上线水产手持机收费系统。经营户及买方客户办卡后，在进场时水产工作人员使用手持机刷卡收取服务费，实现了水产市场经营户、买方客户档案和进场服务收费电子化，提高收费效率，保证资金安全。建立收入专员负责制，负责收集部门每天收费明细，更新收费台账，查找收费异常，并及时上报反馈，负责与财务部直接对接，核对部门收费款项，做好月度对账等工作。财务部设置专人专岗，将开展的“收费岗位专项稽核”以及不定期抽查稽核纳入日常工作，进一步提升工作效率，加强业务部门内部监管。规范临时仓收费管理。财务部联合各交易区，实地核查各区域临时仓位情况，编制临时仓分布图，规范仓位和收费名称，建立标准台账、进行统一编号，重新修订“营业款管理规定”，完善核查流程，实行临时仓网格化管理，全面规范临时仓收费。智能POS机全覆盖。淘汰农批市场大额现金交易传统模式，公司所有收费岗位实现智能POS机收费，给客户带来便捷的同时，也减少了收费员超负荷现金收支以及资金安全问题，收费员通过系统对账也更加便捷、准确。此外，加强制度建设，规范经营管理，严格督察制度落实，关注客户服务，规范现场管理。

安徽省西商集团投资有限公司：调整集团整体组织架构

在安徽省西商集团投资有限公司（简称西商集团）下辖成立了西商控股集团、西商农业集团和西商产业集团三大子集团。产业发展更加明晰，业态分工更加明确。

江苏凌家塘市场发展有限公司：加强工商证照管理

办理营业执照申领114份、注销30份，办理税务登记33份，办理仓位新出租40个、转让106个、退租11份。实施计量检查134次3672台次，记录公平秤1885笔。

无锡天鹏菜篮子工程有限公司：多部门联手开展系统整治

食品商城分公司加大日常巡查管理，对占道经营、搭角经营、出摊线、违规用秤、缺斤短两及冷库库容库貌等进行专项整治；物业管理分公司做好污水处理车间提档升级改造、天鹏食品城雨污管网排查改造工作，确保实现排放达标。多部门联手开展市场标识导示系统整治，完成路面整修、猪肉市场轨道及司磅间改造，海鲜部分商铺用电扩容等多个工程项目；对市场内常温仓库、沿街店面、天鹏公寓的智能水电表、二轮及三轮电动车智能充电桩进行改造，进一步提高天鹏食品城的智能化水平。

内蒙古食全食美股份有限公司：开展改革 出台优惠政策助力果菜营销

针对果品市场销售严重分流、效率低下、管理粗放的不利局面，集团公司以前所未有的力度开展了“精品水果促销增收、门检制度改革、收费系统升级”三项改革措施，出台了有利于真正形成果品一级市场的优惠政策，先后对产于泰国、越南的10种进口精品水果实行管理费先征后退，并施以运费补贴，对香蕉实行整车进门收费改革，极大调动了广大精品香蕉商户的积极性，凸显了果品实施规模经营带来的与北京市场比较的价格优势，不仅让流失的呼、包、鄂各大市场经销商、大型连锁超市果品采购商回流，而且辐射范围进一步扩大到包头、鄂尔多斯、乌兰察布、山西等地。由于措施得当、执行有力、落实到位，效果立竿见影，不仅使果品市场整体销售增长了10%，而且有效带动了美通市场的人气，拉动了其他区域市场销售，市场整体出租率达到了95%，收益基本实现了稳中有升的好业绩，蔬菜区销售也稳步实现了7%的增长。

五、智慧农批

北京八里桥农产品中心批发市场：使市场信息管理发布更加系统化、智能化

生鲜卖场配置升级新型电子秤共计255台，并在此基础上，增加新的功能，通过运行使用，彻底解决了缺斤短两问题，大幅减少投诉；可对所有商品的销售进行统计汇总上传，实现市场大数据应用。升级监控，增加监控设备158套，确保市场安全运营。完善网络系统，提高工作效率，市场整体升级改造和大数据的运用，使原有网络系统已经不能满足实际需求，进行升级完善。一是将100M交换机更新为1000M交换机，为车管系统和生活区各增加一台录像机。二是完善物业系统和车管的手持端软件功能，对物业管理合同文本、综合收费及经营管理各方面相关协议等软件进行了修改和完善，智能化得到有效提升。三是完成停车管理系统与通州区诱导平台对接，并顺利通过市场停车备案审批手续。设计安装电子屏，提高信息发布智能化。根据市场升级改造软硬件不断提升的要求、计算机部对市场东大门收费岛上方电子大屏进行了更新设计安装（$30m^2$），并新增生鲜大卖场电子屏2块（$9m^2$），整合结算中心东侧电子屏1块（$16m^2$）。通过电子大屏发布市场相关信息（商品种类、产地、价格、食品安全监测报告、各种宣传类内容等），使市场信息管理发布更加系统化、智能化，大幅提升市场景观形象及档次。

北京二商东方食品集团公司：加强信息化建设，筑牢网络安全屏障

制定集团公司《贯彻落实网络安全法实施方案》，组织开展全级次企业网络安全与信息化自查，实施信息安全等级保护建设，增强网络安全事件应急处置能力。

中众合有限公司：积极摸索电子结算化系统建设

通过旗下黄山成熟市场，建立电子结算化系统，逐步实现农产品市场+互联网模式：消费者下订单—农产品电商平台接单—农产品市场配货—物流（冷藏）配送—消费者收货。

万邦国际集团：打造互联网+农产品产销一体化新模式

一是建设万邦云平台和全省结算中心。构建物流信息平台，全场实行统一电子结算，推广电子商务等线上线下交易，打造互联网+农产品产销一体化新模式，建立河南省农产品交易大数据平台，以平台为重要载体完善供应链体系，加强与农产品上下游实现系统和数据对接，充分发挥星创天地的资源聚集、供需对接和信息服务功能，构建跨界融合的产业供应链生态，促进整个产业供应链数字化、智能化和国际化。二是大力发展农产品电商平台项目。截至2019年12月底，万邦电子商务平台线下展区入驻果品、粮油、干果等150多家旗舰展示店，线上平台已注册商家1200多家，上线产品2300个；平台累计注册会员15万人，年交易额近亿元，初步形成农产品线上线下相结合的模式。万邦园区利用益农社项目，为中牟县搭建县域农产品电商体系，将各企业、各乡镇产品推向全国消费者，促进农产品品牌化和标准化，扩大产品销售渠道，助力贫困户增收。线上平台设置中牟县精准扶贫专区，与线下27个贫困村产品同步推广，免费展示与推介全县各个贫困村农产品，如大蒜、咸鸭蛋、草莓、西瓜等数十个品种。此外，在万邦电商中心设置卢氏县、新密市正鑫种植专业合作社农产品展销区，并在万邦电商平台上设立卢氏、新密正鑫农产品专区，免费帮助挖掘、宣传、推介、销售特色农产品，助力精准扶贫。三是推动企业上云，形成农产品物流大数据。随着现代信息技术的发展，万邦星创天地致力建设集仓储、货物、车辆等于一体的现代物流平台，并借助现代云技术，形成销量、价格、品类等信息数据，更好地为广大商户、农户、政府、银行提供有效数据信息。2019 年，万邦集团与上海、北京多家科技服务公司洽谈，促进企业上云。

四川雨润国际农产品交易中心：蔬菜姜蒜区正式启动电子结算运行

经过多方努力及近一年多时间的测试部署，顺利完AMS系统与海信系统切换，已完成果品市场、蔬菜市场进出场模块上线及冷库资源、果蔬市场资源功能模块上线；按照政府要求，提升市场现代化管理水平，经过长时间多方调研、研究、测试，于 2019 年 12 月正式启动电子结算（蔬菜姜蒜区）实施运行。

重庆香满圆农产品有限公司：开发农产品供应链服务 推动线下实体市场转型

一是模式迭代创新不断，保持平台引领农产品电商。在互联网思维指引下，香满圆平台不断敏捷开发和更新，并完成了B2B平台内部测试。二是供应链创新服务能力进一步提升。通过进一步梳理整合实体市场和电商多年来积累的“产供销”资源，依托自身形成的产品、分拣包装和“同程配”物流运输能力，开发农产品供应链服务客户。三是推进线上线下融合发展显成效。通过与渝南冻品市场合作，打造了平台特色火锅食材专区，在不断丰富商品种类提升平台吸引力的同时以香满圆平台为支持，推动线下实体市场转型。

长沙马王堆农产品股份有限公司：上线运行智慧APP 开发建设价格信息平台

一是“智慧深农”“智慧食安”“智慧海吉星”三个APP正式上线运行，同时完成长沙海吉星和马王堆海鲜市场重点档位的一户一档认证和二维码展示牌的制作安装工作；二是开发建设价格信息平台，提升价格信息管理和客户服务智能化水平，充分发挥“海吉星智慧中心”信息收集、发布等功能；三是启动园区智能交易机推广项目，年前完成股东方立项和招标工作。

浙江良渚蔬菜市场开发有限公司：“智慧扶贫”为消费者“送健康”，为农户“送小康”

公司以“送技术、送渠道、送服务”的“智慧扶贫”方式，指导前端生产，压缩中间环节，重塑流通渠道，为每一笔扶贫菜交易定制二维码，做到产销流程全部可管理可监控可追溯，让从绿水青山里走出来的“高颜值”扶贫菜从“码”上飞入寻常百姓家，从而为消费者“送健康”、为农户“送小康”。

江苏凌家塘市场发展有限公司：积极筹划开展升级改造

成立专门工作班子，积极筹划升级改造可行方案。成立信息化建设领导小组和信息化办公室，设定了信息化建设目标和分期计划，拟定了信息化建设实施步骤，积极开展前期准备工作。

无锡天鹏菜篮子工程有限公司：发挥信息技术优势 紧跟业务变化 更新升级系统

公司信息中心攻坚克难，发挥技术优势，完成了安信云商现货交易平台系开发工作，并获得计算机软件著作权登记证书。新开发了屠宰电子结算、冷库包库专用系统、天鹏大数据云展示平台，并对智能冷库系统、LIMS系统等进行了更新升级，使系统紧跟业务变化；全面接手陆稿荐信息化建设，调整优化总部及门店的所有软硬件设备系统，配合参与ERP系统更换工作；积极推进OA系统及企业邮箱使用，做好公司微信公众号维护工作，尝试拍摄企业宣传类短视频，融媒体工作取得一定成效。

徐州雨润农产品全球采购有限公司：电商中心稳步快速成长

雨润农鲜生电商平台快速稳定发展，全年实现交易额 52051.82 万元（其中电商 47251.12 万元、配送 4686.50 万元、生鲜超市 114.2 万元），完成全年目标的 173.5%；同比增长 420.5%，收入 879.79 万元，实现订单量 13905 笔。会员量 9395 家，访问人数 287299 次，平台商品 1344 类。为实现公司各项业务的优化和拓展，打造产业发展平台，大力开展合作创新。与邮储银行合作，推行“联名卡”，实现了电子结算升级，促进了智慧市场进一步发展；2019年是电商中心稳步快速成长的一年，创造了事业发展的奇迹，被评为“江苏省城乡高效配送示范企业”“江苏省电子商务示范企业”。

徐州源洋商贸发展有限公司：推进数据化、信息化管理

根据市场占地面积较大、人流量车流量多、人员分散及人员管理问题等难点，10月中下旬公司智慧人员管理定位系统开始第一批次试运行。定位系统重点解决了人员管理问题，实现人员区域定位，提升管理效能，提高工作积极性。同时可以保障员工的安全，减少意外发生，避免因意外带来的经济损失。

内蒙古食全食美股份有限公司：加快信息化建设 提升精细化管理

2019年，集团公司紧跟互联网时代发展步伐，加快信息化建设，针对果品区提出的销售环节多、结算不方便快捷的问题，集团公司与农行合作，对果品区结算模式进行了二次升级，为商户配备了银联智能POS机，将打票环节全部前移到商户端，使客户在商家就能完成选货、刷卡、打票、提货，不仅简化了交易流程，有效提高商品交易和商品流通速度，而且去掉了人工收款的中间环节，提高了交易效率。同时在果品区增加了POS机出门验票及LED公示功能，使精细化管理水平得到有效提升。升级后的新结算模式已在果品区全面推开，待经验成熟、条件具备后将逐步向其他经营领域推广，力争使电子结算模式在美通市场做到全覆盖。

上海市江桥批发市场经营管理有限公司：改革求变、创新实践，优化服务新模式

江桥公司成立了以蔬菜经营业务数据分析为主要内容的“大数据业务工作室”，制定工作业务流程，编制数据分析定期发布，协助集团公司推进主营业务数据分析系统建设，协助完成与市外主供应基地的数据采集、分析和对接工作。

天津金元宝滨海农产品交易市场：研发全新的“电子结算系统”，申报著作权

由于市场使用的“电子结算系统”是开发成品，在功能上局限性强。为满足市场经营需求，2019年由业务信息科牵头，自主研发了一款全新的“电子结算系统”，该系统兼备结算、追溯、价格体系三大功能，可在多品种交易中广泛应用，并支持计件、计费等模式。新系统的软件已进入测试阶段，开始模拟使用，新系统与原系统同步运行。作为首款农产品市场自主研发的专业软件，新“电子结算系统”得到了天津市监管局的高度认可，被评价为“天津市农产品行业交易最先进的系统”，现已申请了软件著作权。10月份，福建省监管局和天津市监管委的领导专门来市场考察了新“电子结算系统”，并就有关问题进行深入探讨。

六、经销商服务

台州市农副产品集配中心有限公司：引进产地蔬菜经营户 巩固核心产品竞争优势

引进8家兰州蔬菜经营户，市场占有率达75%，起到市场引领作用。巩固“土豆、洋葱、山药、生姜、大蒜、兰州包菜”等核心产品竞争优势，创下日交易量逾2000吨新纪录。

上海市江桥批发市场经营管理有限公司：成立工作室调解客商纠纷矛盾

成立了以调解客商纠纷为主要内容的“有话好好说调解工作室”，解决客户矛盾，协调运费纠纷。

天津金元宝滨海农产品交易市场：组织经销商培训 为商户周到服务

市场统一更换了大肉、牛羊肉、禽类摊铺的案板，综合商场和物业科分工协作，案板改造工作未影响商户正常经营。新案板因改良设计，解决了过去案板夏天返味、板下存水等问题，改善了肉类经营的卫生环境。为了提高场内商户的知识产权保护意识和对税法的理解，业务信息科和财务科，分别邀请新区市场监管局领导、税务局领导，为商户进行培训，两次培训商户290余人次。为便于商户经营，财务科积极与银行协调，引进工商银行ATM机2台，现已投用；综合办公室为商户打印夜间通行证74份。为方便商户交费，财务科与建行协调安装移动POS刷卡机5台，固定机2台，并及时升级，保证设备的正常使用。用优质周到的服务，换来了商户的满意。业务信息科继续为商户做好营业执照注册、变更、年检和食品经营许可证办理等工作。2019年为商户新办营业执照178份，变更19份，年检735份，办理食品经营许可证39份，在市场的努力下，场内商户持照经营率达到100%。

七、转型升级及经营模式创新

北京八里桥农产品中心批发市场：完成三大重点维修改造 旧貌换新颜

2019年，市场一是重点维修改造副食厅（3号厅）、牛羊肉厅（5号厅），面积合计8113平方米。改造升级为生鲜食品一站式购物大卖场，二是改造升级40间蔬菜配送房，面积2465.5平方米。三是疏解改造2号蔬菜大棚，面积7200平方米，升级为食品经营厅。三大重点维修、改造、升级项目和相关配套工程已如期完成，实现旧貌换新颜，经营布局清晰，商户经营方便，租金收入大幅增加最佳效果。

北京二商东方食品集团公司：大力发展以北京为核心的京津冀区域配送业务

集团公司推进西南郊园区服务系统建设，搭建预约进场管理平台，提升管理效能，场区及周边道路拥堵问题有效缓解，园区物流运营效率显著提高，环境秩序明显改善。西南郊园区全年实现物流预约进场服务收入1500余万元，同比增长近50%，同时积累大量供应链数据信息，奠定供应链服务平台管理基础。三新公司利用自身区位、仓配优势，进一步优化硬件资源，夯实运力基础，延伸服务链条，积极开拓以西南郊园区为核心的冻品物流配送业务，大力发展以北京为核心的京津冀区域配送业务，全年实现营业收入1.2亿元，利润406万元，实现扭亏为盈目标任务。

北京二商京华茶业有限公司：打造市场品牌 培育新经营模式和效益增长点

培养和扶持一批具有特色产品或打造品牌的企业引导市场有序发展，通过这些茶企的发展从而打造市场品牌，培育新的经营模式及效益增长点，具体措施有：首先动员市场内的个体工商户，升级为公司并注册自己的品牌，挖掘自身的产品特点，推出具有特色的产品。逐步提升企业价值，发展成为拥有品牌的特色茶商。国家大力发展文化创意产业，公司应充分利用自身历经半个多世纪的发展优势，结合企业现有资源打造茶叶文化创意产业和茶文化相关的非物质文化遗产的传承，引入文化创意产业，引导传统茶产业模式的变革，成为京城茶文化的亮点，通过这个载体，吸引国内外游客，弘扬茶文化，可以多元化发展，充分利用茶博馆这个载体发扬茶艺，发展茶旅游，培养茶文化人才，举办茶叶节和茶文化研讨会，扩大国际交流，开拓世界市场，普及茶文化知识。

北京大红门京深海鲜批发市场有限公司：打造升级版京深海鲜智慧产业园

按照京深海鲜市场“一体两翼”的发展思路，结合市场实际情况，升级改造方案将按照“对西区进行安全隐患消除，调整商户数量和经营结构，对东区进行转型升级”的思路进行设计。前期，通过对全国同行业各市场进行实地考察调研，对同类项目场所进行考察研究，经过十几次方案修改，分别委托北京京业国际工程技术设计有限公司和瑞莱德（北京）商业运营管理有限公司进驻市场进行实地考察，同时对周边居住人口、餐饮、配套、酒店、消费能力等商业情况进行调研和数据信息统计，最终提出《京深海鲜市场东区转型升级规划方案》——即打造以“海鲜饮食文化”为主题，以“生活服务＋文化体验＋创业孵化”为导向，打造一个集海鲜零售、海鲜美食、品牌孵化、展览展示、便民服务于一体的升级版的京深海鲜智慧产业园区，即海鲜产业的品牌孵化基地、人才创业高地、文化体验中心。

北京盛华宏林粮油批发市场有限公司：积极调整优化产业结构 延长产业链 提升企业竞争力

一是淘汰弱小商户，培育大商户。继续实施“腾笼换鸟”战略，淘汰弱小商户，培育大商户做大做强，增强抵御市场风险的能力。2019 年共淘汰弱小商户 117 户。二是持续推进信息化建设。按照公司加快推进信息化建设的部署，持续推进信息化建设，巩固提升粮油“进销存信息化平台”的应用。三是打造“花花市界”平台，促进花艺文化交流。以花为媒，在打造中小学生花卉科普教育基地、插花艺术培训传播及婚庆服务平台的基础上，进一步促进花艺文化交流。“2019 世界花艺大赛”是北京世界园艺博览会最重要的国际竞赛项目之一，34 位世界顶级花艺大咖齐聚盛华宏林“花花市界”，作为赛前最重要的预热前站，挑选优质花材，做好赛前准备。同时，积极组织花卉商户参加北京世界园艺博览会。四是创新经营模式，拓展社区经济。开发社区市场经济，把握农批市场发展新契机。盛华宏林组织指导商户开设社区直营店，为拓展社区经济迈出可喜步伐。

北京京丰岳各庄农副产品批发市场中心：建设新型农产品物流配送服务中心

为实现现代化农产品配送体系的发展，市场将建设成为新型农产品物流配送服务中心。由粗放式交易转变为以网络销售方式和实体展示方式，来满足不同需求的客户。早八点前以物流配送为主，主要服务于北京市各大宾馆、饭店、餐饮、机关、团体、部队，丰台区各大商超及周边社区市场，八点后超市转化为零售市场，服务于周边小型餐馆、食堂，以及周边居民日常生活需求，为居民提供便利。

黄淮农产品股份有限公司：培育大宗商品一级批发业态

市场西区改造升级了水果C区交易大棚、大宗果菜交易专区，完成了水果商户彻底整合，新引进了10 多家大宗单品核心商户，逐渐培育了大宗商品一级批发业态，全年果蔬交易量增长 18%；东区改造升级了青菜、豆腐豆芽、活鱼海鲜、白条鸡交易区，实现服务费增收、创收；东西区全年加大招商力度，全年新增商户 120 余户，为 2020 年服务费标准调整、优化、收取打下了良好基础；多次优化市场门禁管理系统，实现增收创收。这些都有力地支持了上市战略。

武汉市惠商丰华市场管理有限公司：服务经销商及供应链建设

四季美农贸城以服务商户为宗旨，积极帮助入驻我市场的商户打通上游生产种植基地、下游二级批发市场及大型商超、生鲜连锁超市、终端消费者等全供应链，并促成商户们长期与“菜篮子”产品产地（销地）批发市场签订合作协议，促进产销对接，实现信息共享。例如：2019 年帮助市场商户与吉林前郭县合作社签订百万元的玉米供销协议；与海南三亚、崖城签订豇豆、辣椒的供销协议；与山东寿光签订蔬菜供销协议；与黄冈签订水产品供销协议，用于养殖鲈鱼、基围虾、四大家鱼等。

福建厦门夏商（中埔）农产品批发市场：全力以赴完成中埔市场改造工作

该项工作是 2019 年的重点工作，市场改造是边经营边改造同时进行，在此期间因施工围挡影响商户正常经营，商户意见反应强烈，施工安全保障、施工进度、外部监管部门的沟通等问题给中埔班子提出了很多难题，部门班子群策群力、克服各种困难，按年初制订的工作计划，与平台工程部、施工单位紧密配合多方协调，推进市场改造工作如期完成。

河南省新野新蔬菜有限责任公司：多方筹集资金 加强市场基础设施建设

一是整修市场下水管网和维修维护冷库。投入 230 多万元对所属南关蔬菜市场的下水管网进行集中改造，以确保雨季市场内的交易畅通，对市场的保鲜冷库及气调库进行了改造，针对保鲜冷库耗电量大的情况，聘请了专家对冷库的制冷系统管网进行了升级改造，新增添了大型水泵等机器设备。二是对办公室的整体搬迁，腾出交易门面成为市场内交易档铺，在南关市场南院新建了办公室，并进行了装修，在9月份对公司的办公区域进行了整体搬迁，原有的办公区域进行升级改造，建成新的市场档铺、摊位，进行对外招租。三是对南关市场临朝阳路修建临街商铺。配合县城朝阳路市政改造，公司投入350多万元新建南关市场临朝阳路商铺32间，工程已经完工，市场将以崭新的面貌呈现在广大市民的眼前。四是成立蔬菜产业集聚区农产品物流市场项目指挥部。为了配合县蔬菜产业集聚区整体规划的要求，我公司在郭营市场办公楼成立了农产品物流市场项目指挥部办公室，并对其进行了装修，添置办公家具和设施，待县蔬菜产业集聚区物流市场规划评审会通过验收，项目指挥部马上可以投入运转。

武汉白沙洲农副产品大市场有限公司：改善经营环境 创新管理服务模式

2019年香港集团公司积极配合白沙洲大市场进行市场内部维修整改，投入1000多万元完善硬件设施，改善经营环境：对各个区域智能电表、水表进行升级改造，雨水、污水管网改造、加水站升级改造、水产通道地面改造、物流区新建钢结构大棚、北临消防楼梯工程等方方面面的硬件设施进行升级改造，大力提升服务水平，努力为广大经营户提供更优质的经营环境。努力打造白沙洲品牌，提升市场服务能力，改善市场运营环境，建立大数据库跟踪管理，稳定采购商；我们持续开发白沙洲微信公众号，让经营户、货主可以轻松获取农产品信息、查阅交易缴费记录，陆续开发自助出入金及缴费服务，创新管理和服务模式。

南充川北农产品交易有限公司：完善配套设施 形成“大物流”

完成迁建项目一期二阶段全部建设工作，完善仓储物流、冷链配送等其他配套设施，形成“大物流”格局。

四川鑫锐投资有限公司：完成四大工程 加强基础设施建设

市场提档升级是一项民生工程，为保障市场正常经营秩序和提升市场整体形象，2019年着力加强基础设施建设，完成了鑫锐公司办公室修建装修、水果市场天沟整体更换、蔬菜市场顶棚修复、蔬菜市场监控安装四项大工程，在确保工程质量的同时，加强进度控制，强化精细管理，实现全年工程“零事故”的安全管理目标。

金乡县凯盛农产品物流园有限公司：打造国内首家综合农产品拍卖中心

抢抓新旧动能转换和支持中小企业发展的机遇，实施乡村振兴伟大战略目标，建设完成了国内首家综合农产品拍卖中心，实现了内陆港在山东省金乡县家门口一站式服务外贸出口，市场规模迅速扩大，年交易量、年交易额再攀新高。

江苏凌家塘市场发展有限公司：加强经营创新拓展 稳步推进维修改造项目

冷冻区在交易区南侧增建集装箱式临时经营房，发展土特名优销售区，招商入住商家7户。大力开展产销对接，组织赴高邮市、湖北监利县开展罗氏虾、小龙虾等产销对接，小龙虾上市高峰达到400多吨/天。实施市场交易费进行移动支付收费，取得明显效果。粮副区停车场按车型大小划定停放区域，车辆停放秩序显著规范。商贸公司集配业务新增客户26家，其中长期合作客户15家，电商业务达成了与中国银行等客户合作，摸索出了食堂摆摊、银行线上销售、移动超市等项目新模式，业务规模扩张显著。做好新阳光代管工作，完成自有房屋续租21户，完成电梯、消防正常维保，做好污水处理站维修等，保障正常运营。市场完成投入295万元，各项维修改造项目有序稳步推进。完成各项改造翻修工程。完成环场路灯更换LED灯改造、冷冻区“名特优”集装箱式经营房增建、市场警务站搬迁改造、果品区火灾事故受损大棚翻修改造。完成物流中心综合服务大楼消防改造。

南通农副产品物流有限公司：推进子公司承包经营

直营店、配送公司两家子公司因体制、经营等各种原因造成亏损，市场根据各自的实际情况，对直营店通达公开竞标方式承包经营，对配送公司采取内部职工竞标方式实施承包经营。通过承包经营基本实现收支平衡，也保证了职工的安置。

徐州雨润农产品全球采购有限公司：业务拓展与合作创新取得新成效

与徐州市农业农村局合作建设“两站”；与市内大型超市建立合作，促进市场销售上量。合作引进30余家配送、电商、深加工和60余家物流企业入驻，不断完善市场产业链配套。并在资产经营合作、金融合作和二级市场联盟合作方面有了新成效。公司紧紧围绕年初制定的战略目标和工作计划，主动加强了与市、区政府及其有关部门的联系沟通，紧紧抓住徐州大力规划建设淮海国际陆港的战略机遇，积极对接，全面宣传介绍徐州雨润现有资源优势和打造“淮海经济区食品谷”的战略举措，谋求全面合作，融入国际陆港，得到市、区政府赞许和支持。

徐州源洋商贸发展有限公司：加强农产品生产基地建设，改造美化经营区域

市场积极引进基地特色农产品进入市场销售与睢宁魏集镇西瓜基地，铜山邓楼果园、淮北段园葡萄基地、新沂蜜桃基地、浙江台州枇杷、杨梅基地等签订产销协议。安排种植基地、合作社等农户直接进入市场销售，实现产销对接，为基地农产品打开销售途径，巩固本地果在市场经营份额，使每年春夏我市场杂果到货量大，品种丰富，成为一大亮点，进一步扩大了市场的影响力，提高了经营收益，稳定了客户思想，促使客户经营得更加放心、安心。市场投入近130万元，硬化道路，统一划线，规范车辆出入秩序；改造美化经营区，统一设计、安装市场内门头、广告牌；新增电瓶清运车、刷地车及垃圾桶若干。

内蒙古食全食美股份有限公司：激发商户经营活力 激活和撬动二级批发市场发展潜力

针对经济形势普遍低迷，市场商户销售业绩有所下滑的现状，集团公司审时度势，积极响应国家重视扶持民营企业发展号召，在创造良好营商环境、助力公司系统商户发展上主动作为，效果显著，出台了力度较大的扶持优惠政策，为公司系统所属市场商户提供低息贷款，帮助商户共渡难关，减轻了商户的经营负担，降低了经营成本，提振了经营信心，受到了市场商户的普遍赞誉；对市场商户全面开放“美通餐厅”，给予商户餐费补贴（每月每户300元），改善了商户用餐环境和质量，激发了商户经营活力。

针对市场消费疲软、资源整合不到位造成的二级批发市场出租率不高、招商难，经济效益低的问题，集团公司重新布局二级批发市场，一是引入了规模较大的冬储菜销售，方便和满足了周边居民冬储菜储备需求，在带动市场人气、拉动市场综合销售方面起到了积极的推动作用；二是2019年底发挥二级批发市场的优势资源，组织自有生鲜经营队伍以大众生鲜品为突破口，引入规模较大的生鲜二级批发功能，推出“天天有惊喜”“周周有特价”活动，将二级批发市场打造成百姓的常年平价市场，方便和满足了区域消费者对生鲜农产品批零兼有的一站式购物需求，有效激活和撬动了二级批发市场的发展潜力，对进一步增强美通市场的辐射带动力，增强集团公司的市场综合竞争力具有深远的意义。

加大资源整合力度大力发展配送中心。在集团公司下调1%管理费优惠政策的大力扶持下，配送中心不断加大资源整合力度，优化资源配置，新增了4个配送组，变成了8个组，使配送中心的队伍不断发展壮大；在业务拓展上，配送中心积极开发职工福利、集团采购和线上社会集团配送业务，成效显著；为了给配送中心打造一个公共服务平台，达到降低各组经营成本、提高运营效率，提高发展质量，集团公司投资150万元改造了南配送中心，增加了公共办公区域，增设了服务人员，形成了公共服务平台，提升了服务效能，为配送中心实现裂变式、规模化发展提供了有力的支撑；首次介入了政府冬储蔬菜储备业务，涉足了从产地直采、储存和销售的全过程，迈出了从订单销售初级商业向买断经营的第一步。

美通生鲜快递平台在实践中逐步探寻和摸索线上微商分销进家庭模式的同时，积极拓展线下合作业务，派驰系列冻品、进口食品、生鲜果蔬等逐步实现线下铺货，形成了线上线下资源共享、优势互补、合作共赢的新局面。开展银行配餐业务，开通外卖订餐、快速送餐服务等多措并举的对外拓展业务，使餐厅基本具备了标准化餐厅的对外接待能力和向外拓展能力，就餐人数日益增加，客户服务满意度逐步提升，是企业未来发展重点打造的一个新的增长点。

上海西郊国际农产品交易有限公司：保障第二届进博会展品以及进口商品的快速通关

为了保障第二届进博会展品以及进口商品的快速通关，西郊国际口岸对海关查验平台进行了改造升级，新增11个泊车码头，口岸还顺利开通了海关报关功能，真正做到从报关、查验、到实验室检测等一站式服务，大大缩短了商品通关时间、提高了通关效率。

合肥周谷堆农产品批发市场股份有限公司：创新经营思路，全面提质增效

一是实行限时交易和一、二级市场分离。自搬迁至大兴物流园以来，公司进场量连续多年高速增长，但近期有放缓趋势，主营业务遇到瓶颈。为促进业务发展，结合场内广大客户意见，公司主动谋变提效，于3月21日率先在水果交易中心实行限时交易（凌晨4：00至下午4：00）。限时交易运行以来，水果成交量稳步提升，同步解决了客户的诸多实际困难，得到买卖双方绝大多数客户的高度认可。8月29日，蔬菜开始实行限时交易和一、二级市场分离，将交易时间缩短至13小时之内（上午10：00至晚上11：00），并将主交易区零配客户全部搬离出去，为一级批腾出更多发展空间，实现主交易区大进大出，大大提高交易效率，扩大辐射范围。二是制定阶梯式收费标准。水果交易中心针对产地和季节性客户制定阶梯式收费标准，推行实施阶梯式收费制度。所有产地和季节性客户实现快进快出，压缩“中间商”生存空间，鼓励产地直发，形成价优的市场口碑，平均每日的收费额由原来的1000元上升至2600元。三是动态管理水产交易停车位。水产交易大厅88个停车位实行动态管理，对车位交易量和缴费额设置最低完成指标，根据进场交易量增减车位，调动市场竞争力，使淡水鱼业务进一步发展，2019年淡水鱼经营指标同比增幅约10%。四是成功打造豆制品特色街区。面对物流园商业存量大、去化难的困境，公司集智攻关，反复研究，创新提出将经营业务与闲置商业相融合的发展思路，确定将蔬菜交易中心豆制品业态整体搬迁至沿街外铺，共计73间。成功打造豆制品特色街区，签约商户47户，带动商铺销售4套，实现租赁62套。五是粮油区固定仓完成新签租赁41间。粮油副食品交易中心不断开辟业务渠道，专门组织人员在合肥市范围内进行粮油品类招商，分别对徽商大地、毛竹园、新坝上街及中菜市等市场进行了走访和调研，引进实力客户；加强粮油区客户沟通和交流，逐步建立客户经营信心，稳定和发展现有客户经营规模，2019年粮油区固定仓铺全年完成新签租赁仓铺41间。

宿州百大农产品物流有限责任公司：创新管理模式 加快市场培育 实现整体运营

完成蔬菜区仓铺竞租工作；开展发放异地调货客户场内通行证，共计46户；持续优化场地使用，对临时车位和临时摊位进行合理调整，全面提高场地坪效；规范蔬菜临时车售区使用，新增包租车位10个，临时客户得到稳定经营；提高甘蔗临时车售区包租费；调整大型车辆停放区，合理规划临时场地使用；回访蒙城、灵璧、淮北、固镇等地调货大客户80余户，吸引客户进场调货，增加客户黏性；加大对固定仓经营考核力度，促使其自我加压，加快经营结构调整，引导卖方客户直采直销，发展代销模式，提升市场经营档次；优化调整各业务区仓位费调整方案，确保仓位费调整完成；实施2019年地产蔬果宣传招商方案，重点了解掌握地产蔬果种植品种、产量、分布等信息，引导基地果菜进场直销，同时为市场长途运销果菜经营户提供经营参考；深入顺河、芦岭等地种植养殖基地13次，开展合作社帮扶活动，引导地产果菜进场销售；召开商户座谈会，加强与商户的沟通交流，了解商户经营计划、货源组织动态，对商户反映的问题和建议及时整改，提高商户的满意度；加大副食品市场招商力度，通过多渠道及各种自媒体广泛宣传，做好定期回访，收集客户意见建议并及时反馈，促进商铺销售；租售并举、广招客源，提高商铺含金量，优先鼓励租户购买，加快市场培育，实现整体运营。

八、供应链建设

北京二商东方食品集团公司：推进“集采分销”与“分采集销”经营模式

持续推进“集采分销”与“分采集销”经营模式，食品贸易销售规模不断扩大。优化商品结构，联建贸易品牌，开拓终端市场，抢抓节日商机，全年自营业务收入同比增长40.7%。把握政策导向，加强对肉类、禽类、水产品等重点品类的市场研判，拓展进口冻品销售渠道，全年进口冻品销售收入同比增加17.11亿元。篮丰配送做强做优综合配送业务，加大城市副中心客户开发，新增阳光国际会议中心、北京市党派团体大楼、商务部等优质客户。二商骏德与首旅集采签订独家进口合作战略协议，挖掘星级酒店业务潜力。和平门菜市场积极推进生鲜经营升级，增加精包装商品，被北京市商务局评为“2019年北京市生鲜农产品标准化示范市场”。2019年，集团公司实现食品贸易收入86.77亿元，同比增长62.7%。

河南省新野新蔬菜有限责任公司：大力加强蔬菜基地建设，促进产销对接

积极响应政府号召，切实履行公益服务职能，发挥农产品批发的渠道优势，积极参与到“菜篮子”系统工程建设中来，大力加强蔬菜基地建设，促进产销对接，重点在服务“三农”上下功夫。建立蔬菜供应保障基地8000亩，稳步提升了“菜篮子”产品整体供给保障能力和质量安全合格率，为构建食品供应体系和安全保障体系做出了积极努力，公司与银川市商务局和西安朱雀市场签订了合作协议，并与银川市商务局就冬季储备蔬菜达成了共识，由我公司给银川市提供甘蓝、大白菜、钢葱与有机花菜。

黄淮农产品股份有限公司：壮大自营业务，走向全国市场

挖掘内生潜力，向一级农批转型发展。加大招商力度，加快推进核心商家引进、培育和业态腾挪优化，以国储糖出库为契机，改造扩建商低温冷库，进一步完善冷库配套功能，以商户需求为导向，不断创新服务模式，满足市场需求，做大体量；改造腾挪香蕉区，引进实力大户，扩大香蕉经营专区，打造成为核心单品经营业态；改造腾挪粮油经营商户，招商引进品牌商户，培育打造粮油交易专区；改造腾挪洋葱、土豆、干调、海鲜区，加大招商力度，引进品牌大户，培育水产、冻品、干调、粮油为市场核心业态，确保大宗商品交易体量增长15%以上，进一步确立一级批发市场地位。东区运营部、西区运营部、仓储物流部、工程部要分工协作，各司其职，确保落实到位。做大自营业务，支撑市场转型突破

两湖绿谷物流股份有限公司：提升市场的品牌吸引力和号召力

两湖市场积极走访山东、山西等7省市，引入商户36家，储备商户98家，引进羊角蜜、棒菜等新品种近10个；参加各类产品对接活动、行业相关会议10次，对接省内外兄弟市场16家、政府职能部门10个、相关服务配套商4家。绿谷小镇主动拜访城区内32个农贸市场的259户零售商，向周边的12个县市二级批发市场的175户零售商进行宣传引导，对周边10个县市区的12个大型水产养殖基地进行招商，协助公司成功举办第三届中国小龙虾产业大会，取得了良好的宣传效应和招商效果。商贸城市场在全力稳住商户的基础上，扩大招商渠道，实行全员招商，先后在监利、公安、宜昌及周边市场成功招商66家，收集相关客户信息350个，意向客户30个，引入的新品牌、一线品牌达55个，有效提升了市场的品牌吸引力和号召力。

湖北中和农产品大市场有限责任公司：做响江汉平原农产品大市场品牌

建立稳定的特色农产品生产基地。2019年6月湖北中和公司作为主要发起人，联合17家养殖专业合

作社成立了仙桃市兴鑫养殖专业合作社联合社；联合5家种植专业合作社成立了仙桃市农欣专业合作社联合社，准备通过统一品牌、统一销售、集中结算，做响江汉平原农产品大市场品牌，做大仙桃的特色农产品销售规模。开展了农产品收购、配送和电商业务。一是涉足农产品收购。与硒莱福合作收购大豆，截至2019年11月底已收购黄豆2200吨。二是探索开展同城配送业务，已配送生鲜农产品128万元，同时开展了特色精品水果自营业务，上半年与山东彰化大枣专业合作社合作开展精品大枣自营业务，已打开市场，消费群体覆盖江汉平原及武汉市。三是合作开展电商业务。与仙桃当地知名农产品电商楚鲜农业科技、供销e家洽谈合作事宜，充分发挥市场资源优势和商户优势，合作开展电商业务，争取成为仙桃市特色农产品电子商务示范基地。另外，合作开展了食盐配送业务。与广盐集团建立了长期合作业务关系，开展食盐配送业务，已对武商、富迪超市供货近40吨，同时我们还正在与仙桃周边的天门、潜江、洪湖等农批和农贸市场洽谈，将食盐配送业务打入周边市场。

绵阳市高水农副产品批发有限公司：建立专门配送基地为跨区域发展夯实基础

随着配送业务增加，公司实行基地采购、成都货采购相结合的方式，采购率达60%以上。尤其是在相关地区的大型蔬菜基地的采购，较大幅度降低了采购成本。在市场竞争激烈，本地业务逐渐缩水的情况下，公司不断总结经验教训，在确保公司原配送业务不流失的基础上，大力发动资源，鼓励大家走出去，不断拓展新的配送业务。2019年度与上年同期相比，配送业务增加收入约20%。同时，公司还在成都建立了专门的配送基地，为跨区域发展进一步夯实了基础。

长沙马王堆农产品股份有限公司：发展产业链业务 逐步建立农产品供应链体系

一是扶持农产品基地建设。主动对接优质基地客户，提供稳定销路、指导农业生产，推行“海吉星标准”，形成海吉星基地联盟。二是建立农产品供应中间链条。组织市场实力批发客户、优质基地客户、特色及扶贫客户等建立深度联系，逐步形成“农业订单”效应、“特色品牌”效应、“供应链发展”效应、“海吉星标准”效应。试水农产品电商团购业务，采取“提前预售，门店提货”社区团购模式，提升门店客流量和知名度。进一步发挥“海吉星水产孵化区”的孵化作用。一是继续稳定与扩大孵化区的淡水鱼业务，并在此基础上全力推进二期项目水产孵化区各业务板块的整合与提升，实现交易量日均100吨以上，形成稳定的综合性水产市场。二是继续开展市场经营客户、上下游客户的深度调研以及其他市场调研工作，深入了解水产客户的业务网络、发展规划，完善客户档案资料，为二期建设与招商提供精准信息支持。

台州市农副产品集配中心有限公司：产业链上延伸 挖掘基地直采资源

挖掘基地直采资源，引进海南椰子、菠萝蜜、樱桃、荔枝、福建杨梅等直发品种。

河北新发地农副产品有限公司：加强供应链体系建设

为保障首都农产品有效供给的同时，促进农产品商贸上下游产业的协调发展，2019年，公司依托与河北农大共同建立的太行山农业驿站，重点推进农产品供应链体系建设，初步形成了可复制推广的农产品供应链管理模式。我公司依托物流园区平台基础，结合河北农业大学农业流通领域的前沿技术，整合保定市各太行山驿站优质农产品资源，以不断完善优化农产品供给结构和水平、提升供应效率和质量为目标，通过对自身产业链的补链、延链、强链，不断推进农产品供应向价值链的中高端迈进。2019年，公司搭建的集农产品信息收集、电子交易、物流指挥调度、智能仓储等为一体的信息化综合服务系统已初见成效，其余的物流、仓储、电商等板块正在建设中。

内蒙古食全食美股份有限公司：连锁超市改革成效初显

先后完成了美通店、钢铁路店、聚隆长街店、海西路店的升级改造和自营模式的转型，完成了万达店的筹备开业，在商品陈列、商业氛围、营销模式、服务体验、标准化管理等方面呈现出了新的生机与活力；以钢铁路店、聚隆长街店、昭乌达路店为试点，实施了以承包经营为核心的合伙人机制改革，让销售业绩与每个人的利益挂钩，充分调动和激活了全员的积极性和主观能动性，最大限度地释放员工的经营潜能，有效提升了门店经营业绩和盈利能力，为连锁超市整体改革的推进奠定了基础。

九、冷链建设

四川雨润国际农产品交易中心：冷链部创新思维，分割改造，挖潜扩库，各项指标创新高

冷库通过使用堆高架提高库房存储利用率，增加单位面积容积率，共计扩容1000平方米；同时积极开展现场转并库作业增加库房利用率和周转率，已完成3号库部分库房的分割改造，并投入使用；8—10月对1号、2号库房闲置机房进行改造，拓宽业务经营渠道，新增实际有效计费面积300平方米。

加大招商力度，2019年新增多家板栗库商户，从2018年的7500平方米增长到8000平方米，改变历年的板栗退库规范标准，增加实际有效收入。

河北新发地农副产品有限公司：打造智慧冷链物流

公司重点打造的智慧冷链物流一期项目，该项目采用“开放、交流、发展、生态、环保、节能”的现代化设计理念，同时借鉴国内外物流项目的先进经验，功能分区明确，交易流线合理，经营运作方便，物流、车流、人流组织顺畅，停车面积宽裕，配套设施齐全。项目建成后最高存储能力达10万吨，一方面将为京津冀地区提供超大冷库体量，丰富冻品、水产、肉、蛋、禽等业态，极大提高环京津地区的生鲜农产品的仓储保鲜能力，成为京津冀地区的最重要绿色农产品安全保供基地；另一方面，通过该项目可以在农产品供需关系失衡状态下，有效输出农产品，稳定市场价格，成为京津冀农产品稳定供应的应急储备基地。

十、安全生产

北京盛华宏林粮油批发市场有限公司：健全安全生产长效机制

针对市场消防设施陈旧、落后、老化及人员密集等问题，扎实做好安全生产工作，确保责任落实、措施落实、常抓不懈、毫不放松，健全安全生产长效机制。（1）开展安全生产宣传教育。一是邀请专业老师授课、自行培训等为市场商户讲授消防安全知识，每季度对商户培训1次，全年共培训4次。二是紧密结合安全生产月、119安全消防日、季节性等，有针对性地开展消防安全宣传。（2）开展消防安全演练。根据不同季节举行白天或夜间实战消防安全演练，并邀请商户代表参加，达到实战教学的效果。全年共组织5次消防演练。（3）组织安全大检查。每月组织中层以上人员进行一次安全大检查，并对商户生活区入户检查，耐心询问，不放过任何一处可疑隐患，发现问题立即责令整改。发现违规物品立即收缴，并约谈商户进行批评教育，同时进行严厉的经济处罚。（4）坚持例行检查。每天坚持对公共区域灭火器、消防栓、消防水带等进行例行检查，保证设备完好可用。

湖北中和农产品大市场有限责任公司：创新措施 加强安全生产

创新安全生产责任落实。为落实安全生产责任，我们层层签订了安全生产责任书。年初公司董事长与各部门负责人签订了安全生产责任书，部门负责人与员工签订了安全生产责任书。在公司全员层层落实安全生产责任制的提升，扩大安全责任范围，将市场商户全部纳入安全生产责任范畴，规定在与商户签订租赁合同时，同时签订消防安全责任书、食品安全责任书，两个责任书签订率达100%。创新安全生产技能培训。为提升全员安全生产技能，2019年来，加大了安全技能培训力度，在原有的安全知识培训基础上，知识培训与实际操作培训相结合。1到3月份以商户培训为主，覆盖率达到70%；6到11月份以安全应急演练为主，主要开展了电梯事故救援、冷库液氨泄露、加氧站液氧泄露、服装厂和幼儿园火灾疏散等应急演练，累计参加培训演练756人次。创新安全隐患排查整治。在安全隐患排查整改上，本着安全生产零事故的原则，加大安全隐患排查整改，除每天日常巡查以外，结合特定时间点，成立专班，以上率下，全员行动，开展了冬夏两季大功率电器使用隐患排查、安全生产月专项排查、室内电瓶车隐患排查、"十小"场所隐患排查、综合体专项排查、仓储物流专项整治等活动，做到日有检查，周有督查，月有考核的安全隐患排查整改模式，共清理出178处安全隐患，并全部整改完成。

四川雨润国际农产品交易中心：对市场进行集中综合整治

一是加强消防安全管理，治理场内消防安全隐患。对场内私拉乱接、占用消防通道、堆放易燃包装物、消防设施被遮挡的情况进行集中清理、整治、规范，形成治理管控标准。共计整改182项安全隐患，隐患整改率为95%；开展组织对违规商户视频教育26人次，学习时间约208小时，现场收缴违规充电器及线路12套（件），收缴违规使用液化气罐5具，查封施工现场安全措施不到位2处，处罚存在重大安全隐患的商家17户。完成消防控制系统进行修复，确保市场消防安全。二是与辖区派出所对接，在场内设立综合"警务室"。建设约150平方米的集中办公场所，由驻场民警、律师、交警等人员现场集中办公，提供服务，确保场内治安事件、各类纠纷及时处置、调解，保障市场治安秩序良好。

北京八里桥农产品中心批发市场：强化安全生产责任制度 提升消防监控应急处置能力

市场启动《安全生产标准化三级企业达标》工程，聘请第三方专业机构进场合作，对市场的安全生产工作进行了全方位的调查、评估、审核、整改、完善，并进而制定了一套严密的安全生产标准化制度，使市场的安全生产工作达到了一个新水平。同时，市场进一步强化了安全生产责任制度，严格量化考核制度，提高队伍安全生产素质水平，做到勤查，严罚，重奖，全覆盖。并在设施升级改造之时，重点突出提升消防监控、应急处置等能力。市场实现了"0"火情事故，破获了8起治安案件，抓获了8个犯罪嫌疑人，治安状况良好，受到了政府主管部门和广大商户和社会的广泛好评。

北京昌平市场服务管理中心：严防死守狠抓管理 确保市场安全稳定

着重落实好重点时段的安全生产、维稳工作。在常规安全管理工作的基础上，重点对市场消防设施安全，用电安全，经营设施安全，交通安全和公共治安安全进行不间断检查，不留死角，确保重点节点、关键节点市场安全稳定。2019年初，与市场商户签订安全生产责任书253份，签订率100%。结合安全生产月、消防宣传月等主题安全生产月活动，加强对市场职工和商户的安全生产知识培训，使之提高安全生产意识，提升安全自救能力。每月由中心领导带队对全场进行安全生产大检查，共出动人员200余人次，查出隐患30余处，全部整改完毕。全年更换安全生产宣传展板3块，悬挂条幅16条。

随州白沙洲农副产品物流园有限公司：抓好日常管理

落实每天消防巡查制，督促商户定期清理泡沫箱、杂物等安全隐患，处罚明火取暖、私自动火装修的商户2人。做好设施维护。全年共维修消火栓门11扇，消防水阀8个，水炮4个，水炮光电感应器4个，消防喷淋控制柜1个，消防栓控制柜1个，修复消防线路6条，修复消防水泵1次，确保消防设施正常运转。加强消防培训。全年共开展3次消防培训，并邀请区消防大队工作人员对商户和员工进行消防知识及消防器材实操的培训，以提高从业人员安全预防意识。加强用电管理。年中开展违规电路排查，督促40余档进行线路整改；并定期开展用电安全检查，拒不整改者采取掐断线路强制执行。

四川雨润国际农产品交易中心：加强消防安全管理，治理场内消防安全隐患。

对场内私拉乱接、占用消防通道、堆放易燃包装物、消防设施被遮挡的情况进行集中清理、整治、规范，形成治理管控标准。共计整改182项安全隐患，隐患整改率为95%；开展组织对违规商户视频教育26人次，学习时间约208小时，现场收缴违规充电器及线路12套（件），收缴违规使用液化气罐5具，查封施工现场安全措施不到位2处，处罚存在重大安全隐患的商家17户。完成消防控制系统进行修复，确保市场消防安全。

绵阳市高水农副产品批发有限公司：改善经营环境 提升服务质量

为了在有限的市场范围内挖潜创收，公司一方面通过搭建遮阳棚、改造排污排水系统等措施来改善市场经营环境；另一方面通过志愿者服务、公平秤监督、农残速测检验等措施来提升服务质量，顺利完成了蔬菜市场摊位费、水果市场入场费和水果市场摊位费的调费工作，与上年同期相比两个市场经营收入和利润均大幅度增加。

南充川北农产品交易有限公司：增加经营项目 创新经营模式

科学布局，引入水果、肉类等交易项目，进一步扩大经营规模和范围，盘活现有的存量资产，增加市场人气，降低经营和采购成本。建立健全各项市场功能，创新交易方式，整合顺庆区乃至南充市城乡资源，做到商流与物流、传统交易与电子商务、现货与期货的有机结合，构筑辐射川东北、联结全国的农产品交易中心，逐步实现川东北区域农产品集散中心、价格形成中心、信息提供中心、资金结算中心。

重庆观音桥市场有限公司：将业态优化和资产增收有效结合

开展"三个清理"，做到摊位门面回归正常。拓展经营场地，充分利用现有资源创收。各市场按照公司统一部署，将业态优化和资产增收有效结合，效果明显。一是食品市场对零散物流场地进行清理，划定停车上货位置并收取场地租赁费，实现增收5万多元；二是食品市场将600余平方米空闲用地进行修整后，调整安置为物流专配区，预计全年增收110多万元；三是经过多次与辖区派出所的沟通协调，得到职能部门的理解支持后，将多年无偿提供给派出所办公场地的问题予以彻底解决，并从2019年4月开始收取驻地派出所租金，预计全年增收50余万元；四是将原腾空的物流规整门面区域，公开招标，培育与市场黏联度高的冻品业态，丰富市场业态品种，并于11月中旬投入使用，在实现业态补齐的基础上，预计可增收数10万元；五是粮油市场成功打造渝新欧产品专销区，在2楼吸收小型电子商务办公，全年增收近10万元；六是物流配送中心加大协调和对外招商，不仅稳定现有22家物流单位经营，还新增1家客户。开展节能降耗，最大程度降低经营成本。

汉中市水果批发市场有限公司：强化市场安全风险管控，建立双重预防体系建设

抓好安全风险分级管控和隐患排查项目管理，通过对市场二期进行分时段用电改造，增加烟杆报警装置，一期进行厨房升级改造，市场安全管理工作更上一个台阶。

金华农产品批发市场有限公司：开展"三合一"整治 确保消防安全零隐患

市场投入大量人力物力财力，以强硬措施，开展"三合一"整治，升级火灾自动报警远程监控系统和自动喷淋灭火、防排烟等消防安全系统，确保消防安全无死角零隐患。

合肥周谷堆农产品批发市场股份有限公司：加大园区安全管控

公司保卫部多措并举，深入开展各项安全管理工作，保障园区安全有序运行，一是推行智慧消防，增强火灾防控能力，组织开展各类消防安全知识培训及演练42场，参训约1000人次，覆盖了经营户、全体员工及全体保安队员，有效提升全员安全意识。二是开展交通安全整治，加强宣传，散发8000余份《违章停放告知书》，配合辖区交警、城管等相关执法部门在园区各主干道持续开展交通清理整治。三是全面落实公司压降四类可防性案件专题会议精神，做好园区市政道路防盗宣传、告知工作，对园区流动人员信息进行全面摸排统计，同时主动与大兴镇辖区派出所联系沟通，针对园区出现的偷盗案件，不断加大防范与打击力度。四是加强“三合一”检查，开展检查170次，下达整改通知书525份，收缴大功率电器327个，排查各类消防安全隐患共计852处。

安徽省西商集团投资有限公司：提高消防安全责任意识，加强现场管理力度

高标准落实集团下发关于“电气火灾综合治理方案”“1+6+N安全隐患集中排查治理专项行动实施方案”“防风险保平安迎大庆”消防安全综合治理方案的通知，2019年开展用电安全培训7次，参训商户172人；开展各类安全检查及杂物清理80次，下达安全整改通知书78份，收缴明火设备6具、清理小太阳取暖器18个，胶质线30余条，整改不合格电气线路214处，清理废旧车辆10余辆，处理违反安全协议商户5户。

江苏凌家塘市场发展有限公司：以隐患整改加强消防安全

认真吸取果品区火灾事故教训，全面开展消防安全隐患大排查，共拆除塑扣板等不合格吊顶768户，拆除违规非防火材质隔断261个，拆除大棚二层钢结构55间，整改逃生窗341户；灭火器换药393只，更新1081只，新增消火栓标识2056个，加装喷淋107户，更换烟感报警器电池968块，新添报警器168个；整改电线未穿管、私拉乱接370户，收缴不合格拖线板52个，不合格电瓶车充电器102个，煤气瓶20个；清理人货混居102户，清理逃生通道213处，整顿消火栓预留通道116个，冷库杂物清理359间，取得了阶段性整治成果。

苏州市南环桥市场发展股份有限公司：启动“331”专项整治活动

为了营造市场良好的消防安全环境，杜绝安全事故的发生，市场启动了“331”专项整治活动。实行拉网式摸排、地毯式筛查，全方位掌握隐患情况。对场内违章建筑、明火使用、私拉乱接等进行规范管理和集中整治。同时以6月的“安全生产月”为契机，在全公司范围内开展“学知识、共参与，安全零隐患、责任重如山”安全知识普及活动和安全知识竞赛，提高商户和员工对安全生产的认知，做到安全意识真正深入人心。

徐州雨润农产品全球采购有限公司：建立以安全责任主体为目标的管理体系

严格落实“一把手”安全主体责任制，按照一级对一级负责的要求，层层明确责任。一是坚持每周召开一次安全工作周例会。调度处理安全管理相关工作833项，全年签订安全生产责任书1431份，梳理更新商户安全生产责任书1500份。二是建立以安全管理目标为内容的考核体系。制定《徐州雨润安全管理目标考核细则》，实行安全一票否决制，严格规范行为，包括主要领导参加安全周例会的次数，参加安全培训次数和安全检查次数等。三是建立以现场管控为重点的目标体系。全年检查安全隐患230起，即时整改200起，下发整改通知书30份，全部隐患限期整改完毕，消除了安全隐患。四是建立以应急预案为底线的防控体系。全年开展义务消防队演练43次，培训393人次。开展了夜间留宿人员和特种设备操作人员专项培训、氨泄漏应急处置演练、安全生产知识竞赛、消防知识讲座及实战演练等形式多样的安全培训和演习活动，提高了全员的安全意识和安全素质。

徐州源洋商贸发展有限公司：始终狠抓安全工作 提高全员安全生产意识

紧紧围绕“生产安全、消防安全、食品安全、财产安全、网络安全”重点内容，定期组织对经营区域进行拉网式安全隐患排查，以提高全员安全生产意识，对于发现或检查出来的安全隐患，做到快速及时整改，实现了无重大安全事故的良好局面。2019年市场投入近140万元对市场用电线路增容、对冷库设备进行维修保养及购买应急救援装备，确保安全运行。全年公司共下发安全生产相关文件21次，召开安全生产专题会议15次，对员工及客户进行专题培训4次，安全应急演练14次。

十一、绿色环保

合肥周谷堆农产品批发市场股份有限公司："管""建"同步整改

公司于2019年6月30日吹响"打赢攻坚战、转型再出发"号角，成立环保问题整改专项工作领导小组，按照"管""建"同步整改思路，从宣传教育、全面排查、项目改造三大方面，加班加点、全速推进整改工作。经全体人员齐心攻坚，各交易区修建管网1500米，肉食区腾挤出800平方米建设污水处理设施，全面完成物流园小型污水处理站建设和341处混接点整改工作，全园区21个接入市政雨水排口无旱季流水现象，总投入资金约2070万元，园区内基本做到雨污分流，达到合肥市排放标准总要求，当地政府对市场的环保整改工作取得的成效给予充分肯定。

苏州市南环桥市场发展股份有限公司：开展环境卫生整治活动 提升市场整体形象

2019年8月份开展的卫生整治活动，着力解决了垃圾随意倾倒、场地及厕所保洁等突出问题。结合市场现状，对《环境卫生管理制度》进行了修订并公示；对标相关要求，全面实施"商户门前三包""场地及公厕保洁定员定岗""检查考核条例"等措施，牢固树立起市场是我家，卫生靠大家的意识。实现了市场辖区经营环境的整体改善。

上海市江桥批发市场经营管理有限公司：全员参与垃圾分类 大力改善市场环境卫生

随着垃圾分类、减量的政策法规的实施，江桥市场开展了"四个一""两个半小时""两个自己做"等全员参与的垃圾分类工作，垃圾减量明显；西郊国际利用市场显示屏、广播媒体，做好市场垃圾分类的宣传、告知工作，各交易区和公共空间进行了联合整治，两大市场环境卫生都大为改善。

上海西郊国际农产品交易有限公司：积极落实控烟措施 营造文明市场环境

降低现场吸烟引发的安全危害和风险，科学布局吸烟点，切实改善经营秩序，营造了文明的市场环境。

天津金元宝滨海农产品交易市场：严格控制成本费用做好水、电的节能降耗工作

2019年，市场把节能降耗作为一项重点工作，明确节水、节电目标，成立了节能领导小组，确定物业科为"节能工作办公室"，各部门配合工作。为实现节水目标，物业科在保证卫生间正常使用的前提下，对中水进行用水分段，对比用水量，强化考核指标，并建立"节水奖励基金"。对于自来水水表，采取建立档案、安装卡扣铅封，对用水大户进行定期监测。通过多措并举，市场2019年节能降耗成效显著。为实现节电目标，物业科建立了商户用电台账，对市场冷库实行"峰谷平"用电方案，降低费用。结合电费整体下降的因素，2019年市场购电总额大幅下降，节能成效显著。

十二、国际贸易

红星实业集团有限公司红星农副产品大市场：抢占"东果"进口高地

2019年5月，市场以输出品牌和管理的形式，派出管理团队，正式接管"凭祥东盟水果城"，并批量组织商户参加第27届中国—东盟（凭祥）果品交易会。

内蒙古食全食美股份有限公司：首次实现海外直采 迈出对外营销渠道拓展新步伐

重新整合采购部优势资源，调整了管理结构，在完成非食、工业食品、部分自采商品的采购销售任务的基础上，集中精力建立进口食品线下批发销售实体平台，开启了线上线下、批零兼营融合发展的新模式，首次完成了专柜原装依云矿泉水跨境直采业务；不断加强专业技能培训，强化采购员主体责任，整合和拓展优质新客户，与大型连锁甜品店、大型连锁超市、进口食品专营店建立了合作关系；借助配送中心渠道资源，入驻了大型企事业单位的员工超市，进一步拓展了进口食品的销售渠道。

十三、“一带一路”

福建省农产品市场协会：打造茶品牌 拓展茶市场 繁荣茶经济

协会组织有关企业参加了在莫斯科索科利尼基会展中心举办的“万里茶道征程再起——2019 莫斯科茶业博览会”，据统计，展览期间到场的观众达 30000 多人，其中近 400 人次为专业采购商及茶叶贸易商。现场销售金额达 50 多万元人民币，我省参展企业共签订意向销售合同金额 2.6 亿元。600 多家茶业采购商现场洽谈。

万邦国际集团：打造“洛阳—布哈拉农业产业合作区”项目典范

由万邦集团在乌兹别克斯坦布哈拉州开发建设的“洛阳—布哈拉农业产业合作区”项目，已成为河南企业响应“一带一路”建设，深耕中亚沃土的典范之作。合作区充分利用乌兹别克斯坦的政策、资源、市场、贸易便利化等优势，把合作区打造成为“一带一路”沿线国家中亚地区产业链条完整、基础设施完善的现代化农业产业合作示范区。

2019 年是示范区进入快速发展的一年，完成固定资产投资 150 万美元（约 1050 万元），建成 15000 平方米绿豆加工厂 1 座，完成绿豆收购、仓储、加工、集散中心等设施建设；加工厂办公、住宿、餐饮、游泳池等公共服务设施基本建成。继续扩大试验田种植面积，已取得 4838 公顷农业用地土地权益。继续推进绿豆种植、收购、加工和出口贸易，2019 年实现绿豆出口 10 个专列。

此外，合作区义务参与当地麦收 500 公顷，耕地 300 公顷，发放绿豆良种 15 吨，开展语言与农机技术培训，解决就业，捐资助学，参与公益，积极践行“一带一路”共建、共享倡议，努力落实洛阳与布哈拉友谊合作，为洛阳、布哈拉两地人民友谊做出贡献。

十四、精准扶贫、乡村振兴

北京昌平市场服务管理中心：产业帮扶 对接贫困地区农产品销售

市场中心高度重视帮扶对接工作，经过对内蒙古自治区太卜寺旗和河北省尚义县农业产业基本情况的了解和分析，依托水屯市场的销售平台，通过产业帮扶，结合太卜寺旗和尚义县农产品生产实际情况和水屯市场的条件，实行了以下帮扶措施：一是实行优先采购机制；二是免费提供销售平台；三是建立信息共享机制；四是免费提供其他相关服务；五是受援地蔬菜直通昌平。累计自太卜寺旗和尚义直接购销蔬菜 200 余万斤，市场参与扶贫的蔬菜销售大户在当地租种 1000 余亩蔬菜基地，带动当地贫困户 300 余户。

北京二商东方食品集团公司：持续做好“一企一村”对口帮扶工作

继续加大对北京市门头沟区清水镇天河水村养蜂项目投入，助力低收入户发展养蜂产业。形成了统一采购蜂群蜂具、统一饲养、统一销售蜂蜜的“三统一”模式，建立起了“龙头企业+合作社+低收入户”的产业链接机制。截至 2019 年底，所有低收入户已全部脱低。

北京盛华宏林粮油批发市场有限公司：产供销“一条龙”助力扶贫可持续发展

紧紧依托企业的区位、产业优势，深入实施产供销“一条龙”助力扶贫可持续发展，衔接好产品与市场之间的关系，建立和畅通产地与市场需求之间的信息渠道，及时掌握市场供求信息，与贫困地区农产品产业可持续发展相结合。先后与革命老区江西于都县等三个贫困地区签订战略合作、结对帮扶协议，并开辟专柜展销优质农产品，真正实现了让贫困地区的优质农产品走出大山，丰富首都市民餐桌，让山区农民脱贫致富。此外，在北京市朝阳区农业农村局、科信局的支持下，开启河北康保县“精准扶贫直通车”，打通扶贫最后一公里，积极配合王四营地区总工会开展消费扶贫活动，组织工会会员参与新疆大枣消费扶贫活动。

北京京丰岳各庄农副产品批发市场中心：建设现代化农产品物流集散中心　辐射带动农副产品生产和销售

市场在内蒙古林西县建设集仓储物流、冷链加工等功能于一体的现代化农产品物流集散中心。该项目计划投资2亿元，于2019年4月28日开始施工，预计建成后，将成为内蒙古自治区东部地区交易量最大的农副产品交易集散中心，有效解决林西县农产品销售瓶颈，同时辐射带动整个赤峰市及周边盟市的农副产品生产和销售，促进当地劳动力就业，带动农牧民致富。同时不断扩大岳各庄批发市场的品牌影响力度。

中众合有限公司：努力打造优秀的扶贫农批市场

2019年，集团旗下各市场认真贯彻当地政府的扶贫工作部署，依托批发市场，坚持为农民和市民服务宗旨，强化市场公益作用和社会责任，深入推进扶贫攻坚工作，努力打造当地优秀的扶贫农批市场，取得了切实成效。针对项目所在地周边贫困地区农产品外销，与当地政府部门等加强合作，建立区域专营、费用减免、营销推广等绿色通道，积极促进农产品销售，推进区域扶贫，帮助农民增收致富。

通过当地媒体联合宣传，加强产销对接，推进精准扶贫。主流媒体，加大宣传，吸引采购，帮助打开农产品销路，推进精准扶贫，带动农户走出困境。当各市场内的商户出现农产品季节性滞销现象，市场及时行动，多措并举，实行保护价收购等，有效缓解了农产品“卖难”问题。加强捐资捐助，推进定向扶贫。集团旗下各市场每年列支扶贫慰问专款，鼓励干部职工、经营业户参与社会公益活动，推进定向扶贫，支持弱势群体更好地工作、生活和学习。各市场多次组织到当地主管部门的帮扶村、社区、养老院等慰问活动，为当地小学近百名贫困家庭儿童、留守儿童捐赠了书包、文具盒、水彩笔、笔记本等总价值10万余元的学习用品，为诸多社区贫困户送去了农副产品，为当地社区等养老院老人送去了粽子、月饼等节日礼物。

商丘农产品中心批发市场：助力产业扶贫和脱贫攻坚，促进贫困地区农产品销售和农民增收

市场发挥大型综合农产品批发市场和农业产业化国家重点龙头企业及农业农村部定点市场的优势，多年来特别是2019年以来，不仅积极响应市委、市政府和示范区党工委、管委会开展的“百企帮百村”活动，参与了农业农村部、商务部、中国农产品市场协会等上级有关部门组织开展的贫困地区农产品产销对接扶贫活动，充分发挥市场的自身优势，扎实履行社会责任，全力助推产销扶贫。先后参加了农业农村部和商务部及有关协会在陕西、甘肃、新疆、江西、海南等地组织开展的农产品产销对接活动10余场，并与全国多个贫困地区签订了果菜等农产品购销协议，签约金额共计20多亿元，签约销售贫困地区蔬菜、水果农产品达300余万吨，为促进贫困地区农产品销售，助力农民脱贫致富，稳定市场价格，促进农产品流通，保障市场供应作出了突出贡献。

武汉白沙洲农副产品大市场有限公司：帮扶困难群体　履行社会责任

以“完善自我，回报社会”为企业宗旨，积极履行国家级龙头企业的社会责任，坚持不懈地对困难群体实行帮扶，使企业的发展成果更多地惠及普通百姓，促进社会和谐发展。2019年7月份实施产业扶贫，花费7万元购买了咸丰县板桥村贫困户家中滞销的1000斤蜂蜜；9月份，分别前往新洲区建新村及洪山区青菱街道办向当地的贫困户赠送中秋慰问物资共171份；10月11日参加区市场监督管理局组织的精准扶贫活动，为新洲区旧街李集村捐赠现金5万元；10月17日参加湖北省农业农村厅组织的国家扶贫日活动，为宣恩县椒园镇石马村捐赠现金1.6万元。

洛阳宏进农副产品批发市场有限公司：众志成城抗疫 解决卖难尽全力

疫情期间市场组织商户帮助销售滞销农产品逾60000吨，销售品类涵盖水果、水产、粮油、冻品、蔬菜等。产地包含内蒙古、东北、山东、广东、四川、广西、邯郸、河南新乡、周口、商丘等地。努力搭建好田间到餐桌的桥梁，让农户放心，更让老百姓安心。

武汉市惠商丰华市场管理有限公司：帮助农民解决滞销的蔬菜

开业至今，四季美农贸城多次帮助农民销售滞销菜品。2019年，组织商户协助销售滞销的土豆、包菜、地瓜等。

青岛城阳蔬菜水产品批发市场：深入开展消费扶贫 助力打赢脱贫攻坚战

积极响应青岛市城阳区委、区政府和街道党工委、办事处的扶贫帮扶号召，出资设立安顺绿色农特产品（青岛）销售中心，帮扶拓宽扶贫产品销售渠道，积极推介、购买贫困地区农特产品。

红星实业集团有限公司红星农副产品大市场：带领商户参加深度贫困区产销对接

市场继续带领广大商户参加三区三州、华南等深度贫困地区产销对接，对外彰显红星社会责任感。

浙江良渚蔬菜市场开发有限公司：签订供销协议 助力贫困地区产销对接

在2019年底举行的2019年中国（海南）国际热带农产品冬季交易会贫困地区农产品产销对接活动中，浙江良渚蔬菜市场开发有限公司与海南省文昌市农业农村局签订价值3.1亿元的农产品供销协议。

台州市农副产品集配中心有限公司：搭建乡村振兴和精准扶贫平台

开辟本地菜和时令水果销售区，搭建乡村振兴和精准扶贫平台，销售四川青脆李320吨。

河北新发地农副产品有限公司：深度参与精准扶贫 带动当地经济发展

2019年，在国家发改委的推动下，河北新发地深入对接了河北灵寿县、吉林汪清县，帮助当地贫困户销售农产品；在河北省援疆指挥部的推动下，河北新发地深入对接了新疆且末县，建立了且末红枣销往华北的绿色通道，有效带动了当地的经济发展。多年来，河北新发地始终发扬“致富思源、富而思进、扶危济困、乐善好施、义利兼顾、以义为先、发展企业、回馈社会”的光彩事业精神，深度参与精准扶贫工作，用实际行动促进共同富裕。

苏州市南环桥市场发展股份有限公司：坚持产业对接精准帮扶

2019年南环桥市场作为全国农产品流通企业扶贫联合体成员，坚持产业对接、精准帮扶，带领商户深入云南、甘肃、贵州等全国深度贫困地区走访调研，开展产销对接活动。2019年，市场参加了商务部举办的“三区三州”、革命老区重点扶贫县等15场不同形式的扶贫对接活动，共计签约5.65亿元帮助销售农产品。此外，市场通过设立帮扶项目示范点、开展贫困地区农产品展示活动等，助力贫困地区农产品走出大山。荣获商务部颁发的“2019年度农产品产销对接扶贫突出贡献单位”荣誉称号。

徐州雨润农产品全球采购有限公司：托起民营企业的社会责任

通过设立农产品直供基地，解决农民卖菜难问题；通过现代化一级物流体系，将放心、价优的农产品送上市民餐桌。发挥地区平台优势，促进徐宝两地产销对接，自2017年至今，市场销售宝鸡农产品20958吨，销售额4.63亿元，受到两地政府的一致赞扬。另外，2019年公司获得“中国农产品供应链优秀单位”“食品企业‘诚信自律杰出榜样企业’”“江苏省农商互联供应链试点企业”“江苏省供应链创新与应用重点培育企业”“徐州市农业科技创新领军企业”“徐州市十强农业龙头企业（第一名）”等多项荣誉。

徐州源洋商贸发展有限公司：加大对接力度 促进精准扶贫

市场在睢宁猕猴桃、丰县大沙河苹果等农产品出现滞销情况下，深入基地调查研究，积极组织客户收购，助力销售约230万斤农产品。同时利用市场微信、网络信息平台优势对外发布信息，借助媒体力量帮助滞销农户解决困难，展现国家级龙头企业的责任和担当。

内蒙古食全食美股份有限公司：三联三帮三促落实主题教育和企业社会责任

建立了地产菜专区，给地产菜提供充足的摊位和良好的服务，彻底改变了以往道路两侧乱停乱放及卫生脏乱差现象，有效缓解了主干道的拥堵。以三联三帮三促活动为契机，落实主题教育和企业社会责任。与定点包联村达赖庄村、后桃花村、喇嘛庙村分别联合开展了产销对接、扶贫帮困送温暖等主题党日活动，帮助达赖庄村解决25000斤白菜卖难问题。另外，通过与和林县政府、大林坝村村委会签订订单协议，履行15万种植风险补贴承诺；深入产地帮助临河地区解决40吨白菜卖难问题等方式，积极履行社会责任，取得了非常好的效果，得到了当地政府和商务部门的高度赞誉。2019年积极开展困难职工、商户和老干部、老党员帮扶慰问等活动，共发放困难救助资金18万元。

安徽省西商集团投资有限公司：创新扶贫方式 开设扶贫农产品一条街

西商农批市场成功举办了第五届西商腌腊节、年货节，活跃市场，让利于民，创新扶贫方式。参展商户1000余户，腌腊节、年货节园区人流量突破70万人次，企业猪肉单项让利100多万元，两节期间，开设了扶贫农产品一条街，来自金安、裕安、金寨、霍邱、舒城五县区的20个贫困村200余贫困户参与免费展销。

十五、品牌建设

武汉白沙洲农副产品大市场有限公司：举办行业活动 展示市场形象

2019年5月份，白沙洲大市场承办了“2019年中国农产品批发市场行业年会”。年会以“国际创新高质量发展”为主题，为国内农产品贸易流通行业搭建交流平台。大会的举办带来的不仅仅是对当前农批市场热点、难点问题的解读，并通过参观市场、专家讲课，经验交流，更有效地增进了行业间的沟通与合作，展示了白沙洲市场形象，带动农产品流通相关产业健康发展。

湖北中和农产品大市场有限责任公司：培育淡水产品产地集配中心 加大淡水产品的宣传推广

围绕“以农产品批发市场运营为主业，以打造淡水产品产地集散中心为重点，向农产品两端延伸产业链”的产业定位，打造水产品产地集配中心，新建设黄鳝交易分拣大棚1500平方米，上半年做藕带交易业务，下半年做黄鳝交易业务，做响仙桃市“黄鳝之都”品牌。

2019年10月9日举办了第一届水产节，邀请了仙桃及周边水产养殖大户和全国近16个省市的水产商户200多家来大市场现场考察参观，通过举办展销会、签约、专家论坛、参观养殖基地等形式宣传推广了仙桃的特色水产品，扩大了江汉平原农产品大市场的知名度。

徐州雨润农产品全球采购有限公司：以打造品牌为抓手，扩大项目品牌和知名度、美誉度

充分利用各种资源，寻找新的投标信息，并深入细致研究公开招标趋势，注重城市配送专项工作拓展。全年参与15次配送招标项目，中标率达73.3%，打造了雨润在配送行业的金字招牌。积极履行企业责任担当，弘扬雨润民族品牌。我市场作为徐州市最大的“菜篮子”民生工程，接力“雨润”这一民族品牌的强劲脉搏，秉承“以道德铸就品质，用良心感恩社会”的企业宗旨。认真研究公司发展模式，积极开展各类宣传。集中宣传优秀商户，开展女商户创业事迹报道，配合《徐州日报》对蔬菜市场党员商户高兴钰进行“70年70人”专题采访。对公司承办的第十五届全国农贸联联络员大会、市场监管局现场推进会等大型活动进行宣传。利用主流媒体跟踪报道了“农业农村部调研双创”活动；现场拍摄采访了粮油市场、冷链市场、电商运营中心配送团队等，均形成报道文章和视频，在徐州及行业主流媒体上宣传，扩大了徐州雨润品牌和产业影响力。根据公司发展实际，宣传、总结、提炼形成支撑公司品牌文化的各类品牌。对市场各业态、商户、产品进行了形式多样的宣传和报道，逐渐在徐州市乃至淮海经济区形成徐州雨润市场品牌、粮油市场、冻品市场等业态品牌；对2015年以来每年的年货大集特点和情况进行了分析、总结，制作了历年年货大集品牌综合篇脚本，形成了2019年全域年货大集模式，使年货大集这个品牌更加响亮。

徐州源洋商贸发展有限公司：联合媒体举办招商宣传活动 打造品牌

市场联合媒体举办果蔬嘉年华、公益夜市、年货大集、农产品基地建设等招商宣传活动，全年报纸及媒体共计刊登报道市场情况123篇。市场及城市厨房订阅号累计制作146篇，内容涵盖市场要闻、当季热销产品推广、文明城市常态化、消防安全等内容。市场与徐州电视台《张慧帮你问》栏目合作的《惠民公益夜市》，2019年已经进入26个基地、30个社区，全年共举办35场。近3年来，公益菜市场覆盖全市80余社区，近3万社区居民受益。与徐州新闻广播《生活早报》栏目联合举办“93惠生活”，每期推出3—5个特惠品种，为居民带去价廉物美的农产品。

内蒙古食全食美股份有限公司：打响新项目品牌 发展新经济增长点

馒头加工车间属企业涉足的新项目，尽管在其培育和发展中需要较长的时间去总结和提升，但通过馒头加工项目的拓展，食全食美的“派驰”品牌已经打响，目前项目正在整顿提升中，下一步要与餐厅资源进行整合，拓展盈利点高、市场需求量大的新产品，综合提高餐厅和面食加工车间的盈利能力，必将成为企业发展的又一个新的经济增长点。

天津金元宝滨海农产品交易市场：加强媒体宣传 营造良好氛围

在宣传上，业务信息科以“3·15”消费者权益日为契机，在天津电视台宣传市场知识产权工作的情况，收到良好效果。在“世界知识产权日”期间，组织了“宣传周”活动，通过挂条幅、贴海报、发材料、网站报纸等方式广泛宣传，营造了市场“知识产权保护规范化”的良好氛围。

十六、参与公益事业

四川鑫锐投资有限公司：主动承担社会责任

公司历年来把履行社会责任作为企业发展的使命和担当，2019年6月17日长宁县发生6.0级地震，公司立即采购救灾物资，并参与抗震救灾工作。江北农产品批发市场作为省级龙头企业，主动承担社会责任。

第六篇 脱贫攻坚与乡村振兴

2019 年农产品批发市场行业产业扶贫、乡村振兴工作突出成果

2019 年是打赢脱贫攻坚战的关键之年，也是全面建成小康社会的攻坚期。这一年中，在农产品流通领域中涌现出了一批勇于担当、主动作为、事迹突出、群众公认的优秀单位及个人。他们坚持精准扶贫、精准脱贫方略，上下联动、凝心聚力，推动脱贫攻坚、乡村振兴取得了显著成果。

2019 年度农产品批发市场行业脱贫攻坚优秀单位

宜昌三峡物流园有限公司

宜昌三峡物流园有限公司，对接的贫困地区包括：宜都、当阳市、夷陵区、点军区、远安县、兴山县等下面的 54 个贫困村，贫困户数共计 3040 户。为帮助贫困地区产品销售，市场积极开展消费扶贫活动，并在市场内设立扶贫专区，面积为2000平方米，入驻扶贫企业39家，带动了3500家农户发展。2019年，市场参与多次贫困地区农产品对接活动，包括在宜都开展土豆节；武汉、福建晋江、北京农产品展销会；在宜昌开展蓝莓文化节；在料前镇蓝莓园区开展农特产展销会；打造 400 平方米农副产品展销中心；在上海静安区扶贫展销点进行农副产品销售；等等。2019 年，市场对贫困地区进行帮扶，具体内容为：2019 年 1 月帮扶夷陵区三斗坪镇柏果淌村捐款 10 万元人民币；2019 年 1 月帮扶秭归县水田坝乡草池坪村捐款 10 万元人民币；确定五峰县五峰镇茅坪村为定点扶贫村；2017 年以来共资助贫困大学生 6 名，累计资助 15 万元人民币。

北京锦绣大地电子商务有限公司

由北京锦绣大地电子商务有限公司（以下简称“大地电商”）承办运营的“北京市消费扶贫双创中心海淀分中心”（以下简称“海淀分中心”）成立于 2019 年 8 月 30 日。大地电商作为海淀区农产品流通的龙头企业，利用自身的IT开发优势，依托锦绣大地农产品批发市场，结合大地电商成熟的农产品供应链体系，打造线上线下一体化的消费扶贫新模式。

海淀分中心采用自采自销方式，深入对口帮扶地区，了解扶贫企业及其产品，向扶贫地区的企业讲解北京市场的要求及消费者的喜好，便于扶贫企业的产品更加适合北京的消费市场，并确保进入北京的扶贫产品的合规性和安全性。大地电商这种去中介化的运营方式，能够确认扶贫企业身份，确保扶贫产品质量及有效地控制成本。

线下海淀分中心位于锦绣大地商务在线楼的黄金位置，面积约 200 平方米，展示销售海淀区对口帮扶 7 个地区共 50 多家企业的近 450 种产品，提供线上线下展览展示、销售及售后、仓储物流（大地电商提供 1000 平方米的仓储）、洽谈会议及宣传推广等服务，同时在人流密集的锦绣大地物流港楼体正面及阜石路路口醒目位置，为海淀分中心进行广告宣传，让更多人参与扶贫事业，销售对口帮扶地区产品约 648.79 万元，带动受援地区建档立卡贫困人员实现增收总计 5285 人，北京市及海淀区已有近百家企事业单位在海淀分中心购买扶贫产品。此外，大地电商和中国建设银行北京分行紧密合作，携手一起走进海淀区各大企业及产业园，推广爱心扶贫卡的同时积极销售扶贫产品。

大地电商作为高新技术企业，凭借自身的IT开发能力，成功运营搭建了不同类型的线上扶贫馆，为消费者和大宗采购提供专属服务。2020年疫情暴发以来，大地电商积极开拓销售新渠道，分别在京东开设海淀扶贫馆、淘宝开设海淀双创扶贫馆，并在快手、抖音等开店，通过直播的新方式销售推广扶贫产品。

北京顺鑫石门国际农产品批发市场集团有限公司

北京顺鑫石门市场着力加强与贫困地区农产品产销对接工作，帮助当地农民脱贫增收，在市场内设立张家口市、邯郸市等多个贫困地区农产品销售专区、展销厅，并设立北京市消费扶贫双创中心顺义分中心，为内蒙古科尔沁左翼中旗经营扶贫农产品提供仓储用房。2019年7月，顺鑫石门市场赴河北张家口市沽源县参加沽源县扶贫产品产销对接暨蔬菜交易大会；2019年8月，顺鑫石门市场带领市场商户，参与东北贫困地区县市农产品产销对接活动；2019年10月，顺鑫石门市场参加第四届京津冀品牌农产品对接活动；2019年11月，顺鑫石门市场举办顺义区对口帮扶特色产品展销会，西藏尼木、内蒙古科左中旗、巴林左旗等地特色农产品亮相展销会现场。此外，市场在脱贫攻坚方面还获得多份荣誉：2019年被全国城市农贸中心联合会评为“2018年全国农产品批发市场行业五十强市场”；2019年12月获得“北京市农业产业化重点龙头企业”证书；2019年12月获得中国商业联合会颁发的“企业信用评价AAA级企业”。

江苏凌家塘市场发展有限公司

积极参加政府及协会组织的扶贫对接。市场先后赴新疆阿克苏地区、云南楚雄、西部贫困地区、中部地区农产品扶贫对接会、苏陕产业扶贫洽谈会、江苏省淮安市“订单农业”助力产业扶贫对接等活动，与当地农业经纪组织、合作社签订农产品购销协议，对陕西安康镇坪县土蜂蜜、土鸡等，以“保护价”进行收购。

组织市场商户开展扶贫对接。市场与陕西安康、江苏响水等贫困地区建立了对口扶贫合作关系，组织市场经营户到贫困地区进行农业种植项目对接，引进贫困地区农产品如西兰花，在市场设立销售窗口，2019年销售量达120万公斤，同时指导贫困地区优化农业品种，提高种植技术。

帮助指导贫困农户产品包装设计。市场专门成立了凌家塘商贸公司，专门进行生鲜农产品配送和微商电商扶贫，帮助贫困农户开展对农副产品的二次开发和渠道建设，比如泰村小杏鱼圆和焦溪扣肉等民俗产品系列开发等，取得了明显成效。

开展精准脱贫攻坚帮困。市场与钟楼区团委、青联一起，赴陕西镇坪县开展“青系镇坪·雏鹰伴翔”助学金发放活动，与贫困户学生开展精准扶贫帮困，一对一提供资金、技术、产品等帮扶，促进贫困户实现“造血”功能。

久泰现代农业有限公司

久泰现代农业有限公司在新疆吐鲁番鄯善县、陕西渭南大荔县、陕西延安洛川、山东济南章丘区、湖南永州江永县、海南乐东黎族自治县、河南周口太康、江西赣州寻乌县、甘肃静宁县等全国多地贫困地区常年开展农产品采购，带动当地农户共同发展，2019年带动专业合作社124个、家庭农场55个、农户5028户（其中相当一部分为当地贫困户）。此外，公司积极参与多个贫困地区农产品对接活动：参加福建省福州市与甘肃省定西市“东西部扶贫对接活动”，每年帮扶带动甘肃贫困地区农产品销售约10000万元；参加新疆“精准扶贫项目”，每年帮扶带动新疆贫困地区农产品（刀郎土瓜）销售约5000万元；参加福建省福州市仓山区与宁德市周宁县“山海协作扶贫对接活动”，每年帮扶带动当地农产品销售约500万元。公司2018、2019年连续两年荣获中国果品流通协会颁发的“全国果业精准扶贫功勋企业”荣誉称号。

厦门福慧达果蔬股份有限公司

福慧达通过在水果蔬菜生产区域投资建设供应链服务基地和订单农业运营模式，调整优化当地农业产业结构，延长农业产业链条，增加农产品的附加值。同时，与当地政府建立了良好的扶贫联动关系，积极参与当地政府扶贫工作。荣获“中国果业精准扶贫功勋企业”等荣誉。

首先，在落后地区建立果蔬生产基地现代农业标准化建设。福慧达通过基地子公司有针对性地深入贫困农村，通过“公司+合作社+种植基地”或“公司+农户+种植基地”的方式，结合现代农业标准化生产管理及出境果园注册认证条件要求，划定果园，与农业产业办一起组织农民进行栽培技术培训，统一农资配送、统一防治病虫害、统一施肥药、统一采收加工销售。即公司以参与栽培种植指导、农民果园入园的方式，与基地合作社或果农签订最低保护价收购产品购销协议，按协议进行采收农民种植的产品。组织当地农户按照出口注册基地标准，科学规范引导农户进行田间种植管理，建立优质果蔬生产基地，并签订保价收购合同。公司对基地的农产品实行高于市场价0.03—0.10元/斤收购。既可以促进当地农业产业化发展，推动当地现代新农村建设，又可以解决农产品难卖问题，保证农民增收。

福慧达在广西、云南、湖南、海南、新疆、甘肃、宁夏等10多个地区点对点建立120多个福慧达优质果蔬生产基地7000公顷，以订单农业的方式每年采购销售农产品50多万吨。其中大部分基地设立在贫困落后的农村，为了导入科学规范的栽培管理技术，确保土地作物增值增收，福慧达采取在开展订单农业运营中建立农户信息卡，各子公司建立农户信息台账，对特殊的农户或特困农户提供种苗和农资配送等方式进行帮扶。

其次，基地实行农资统一配送，农作物统一田间管理，可以提高效率，降低生产成本，预计每亩可以降低50元计算，户均降低成本1000元，无形中可以实现农户增收。同时可以确保农产品的食品安全，逐步实现人口资源、生态、经济和社会发展协调共进，形成良性循环，建设成一个可持续发展的生态农业。

再次，企业通过基地供应链服务中心果蔬产后加工处理运营，直接或间接安排农民就业。即通过各公司直采、供应商供应（或基地子公司供应）和订单采购等方式采购各地时令生鲜的水果，并进厂（基地子公司物流中心）经过冷藏保鲜、清洗、分级、包装后，按照订单组织出口、供应超市或批量发往国内各地批发市场及零售商。每个基地物流中心常年可以安排70150人就业，2018、2019年福慧达直接或间接分别安排2360、2395人劳动就业，分别辐射带动农户数约65000、71000户，达到了企业增效、农民增收、脱贫致富的效果。

贵阳农产品物流发展有限公司

贵阳农产品物流发展有限公司在2019年度积极开展贫困地区农产品对接活动，深入全省各农副产品生产基地，开展产销精准对接工作，帮扶贫困地区种植基地销售滞销农产品，涉及40多个省区。此外，公司深入推进产业扶贫“1+6”模式，助力全省脱贫攻坚行动。一是公司专门成立产业扶贫部，为产业扶贫工作提供组织保障。包括搭建扶贫专区、开展产销对接、组织农民培训、发展自有产业、提供就业岗位、提供金融支持等扶贫措施。二是搭建扶贫销售专区。物流园内设立“贵州农产品销售扶贫专区”，为全省各区县扶贫基地农产品销售提供免铺位租金、免农产品进场费、免铺位使用履约保证金的专用档口，为全省农特产品提供展示、销售平台。已有威宁、长顺、惠水、望谟、榕江、从江、修文等33个区（县）签约入驻，各区（县）推荐入驻扶贫专区的扶贫基地、合作社共计50余家，涉及种植面积合计5万余亩，间接带动贫困人口5000余人。三是开展产销对接。开业以来，公司深入走访了长顺县冗雷村、修文县六桶镇凉井村、开阳县毛家院等10余个贫困村，实地调研60余个扶贫种养殖基地，详细了解基地生产情况，积极开展产销对接工作。与贵州财经大学、开磷集团、惠民生鲜超市等高校食堂、大型连锁商超签订定向采购协议，为扶贫基地农产品嫁接省内销售渠道；与永辉超市、上蔬集团、广州江南市场等省外的大型农批市场、生鲜销售终端达成战略合作机制，畅通黔货出山、黔货出海的销售通道。四是组织农民培训。为了推动全省农业产业健康、快速发展，持续、稳定地带动农村人口脱贫，公司高度重视农民培训工作，分别于2019年5月和10月在惠水县、碧江区组织了关于农产品分选与包装知识、农业品牌创建的意义与方法等专业知识的培训，受益人员达2000余人。五是发展自有产业。由于省内扶贫基地生产水平参差不齐，大部分产业均存在标准化生产能力较差、自动化程度低、生产成本高等问题，公司充分利用省内100多项地标产品资源，与生产端、供应链、销售端等农业产业链条多方开展合作，积极拓展大湾区、东盟等消费市场，共同促进贵州农产品品牌化发展。开展对普定白旗韭黄、大方天麻、赫章核桃、望谟板栗、惠水佛手瓜、镇宁小黄姜、关岭火龙果等十多项产业调研。六是提供就业岗位。开业以来，公司组织开展针对贫困人口的专场招聘会，优先向建档立卡贫困户提供就业岗位。目前在公司就业的持有建档立卡贫困证明材料的员工有8人。七是提供金融支持。针对建档立卡贫困户在园区从事经营的商户，公司联合金融机构按照免抵押、低利息的优惠政策向其提供资金支持，并且首个贷款年度提供贴息帮扶措施，协助其将经营规模做大，提高经营效益。

郑州信基调味品城有限公司

近年来，郑州信基调味食品城充分发挥市场在农产品行业中的带动性，积极针对卢氏农产品进行扶贫支持。在郑州市商务局和各级政府的帮助下，郑州信基调味食品城针对卢氏主要有以下几个方面的扶贫支持：一、给予三门峡卢氏农产品经销企业在信基市场优惠政策，免除一些费用。二、积极帮助卢氏企业与市场商户建立联系，牵线搭桥，促成交易。市场已有味全福干调商行、顺利干调商行、满堂干调商行、永超辣椒香料商行等数家商户和三门峡卢氏相关企业建立购销联系，帮助销售红麻椒、花椒等产品约60万吨，卢氏木耳约10万吨，香菇约20万吨。

中国地利集团

2016年，中国地利集团在贵州省毕节市大方县建立扶贫基地以开展种苗培育扶贫项目，已育种数千万株种苗供当地贫困户种植，大幅提升当地产出农产品的品质和附加值；2017年4月，中国地利集团在贵州地利农产品物流园设立“贵州产业扶贫蔬菜销售专区”，助力黔菜出山，对扶贫专区的蔬菜实行免收场地费、进场费减半政策，每年可销售近上亿元扶贫蔬菜；2018年2月，中国地利集团向巴彦县提供新春扶贫慰问物资，与当地扶贫办工作人员一同探望退伍老兵、贫困家庭，为他们带去年货与新春温暖；2020年3月，中国地利集团携手字节跳动旗下视频软件开展“齐心战疫，八方助农”活动，帮助解决受疫情影响地区的农产品滞销问题，先后帮助广西、云南、甘肃、辽宁等多地外销农产品数百吨；2020年8月，中国地利集团旗下哈尔滨地利农产品物流园设立双城区扶贫蔬菜销售专区，为扶贫蔬菜给予最好、最便利的位置并提供减免入门费和摊位费等优惠政策，在最大程度上保障贫困种植户的权益并解决农产品销售难题。

四川鑫锐投资有限公司

四川鑫锐投资有限公司作为农业产业化省级龙头企业，积极带头履行社会责任，多年来一直坚持扶贫济困，以创新的模式持续落实精准扶贫工作，以产业促进精准扶贫，实现产、供、销联动创新，努力做到扶持对象精准、项目安排精准、资金使用精准、措施到户精准。2019年，公司在脱贫攻坚方面积极响应政府精准扶贫号召，创新扶贫模式，扶贫和赈灾捐款66.5万元，捐赠农资有机肥100余吨，折资达50余万元。持续与宜宾市内各大型专合社和特色家庭农场建立战略合作，在市、区商务局的大力支持下，通过产、销、供联动的方式，协助长宁县开佛乡销售滞销雪梨1128吨，挽回了雪梨种植户经济损失

18万元；协助屏山县销售滞销桂圆982吨，使桂圆种植户减少经济损失294万元；协助雷波县销售滞销白萝卜1500吨，使雷波县种植户减少经济损失135万元。2020年，公司定点帮扶翠屏区凉姜、象鼻、双谊、南溪区黄沙镇田兴村、大观镇菜花村、飞马村、林丰乡等11个专合社，请来农科所专家对专合社进行专业指导，让专合社扩大有机种植的面积，为市民们提供高效安全的农产品。公司为各专合社持续提供有机肥，还对翠屏区、南溪区40余贫困户发放现金、生活物资慰问品捐赠3余万元。

广州江南果菜批发市场经营管理有限公司

广州江南果菜批发市场作为国家级农业龙头企业，是广州市唯一可全面对接各方扶贫重任的农业企业，公司近年主动担当和作为，参与全国20多个地区产业扶贫，一方面，多次派员工赴贵州、甘肃、宁夏、重庆、河南及广东清远等地进行产销扶贫对接；另一方面，企业负责人多次赴贵州国定贫困县实地考察，并指导当地农业种植，号召市场商户投资设立源头基地，并在贵州投资建立了10多个蔬菜示范园区，通过“以点带面”方式带动当地蔬菜产业的发展；再次，多次接待全国多个贫困地区政企代表团，衔接农产品产销关系；另外，还在市场开辟对口扶贫销售专区，免除交易费用。自2017年至今，毕节的蔬菜水果市场销售额累计达2.23亿元，黔南州的蔬菜水果市场销售额累计达6112.53万元。

山东凯盛农产品物流园有限公司

2019年11月，山东凯盛农产品物流园有限公司在“助力东西部扶贫协作，鲁渝携手奔小康”活动中，定向捐赠5万元给重庆市万州区梨树中心小学用于改善学生生活及加强校园精神文明建设；2019年公司在物流园内设立“新疆干果、水果免费交易区”“重庆万州农产品免费交易区”“广西西林农产品免费交易区”38间档口，定向精准扶贫，共免除226.9万档口费及管理费；2020年2月，在抗击疫情、支援湖北武汉活动中捐赠价值671994.68元金乡大蒜，工作站又捐赠现金41960元用于抗击疫情。此外，公司在疫情期间，还积极响应金乡县政府号召，先后两次组织参与捐赠金乡优质大蒜共600吨（共计67万余元），支持疫情防控期物资保障工作；号召全体员工及广大商户积极为武汉募捐，共筹集善款41960元，筹集到的所有善款都转入济宁市慈善总会账号。

青岛市城阳蔬菜水产品批发市场有限公司

青岛市城阳蔬菜水产品批发市场有限公司按照青岛市委市政府、城阳区委区政府、城阳街道党工委、办事处东西部扶贫协作的工作部署，青岛市城阳蔬菜水产品批发市场发挥单位职能优势，帮扶贵州省安顺市关岭县脱贫攻坚实现农产品产销对接，主要开展了以下工作：一、选址批发市场、出资设立农产品销售中心。2018年10月，青岛市城阳蔬菜水产品批发市场有限公司出资10万元，在干海鲜专业市场设立“安顺绿色农产品（青岛）销售中心”和农特产品体验馆，为贵州省安顺市绿色农产品销售打开了崭新的窗口。二、摊位租金优惠，助力起步发展。为使安顺绿色农产品（青岛）销售中心在城阳批发市场获得更好的起步发展，批发市场为其提供了最优惠的服务和保障，其中，每年减免安顺绿色农产品（青岛）销售中心摊位租赁费15万元。三、拓宽经商渠道，打造对接平台。青岛市城阳蔬菜水产品批发市场作为全国五大农贸市场之一，农产品交易量位列全国农产品批发市场前茅，通过城阳批发市场打造的便捷、畅通、高效、稳定的流通渠道和对接平台，贵州特色农产品实现“黔货出山”“进青入城”，贵州特色农产品在城阳批发市场直接盈利达750万元，实现经济快速增效。四、促进产地农民增收，助力产业结构调整。城阳批发市场不仅帮助解决贵州省安顺市关岭县农特产品销路问题、促进产地农民增收，而且以销量带动产量，带动了关岭县金刺梨、火龙果、生姜、辣椒、花椒等上万亩农产品深加工，拉动了产业发展，提高了商品价值，增加了农产品产业收入。五、聚焦消费扶贫，传递爱心聚力。为贯彻落实对贵州省安顺市关岭县的对口扶贫，按照城阳村社区党委、批发市场董事会部署，城阳批发市场出资

200余万元，从安顺绿色农产品（青岛）销售中心采购贵州关岭“跑山鸡”24100只及蜂蜜、香辣脆等农特产品。六、捐赠帮扶资金，落实乡村振兴文明共建。2018年，城阳村社区与贵州省安顺市关岭县新铺镇卧龙村结成友好帮扶单位。

汉中市水果批发市场

2019年，市场充分发挥纽带作用，通过组织农副产品扶贫赶集活动，开展种植户与经营户、商超配送市场间的联谊交流活动，进一步加大引导力度，以市场为依托，利用水果市场网络平台与农批市场网络平台对接，与上游农批市场打通关节，做到了“农户+批发市场批发商+农贸市场+消费者”为主的生鲜供应链，水果及农副产品批量上行，在当地果农心中形成了一定的影响力。

陕西利丰现代农业有限公司

2018年9月麟游县在西安市欣桥市场举办的麟游农产品推介会上达成了，由陕西欣桥实业发展有限公司在麟游县西坊村建设“麟游县欣桥利丰现代农业示范园”的协议，以产业扶贫的模式带动西坊村脱贫。2019年4月“麟游县欣桥利丰现代农业示范园”正式开始建设，在项目实施过程中麟游县利丰西坊果蔬农民专业合作社始终将带动当地贫困户脱贫作为主要任务来抓，主要做法表现为以下几点：一、通过务工形式带动贫困户脱贫。通过西坊村村委会对流转土地范围内的贫困户进行调查摸底，筛选贫困户有劳动能力的人员按其承担能力安排工作岗位，已安排贫困户王兴等12人长期在合作社务工，年务工时间可达200天左右，年人均增加收入20000元，安排杨红旗等34人在合作社从事季节性务工，年务工时间可达100天左右，年人均增加收入10000元左右。尤其是在2020年3月份疫情期间，全村有劳动能力的村民全部参加了基地的育苗工作，既保障了基地的生产又增加了贫困户的收入。通过县上有关单位协调，加开县城及附近村镇到西坊示范园基地的公交车，带动县城及南方移民新区部分贫困户在基地进行季节性务工，在6至8月份蔬菜采收、加工、包装阶段可安排200人从事季节性务工，年人均增加收入8000元左右。二、通过土地流转带动贫困户脱贫。2020年合作社共流转西坊村土地2400亩，每年每亩600元的土地流转收入可为参加土地流转的贫困户户均年增加收入6000余元。三、通过分红带动贫困户脱贫。2020年在基地冷库等项目建设中，西坊村经济组织入股了部分项目的建设，每年可为贫困户增加50000元的分红资金。四、通过技能培训带动贫困户脱贫。合作社每周进行一次蔬菜专业生产技能培训，通过专业技术人员讲解和熟练工人手把手的带动等形式对工人进行培训，以增加其专业能力，使贫困户掌握一技之长，为日后自己种植蔬菜奠定基础。已培训6期共计120余人。五、发放蔬菜苗木带动贫困户从事蔬菜种植脱贫。对有意向进行蔬菜种植的贫困户，我们无偿发放蔬菜苗木指导其进行蔬菜种植并代为销售其产品。已有王兴等2户贫困户种植蔬菜2亩并由公司合作社代为销售，这2户贫困户户均增加收入4000余元。

华东金华农产品物流中心有限公司

华东金华农产品物流中心有限公司为浙江省重点建设项目、省411重大产业项目和省服务业重大项目，是金华农产品批发市场转型换代、升级发展的新起点。市场于2019年11月17日开业，总投资额为20亿元，占地面积620亩。近年来，华东金华农产品物流中心充分发挥水果批发市场龙头优势和流通渠道优势，拓宽贫困地区农产品销售渠道，加快流通服务网点建设，坚持“走出去”与“引进来”相结合，充分发挥自身网络和资源优势，积极开展与吉林、四川、新疆等地的对口合作和扶贫协作建设，取得了明显的成效。据统计，2019—2020年上半年，共销售新疆、宁夏、甘肃、陕西、四川等地区水果39.79万吨，销售额达24.47亿元。

红星农副产品大市场

红星农副产品大市场作为中部地区规模最大的综合型农批市场，近几年来，充分发挥平台集散作用，以产业扶贫、精准扶贫为着力点，持续助力打赢脱贫攻坚战，取得了一些实质性工作成效。一、高度重视、精心组织，充分发挥农批市场扶贫载体作用。成立扶贫工作小组；在市场内开设扶贫专区；动员商户积极对接。2019年，市场通过主动与上游合作对接，组织广大商户到全国贫困地区主产区采购及开辟销售专区等方式，累计约帮助采购及销售贫困地区农产品47.4万吨。二、对接基地、销售产品，助力帮助贫困地区农户脱贫。积极参与产销对接扶贫活动；2019年6月，市场带领商户参加"三区三州"贫困地区农产品产销对接活动，与四川凉山州盐源县签订农产品经销协议，签约金额2.6亿元；2019年7月，市场带领商户参加"三区三州"贫困地区农产品产销对接会，与新疆和田农业农村局签订农产品产销对接协议，签约金额0.5亿元；2019年9月，市场带领商户参加武陵山区（湖北、湖南、重庆、贵州）贫困地区农产品产销对接活动，与湘西永顺县农业局签订猕猴桃产销对接协议，签约金额1亿元；12月份，市场带领商户参加华南贫困地区农产品产销对接活动，与陕西白水县签订产销对接协议，签约金额3亿元。2019年累计签约金额达7.1亿元。通过参会签约及产销对接，有效帮助贫困地区解决滞销产品的卖难问题，也助力了当地农民的增收。务实推进基地建设工作，切实帮扶产地产业发展。市场与湖南省蔬菜研究达成长期战略合作关系，通过"省果协"成立了果品专家委员会，通过接待各大产区基地负责人，提供技术咨询及答疑解惑；组织专家实地深入贫困地区主产区，提供果蔬种植技术及防虫防害技术的专业指导，对种植户进行专门培训，帮助贫困地区种植业发展；组织专家及商户实地考察，结合贫困地区地域特点与种植环境，引导合理选择种植品种，帮助贫困地区实现农业产业的转型升级。

安徽省西商集团投资有限公司

西商集团是一家专业致力于农业综合开发，重点实施农产品批发市场建设运营的企业集团，国家级农业产业化重点龙头企业。经营业务涉及农业种养殖、农产品加工、农产品批发市场运营、电子商务等多个领域，形成一二三产业融合，产业链完善的发展格局。正倾力打造"农通天下服务民生"全国农产品批发市场流通网络体系，已建成运营和正在建设的农产品批发市场12家，计划3年内达到30家市场规模，基本形成"买全国，卖全国"的农产品大流通战略布局。集团在自身快速发展的同时，不忘回馈社会，积极承担社会责任，通过开展产业扶贫、消费扶贫等方式，切实担负起了在脱贫攻坚中应尽的职责。其主要业绩为：（1）产业扶贫。在六安市金安区施桥镇旗杆村，发展生猪养殖精准"产业扶贫"。为提高帮扶成效，确保贫困群众可持续增收，最终实现脱贫和稳定脱贫成效，我司带队驻村调研，摸清贫困原因，2017年4月，由西商集团牵头，西商东润畜牧有限公司、旗杆村三方参股，注册成立了"六安市金安区西商旗杆养猪专业合作社"。在旗杆村叶岗村民组流转租赁土地15.34亩，由西商集团联合西商旗杆养猪专业合作社共同投资140余万元，兴建一座面积1000多平方米、26个标准猪舍、年出栏量1500头的标准化养猪场，并于2017年8月建成投入使用，专门用于养猪扶贫工作。主要实行"龙头企业+村集体+合作社+贫困户"模式，采取集中饲养形式，实行"五统一、一优惠、一保护"管理方式，即由西商集团统一供应猪苗、统一供应饲料、统一技术指导、统一防疫、统一收购，按低于市场0.5元/斤优惠价供应猪苗，按高于市场0.2元/斤保护价收购生猪，切实保障养殖户的稳定收益。通过产业扶贫，共带动旗杆村36户贫困户、48户一般农户（占全村农户的20.1%）发展生猪养殖，实现农户持续增收约2000余元，加快旗杆村群众脱贫致富奔小康的步伐。（2）消费扶贫。一是利用西商农产品批发市场平台，积极引进六安市贫困县区地产农产品进入市场销售，将当地农产品推向全国、卖向全国，引导和促进当地农产品生产结构调整，促进农业增效、农民增收。二是在批发市场最好的位置设置贫困地区农产品销售专区，实行区域专营、费用减免、营销宣传推广等扶持促进措施，产销扶贫精准对接，高效流通，积极促进和扩大贫困地区贫困户农产品销售。三是在市场连续举办“腌腊节”“年货节”等大型展销活动，开设“扶贫农产品一条街”，为贫困地区农产品开设绿色通道，提供免费展位、免费食宿，解决贫困家庭农副产品销售难题。四是连续四届承办金安脆桃节，利用西商集团客户资源优势，邀请全国大的果品经销商参会，与金安脆桃种植业合作社对接，积极宣传推广，效果显著，金安脆桃品牌知名度大幅提高，受到了省市媒体多次宣传报道。五是实时帮扶滞销农产品销售，金安区马头镇5000余亩毛豆，金安区先生店乡松店村10多万斤莲藕，叶集区姚李镇合兴村20万斤小南瓜等农产品季节性滞销情况发生后，西商集团第一时间深入现场，了解情况，并积极联系农产品经销商进场采购，实行保护价收购等多措并举，有效缓解了农产品卖难问题，西商积极帮扶滞销农产品销售，可谓是“雪中送炭”，受到了当地政府和广大贫困户的高度肯定和赞扬。

合肥周谷堆大兴农产品国际物流园有限责任公司

百大周谷堆公司隶属于合肥百大集团，自1992年建场以来，即以农业增效、农民增收、保障供应和食品安全为宗旨，致力于农产品流通行业的创新发展、转型升级、提质增效和责任担当。2019年，市场实现综合成交量442.3万吨，交易额306.5亿元。作为全国首批公益性示范市场、安徽省的“大菜篮子”，百大周谷堆以农产品流通为抓手，致力于扶贫济困、解决农民卖难问题，具体采取以下举措：

1. 聚焦贫困，继续推进安徽省贫困地区农产品产销对接工作

为促进深度贫困地区农产品销售，增加贫困群众收入，加快脱贫攻坚步伐，百大周谷堆公司勇担国企责任，全力推进产销对接，在大兴农产品物流园为贫困地区农产品划出专销区，在销贫困地区农产品包括蔬菜、水果、水产、禽蛋等品种。经统计，2019年成交量约4万吨，成交额近1.7亿元，带动农产品生产基地近百个。其中包括寿县季节性果蔬销售量8500吨左右，销售额约2650万元；寿县大米销售量1600吨左右，销售额约750万元；颍上县季节性果蔬在场销售量11000吨，销售额约4600万元，同比分别增长4.7%、4.5%；颍上粉丝销售量13800吨，同比增长2.2%，销售额约6590万元，占全市场粉丝销售量的90%以上。同时为进一步开辟便民利民渠道，公司自2015年起即开展系列特色农产品展销活动，形成了周谷堆特有品牌，获得了社会各界的认可与肯定。在2019年周谷堆影响力最大、认可度最高的“全民腌腊节”活动中，公司将颍上县粉丝等产品安置于名特优农产品产销专区显著位置，加强推介推广，进一步扩大颍上县特色产品的知名度与影响力。

2. 贯彻精准扶贫，结对帮扶颍上

自2012年起，即与颍上县结成合作帮扶关系，每年不定期组织场内经营大户，前往颍上县走访调研，考察当地各类有机蔬菜、优质水产品的购销意向，推动颍上县名特优农产品直接进入合肥市乃至全省市场；为颍上县种养殖户提供及时、有效的价格行情分析，指导其种养殖销售方向，降低市场波动风险，帮助解决其农业发展中“品种趋同、技术粗放”等问题；充分发挥百大集团优势，通过网上平台加大颍上县名牌农产品的宣传力度，并通过专业的百大合家康物流配送公司把颍上县农产品配送至合肥市更多的超市、酒店、食堂等企业，初步形成了颍上牌农产品的经营供应链条；周谷堆市场内设立颍上县基地专销区，安排专人重点关注颍上县特色农产品在场经营情况，并适时制定相关举措，确保颍上农产品销量的稳步增长。经统计，2019年颍上县季节性果蔬在场销售量11000吨，销售额约4600万元，同比分别增长4.7%、4.5%；颍上粉丝销售量13800吨，同比增长2.2%，销售额约6590万元，占全市场粉丝销售量的90%以上。

3. 深入革命老区，推进扶贫项目

百大集团积极承担社会责任，主动投入脱贫攻坚战，全力助推安徽金寨同心工程百大周谷堆农产品市场项目的成功开业。该项目建筑面积6387平方米，设置摊位101个，仓铺12间（内铺），是集蔬菜、

水果、水产品、畜禽肉类、粮油、禽蛋、干调及土特产为一体的综合性农产品市场，是大别山地区规模最大的农产品交易平台，为搞活天堂寨镇及周边乡镇的农产品流通，整合市场上下游资源，实现买卖双方的供需对接，解决当地农户卖难、群众买难、买贵等民生所需，提供强力保障，也进一步推动了当地优质、生态、特色农产品走出金寨，流通全省，走向全国。该项目全面运营后，年销售额可达5亿元，户均增收近万元。

4.发挥企业优势，全面开展对接

针对省内深度贫困地区农产品销售问题，百大周谷堆市场积极对接、主动联系，为深度贫困地区农产品划出专销区（如金寨、寿县、霍邱等地），促进市场与产地的有效衔接，切实精准帮扶。通过产销对接（金寨、霍邱等地），与百大周谷堆市场联结的农民经纪户100余户，销售品种近百种，实现年成交量4万吨，成交额近1.7亿元，带动农产品生产基地近百个，面积近20000亩，农户4000余户。

成都濛阳农副产品综合批发交易市场有限责任公司

市场对接四川凉山州扶贫县7个（凉山州布拖县、昭觉县、美姑县、金阳县、普格县、喜德县、岳西县），总计交易量达20万吨，交易额约9.6亿元。此外，市场在疫情期间，蔬菜交易量在日均8000吨以上，保障了四川省境内及周边地区蔬菜的基本供应。

九江市琵琶湖农产品物流有限公司

九江江洲镇位于江西省九江市濂溪区江心洲，江洲镇四面环江，属于江心岛，进出都得搭乘轮渡，众多青壮年外出务工导致江洲镇留守的老人和小孩只能依靠田地种植当季蔬菜。九江琵琶湖农产品物流有限公司得知此情况以后，专门在市场开辟了一块自产自销区，帮助江洲镇菜农搭建产销平台，并免费提供场地让其经营，帮助江洲镇3万余人顺利实现脱贫。

江西省江天农博城发展有限公司

公司以鹅湖镇月塘村为试点单位，采用“公司+合作社+贫困户”的新型经营模式，全面开展产业扶贫工作。江天集团提供优质水稻赣晚籼40号品种、优质红芽芋高产良种及高效复合肥，水稻及红芽芋收购价格均在市场价或国家保护价基础上上浮10%，就高不就低，由合作社贫困户自行选择。种植常规水稻，市场收购价是每百斤130元，而种植江天鹅湖香稻每百斤收购价是180元，每百斤就多了50元，加上省工、省肥等特性，每亩可增加收入680元；种植常规红芽芋，一般每亩产量在3000—3500斤，而种植江天脱毒红芽芋产量基本都在5000斤以上，与种植常规红芽芋相比每亩最少增加1000元以上收入。“公司+合作社+贫困户”的新型经营模式可以促进产业和扶贫有机结合，充分发挥新模式对贫困户的带动作用，提高贫困户自主意识及组织化程度，建立起了公司、合作社和贫困户的利益联结机制。

南昌深圳农产品中心批发市场有限公司

南昌深圳农产品中心批发市场，由深圳农产品股份有限公司、南昌市蔬菜贸易总公司、江西农药厂合作组建的南昌深圳农产品中心批发市场有限公司经营管理，经济性质为有限责任公司。市场总体规划占地面积800亩，2019年市场交易总额达196.21亿元，交易量达548.09多万吨，属全国百亿市场行列，在全国农产品系统内排名前三名。公司三期项目已完工并投入使用。项目总投资3.6亿元，建筑面积5.6万平方米，将建设冷库、仓储、加工、物流配送等市场配套设施。市场经过多年的发展，构筑起了长江三角洲、珠江三角洲、闽江三角洲稳固的农产品供应基础。公司领导曾多次组织公司员工为贫困县、村捐款，也曾多次组织经营户走访福利院，捐款物品约折合人民币50余万元。

内蒙古食全食美股份有限公司

内蒙古食全食美股份有限公司是内蒙古地区标准化、规模化、信息化程度较高的一家专门从事食品流通业态的集团经营公司，是呼市地区重要的“菜篮子、米袋子、果盘子”的民生工程，承担了呼市及周边旗县区城乡居民80%以上农副产品的供应任务，已成为呼市地区农产品流通行业的领头羊。2019年集团公司年交易额实现103.04亿元，上缴税收5284万元，解决了近万人的就业问题。

多年来，食全食美公司充分发挥龙头企业专业经营管理经验和三级市场网络资源的产业带动优势，通过采取订单保底，直接深入田间地头与农民对接等方式，解除农民的后顾之忧，树立种植信心，免费为农民提供销售平台，主动帮助农民解决卖难问题，对畅通农产品流通，有效提高农民的市场风险意识、商品化意识，提高营销能力发挥了重要作用。针对巴彦淖尔瓜果协会提出的临河地区农民存在的大白菜卖难问题和磴口县电商产业园负责人提出的当地苹果梨、红薯销售渠道不畅和卖难问题，我公司于2019年10月22日迅速组织了相关领域专业人士和商户深入产地进行对接帮扶，帮助解决了40吨的白菜卖难问题，取得了非常好的效果，而且对如何适应市场需求改变当地大白菜品种种植结构和提高对外辐射能力提出了很好的意见和建议。2019年10月20日，为了帮助我公司“三联三帮三促”定点扶贫村——达赖庄村拓展大白菜销售渠道，解决大白菜卖难问题，集团公司组织相关人员深入田间地头进行实地调研，了解大白菜种植品种和销售情况，并以略高于市场价收购“青口”和“青麻叶”两个品种的白菜，陆续收购量达25000斤，有效解决了当地大白菜的卖难问题。下一步，集团公司将发挥自身优势，从提供市场信息指导上，引导农民种植更适应市场需求和更适于储备的品种，让农民种植出来的农产品能够销得出去并有效实现价值转化，帮助农民解决卖难问题。

作为国企转制企业，集团公司传承了勇担社会责任的优良传统，始终秉承“社会责任是企业的生命”的理念，尽企业所能回馈社会。在新冠肺炎疫情期间，食全食美在全力以赴做好疫情防控和非常时期市民生活必需品供应和价格稳定的同时，积极承担疫情期间封闭小区居民生活必需品配送任务，将一批又一批生活应急物资安全及时送到封闭小区，免费为玉泉区封闭小区（秋实璟峯汇小区和恒泰盛都小区）居民提供半个月所需蔬菜和水果物资，同时心系奋战在一线的医护人员和各条战线的抗疫人员，为其送去疫情防控物资和慰问品，共计价值5.2万元。玉泉区昭君路街道党工委、玉泉区街道办事处为公司发放了相关荣誉证书。

在积极落实百企联百村脱贫攻坚工作方面，食全食美集团公司从2018年开始就高度重视“百企联百村”精准扶贫工作，集团公司领导先后两次带队到定点扶贫村——清水河县五良太乡喇嘛庙村，为喇嘛庙村村委会捐赠了包括电脑、打印机、冰柜、打印纸在内的价值近6000元的办公设备物资，并根据企业自身优势、资源和能力，结合清水河县五良太乡喇嘛庙村的区位优势、发展条件等因素，明确了扶持农产品产销对接、帮助解决就业和鼓励发展农产品加工业等产业扶贫方向。2020年春节来临之际，对清水河五良太乡喇嘛庙村进行了帮扶慰问，为生活困难的群众和老党员送上了价值3000元的米、面、油等慰问品。2020年4月8日，公司领导再次带队深入喇嘛庙村，先后参观了喇嘛庙村林果基地，调研了五良太乡果品加工厂，深入贫困户中了解生活存在的困难和需求，认真分析帮扶村在脱贫攻坚中遇到的困难和问题，共同研究商讨精准帮扶对策。根据喇嘛庙村的实际需求，我公司正在落实为帮扶村捐赠价值4.6万元农机具相关事项，并制定捐赠农机具管理办法，支持帮扶村农业发展和村集体经济发展，助力农民增收致富。

在响应市人大常委会发出的“助力脱贫攻坚——人大代表在行动”主题活动方面，集团公司领导多次深入和林县黑老夭，为贫困户稳步脱贫出谋划策，先后捐赠扶贫款24万元，用于贫困户危房改造和养驴脱贫致富。

在积极落实玉泉区“三联三帮三促”帮扶工作方面，先后到包联村——达赖庄村和后桃花村开展扶贫实地工作调研，与达赖庄村开展了“产销对接、扶贫帮困”“不忘初心、牢记使命”主题党日活动，形成了多途径、全方位为农民提供营销平台，提供优惠政策，为农民排忧解难的帮扶共识；2019 年国庆节，到后桃花村退役军人、生活困难群众和老党员（共 16 户）家中进行慰问，送上了米、面、油等慰问品和节日的祝福；2020 年 5 月，我公司为后桃花村捐赠 1 万元帮扶村委会文化活动室建设，并从提供市场信息指导、打通农产品销售渠道等方面给予了后桃花合作社发展很好的意见和建议。

在落实托克托县伍什家镇、五申镇产业扶贫发展方面，食全食美计划认领托克托县五申镇黑兰土力亥村水利设施建设项目，支持当地香瓜、玉米等特色农业发展，助力农民增收致富。

江苏省苏州市南环桥市场发展股份有限公司

南环桥市场作为全国农产品流通企业扶贫联合体成员，坚持产业对接、精准帮扶，带领商户深入云南、甘肃、贵州等全国深度贫困地区走访调研，开展产销对接活动。2019 年，市场参加了商务部举办的“三区三州”、革命老区重点扶贫县等 15 场不同形式的扶贫对接活动，共计签约 5.65 亿元帮助销售农产品。此外，市场通过设立帮扶项目示范点、开展贫困地区农产品展示活动等，助力贫困地区农产品走出大山。

宿州百大农产品物流有限责任公司

近年来，宿州百大农产品物流有限责任公司充分发挥农产品流通主渠道作用，在场内常年开辟宿州周边地产蔬菜水果专销区，为贫困地区农产品销售贯通渠道，有力带动了当地农产品的生产销售；利用优势资源，通过展示展销、对接洽谈、现场销售等方式对接贫困地区农产品销售，取得了实实在在的成效；通过产销对接活动，已联结农民经纪户百余户，销售品种数十种，实现年成交量近 6 万吨，成交额近 1.25 亿元。

2019 年，公司挖掘、丰富“三农贴心人”等特色党建品牌，带领志愿服务队深入种养殖基地开展 13 次合作社帮扶活动。分别深入宿州市芦岭、桃沟、顺河等乡镇，实地开展精准帮扶的走访宣传、对接交流和签约活动。摸底品种种植面积、上市时间、销售预期价格等情况及帮扶对象在宿州百大市场经营活动需求。服务组认真记录客户建议，探讨帮扶重点方向，同时全面介绍公司“三农贴心人”具体帮扶举措，得到当地村委、合作社、农户的赞许。为常态化解决其销售问题，市场服务队就相关帮扶服务和其签约，解决其销售后顾之忧。

2020 年 2—4 月，因受疫情影响地产菜出现滞销情况，宿州百大立即开展扶贫助农产销对接活动，专门划分了本地菜专销区，约占蔬菜总进场量的 20%，让绿色健康的地产菜走进千家万户，同时为广大经营户、种植户朋友们增强扩大生产的信心。市场积极响应宿州市埇桥区扶贫办发布的“消费扶贫倡议书”，搭建消费扶贫供需对接桥梁，积极组织外调客户，收购贫困村、贫困户的芹菜、莴苣等蔬菜调往合肥、蚌埠等地销售；同时对接超市分销，组织零配客户在市场内代购代销，疫情期间共对接大店、夹沟、栏杆等乡镇，解决各村芹菜、莴苣、胡萝卜等 1.66 万吨的滞销问题，切实帮助贫困群众解决销售难的问题，进一步实现精准扶贫，开启精准扶贫新的销售模式，助力全区打赢脱贫攻坚战。

徐州东高农产品市场管理有限公司

徐州东高市场在经开区市场监管局的积极协调下，本着对口协作、共谋发展的原则，2018 年下半年与驻地徐庄镇成功结成了战略合作伙伴关系。这项举措也得到了经开区主要领导和相关职能部门的充分肯定与大力支持，并成功举行了“徐州东高农产品市场—徐庄镇万亩蔬菜生产基地签约仪式”。

自市场与徐庄镇建立战略合作伙伴关系以来，注重创新发展、全面发展，无论是在为广大人民群众提供丰富齐全的绿色、安全、放心食品方面，还是在党群工作、安全管理等方面，都取得了可喜的进步和成绩。在具体的帮扶工作上，信守承诺、不忘初心，舍得财力、物力、人力、精力，用实实在在的工作举措，回馈社会，努力让百姓真真切切地感受到社会主义大家庭的温暖。具体工作总结如下:（1）市场投资120余万元，新建“徐庄镇蔬菜直销区”大棚，棚内面积达3600平方米，并为96户农民免费办理了进场直销“优惠卡”，免收市场交易费18414元。（2）市场拿出16万元，购置一辆箱式货车，作为“徐州东高—徐庄蔬菜基地—菜篮子工程专用车”。（3）徐庄镇“花菜”滞销情况严重，市场在徐庄镇周庄村设立了“东高市场‘花菜’收购点”，以高出当时市场交易50%的价格，及时购回徐庄镇滞销“花菜”20余万斤，为徐庄镇“花菜”种植农户减少损失2万余元。徐州电视台还进行了专题报道，引起社会普遍好评。（4）市场拿出19000余元购置“红雷农装”机械一套，无偿捐赠给徐庄镇赵疃村村委会，用于村民红薯、紫薯、土豆的收割，既提高了经济效益，又降低了劳动成本。（5）组织徐庄镇蔬菜种植大户和经纪人远赴安徽砀山进行现场参观学习蔬菜种植技术。（6）市场组织14名党员经营户分别与徐庄镇蔬菜种植户结成帮扶对子。党员经营户牛家开同志，还到山东寿光购回“青兰瓜”种子，无偿提供给徐庄镇村民。（7）市场邀请外地客商先后两次到徐庄镇赵疃村现场推介销售该村的“紫薯”。（8）利用“徐州东高市场”网站平台，全域推介徐庄镇蔬菜种植及放心绿色菜品。（9）春节、中秋节期间，拿出4000元购买米、面、油等食品，由市场负责人带队、党员经营业户参加，分别对徐庄的12家生活贫困户进行走访慰问，让他们真切感受到社会主义大家庭的温暖。（10）市场与徐庄镇相关职能部门及群众代表，定期召开“市场+基地”联席会议制度，共商帮扶的具体计策，全力支持徐庄镇“一带两区六园一中心”建设。

徐州源洋商贸发展有限公司

市场与各地政府、部门等加强联合合作，建设农产品生产基地，建立区域专营、费用减免、营销推广等“绿色通道”，积极促进产销对接：市场早在2018年就与睢宁县农业委员会签订《关于搭建产销对接“五大平台”助力精准扶贫战略合作协议》，持续加强睢宁特色农产品直销对接、销售专营、电子商务、特困农户包销、信息推介“五大平台”建设，减免房屋租赁费20%—30%、免收临时摊位使用费、减免交易费，年销售睢宁县魏集镇西瓜不低于800万斤、王集镇花生不低于200万斤、高作镇三水梨不低于20万斤及双沟镇设施蔬菜、玉米等不低于100万斤。

针对农产品外销薄弱环节，市场还组织经营户与政府部门、村“两委”和农民专业合作社、农产品经纪人等农业生产经营主体加强产销对接，对经营户和采购商给予运输、场地和交易费等优惠。同时，搭建“城市厨房”农产品电子商务平台进行直供直销，利用市场微信、网络信息平台优势对外发布信息，联合《徐州日报》《彭城晚报》及徐州电视台等徐州主流媒体，共同推进精准扶贫。2019年，丰县大沙河苹果、沛县大白菜、贾汪区西红柿等农产品季节性滞销现象发生后，市场就通过各种途径助力销售农产品230万斤。

市场还每年列支扶贫慰问专款，鼓励干部职工、协会会员和经营户参与社会公益活动，推进定向扶贫。如组织“惠民专车公益‘菜篮子’”活动进行爱心义卖，设立“爱心救助乡镇行”爱心基金，为贫困家庭儿童、留守儿童捐赠学习用品，为诸多社区贫困户送去农副产品，为养老院老人送去粽子等节日礼物。

2019年度农产品批发市场行业脱贫攻坚优秀个人

陆志远　福州优野生态农业有限公司

福州优野生态农业有限公司总裁陆志远，带领优野蔬菜以实际行动履行社会责任与担当，不但保证将安全、健康、绿色的蔬菜送到消费者餐桌上，而且，在脱贫攻坚方面他也做了大量工作。经常会同当地政府下乡走村访户，了解到的实际问题都主动协商解决，特别在自然灾害以及新冠肺炎疫情期间，滞销的农产品蔬菜很多都是通过优野的流通渠道、电商平台，打通蔬菜销售“最后一公里”。此外，他还积极参与“阳光1+1”对口扶贫活动、“圆梦村”等公益活动。

尹世军　成都农产品中心批发市场有限责任公司董事长

2019年，在尹世军董事长的带领下，深入川内各扶贫区域，持续创新体系、产销联动，在“三州”等地区建立了数十个外延农产品储备基地，面积达上千亩，形成“基地建设+品种培育+品牌化发展”的农产品体系建设，形成“造血式”扶贫模式。同时在园区设立了扶贫产品展示展销中心，形成扶贫地区特色产品长期展销、长效对接机制，有效实现扶贫产品年交易额达30亿元，助力打赢脱贫攻坚战。此外，尹世军董事长还获评成都市“成都榜样·最美企业家”称号。

吴玉芝　北京盛华宏林粮油批发市场有限公司总经理

吴玉芝总经理充分发挥市场优势，探索开展消费扶贫，多渠道、多方式，在贫困地区和北京消费者之间搭建一座产销对接的桥梁，推动贫困地区优质农产品进京销售，帮助农户增收致富，取得积极成效。

其主要业绩为：先后到河北张家口、康保县和阳原县，江西于都，安徽阜南等地开展扶贫活动，签订了“于都好粮油进京”、安徽阜南农产品进京销售、结对帮扶等协议；在市场的“新鲜的北京街市”，免费设立了扶贫农产品展销专区；发挥市场商户优势，帮助贫困地区销售鸡蛋、黄桃等优质农产品。

郑长鸣　福建省农产品市场协会秘书长

福建省农产品市场协会秘书长郑长鸣，积极参与贫困地区农产品对接活动，开展贫困地区的帮扶工作。目前扶贫地区包括：罗源县叠石乡、罗源县满盾村，受益人口达200人。此外，2019年在脱贫攻坚工作方面投入资金达50万元。具体情况为：开展2期30人的农渔综合种养培训；资助5位贫困生入学；消费叠石村（贫困村）20万元的农产品、满盾村10万元的农产品。

黄德泽　贵阳农产品物流发展有限公司党委书记、董事长

1. 深入调查研究，谋划扶贫开发新思路

自贵阳农产品物流园建设以来，切实践行“六个精准”，认真落实“五步工作法”，深度参与脱贫攻坚工作。为了有针对性地做好脱贫攻坚工作，黄德泽董事长先后62次深入全省各农副产品生产基地，下乡地覆盖长顺、威宁、毕节大方、望谟紫云、罗甸等地。认真细致地调研摸底，结合我省实际情况，举企业之力、凝企业之智，构建了扶贫“1+6”模式，精准发力产业扶贫、金融扶贫、就业扶贫、技术扶贫，助力全省脱贫攻坚战略行动。

2. 多渠道精准帮扶，确保脱贫工作取得实效

一是在园区内设立2.2万平方米的“贵州农产品销售扶贫专区”，为全省各区（市、县）扶贫基地农产品销售提供“免铺位租金、免农产品进场费、免铺位使用履约保证金”的专用档口。目前，有威宁、长顺、惠水、望谟、榕江、从江、修文等88个区（市、县）签约入驻，由各区（市、县）推荐入驻扶贫专区的扶贫基地、合作社共计100余家，涉及种植面积约20万余亩，带动人口2.5万余人，其中带动贫困人口10000余人。二是积极组织党员干部和园区商户深入走访了长顺县冗雷村、修文县六桶镇凉井村、开阳县毛家院等20余个贫困村，实地考察了威宁县“三白”基地、七星关区团结乡蜜本南瓜基地、大方县黄泥塘镇水果萝卜基地、纳雍县库东关乡水果萝卜生产基地、罗甸县边阳镇栗木村红薯种植基地等100余个种植基地，深入开展产销精准对接，累计帮扶种植基地销售滞销农产品8000余吨。三是面对全省大部分农户对农产品常识、种植技术、品牌意识匮乏等现状，他积极倡导并组织人员在全省各地开展农民培训工作，先后在惠水县、碧江区等地分批次开展了农产品分选与包装知识、农业品牌创建的意义

与方法等专业知识的培训，受益人员达2000余人，为推动全省农业产业健康、快速发展，持续、稳定地带动农村人口脱贫作出了积极贡献。四是针对在园区经营的商户，积极争取金融机构按照免抵押、低利息的优惠政策向其提供资金支持，通过金融扶贫帮助商户做大做强规模，累计帮助商户135户，贷款金额2800万；其中，建档立卡贫困户1户，贷款金额30万元。

作为一名共产党员，他不忘初心，坚持发展一个产业，带动多个行业，致富一方百姓。贵阳农产品物流园的建成不仅为当地提供了上千个就业岗位，盘活了一个商圈，带动了当地经济发展，而且优先为当地建档立卡贫困户提供就业岗位，为贫困户拥有持续稳定的经济来源提供了保障。他先后多次带领党员干部职工深入修文县六屯镇都堡村、长田村、陆丰村等贫困家庭进行走访慰问，与农户亲切交谈，倾听他们的诉求及在生产经营方面的想法，为他们出谋划策，并为他们送上大米、粮油、新鲜肉类等生活物资，为六屯小学捐赠文具用品、书包等学习用品，并实时了解关心学生们的学习情况。为修文县六桶镇的建档立卡贫困户赠送猪肉500余斤，鸡、鸭、鱼、米、油等生活物资3万余元。

谢永信　宜昌三峡物流园有限公司董事长

在谢永信的领导下，宜昌三峡物流园有限公司在市场内设立了扶贫专区，面积为2000平方米，目前入驻39家扶贫企业，积极开展消费扶贫活动，带动3500家农户发展。市场参与了多个贫困地区农产品对接活动帮扶工作。

元柏鸿　广西新柳邕农产品批发市场有限公司董事长

元柏鸿，1994年进入深圳市农产品股份有限公司工作，曾在深圳农产品公司旗下多个重点批发市场担任领导职务。2011年1月被深圳农产品公司委派任广西新柳邕市场董事长。就职期间，元柏鸿紧跟国家政策导向，始终坚持以党建引领，充分发挥平台资源优势及辐射带动作用，带领广西新柳邕市场开展产业扶贫、就业扶贫、销售扶贫等一系列行之有效的扶贫行动，践行国企使命担当，为打赢脱贫攻坚战、巩固脱贫攻坚成果注入活水。具体举措如下：

1. 开展产销对接，助力扶贫显实效

实施产销对接，助农增收。协办威宁自治县农产品推介会，市场蔬菜经销商与威宁种植合作社签订合作协议，金额达1.65亿元。帮扶广西河池金城江区五圩镇三境村滞销鸡蛋，积极动员场内蛋品经销商，确定下游渠道，800多件鸡蛋在短短48小时就顺利销售一空，极大缓解产品积压问题。有效拓宽销售渠道，促进贫困地区农产品销售，促进消费扶贫，实现扶贫产业基地和贫困户生产的农产品与市场精准对接，以实际行动帮助贫困地区农民实现增收、脱贫致富，助力国家打赢脱贫攻坚战。

以购代捐，发扬帮扶精神。积极参加“6·30爱心助农产品网销会”扶贫产品认购活动，采用以购代捐的方式开展助农扶贫工作，由工会按相关规定采购河池鲜肉粽、巴马富硒大米、旱藕粉丝、香菇，共计53154.28元扶贫物资，作为员工节日慰问品发放，响应国家精准扶贫的号召同时，充分体现公司的人文关怀。

2. 提供就业岗位，帮扶就业落实处

为更好树立国有企业品牌形象，彰显国企责任担当，元柏鸿全力支持和配合政府开展精准扶贫工作，积极推进参加柳州市进德镇“老乡家园”小型现场招聘会，为5名贫困人员提供就业岗位，有效解决贫困户生活来源问题。

刘海涛　大连金发地市场管理有限公司总经理

在刘海涛的带领下，大连金发地市场管理有限公司积极参与大连金普新区与贵州六盘水开展的扶贫对接采购活动，常年采购当地特产红米、菜籽油、土蜂蜜等近10吨；协助市场批发商户与广西、云南、贵州等贫困地区农产品种植户对接采购蔬菜、水果等，2019年采购近10万吨；组织协调市场商户与辽宁省铁岭、朝阳、阜新等市贫困地区农户直接对接，全年采购蔬菜、水果等农产品15万吨左右。

金凌旭　大连熟食农产品交易中心有限公司党支部书记、总经理

在金凌旭领导下，大连熟食农产品交易中心有限公司在市场主通道两侧的最佳位置，由企业出资近10万元新建2个摊位，无偿提供给大连对口帮扶的六盘水、朝阳地区相关单位使用，免除租金及水电杂费60余万/年。企业及职工分3次进行消费扶贫，共计4万余元。

展延怀　济南堤口果品批发发展有限责任公司总经理

展延怀，现为济南堤口果品批发发展有限公司支部书记，堤口果品批发市场总经理、济南市果品流通行业协会常务副会长、山东大学EMBA第一任会长以及终身荣誉会长。2003年被授予济南市五一劳动奖章称号，2006年被评为济南市创新能手，2008年被评为市建功立业先进个人，2014年荣获中国农产品批发市场行业创新年度人物称号。

在展延怀领导下，公司多次组织市场水果采购商赴重庆市奉节县和武隆县、湖南湘西州和省市“第一书记”帮扶村等，同时在市场举办了“鲁渝扶贫——万吨脐橙进山东”项目启动仪式、湘西特色农产品推介会、百色济南专场推介会、泰国椰青产品推介会和“第一书记”帮扶对接会等，开展产销对接活动。

章蔚郓　浙江良渚蔬菜市场开发有限公司总裁

章蔚郓作为公司总裁，积极参与贫困地区农产品对接活动和对贫困地区的帮扶工作。具体内容包括：2019年7月“三区三州”甘肃天祝县和兰州绿康签约金额3.8亿；2019年8月6日东北三省产销对接，辽宁凌源签约金额8000万；2019年市场扶贫对接余杭港南村特困户；2019年12月12日海南文昌扶贫产销签约3.1亿元；2020年2月疫情期间捐赠杭州市红十字会20万元。

胡超　红星实业集团有限公司副总经理、红星实业集团有限公司红星农副产品大市场总经理

胡超不断强化帮扶意识，健全工作机制，坚持以精准扶贫、产业扶贫为着力点，为助力打赢脱贫攻坚战作出了积极贡献。其主要作为有：一、热衷公益事业，助力精准扶贫。上门调查研究，精准帮扶跳马镇白竹村。精准帮扶5户20余名贫困对象实现脱贫。二、组织商户参会，进行产销对接。为贯彻落实2019年中央一号文件精神，深入开展消费扶贫，2019年6月，胡超带领商户参加多个贫困地区农产品产销对接活动。2019年全年累计签约金额达7.1亿元。三、创新扶贫思维，引导产业发展。为践行精准扶贫，助力区域经济发展，在胡超同志的带领下，通过“市场平台+基地+科研院所”的合作方式，在地州市贫困县大力发展优质蔬菜基地，有序引入优质蔬菜入场交易。通过前期的不懈努力，已与凤凰县人民政府签订了战略合作协议，合作建设2000亩蔬菜示范种植基地，带动2万亩高山特色蔬菜种植，引导凤凰特色蔬菜入场销售。同时，引导商户在省内外资源禀赋较好的贫困地区，多形式建设果蔬扶贫基地。2019年，市场已有30余商户，在省内外各地州市有效发展自有果蔬等农产品基地约8.6万亩。四、承办扶贫大会，进行品牌推广。为助力贫困地区主产区政府将果业品牌推向全国，红星共同承办2019第三届全国果业扶贫大会，帮助贫困地区主产区政府、企业，将区域优势特色农产品品牌通过展示展销推向全国，促进果业高质量发展和贫困群众增收。

2019年度农产品批发市场行业乡村振兴优秀单位

福州优野生态农业有限公司

福州优野生态农业有限公司成立于2013年7月，总部位于福建省福州市，是一家专门为消费者提供安全、健康、绿色蔬菜的农业公司，全国优质战略合作基地达8万多亩。近年来，公司积极参与乡村振兴，与闽北、闽东南50多个农业合作社基地进行产销对接，凭借“公益理念+商业手法”，通过互联网平台、线下销售等方式帮助这些合作社解决滞销农产品，促进农村产业振兴、农民增收。仅2019年，就为七县市的1000多户农民解决1万多吨卖菜难的问题。在2020年抗击新冠肺炎疫情关键时刻，向公司所在地的仓山区人民政府捐款8万元现金以及蔬菜产品用于抗疫，以实际行动履行社会责任和担当。优野蔬菜的农商互联作为落实乡村振兴战略的重要抓手，有效地解决了农产品产销对接问题。

福建省农产品市场协会

农渔立体综合种养殖已成为现阶段生态循环农业发展的主要模式之一，是新时代加快推进渔业绿色发展最具活力、潜力和特色的朝阳产业，是实施乡村振兴战略和农业产业精准扶贫的有效抓手。2019年，福建省农产品市场协会协助福建中房长晟生态农业科技有限公司从项目选址、落地到注册，并完成了荷藕、虾蟹立体种养殖基地800亩。该公司已成为福州市与罗源县的重点项目，并被选为福建省水产技术推广总站“2019年科技创新与推广示范项目”的合作伙伴。

洛阳通河农副产品有限公司

洛阳通河农副产品有限公司自2013年开业以来，依托市场资源优势和交易平台，积极倡导商户与全国各地的种养植基地和大型批发市场签约直供，以平均低于农贸市场和超市10%—15%的价格直供于民，让利于民。专门设立本地蔬菜区，让本地菜与外地菜互为补充，间接带动周边地区约10万农民的种植业、养殖业和食品加工业发展，本地产品销售占比达40%左右，安置农民工就业6800人，促进了本地农业产业化发展和农户增收。积极引导商户利用互联网技术开展配送服务业务，经过5年的探索与发展，目前日配送1600余吨，占日交易总量的34%。根据各县市农户的需求，免费为其调整摊位自营或代销滞销大葱、西红柿、红薯等农产品5500余吨，解决了农户卖难问题。2019年，通河市场商户已达1778家，年交易量达210万余吨，年交易额约139.57亿元，已汇集的来自全国23个省市自治区的农产品，为洛阳市及周边地区约3000万居民提供80%的农产品供应，形成了约200公里半径的交易圈。公司营业收入同比年增长14.4%。

青岛中合农产品市场有限公司

青岛中合农产品市场有限公司建设的中国供销·青岛平度农产品物流园项目成立于2016年，多年来，积极参与乡村振兴工作，其主要内容为：（1）积极参与“村企共建”，助力乡村振兴。2020年5月底参与组织胶东经济圈优质农产品展销会。（2）积极参与乡村振兴、社会公益活动，2020年与新华里村建立了定点帮扶关系，积极履行央企的社会责任和义务，帮助乡村建设发展。6月18日，中国农批平度市场响应“村企共建”号召，助力乡村振兴，向青岛市新华里村捐款2万元用于“户户通”建设工作。（3）中国农批平度市场积极参与东西扶贫协作工作。7月份先后深入陇南扶贫产业园区调研，并在我公司设立陇南安顺扶贫专区，依托供销系统的核心产品资源，线上线下同步推出陇南扶贫产品专栏，园区为陇南、安顺开辟100平方米线下新零售体验店，展示50余种扶贫地区特色农产品，助力脱贫攻坚。（4）7月25日参加“百元公益消费扶贫暨红人带货大赛”，积极参加扶贫工作。中国农批平度市场携扶贫产品参与百元公益网红直播，将持续推动扶贫政策的落地与推广，增加切实可行的助力。（5）与青岛及地良品农产品等专业合作社签订优质农产品供应链战略合作协议，携手共进；与货源产地建立密切联系，作为合作单位，从源头把控产品质量，维护市场稳定，保障食品安全，同时也可使农户及时获取市场信息，加强产品优化升级，打造产业良性发展循环机制。

河北新发地农副产品有限公司

2013年，河北新发地农副产品有限公司在河北省保定市启动了河北新发地农副产品物流园项目的建设，该项目是首个投入运营的北京外迁产业。园区一期于2015年10月成功启动运营，园区经过5年的运营，已经成为高碑店市新的标志性项目。

河北新发地在追求经济效益的同时，始终以服务“三农”、助力乡村产业振兴作为企业责任，积极发挥园区的公益属性，带动当地蔬菜、水果等产业发展，为当地社会的经济持续注入强大活力，园区先后被列入国家发改委重点项目库、“环京津1小时鲜活农产品物流圈”和河北省“十三五”商贸物流发展专项规划，被评为第二批全国公益性示范市场、京津冀流通体系创新示范企业、国家供应链创新与应用试点企业、全国优秀物流园区、全国先进物流企业、河北省农业产业化龙头企业。河北新发地在发展的过程中，始终坚持“以产引人、以业聚人、以城固人”的发展理念，走出了一条“产城融合”发展之路，直接带动了当地的乡村“产业兴旺、生活富裕”，河北新发地为乡村振兴注入强大动力。

2017年10月，高碑店市人民政府、河北农业大学、河北新发地三方共同发起建立高碑店市河北新发地太行山农业创新驿站。驿站以河北新发地产业布局为优势平台，围绕高碑店市蔬菜产业的生态、经济、社会发展需求，以推进蔬菜产业的科技创新为重点，依托河北农业大学科研团队，进行蔬菜产业新品种、新技术、新成果、新装备的引进、试验、示范、推广。蔬菜产业经营新业态、新模式的示范推广，联合高碑店当地农民初步形成了2000亩的新型农业种植基地。

新型农业种植基地初期种植河北新发地与农业大学科研团队共同筛选的新品果蔬，迎合市场需求，带动当地农民增收。后期，利用新发地物流园区全国销售平台的信息反馈，在农业大学科研团队的帮助下种植全国销量较高的农产品，进一步增加农民收入，形成绿色的可持续发展的农业产业化种植基地。

2018年3月，河北新发地向涞源县捐款200万元，全方位助力当地政府脱贫攻坚；2018年初，向涞源县金家井乡北牛栏村捐款30万元，用于基础设施建设；2018年8月，向涞源县金家井乡北黄土岭村捐助助学金3万元，用于改善当地教学环境。

南京凯凯农副产品有限公司

公司进一步规范自由基地管理，启动全国各基地合作社签约事项，保证货源充足和有序调配，做好农产品源头管理；坚持源头直供原则，利用互联网+技术实现线上、线下多种销售渠道，以最低的价格、最好的产品服务大众。在河北省张北县、浙江临海、甘肃省张掖市三个基地做到了出口韩国、新加坡等地区，第一年出口量已达到7000吨左右。

宁夏中卫四季鲜农产品综合批发市场有限公司

市场自2013年9月投入运营以来，依托市场交易、物流、信息平台，大力加强农产品流通体系建设，组织农民专业合作社、农产品流通配送企业开展“农批零对接”“农超对接”“基地直采”等多种形式的产销对接，带动农民专业合作社7家，流通配送企业24家，间接带动农户3300户，增加就业人员300余人，年增加农民收入4000余万元，促进了本地蔬菜、瓜果等农产品流通，助力农业优势特色产业发展升级，乡村振兴。

天津正中农贸市场开发有限公司

公司运营的主要项目是武清环渤海农产品交易市场，占地210亩，总建筑面积10万平方米。多年来，公司积极引导鼓励市场经营商与农户、农村合作社、超市、企业对接，签订合作协议，保持长期稳定的购销关系，带动就业增收。2019年，市场向社会提供果蔬类18.37万吨，大肉类2.11万吨，牛羊肉类1.05万吨，实现销售收入2357万元，带动农户1500余户，促进了农户增收，增加了地方财政收入，提供了新的就业机会，同时也带动了相关产业的发展，推动了本地经济发展。

2019年度农产品批发市场行业乡村振兴优秀个人

林善春　福建省农产品市场协会会长

在林善春的带领下，福建省农产品市场协会协助福建中房长晟生态农业科技有限公司从项目选址、落地、注册并完成了荷藕、虾蟹立体种养殖基地800亩，瓜果蔬菜种植基地200亩，茶山1000亩，形成了集荷藕种植、苗种繁育、健康养殖的第一产业，不断完善莲子加工、虾蟹加工的第二产业，以及餐饮物流、赏荷旅游、文化节庆、小龙虾垂钓等于一体的第三产业，符合农村一二三产业融合发展。该公司已成为福州市与罗源县的重点项目，每年可向福州、宁德，乃至更广阔的周边市场提供无公害的优质的小龙虾、莲子等产品，丰富了农产品的供应市场。农渔立体综合种养殖已成为现阶段生态循环农业发展的主要模式之一，是新时代加快推进渔业绿色发展最具活力、潜力和特色的朝阳产业，是实施乡村振兴战略和农业产业精准扶贫的有效抓手。

刘长河　洛阳通河农副产品有限公司董事长

刘长河钟爱公益事业，始终思考着“如何回报社会”。四川汶川地震时，刘长河同志带领河阳公司员工第一时间进入灾区，先后投入300多万元，为江油市居民建安置活动板房小区1个，为安县建小学1所。响应市政府“民营企业参与定点帮扶”的号召，投资100余万元资助嵩县黄庄乡古垛村打井1眼，建设163立方米蓄水池1座，解决了全村50%村民的吃水难问题。在洛阳市扶贫工作中，刘长河同志力争尽自己绵薄之力，他捐款5万元资助洛宁县长水乡贫困山区修建饮水工程，捐款2万余元资助2户贫困家庭大学生上学，向涧西区关工委捐款1万余元助力关心下一代的培养教育，春节前他自购米面油慰问珠江路街道春光社区的15户困难家庭及孤寡老人，收购栾川县秋扒乡鸭石村1万斤滞销红薯捐赠100余户贫困家庭。展现了一个企业家奉献爱心、回报社会的家国情怀。

李保全　河南万邦国际农产品物流股份有限公司总裁

李保全，中共党员，现任河南万邦国际农产品物流股份有限公司总裁兼任中共万邦公司党委书记。多年来，李保全致力于做大做强中牟县农业产业发展，关心农民疾苦，帮助农民致富，带动农民增收，促进农业增效，积极参加各类慈善活动，助力社会民生，承担社会责任，造福百姓生活。具体做法如下:（1）在万邦市场建设3万平方米的公共交易区，为本地农民自产自销的农产品提供免费交易场所。每年免除摊位费达1500余万元，惠及本地数万农户。（2）万邦市场吸纳运输、包装、清洁、装卸等直接务工人员12万人，带动超市、酒店、银行等其他从业人员3万人，每年带动周边三产收入达50亿元。带动省内外农户30万户、农业基地200万亩。其中带动中牟县及郑州市周边农业基地15万亩、农户8万户，人均增收3000元以上。（3）在中牟县贫困乡建设万亩现代都市生态农业示范园，探索“土地流转、社区推动；返租倒包、合作经营”的农业新模式，提高农业、农产品附加值，促进一二三产业融合，使当地贫困农民发展成为产业农民，获得土地、劳动就业及产业经营等多方面的收益。园区已带动农民就业2300余人，实现人均收入翻番，每年达3至5万元。（4）在中牟县大蒜、西瓜、芹菜、蒜薹等农产品滞销时，积极配合政府采取保本价格收购农民农产品，切实维护老百姓的权益。

王小岗　深圳市万众市场管理有限公司总经理

王小岗作为公司总经理，积极发动农贸市场与农贸市场行业协会主动出击，对接深圳市汇民街市、共和市场等农批市场。大量销售延安苹果、甘肃黄花菜、河南瓜果、江西贝贝南瓜、梅州柚子、甘肃压砂瓜、广西砂糖橘等产地直供扶贫农产品，助推消费扶贫，落实农产品变现。

徐焱　南京金宝农贸市场发展有限公司董事长

徐焱，中共党员，1994年进入南京金箔控股集团，1996—2015年先后任南京金箔集团金宝市场有限公司副总经理、金宝河定桥农贸市场总经理、金宝天印山农副产品批发大市场总经理，2009年至今任金宝农贸发展公司董事长，是金箔控股集团三产服务业领域杰出的拓展型领导者。他带领金宝商业所有员工不断开拓发展创新。公司旗下已拥有20个大型专业化市场、几十个专业化经营区域、经营面积近百万平方米，拥有5000多名商户，实现年交易额100多亿元。公司已连续10多年荣获江苏省南京市文明市场称号。公司下属金宝天印山农副产品批发大市场目前已是国家级绿色市场、全国农副产品批发百强市场，老百姓的菜篮子、政府的民心工程，在他的领导下，公司已确立了大力发展农贸连锁化市场这一奋斗目标，以金宝天印山农副产品批发市场为龙头的各大农贸市场产业化格局已形成，按国家绿色市场管理文件各项标准执行，以现场管理为主要措施，一个个标准化、规范化农贸市场已成为当地政府认可的样板农贸市场。公司目前已制定农贸板块连锁发展战略，在连云港筹建的金宝五星级标准化连锁农贸项目，于2015年9月份开业，受到连云港市政府的高度认可与肯定。由于工作出色、成绩斐然，他个人也多次受到省市区政府、职能部门以及集团的表扬与肯定。

刘良彬　南京金宝天印山农副产品批发大市场总经理

刘良彬，南京金宝天印山农副产品批发大市场总经理。1997年进入金箔集团金宝市场有限公司，是金宝农贸发展板块连锁产业化发展杰出的拓展型领导。

该同志在农贸市场开发及管理方面经验丰富，能力较强，针对农贸管理，起草制订了《金宝农贸市场内部管理标准》等多个文件，涉及内部管理、运营、开发、招商等内容。2006—2018年，随着南京江宁城市化进程不断加快，该同志积极研究标准化城市农贸市场建设，全面实施城市新型农贸市场改造计划，成功打造金宝连云港农贸、金宝河定桥农贸、金宝上元农贸、金宝城东农贸、金宝滨江农贸、金宝东善桥农贸等7家新型标准化农贸市场，彻底改变以往老旧农贸市场脏乱差的形象，新的标准化农贸市场达到商超化环境水平，明亮干净、整洁规范，为南京市农贸连锁、标准化发展作出了积极的贡献，获得江宁区人民政府的认可，获得绿色市场、文明诚信市场等多项荣誉。2018年度金宝商业集团董事会制定总体战略规划，金宝农贸连锁品牌全面实现智慧化转型，同时加快实施全国连锁化发展，马鞍山农副产品批发大市场、明光连锁农贸项目等正在筹建开发，未来金宝智慧农贸将走进更多的城市和地区。

第七篇 国际交流

2019年农产品进出口贸易相关信息、重点政策

阿根廷樱桃

2019年1月11日，根据我国相关法律法规和《中华人民共和国海关总署与阿根廷共和国生产劳动部农业产业国务秘书处关于阿根廷鲜食樱桃输华植物检疫要求的议定书》，海关总署将《进口阿根廷樱桃植物检疫要求》予以公布，符合上述要求的樱桃允许进口。

巴拿马菠萝

2019年3月20日，中国海关总署发布《关于进口巴拿马鲜食菠萝植物检疫要求的公告》，巴拿马菠萝正式获得准入。

西班牙葡萄

2019年5月6日，中国海关总署发布《关于进口西班牙鲜食葡萄植物检疫要求的公告》，西班牙葡萄正式获得准入。

菲律宾椰子

2019年5月8日，中国海关总署发布《关于进口菲律宾新鲜椰子植物检疫要求的公告》，菲律宾椰子正式获得准入。

智利鲜梨

2019年5月10日，中国海关总署发布《关于允许进口智利鲜梨的公告》，智利鲜梨正式获得准入。

老挝西瓜

2019年7月4日，中国海关总署发布《关于允许进口老挝西瓜的公告》，老挝西瓜正式获得准入。

塔吉克斯坦柠檬

2019年8月1日，中国海关总署发布《关于允许进口塔吉克斯坦柠檬的公告》，塔吉克斯坦柠檬正式获得准入。

越南山竹

2019年8月27日，中国海关总署发布《关于进口越南山竹植物检疫要求的公告》，越南山竹正式获

得准入。

葡萄牙葡萄

2019 年 9 月 19 日，中国海关总署发布《关于进口葡萄牙鲜食葡萄植物检疫要求的公告》，葡萄牙葡萄正式获得准入，成为该国首个输华水果品种。

埃及椰枣

2019 年 10 月 8 日，中国海关总署发布《关于进口埃及新鲜椰枣植物检疫要求的公告》，埃及椰枣正式获得准入。

乌兹别克斯坦甜瓜

2019 年 11 月 10 日，中国海关总署发布《关于进口乌兹别克斯坦鲜食甜瓜植物检疫要求的公告》，11 月 13 日公布了注册企业名单，甜瓜成为乌兹别克斯坦继樱桃后，第二种获准输华的水果。

《进口乌兹别克斯坦鲜食甜瓜植物检疫要求》中规定，所有出口注册基地应建立并实施良好农业操作规范（GAP）认证或其他国际认证体系，以确保生产过程的可追溯性。维持果园卫生条件、收获时剔除烂果等，并执行有害生物综合防治（IPM），包括防控措施，如病虫害监测、化学或生物防治以及农业操作等控制措施。

2019 年全国城市农贸中心联合会重大国际交流与外事活动

2019 年 5 月 11 日至 21 日，全国城市农贸中心联合会（简称“农贸联”）会长马增俊率团一行 10 人前往塞尔维亚参加世界批发市场联合会（简称“世批联”）春季大会，并对当地批零市场和农产品行业进行商务考察；该团还前往克罗地亚和保加利亚两国，与其农产品相关政府部门、商协会举行会晤与交流。

农贸联会长马增俊一行与世批联代表合影

2019年7月4日，全国城市农贸中心联合会零售市场专业委员会（简称“农贸联零售委”）会员代表大会暨2019年中国农贸市场发展峰会在浙江杭州成功召开。会上，农贸联零售委与荷兰鹿特丹缤纷市场总经理马塞尔、欧洲咨询集团董事长乔治签署咨询顾问合作协议。

农贸联零售委与荷兰鹿特丹缤纷市场总经理马塞尔签署咨询顾问合作协议

农贸联零售委与欧洲咨询集团董事长乔治签署咨询顾问合作协议

应埃及农业出口协会（简称AEC）邀请，农贸联于2019年6月中旬率团赴埃及考察葡萄和椰枣生产运装情况，并与当地出口商面对面交流。

农贸联会员代表与埃及出口商合影

2019年7月18日，印度尼西亚贸易部长鲁吉达先生与农贸联会长、世批联主席马增俊先生举行双边会晤，就推动中国与印尼双边贸易进行了友好深入交谈。印尼是“一带一路”上的重要国家，农贸联一直以来高度重视与印尼的友好往来与合作，与印尼一道共建“21世纪海上丝绸之路”。印尼驻华大使周浩黎、印尼贸易部国际贸易谈判局局长艾曼·帕穆巴友、印尼驻华使馆商务参赞玛丽娜、印尼贸易部农林出口局主任苏里斯特亚瓦、农贸联国际部外事专员孔婧杰、王立娟和梁懿娴参加此次会晤。

农贸联会长马增俊与印尼贸易部长鲁吉达先生、印尼驻华大使周浩黎会谈

2019年7月26日，农贸联会长、世批联主席马增俊先生与克罗地亚驻华大使达里欧·米海林在克罗地亚大使馆举行会晤，双方就推动中克两国农业贸易的双边合作进行了深入友好交谈。

农贸联会长马增俊先生与克罗地亚驻华大使达里欧·米海林合影

2019年9月17日至25日，农贸联会长马增俊率团一行21人前往日本、韩国，考察两国批发市场及农产品贸易市场情况，并与当地批发市场、政府领导举行会谈，并展开深入交流。

9月18日，马增俊会长一行拜访中国驻日本使馆合影

9月18日，马增俊会长一行考察东京大田市场合影

9月21日，马增俊会长一行考察大阪中央市场合影

9 月 25 日，马增俊会长一行考察韩国可乐洞市场合影

2019 年第 34 届印尼国际贸易博览会将于 10 月 16 日至 20 日在印尼万丹省南丹格朗市 BSD 的印尼会展中心（ICE）召开。

第 36 届世界批发市场联合会大会于 2019 年 10 月 30 日至 11 月 1 日在“中国数谷”——贵阳隆重召开。

第 36 届世界批发市场联合会大会

2019 年 11 月 12 日，印度尼西亚农业部贸易和国际关系专家哈尔比妮女士一行拜访农贸联，农贸联副会长兼秘书长纳绍平接待并进行会谈。双方就推动中国与印尼农产品合作事宜进行了交流。

农贸联副会长兼秘书长纳绍平与印尼农业部专家、印尼使馆工作人员合影

2019年农产品批发行业共建“一带一路”成果展示

随着“一带一路”的不断推进，2019年，农产品批发市场与“一带一路”沿线国家政府和农业企业的产销对接与合作进一步深入。

北京悠乐果科技发展有限公司

2012年，悠乐果与越南、泰国水果结缘，从最初的火龙果到现在的芒果、榴莲，近年来随着中国“一带一路”建设的推进，泰国榴莲70%也都销往中国市场，越南火龙果更是90%销往了中国市场。

目前，悠乐果火龙果年交易量约在18000吨，年交易额约在16260万元，随着“一带一路”建设的不断推进，悠乐果在延边国家进行了投资合作，如在越南的潘切市投资1500多万建设冷库生产线与加工厂房，占地面积2万多平方米。未来三年悠乐果火龙果计划发展到越南的隆安省，并在隆安省陆续投资建设了基地和厂房。

南京凯凯农副产品有限公司

南京凯凯农副产品有限公司致力于建设一个集农副产品分销，物流配送，农业技术开发，农产品收购，加工，农产品经营，自有品牌商品开发等功能于一体，贯穿于农业产前，产中，产后服务全过程的规模化，规范化，高效率，高水准的专业涉农物流配送服务企业。通过“一带一路”政策的实施，南京凯凯农副产品有限公司运用基地+批发+配送的经营模式，已与甘肃雨润蔬菜农民专业合作社、南京后马种植专业合作社、扬州朝晖农业产业发展有限公司、张北美绿蔬菜保鲜有限公司等多家大型蔬菜基地以及浙江省临海市上盘镇劳动村天时公司、甘肃省张掖市甘州区花寨乡利合农业有限公司的出口基地都建立了长期合作关系。在南京、合肥、常州、扬州等长三角一二线城市也设立了5个直营点，年销售量近15万吨，销售额达到了近10亿元。河北省张北县，浙江省临海市，甘肃省张掖市三个基地的农副产品出口韩国，新加坡等东南亚地区，第一年出口量已达到7000吨左右。

徐州雨润农产品全球采购有限公司

徐州雨润作为全市举足轻重的农产品商贸物流项目，积极响应政府号召，大力拓宽农产品进出口贸易。一是不断扩大水果进口。主要从越南、缅甸进口龙眼、西瓜等；从泰国、菲律宾进口香蕉、榴莲、山竹、菠萝蜜、火龙果；从智利进口车厘子；从美国进口红提，等等。二是从澳大利亚、新西兰进口牛肉和羊肉等肉类产品。三是通过与黑龙江省黑河市“爱珲易购”联手，加强与俄罗斯布拉戈维申斯克市的商贸交流，就生产基地建设、进出口贸易进行深入洽谈，已在大豆、面粉等产品达成实施性交易，实现了俄罗斯的面粉、豆油、糖果等农产品走进徐州雨润，服务广大市民。如在水果进口经销方面，徐州雨润积极打造东南亚水果专区，采取优惠政策，吸引众多经销商前来雨润市场投资兴业。如市场内的重要水果经销商——润缘果业，率先在徐州多地设立润缘精品水果店，使东南亚水果从产地直接走进徐州，让市民吃到既新鲜又实惠的国外水果。

江西省华东方保香蕉农产品有限公司

江西省华东方保香蕉农产品有限公司成立于2009年4月，是南昌深圳农产品中心批发市场重点企业单位，是集种植、采收、运输、储存、销售为一体的民营企业。公司秉承着“诚信为本，共创双赢”的理念，发展至今已成为全国最大的生熟香蕉交易集散地之一，年销售收入达6亿元，销售量达80万吨。

公司在流通环节中不断发展创新，提升农产品流通效率并增加了农产品的产出值，促进农产品升值，减少了农产品高峰出货积压所造成的经济损失，在帮助农户增收致富和推动现代化农业建设等方面作出了显著贡献。

山东凯盛农产品物流园有限公司

公司整合资源，利用优势，依托其运营的济宁海关内陆港及拍卖交易中心，推出“‘一带一路’，以物易物，易货贸易”交易模式。商品通过拍卖中心竞拍后通过公司运营的济宁海关内陆港办理通关手续，出口后，货物资金在海外会有近3个月的回款期。为解决回款期长的问题，公司设立海外办事处直接用海外资金采购原产地货物（如：日本海鲜、美国牛肉）运回批发地最近的国内港口（广州、上海、青岛、大连），将回款期缩短至30天以内。在凯盛搭建的国际贸易平台上，国内外客商满足了各自的采购与销售需求。

郑州陈氏阳光果蔬贸易有限公司

陈氏阳光积极实施“高品质的国际化战略”，除了在亚洲、北美、南美、澳洲、欧洲和非洲等地开展国际直采业务外，还在泰国、越南等国家和地区设立办事机构及加工厂，采取“农户+基地”的合作方式，按照国际标准进行采后加工处理，对水果的种植、采收、分拣、分级、冷藏、包装、物流配送等环节严格把控，从产地为广大客户严选管控水果质量，实施严格的多重检测机制，实现水果全周期处理，推进品质升级，实现了果品供、销、配、服四位一体化业务链接。2013年国家提出“一带一路”倡议，东南亚是“一带一路”的重点区域，同时东南亚也是热带水果的重点产区。近年来，我公司响应国家号召，加强与东南亚国家的贸易合作，将泰国的榴莲、山竹、龙眼，越南的火龙果，菲律宾的香蕉等优质水果引进我国，满足了我国消费者对优质进口热带水果的需求。此外，公司加大对东南亚国家的投资，先后在泰国、越南建立农产品深加工基地，也为当地的经济发展作出了贡献。

广州江南果菜批发市场经营管理有限公司

江南市场进口水果上市量目前已超过全国的过半份额，形成了“全国价格”。进口水果贸易主要与“一带一路”沿线国家合作，比如泰国、印度尼西亚、马来西亚、俄罗斯等，每年还多次与“一带一路”沿线国家进行考察访问，引进更多优质的水果进入国内，并带动当地的经济发展。

第八篇　行业荣誉

2019 年度全国农产品批发市场行业排序

按交易额

2019 年度全国农产品批发市场百强

北京新发地农产品批发市场
河南万邦国际农产品物流城
南京农副产品物流配送中心
长沙黄兴海吉星国际农产品物流园
青岛市城阳蔬菜水产品批发市场
商丘农产品中心批发市场
江苏凌家塘农副产品批发市场
四川雨润国际农产品交易中心
济南维尔康肉类水产品批发市场
武汉白沙洲农副产品大市场
广州江南果菜批发市场
深圳海吉星国际农产品物流园
西安西部欣桥农产品物流中心市场
红星农副产品大市场
重庆双福国际农贸城
两湖绿谷农产品物流交易中心
合肥周谷堆大兴农产品国际物流园
嘉兴水果市场
成都银犁农产品物流园
东莞信立国际农产品贸易城
郑州信基调味食品城
成都农产品中心批发市场
宜昌三峡物流园
青岛东方鼎信国际农副产品交易中心
北京大洋路农副产品批发市场
天津市红旗农贸综合市场
苏州市南环桥农副产品批发市场

北京西南郊肉类水产品市场
沈阳地利农副产品物流园
南昌深圳农产品中心批发市场
新疆九鼎农产品批发交易市场
黄淮农产品股份有限公司
福州民天实业有限公司海峡农副产品物流中心
北京顺鑫石门农产品批发市场
沈阳水产批发市场
无锡天鹏食品城
西安雨润农产品物流中心
浙江新农都物流中心
北京锦绣大地农副产品批发市场
上海江杨农产品市场
上海农产品中心批发市场
佛山中南农产品交易中心
舟山国际水产城
上海江阳水产品批发交易市场
佳惠农产品批发大市场
金华农产品批发市场
惠州海吉星农产品国际物流有限公司
南通农副产品物流有限公司
徐州雨润农副产品全球采购中心
邯郸市（馆陶）金凤禽蛋农贸批发市场
北京农产品中央批发市场
武汉惠商丰华·四季美农贸城
广西新柳邕农产品批发市场
四川好一新复兴农副产品批发市场
无锡朝阳农产品大市场
安丘市盛大农产品交易市场
重庆观音桥批发市场
广西海吉星农产品国际物流中心
内蒙古食全食美美通农产品批发市场
蚌埠海吉星农产品物流中心
金华水果批发市场
南京金宝天印山农副产品批发大市场
天津市金钟农产品批发市场
广东省广弘食品集团冻品交易中心
甘肃食品商业广场
河北新发地农副产品物流园

北京盛华宏林粮油批发市场
上海西郊国际农产品交易有限公司
玉林宏进农副产品批发市场
北京八里桥农产品中心批发市场
中国农谷·荆门农产品交易中心
徐州农副产品中心批发市场
安徽西商农产品批发市场
霞山水产品批发市场（宝满冻品中心）
洛阳宏进农副产品国际物流中心
上海市江桥批发市场
广西金桥国际农产品批发市场
宁波水产品批发市场
山东匡山农产品综合交易市场
大连金发地批发市场
洛阳通河农副产品物流产业园
开封宏进农副产品国际物流中心
宜春市赣西农副产品批发市场
广州黄沙水产交易市场
寿光地利农产品物流园
贵阳地利农产品物流园
绵阳高水农产品批发市场
菏泽银田农产品物流中心
青藏高原农副产品集散中心
重庆公路运输（集团）有限公司南坪火锅食品交易市场
山东凯盛国际农产品物流城
天津韩家墅海吉星农产品批发市场
中国供销江汉平原农产品大市场
广东省汕头市农副产品批发中心市场
中国恒天海峡两岸（国际）农产品物流城
东莞市果菜副食交易市场
嘉兴蔬菜批发交易市场
哈尔滨地利农副产品有限公司
山东黑马农副产品批发市场
闽南农副产品物流中心
宁夏四季鲜果品蔬菜批发市场
中商·滇西（保山）国际农产品交易中心

2019年度全国农产品综合批发市场50强

北京新发地农产品批发市场
河南万邦国际农产品物流城
南京农副产品物流配送中心
青岛市城阳蔬菜水产品批发市场
商丘农产品中心批发市场
江苏凌家塘农副产品批发市场
四川雨润国际农产品交易中心
武汉白沙洲农副产品大市场
深圳海吉星国际农产品物流园
红星农副产品大市场
重庆双福国际农贸城
两湖绿谷农产品物流交易中心
合肥周谷堆大兴农产品国际物流园
东莞信立国际农产品贸易城
成都农产品中心批发市场
宜昌三峡物流园
北京大洋路农副产品批发市场
天津市红旗农贸综合市场
苏州市南环桥农副产品批发市场
南昌深圳农产品中心批发市场
新疆九鼎农产品批发交易市场
黄淮农产品股份有限公司
福州民天实业有限公司海峡农副产品物流中心
北京顺鑫石门农产品批发市场
浙江新农都物流中心
上海江杨农产品市场
上海农产品中心批发市场
佛山中南农产品交易中心
佳惠农产品批发大市场
金华农产品批发市场
惠州海吉星农产品国际物流有限公司
南通农副产品物流有限公司
北京锦绣大地农副产品批发市场
徐州雨润农副产品全球采购中心
武汉市惠商丰华·四季美农贸城
广西新柳邕农产品批发市场

四川好一新复兴农副产品批发市场
无锡朝阳农产品大市场
内蒙古食全食美美通农产品批发市场
蚌埠海吉星农产品物流中心
南京金宝天印山农副产品批发大市场
天津市金钟农产品批发市场
河北新发地农副产品物流园
上海西郊国际农产品交易有限公司
玉林宏进农副产品批发市场
北京八里桥农产品中心批发市场
中国农谷·荆门农产品交易中心
徐州农副产品中心批发市场
安徽西商农产品批发市场
洛阳宏进农副产品国际物流中心

2019 年度全国蔬菜批发市场 50 强

西安西部欣桥农产品物流中心市场
长沙黄兴海吉星国际农产品物流园
安丘市盛大农产品交易市场
上海市江桥批发市场
寿光地利农产品物流园
东莞市虎门富民农副产品批发市场
嘉兴蔬菜批发交易市场
绵阳高水农产品批发市场
广东省汕头市农副产品批发中心市场
济宁蔬菜批发市场
淄博鲁中蔬菜批发市场
川北农产品交易中心
杭州农副产品物流中心良渚蔬菜批发市场
福州民天实业有限公司海峡蔬菜批发市场
宁波蔬菜批发市场
青岛南村蔬菜批发市场
鞍山宁远农产品批发市场
东明蔬菜果品批发市场
青岛东庄头蔬菜批发市场
乐平蔬菜农产品批发市场
山西长治紫坊农产品综合交易市场
湖北裕丰农副产品有限公司百亿蔬菜市场

龙城农贸市场
甘肃酒泉春光农产品市场
河南省新野新蔬菜南关批发市场
饶阳县春阳瓜菜果品交易市场
九江市琵琶湖农产品批发市场
黄山农产品物流园
辽宁万隆农产品大市场
济南七里堡蔬菜综合批发市场
山东匡山蔬菜交易市场
江苏联谊农副产品批发市场
张家口市京北农产品综合批发市场
沈阳十二线农副产品批发市场
云南呈贡农产品批发市场
昆明王旗营蔬菜批发市场
杭州蔬菜批发市场
徐州东高农产品市场
余姚市农副产品批发市场
海南临高加来农产品批发市场
衡阳市西园农副产品批发大市场
东莞市润丰果菜批发市场
吉林市东北亚农产品批发市场
莱阳市东方果蔬批发市场
甘肃北方菜业公司靖远瓜果蔬菜批发市场
四川省阆中市圣果农产品批发市场
宜兴市瑞德蔬菜水果批发市场
包头市友谊蔬菜批发市场
广东省翁源粤北农副产品批发市场
诸暨市农副产品批发市场

2019年度全国果品批发市场20强

广州江南果菜批发市场
沈阳地利农副产品物流园
西安雨润农产品物流中心
嘉兴水果市场
青岛东方鼎信国际农副产品交易中心
金华水果批发市场
昆明市金马正昌果品市场
东莞市果菜副食交易市场

福州民天实业有限公司海峡果品批发市场
济南堤口集团果品批发市场
广西海吉星农产品国际物流中心
保定天惠果品批发市场
宁波果品批发市场
定州国际食品城
廊坊北方农贸批发市场
抚顺市欣顺盛菜果批发交易市场
重庆菜园坝水果市场
长春地利果品批发市场
山东烟台蛇窝泊果品批发市场
山东鲁东果品批发市场

2019 年度全国水产品批发市场 30 强

上海江阳水产品批发交易市场
河南万邦水产冻品市场
沈阳水产批发市场
霞山水产品批发市场（宝满冻品中心）
舟山国际水产城
福建海峡水产品交易中心
广州黄沙水产交易市场
北京大红门京深海鲜批发市场
上海东方国际水产中心市场
宁波水产品批发市场
沈阳共达海鲜市场
高淳水产批发市场
湖北聚四海水产品批发市场
北京四道口水产交易市场
长沙马王堆海鲜水产批发市场
大连盛兴水产品交易市场
南昌赣昌水产品综合大市场
长春东北亚物流有限公司农贸水产市场
江苏固城湖水产市场
济南海鲜大市场
深圳市罗湖水产（综合）批发市场
河北唐山君瑞联合农贸水产批发市场
深圳市布吉海鲜市场
淄博淄川澳翔综合农产品批发市场

湛江南方水产市场
澧县八百里洞庭水产市场
山东海盛水产品批发市场
阳江市瑞祥海产品市场
常德水产大市场
北京市北水嘉伦水产品市场

2019年度全国肉禽蛋批发市场20强

北京西南郊肉类水产品市场
济南维尔康肉类水产品批发市场
成都银犁农产品冷链物流中心
广东省广弘食品集团有限公司
邯郸市（馆陶）金凤禽蛋农贸批发市场
无锡天鹏食品城
甘肃食品商业广场
宁波农副肉禽蛋批发市场
大连熟食品交易中心
卓信迎宾路综合市场
重庆公路运输（集团）有限公司南坪火锅食品交易市场
沈阳北方肉食城
西安方欣国际食品城
中国西部农产品冷链物流中心
甘肃省肉食水产批发市场
杭州市食品交易市场
开鲁县雨田农畜交易市场
南昌市肉食品交易批发市场
四川三联禽产品物流中心
吉林省浩丰生猪交易市场

2019年度全国粮油批发市场20强

沈阳粮食批发市场
北京盛华宏林粮油批发市场
东莞市常平粮油批发市场
西安粮油批发交易市场
齐齐哈尔市城乡粮油交易市场
吉林市粮油批发市场
南宁五一粮油农副综合批发市场
河南万邦粮油调味品市场

杭州粮油物流中心批发交易市场
南方粮食交易市场
阜宁县古河粮油批发交易市场
重庆市粮油批发市场
大庆市粮食综合批发市场
上海粮食交易中心批发市场
山东匡山粮油交易市场
长春东北亚物流有限公司粮油市场
宁波市庄桥粮油批发市场
天津市宝粮农副产品批发市场
金华市粮食批发交易市场
青岛市粮油综合批发交易市场

2019年度全国干货调味品批发市场10强

郑州信基调味食品城
北京锦绣大地农副产品批发市场
重庆观音批发市场
河南万邦粮油调味品干果市场
供销华西十堰农商城
国家级牡丹江（东宁）木耳批发市场
山东金乡国际交易市场
抚松长白山人参市场
广州市白云区东旺批发市场
长春东北亚物流有限公司食品调料市场

2019年度全国茶叶批发市场10强

浙江浙南茶叶市场
安溪茶叶批发市场
济南广友茶城
宜昌三峡旅游茶城
北京市京华沅茶叶市场
中国北方茶城
恒康茶叶专业批发市场
石生国际茶城
北京市广外京闽茶叶市场
仙都茶叶专业批发市场

2019年度全国花卉批发市场10强

斗南花卉市场
昆明花拍中心
如皋市花木大世界
重庆花木世界
河北新发地花卉博览园
江苏省北沟花卉产业有限公司
漳州百花村花卉开发有限公司
陕西裕盛苗木园林建设有限公司
上海双季花卉园艺市场
凌源市茂源花卉有限责任公司

按交易量

2019年度全国农产品批发市场百强

河南万邦国际农产品物流城
北京新发地农产品批发市场
商丘农产品中心批发市场
南京农副产品物流配送中心
长沙黄兴海吉星国际农产品物流园
四川雨润国际农产品交易中心
郑州信基调味食品城
深圳海吉星国际农产品物流园
广州江南果菜批发市场
南昌深圳农产品中心批发市场
两湖绿谷农产品物流交易中心
西安西部欣桥农产品物流中心市场
江苏凌家塘农副产品批发市场
红星农副产品大市场
合肥周谷堆大兴农产品国际物流园
武汉白沙洲农副产品大市场
重庆双福国际农贸城
宜昌三峡物流园
黄淮农产品股份有限公司
青岛市城阳蔬菜水产品批发市场

青岛东方鼎信国际农副产品交易中心
寿光地利农产品物流园
绵阳高水农产品批发市场
嘉兴水果市场
北京大洋路农副产品批发市场
北京顺鑫石门农产品批发市场
沈阳水产批发市场
淄博鲁中蔬菜批发市场
东莞市虎门富民农副产品批发市场
金华农产品批发市场
广东省汕头市农副产品批发中心市场
苏州市南环桥农副产品批发市场
徐州雨润农副产品全球采购中心
新疆九鼎农产品批发交易市场
山东匡山农产品综合交易市场
开封宏进农副产品国际物流中心
天津市红旗农贸综合市场
徐州农副产品中心批发市场
福州民天实业有限公司海峡农副产品物流中心
武汉市惠商丰华 · 四季美农贸城
成都农产品中心批发市场
宜宾江北农产品批发市场
安丘市盛大农产品交易市场
宜春市赣西农副产品批发市场
北京锦绣大地农副产品批发市场
川北农产品交易中心
玉林宏进农副产品批发市场
上海市江桥批发市场
广西海吉星农产品国际物流中心
天津市金钟农产品批发市场
上海农产品中心批发市场
沈阳地利农副产品物流园
中国农谷 · 荆门农产品交易中心
济南维尔康肉类水产品批发市场
信立国际农产品贸易城
洛阳通河农副产品物流产业园
广西金桥国际农产品批发市场
南通农副产品物流有限公司
洛阳宏进农副产品国际物流中心

青岛南村蔬菜批发市场
成都银犁农产品物流园
金华水果批发市场
广西新柳邕农产品批发市场
济宁蔬菜批发市场
毅和农产品批发市场
河南省新野新蔬菜南关批发市场
河北新发地农副产品物流园
佛山中南农产品交易中心
无锡朝阳农产品大市场
南京金宝天印山农副产品批发大市场
蚌埠海吉星农产品物流中心
闽南农副产品物流中心
北京八里桥农产品中心批发市场
贵阳地利农产品物流园
徐州东高农产品市场
上海江杨农产品市场
重庆观音桥批发市场
重庆公路运输（集团）有限公司南坪火锅食品交易市场
菏泽银田农产品物流中心
内蒙古食全食美美通农产品批发市场
中国恒天海峡两岸（国际）农产品物流城
安徽西商农产品批发市场
佳惠农产品批发大市场
天津韩家墅海吉星农产品批发市场
青岛东庄头蔬菜批发市场
甘肃酒泉春光农产品市场
西安雨润农产品物流中心
四川好一新复兴农副产品批发市场
嘉兴蔬菜批发交易市场
惠州海吉星农产品国际物流有限公司
闽南农副产品物流中心
保定新发地联农批发市场
东莞市果菜副食交易市场
山东凯盛国际农产品物流城
中商·滇西（保山）国际农产品交易中心
北京盛华宏林粮油批发市场
上海西郊国际农产品交易有限公司
浙江新农都物流中心

台州（中国）农港城
山东黑马农副产品批发市场
青藏高原农副产品集散中心
宁夏四季鲜果品蔬菜批发市场

2019年度全国农产品综合批发市场50强

河南万邦国际农产品物流城
北京新发地农产品批发市场
商丘农产品中心批发市场
南京农副产品物流配送中心
四川雨润国际农产品交易中心
深圳海吉星国际农产品物流园
南昌深圳农产品中心批发市场
两湖绿谷农产品物流交易中心
江苏凌家塘农副产品批发市场
红星农副产品大市场
合肥周谷堆大兴农产品国际物流园
武汉白沙洲农副产品大市场
重庆双福国际农贸城
宜昌三峡物流园
黄淮农产品股份有限公司
青岛市城阳蔬菜水产品批发市场
新疆九鼎农产品批发交易市场
北京大洋路农副产品批发市场
北京顺鑫石门农产品批发市场
金华农产品批发市场
苏州市南环桥农副产品批发市场
徐州雨润农副产品全球采购中心
山东匡山农产品综合交易市场
天津市红旗农贸综合市场
徐州农副产品中心批发市场
开封宏进农副产品国际物流中心
福州民天实业有限公司海峡农副产品物流中心
武汉市惠商丰华·四季美农贸城
成都农产品中心批发市场
宜宾江北农产品批发市场
宜春市赣西农副产品批发市场
北京锦绣大地农副产品批发市场

玉林宏进农副产品批发市场
天津市金钟农产品批发市场
上海农产品中心批发市场
中国农谷·荆门农产品交易中心
东莞信立国际农产品贸易城
洛阳通河农副产品物流产业园
广西金桥国际农产品批发市场
南通农副产品物流有限公司
洛阳宏进农副产品国际物流中心
广西新柳邕农产品批发市场
兰州毅和农产品批发市场
河北新发地农副产品物流园
佛山中南农产品交易中心
无锡朝阳农产品大市场
南京金宝天印山农副产品批发大市场
蚌埠海吉星农产品物流中心
闽南农副产品物流中心
北京八里桥农产品中心批发市场

2019年度全国蔬菜批发市场50强

西安西部欣桥农产品物流中心市场
长沙黄兴海吉星国际农产品物流园
寿光地利农产品物流园
上海市江桥批发市场
山东匡山蔬菜交易市场
绵阳高水农产品批发市场
东莞市虎门富民农副产品批发市场
淄博鲁中蔬菜批发市场
青岛南村蔬菜批发市场
广东省汕头市农副产品批发中心市场
川北农产品交易中心
青岛东庄头蔬菜批发市场
嘉兴蔬菜批发交易市场
济宁蔬菜批发市场
安丘市盛大农产品交易市场
宁波蔬菜批发市场
山西长治紫坊农产品综合交易市场
鞍山宁远农产品批发市场

福州民天实业有限公司海峡蔬菜批发市场
杭州农副产品物流中心良渚蔬菜批发市场
乐平蔬菜农产品批发市场
甘肃酒泉春光农产品市场
饶阳县春阳瓜菜果品交易市场
河南省新野新蔬菜南关批发市场
湖北裕丰农副产品有限公司百亿蔬菜市场
辽宁万隆农产品大市场
东明蔬菜果品批发市场
九江市琵琶湖农产品批发市场
济南七里堡蔬菜综合批发市场
龙城农贸市场
黄山农产品物流园
江苏联谊农副产品批发市场
广东徐闻农产品交易市场
昆明王旗营蔬菜批发市场
太原河西农产品中心批发市场
宿迁南菜市农副产品批发市场
包头市友谊蔬菜批发市场
杭州蔬菜批发市场
东莞市润丰果菜批发市场
甘肃北方菜业公司靖远瓜果蔬菜批发市场
沈阳十二线农副产品批发市场
郑州毛庄农产品批发市场
吉林市东北亚农产品批发市场
余姚市农副产品批发市场
海南临高加来农产品批发市场
广东省翁源粤北农副产品批发市场
宜兴市瑞德蔬菜水果批发市场
张北蔬菜城农产品批发市场
衡阳市西园农副产品批发大市场
银川北环蔬菜果品综合批发市场

2019年度全国果品批发市场20强

广州江南果菜批发市场
嘉兴水果市场
西安雨润农产品物流中心
沈阳地利农副产品物流园

青岛东方鼎信国际农副产品交易中心
金华水果批发市场
东莞市果菜副食交易市场
广西海吉星农产品国际物流中心
昆明市金马正昌果品市场
福州民天实业有限公司海峡果品批发市场
保定天惠果品批发市场
济南堤口集团果品批发市场
宁波果品批发市场
定州国际食品城
廊坊北方农贸批发市场
抚顺市欣顺盛菜果批发交易市场
重庆菜园坝水果市场
长春地利果品批发市场
山东烟台蛇窝泊果品批发市场
山东鲁东果品批发市场

2019年度全国水产品批发市场30强

河南万邦水产冻品市场
沈阳水产批发市场
舟山国际水产城
霞山水产品批发市场（宝满冻品中心）
上海江阳水产品批发交易市场
湖北聚四海水产品批发市场
宁波水产品批发市场
广州黄沙水产交易市场
沈阳共达海鲜市场
北京四道口水产交易市场
高淳水产批发市场
北京大红门京深海鲜批发市场
福建海峡水产品交易中心
长沙马王堆海鲜水产批发市场
济南海鲜大市场
上海东方国际水产中心市场
杭州农副产品物流中心水产品批发市场
大连盛兴水产品交易市场
深圳市布吉海鲜市场
南昌赣昌水产品综合大市场

长春东北亚物流有限公司农贸水产市场
深圳市罗湖水产（综合）批发市场
河北唐山君瑞联合农贸水产批发市场
淄博淄川澳翔综合农产品批发市场
湛江南方水产市场
澧县八百里洞庭水产市场
山东海盛水产品批发市场
阳江市瑞祥海产品市场
北京市北水嘉伦水产品市场
湖北省洪湖市闽洪水产品批发交易市场

2019年度全国肉禽蛋批发市场20强

重庆公路运输（集团）有限公司南坪火锅食品交易市场
广东省广弘食品集团有限公司
北京西南郊肉类水产品市场
宁波农副肉禽蛋批发市场
邯郸市（馆陶）金凤禽蛋农贸批发市场
无锡天鹏食品城
甘肃食品商业广场
济南维尔康肉类水产品批发市场
成都银犁农产品冷链物流中心
沈阳北方肉食城市场
卓信迎宾路综合市场
大连熟食品交易中心
西安方欣国际食品城
中国西部农产品冷链物流中心
甘肃省肉食水产批发市场
杭州市食品交易市场
开鲁县雨田农畜交易市场
南昌市肉食品交易批发市场
吉林省浩丰生猪交易市场
绵阳卓信迎宾路综合市场

2019年度全国粮油批发市场20强

沈阳粮食批发市场
东莞市常平粮油批发市场
北京盛华宏林粮油批发市场
西安粮油批发交易市场

齐齐哈尔市城乡粮油交易市场
吉林市粮油批发市场
河南万邦粮油调味品市场
南宁五一粮油农副综合批发市场
杭州粮油物流中心批发交易市场
南方粮食交易市场
阜宁县古河粮油批发交易市场
重庆市粮油批发市场
大庆市粮食综合批发市场
上海粮食交易中心批发市场
山东匡山粮油交易市场
长春东北亚物流有限公司粮油市场
宁波市庄桥粮油批发市场
天津市宝粮农副产品批发市场
金华市粮食批发交易市场
青岛市粮油综合批发交易市场

2019年度全国干货调味品批发市场10强

郑州信基调味食品城
重庆观音桥批发市场
河南万邦粮油调味品干果市场
供销华西十堰农商城
北京锦绣大地农副产品批发市场
国家级牡丹江（东宁）木耳批发市场
山东金乡国际交易市场
抚松长白山人参市场
广州市白云区东旺批发市场
长春东北亚物流有限公司食品调料市场

2019年度全国茶叶批发市场10强

济南广友茶城
浙江浙南茶叶市场
宜昌三峡旅游茶城
北京市京华沅茶叶市场
安溪全国茶叶批发市场
仙都茶叶专业批发市场
恒康茶叶专业批发市场
中国北方茶城

石生国际茶城
北京市广外京闽茶叶市场

2019年度全国花卉批发市场10强

斗南花卉市场
昆明花拍中心
如皋市花木大世界
重庆花木世界
河北新发地花卉博览园
江苏省北沟花卉产业有限公司
凌源市茂源花卉有限责任公司
郑州陈砦花卉服务有限公司
上海双季花卉园艺市场
陕西裕盛苗木园林建设有限公司

2019 年度全国农产品批发市场行业先进单位和先进个人名单

行业发展奖奖项

（单位按行政区划排序，个人按姓氏笔画排序）

（一）2019 年度农产品批发市场行业主渠道奖

北京锦绣大地农副产品批发市场
北京八里桥农产品中心批发市场
北京顺鑫石门国际农产品批发市场
邯郸市（馆陶）金凤禽蛋农贸批发市场
衡水东明蔬菜果品批发市场
内蒙古食全食美美通农产品批发市场
赤峰雨润农产品批发市场
沈阳生鲜物流配送中心
沈阳水产批发市场
抚顺市欣顺盛菜果批发交易市场
葫芦岛兴宫农副产品交易市场
齐齐哈尔市城乡粮油交易市场
牡丹江地利农副产品有限公司
国家级牡丹江（东宁）木耳批发市场
上海江杨农产品市场
上海江杨水产品批发市场
上海市江桥批发市场
南京农副产品物流配送中心
无锡天鹏食品城
徐州雨润农产品全球采购中心
常熟市农副产品交易城
苏州市南环桥市场农副产品批发市场
江苏凌家塘农副产品批发市场
浙江新农都物流中心
宁波蔬菜批发市场
台州市农副产品集配中心
金华农产品批发市场

嘉兴蔬菜批发交易市场
合肥周谷堆大兴农产品国际物流园
芜湖清水白肉批发市场
安徽西商农产品批发市场
宿州百大农产品物流中心
福州民天实业有限公司海峡农副产品物流中心
福州民天实业有限公司海峡蔬菜批发市场
南昌深圳农产品中心批发市场
济南堤口果品批发市场
山东匡山农产品综合交易市场
青岛市城阳蔬菜水产品批发市场
寿光地利农产品物流园
郑州信基调味品城
洛阳宏进农副产品批发市场
武汉白沙洲农副产品大市场
宜昌三峡物流园
十堰供销华西国际农商城
天门供销华西农商城
随州白沙洲农副产品物流园
长沙马王堆海鲜水产批发市场
长沙红星农副产品大市场
广州黄沙水产交易市场
广州江南果菜批发市场
湛江市霞山水产品批发市场
惠州海吉星农产品国际物流园
广西新柳邕农产品批发市场
重庆菜园坝水果市场
成都农产品中心批发市场
四川鑫锐投资有限公司
昆明斗南国际花卉产业园区
西安西部欣桥农产品物流中心
甘肃酒泉春光农产品市场
宁夏中卫四季鲜农产品综合批发市场

（二）2019 年度农产品批发市场行业新锐奖——单位

天津海吉星农产品物流有限公司
河北农兴千卉园林科技有限公司
杭州为家家农副产品配送有限公司

六安市金安区赵仁品蔬菜经营部
江西省江天农博城发展有限公司
青岛中合农产品市场有限公司
菏泽汇农市场管理有限公司
黄冈中合农产品市场有限公司
湖北省西商农产品（冷链）物流园有限公司
南县中合农产品市场有限公司
重庆海若农业发展有限公司
贵阳农产品物流发展有限公司
昆明国际花卉拍卖交易中心有限公司
延安新农商大市场有限公司

（三）2019 年度农产品批发市场行业新锐奖——个人

刘　俊　湖北省西商农产品（冷链）物流园有限公司董事长
李红达　深圳市万众市场管理有限公司物业管理部经理
赵仁品　六安市金安区赵仁品蔬菜经营部总经理
高荣梅　昆明国际花卉拍卖交易中心有限公司总经理
唐仪合　贵阳农产品物流发展有限公司董事长助理兼副总经理

（四）2019 年度农产品批发市场行业开拓奖

南京凯凯农副产品有限公司
徐州源洋商贸发展有限公司
合肥枫叶情餐饮咨询服务有限责任公司
合肥伟盛粮食科技有限公司
安徽豆宝食品有限公司
淮南市谢家集区西商农产品冷链物流园有限公司
六安市金安区王勇蔬菜经营部
安徽永信恒昌生态农业有限公司
合肥福子食品有限公司
淄博鲁中蔬菜批发市场有限公司
广州江南果菜批发市场经营管理有限公司
重庆公路运输（集团）有限公司渝南冻品市场管理分公司

（五）2019 年度农产品批发市场行业成长奖

保定联农果品批发市场有限公司
河北双嘉实业有限公司
高碑店市新发地食品贸易有限公司
沈阳佳农粮油食品有限责任公司

大连金发地市场管理有限公司
南京金宝天印山农副产品批发大市场
徐州东高农产品市场
沭阳润信农产品批发市场有限公司
南昌深农冷链物流有限公司
江西省江天农博城发展有限公司
山东凯盛农产品物流园有限公司
洛阳通河农副产品有限公司
开封宏进农副产品批发市场有限公司
宝丰县西商农产品（冷链）物流园有限公司
来凤西商农产品冷链物流园有限公司
陕西欣绿实业股份有限公司

（六）2019年度农产品批发市场行业齐心奖

北京二商东方食品集团有限公司
廊坊北方农贸批发市场有限公司物业部
沈阳佳农粮油食品有限责任公司沈阳粮食批发市场管理团队
长春海吉星农产品物流有限公司长春海吉星
齐齐哈尔市城乡粮油交易市场有限公司管理部
易批生鲜信息发展股份有限公司市场营销中心
无锡天鹏菜篮子工程有限公司无锡天鹏食品商城有限公司
浙江良渚蔬菜市场开发有限公司杭州为家家农副产品配送有限公司
浙江嘉昕农产品股份有限公司
中众合有限公司
福建海峡两岸农产品物流城发展有限公司市场运营部
福建省福鼎市市场建设管理服务中心
江西省江天农博城发展有限公司招商运营部
郑州陈氏阳光果蔬贸易有限公司市场部
深圳凯吉星农产品检测认证有限公司客服中心
佛山市中南农业科技有限公司佛山中南农产品批发市场
湛江市霞山水产品批发市场有限公司宝满冻品中心管理团队

（七）2019年度农产品批发市场行业鼎力奖

北京木屋时代科技有限公司
秦皇岛亿德力科技股份有限公司
太原市太航压力测试科技有限公司
上海农信供应链管理有限公司
上海海吉星马克市场管理有限公司

易批生鲜信息发展股份有限公司
江苏大穰科技有限公司
厦门联农网络科技有限公司
山东唐门信息技术有限公司
青岛中科英泰商用系统股份有限公司
山东百仕达地标产业有限公司
机械工业第六设计研究院有限公司
深圳凯吉星农产品检测认证有限公司
深圳市安鑫宝科技发展有限公司
深圳信路通智能技术有限公司

（八）2019 年度农产品批发市场行业好学进取奖

江西省江天农博城发展有限公司
广州江南果菜批发市场经营管理有限公司
贵阳农产品物流发展有限公司

（九）2019 年度农产品批发市场行业规范管理奖

天津正中农贸市场开发有限公司
天津金元宝滨海农产品交易市场有限公司
廊坊北方农贸批发市场有限公司
鄂尔多斯市万家惠农贸市场有限公司
大连金发地市场管理有限公司
长春海吉星农产品物流有限公司
齐齐哈尔市城乡粮油交易市场有限公司
上海农信供应链管理有限公司
上海西郊国际农产品交易有限公司
南京农副产品物流配送中心有限公司
无锡天鹏菜篮子工程有限公司
苏州市南环桥配送有限公司
江苏凌家塘市场发展有限公司
宁波水产品批发市场有限公司
浙江嘉昕农产品股份有限公司
安徽西商农产品批发市场有限公司
安徽省西商食品有限公司
福州民天实业有限公司海峡蔬菜批发市场
中众合有限公司
福建海峡两岸农产品物流城发展有限公司
江西省江天农博城发展有限公司

济南广友物流配送集团有限公司广友茶城
青岛市城阳蔬菜水产品批发市场有限公司
宏进农副产品集团有限公司
深圳市油松共和农贸批发市场有限公司
甘肃食品股份有限公司
宁夏中卫四季鲜农产品综合批发市场有限公司

（十）2019 年度农产品批发市场行业建树奖

王世博　中原新发地大型农副产品批发市场总经理
李春生　湖北工程学院湖北省新农村发展研究院教授
杨海滨　深圳市万众市场管理有限公司
陈　涛　洛阳宏进农副产品批发市场有限公司总经理

（十一）2019 年度全国农产品流通骨干批发市场优秀单位、优秀个人

骨干批发市场优秀单位——批发市场

北京大洋路农副产品市场
北京新发地农产品批发市场
北京市西南郊肉类水产品批发市场
北京农产品中央批发市场
北京京丰岳各庄农副产品批发市场中心
天津金元宝滨海农产品交易市场
邯郸市（馆陶）金凤禽蛋农贸批发市场
四川雨润国际农产品交易中心
上海市江桥批发市场
南京农副产品物流配送中心
无锡天鹏食品城
苏州市南环桥农副产品批发市场
江苏凌家塘农副产品批发市场
宁波水产品批发市场
舟山国际水产城
合肥周谷堆大兴农产品国际物流园
蚌埠海吉星农产品物流中心
宿州百大农产品物流中心
福州民天实业有限公司海峡蔬菜批发市场
南昌深圳农产品中心批发市场
宜春市赣西农副产品批发市场
济南维尔康肉类水产批发市场
青岛市城阳蔬菜水产品批发市场有限公司

山东匡山农产品综合交易市场
河南增益信基供应链有限公司
郑州信基调味品城
河南万邦国际农产品物流城
洛阳宏进农副产品批发市场
洛阳通河农副产品物流产业园
商丘农产品中心批发市场
武汉白沙洲农副产品大市场
长沙红星农副产品大市场
广州江南果菜批发市场
佛山市中南农产品交易中心
惠州海吉星农产品国际物流园
东莞市虎门富民农副产品批发市场
东莞市果菜副食交易市场
广西新柳邕农产品批发市场
重庆公路运输（集团）有限公司渝南冻品市场
重庆菜园坝农副产品市场
重庆菜园坝水果市场
重庆观农贸食品批发市场
新大兴·国际农副产品交易中心
重庆双福农产品批发市场
绵阳高水市场
南充川北农产品交易中心
遵义绿色农产品交易中心
龙城农产品市场
甘肃省食品股份有限公司肉食水产批发市场
甘肃酒泉春光农产品市场
青藏高原农副产品集散中心
宁夏四季鲜果品蔬菜批发市场
新疆九鼎农产品批发交易市场

骨干批发市场优秀单位——经销商

天津金元宝滨海农产品交易市场－天津辉成蔬菜销售有限公司
天津金元宝滨海农产品交易市场－天津市滨海新区鑫如意果蔬销售有限公司
上海市江桥批发市场－上海胜煜食品有限公司
江苏凌家塘农副产品批发市场－钟楼区凌家塘市场春芽蔬菜批发部
江苏凌家塘农副产品批发市场－钟楼区凌家塘市场梁溪泉果品批发部
江苏凌家塘农副产品批发市场－钟楼区凌家塘市场洪记水产商行
舟山国际水产城－舟山国际水产城冰鲜 70 号
舟山国际水产城－舟山国际水产城冰鲜 72 号

合肥周谷堆大兴农产品国际物流园-安徽万盛果品有限公司
蚌埠海吉星农产品物流中心-蚌埠市武氏果业有限公司
蚌埠海吉星农产品物流中心-蚌埠市绿昇蔬菜贸易有限公司
蚌埠海吉星农产品物流中心-蚌埠市宛绿果业有限责任公司
宿州百大农产品物流中心-惠友蔬菜批发商行
宿州百大农产品物流中心-安徽永瑞果品有限公司
宿州百大农产品物流中心-宿州市领航商贸有限责任公司
福州民天实业有限公司海峡蔬菜批发市场-吴元灿蔬菜经营部
福州民天实业有限公司海峡蔬菜批发市场-刘家铿蔬菜经营部
福州民天实业有限公司海峡蔬菜批发市场-福建安田农业科技有限公司
福州民天实业有限公司海峡蔬菜批发市场-福建省龙升农业科技有限公司
福州民天实业有限公司海峡蔬菜批发市场-富宏农业合作社
济南维尔康肉类水产批发市场-济南联欧
济南维尔康肉类水产批发市场-昌海肉食水产经营部
山东匡山农产品综合交易市场-济南恒卓商贸有限公司
山东匡山农产品综合交易市场-济南槐荫佰顺肉食店
山东匡山农产品综合交易市场-济南槐荫朱氏水产店
山东匡山农产品综合交易市场-孔祥亮
山东匡山农产品综合交易市场-王子实
河南增益信基供应链有限公司-郑州市惠济区蒙源牧羊冻品商行
洛阳通河农副产品物流产业园-洛阳市瀍河区老郑精细特菜批发配送中心
洛阳通河农副产品物流产业园-洛阳市瀍河区和老大洋果行
洛阳通河农副产品物流产业园-洛阳市瀍河区万隆农超对接服务站
商丘农产品中心批发市场-常诚人食品有限公司
商丘农产品中心批发市场-刘爱芳果品经营部
商丘农产品中心批发市场-商丘市梁园区恒利水产
商丘农产品中心批发市场-王丰收蔬菜经营部
商丘农产品中心批发市场-张国洁果品经营部
商丘农产品中心批发市场-张建华果品经营部
武汉白沙洲农副产品大市场-安达商行
武汉白沙洲农副产品大市场-小桂禽蛋经营部
武汉白沙洲农副产品大市场-大沙同兴渔行
佛山市中南农产品交易中心-佛山市南海区肥华毛鸡档
佛山市中南农产品交易中心-佛山市南海区龙腾辉蛋品购销部
东莞市虎门富民农副产品批发市场-东莞市虎门梁锦彬蔬菜店
东莞市虎门富民农副产品批发市场-东莞市虎门红强蔬菜店
东莞市虎门富民农副产品批发市场-东莞市虎门杨再生蔬菜店
东莞市虎门富民农副产品批发市场-东莞市虎门东旺蔬菜行
东莞市虎门富民农副产品批发市场-东莞市虎门刘凤菊蔬菜店

东莞市果菜副食交易市场–东莞市天新农业发展有限公司
东莞市果菜副食交易市场–东莞市东城勇盛水果行
东莞市果菜副食交易市场–东莞市东城顺安水果行
绵阳高水市场–绵阳农景天农产品有限公司
甘肃酒泉春光农产品市场–酒泉进万家食品集中配送有限责任公司
甘肃酒泉春光农产品市场–肃州区刘伟绿色果蔬春光配送中心
甘肃酒泉春光农产品市场–肃州区新农夫果蔬副食配送中心
甘肃酒泉春光农产品市场–肃州区鸿发水果店
甘肃酒泉春光农产品市场–肃州区鲜利果蔬行

骨干批发市场优秀个人

王　萍　合肥周谷堆大兴农产品国际物流园
王立荣　北京大洋路农副产品市场有限公司
刘伍洋　北京农产品中央批发市场
齐　岩　天津金元宝滨海农产品交易市场有限公司
江红霞　江苏凌家塘市场发展有限公司
李　磊　广州江南果菜批发市场经营管理有限公司
张　勇　南京农副产品物流配送中心有限公司
陈　娟　四川雨润国际农产品交易中心
赵青春　邯郸市（馆陶）金凤禽蛋农贸批发市场
贺佳文　宁夏四季鲜果品蔬菜批发市场有限公司
黄　玲　北京锦绣大地农副产品批发市场

（十二）2019年度农产品批发市场行业优秀宣传通讯员

冯芬花　浙江良渚蔬菜市场开发有限公司
李德云　青岛市城阳蔬菜水产品批发市场有限公司
余小龙　南昌深圳农产品中心批发市场有限公司
汪晓龙　宿州百大农产品物流有限责任公司
陈　君　无锡天鹏菜篮子工程有限公司
姜　韦　重庆菜园坝水果市场
黄琳茜　广西新柳邕农产品批发市场有限公司
靳长立　北京西南郊肉类水产品市场有限公司
黎　娜　北京八里桥农产品中心批发市场有限公司

（十三）2019年度全国农产品批发市场行业优秀批发商

北京盛华宏林粮油批发市场–北京精科宏祥进出口贸易有限公司
北京盛华宏林粮油批发市场–北京花见商贸有限公司
北京新发地农副产品批发市场–百宝源（北京）农业科技有限公司
北京新发地农产品批发市场–北京兆丰百源国际贸易有限公司

北京新发地农产品批发市场-北京顺京海商贸有限公司
北京新发地农产品批发市场-北京永信恒昌果品有限公司
北京西南郊肉类水产品市场-北京易实惠科技有限公司
北京大红门京深海鲜批发市场-北京市海和兴水产品有限公司
北京八里桥农产品中心批发市场-北京焦庆新蔬菜配送中心
北京八里桥农产品中心批发市场-北京旭东诚信粮油有限公司
北京八里桥农产品中心批发市场-北京八里桥海强销售中心
北京八里桥农产品中心批发市场-王彦明
北京八里桥农产品中心批发市场-谷辉
北京八里桥农产品中心批发市场-丁翠英
廊坊北方农贸批发市场-廊坊市绿昊鲜蔬菜配送有限公司
内蒙古食全食美美通农产品批发市场-内蒙古康喜源粮油储运有限公司
内蒙古食全食美美通农产品批发市场-玉泉区金圆堡蔬菜经销部
内蒙古食全食美美通农产品批发市场-内蒙古正丰果业
上海江杨水产品批发市场-上海皇康国际贸易有限公司
上海江杨水产品批发市场-上海泰然海产有限公司（金泰）
南京农副产品物流配送中心-南京凯凯农副产品有限公司
南京农副产品物流配送中心-宿州市埇桥区本军蔬菜专业合作社
南京农副产品物流配送中心-南京农诚果业科技有限公司
南京农副产品物流配送中心-南京老猫果业有限公司
南京农副产品物流配送中心-南京德鹏副食品有限公司
南京农副产品物流配送中心-江苏来富农业科技有限公司
南京市江宁区东麒路物流配送中心批发市场-江苏腾久工贸实业有限公司
无锡天鹏食品城-无锡广财食品商贸有限公司
无锡天鹏食品城-崇安区宝平水产商行
无锡天鹏食品城-无锡佳聚康食品有限公司
徐州东高农产品市场-明德农业发展有限公司
徐州东高农产品市场-大马农贸发展有限公司
徐州东高农产品市场-四方农业发展有限公司
徐州东高农产品市场-云特农业发展有限公司
苏州市南环桥市场农副产品批发市场-陈石良
苏州市南环桥市场农副产品批发市场-陈兆兵
苏州市南环桥市场农副产品批发市场-苏州市开拓果蔬贸易有限公司
苏州市南环桥市场农副产品批发市场-荣华水产批发公司
苏州市南环桥市场农副产品批发市场-苏州北半球食品有限公司
苏州市南环桥市场农副产品批发市场-苏州市奥丰食品有限公司
江苏凌家塘农副产品批发市场-常州凌家塘商贸有限公司
台州（中国）农港城-台州市椒江月林水果批发部
台州（中国）农港城-台州市转运农产品销售有限公司

合肥周谷堆大兴农产品国际物流园-安徽厚航蔬菜贸易有限公司
合肥周谷堆大兴农产品国际物流园-安徽省鹏佳蔬菜商贸有限公司
合肥周谷堆大兴农产品国际物流园-合肥市世付农产品商贸有限公司
合肥周谷堆大兴农产品国际物流园-合肥唐高农业科技有限公司
合肥周谷堆大兴农产品国际物流园-新时代农业科技有限公司
合肥周谷堆大兴农产品国际物流园-正华翰宇农产品有限公司
合肥周谷堆大兴农产品国际物流园-合肥贵格食品有限公司
合肥周谷堆大兴农产品国际物流园-合肥瑶海区金起来冷冻食品商行
合肥周谷堆大兴农产品国际物流园-安徽省旺盛食品商贸有限公司
合肥周谷堆大兴农产品国际物流园-厦门寻风丛农产品贸易有限公司
合肥周谷堆大兴农产品国际物流园-合肥好吉果果品有限公司
合肥周谷堆大兴农产品国际物流园-合肥瑶海区金地果品批发部
合肥周谷堆大兴农产品国际物流园-合肥瑶海区史传华水果商行
合肥周谷堆大兴农产品国际物流园-安徽文兴源农产品有限公司
合肥周谷堆大兴农产品国际物流园=安徽省杨高生水果商贸有限公司
合肥周谷堆大兴农产品国际物流园-安徽裕巨祥农副产品有限公司
合肥周谷堆大兴农产品国际物流园-江瑛冷冻食品商行
合肥周谷堆大兴农产品国际物流园-王家友冷冻食品商行
合肥周谷堆大兴农产品国际物流园-合肥鼓楼东立食品商行
蚌埠海吉星农产品物流中心-丁树于蔬菜经营部
蚌埠海吉星农产品物流中心-段夕友蔬菜商行
蚌埠海吉星农产品物流中心-安徽敬业蔬菜有限公司
蚌埠海吉星农产品物流中心-少彪蔬菜商行
蚌埠海吉星农产品物流中心-蚌埠市淮上鲜果有限责任公司
蚌埠海吉星农产品物流中心-马氏果行
蚌埠海吉星农产品物流中心-蚌埠市绿昇蔬菜贸易有限公司
蚌埠海吉星农产品物流中心-王桂连水果经营部
蚌埠海吉星农产品物流中心-王氏果业
蚌埠海吉星农产品物流中心-武氏果业有限公司
宿州百大农产品物流中心-宿州市领航商贸有限责任公司
宿州百大农产品物流中心-宿州市开发区益客冷冻食品销售中心
宿州百大农产品物流中心-宿州奇顺蔬菜批发商行
宿州百大农产品物流中心-宿州市开发区惠友蔬菜批发商行
宿州百大农产品物流中心-宿州市万客隆果业有限责任公司
宿州百大农产品物流中心-安徽永瑞果品有限公司
宿州百大农产品物流中心-宿州市经济开发区守信粮油批发
宿州百大农产品物流中心-宿州市海波芽豆经销部
福州民天实业有限公司海峡蔬菜批发市场-闽侯县南通林善春蔬菜批发商行
福州民天实业有限公司海峡蔬菜批发市场-闽侯县南通黄初勇蔬菜批发商行（15#）

福州民天实业有限公司海峡蔬菜批发市场–福建省龙升农业科技有限公司
福州民天实业有限公司海峡蔬菜批发市场–闽侯县南通刘家铿蔬菜批发商行（30#）
福州民天实业有限公司海峡蔬菜批发市场–闽侯县南通吴元灿蔬菜批发商行（31#）
福州民天实业有限公司海峡蔬菜批发市场–福州优野生态农业有限公司
福州民天实业有限公司海峡家禽批发市场–福州博鸿达食品有限公司
福州海峡农副产品物流中心果品批发市场–久泰现代农业有限公司
厦门市中埔农产品批发市场–厦门福慧达果蔬股份有限公司
闽南农副产品物流中心–福建省上青农业发展有限公司
闽南农副产品物流中心–厦门市银来果蔬有限公司
闽南农副产品物流中心–厦门绿达康农产品有限公司
闽南农副产品物流中心–厦门市同安区超衡农副产品经营部
闽南农副产品物流中心–厦门益佳源农产品有限公司
闽南农副产品物流中心–厦门增润蔬菜有限公司
闽南农副产品物流中心–厦门市同安区苏汉明蔬菜购销店
闽南农副产品物流中心–厦门市同安区苏海用蔬菜店
闽南农副产品物流中心–厦门市巨鑫融果蔬有限公司
闽南农副产品物流中心–厦门晟铂贸易有限公司
闽南农副产品物流中心–厦门市银鑫鑫果蔬有限公司
闽南农副产品物流中心–厦门市同安区苏文东蔬菜购销店
闽南农副产品物流中心–厦门裕佰顺农副产品有限公司
闽南农副产品物流中心–厦门鑫鲜源农业有限公司
闽南农副产品物流中心–厦门百蔬汇农产品有限公司
闽南农副产品物流中心–厦门百季鲜果蔬有限公司
闽南农副产品物流中心–厦门市美溢达果蔬批发店
闽南农副产品物流中心–厦门米老薯果蔬批发有限公司
闽南农副产品物流中心–厦门市同安区鸿溢信果蔬专业合作社
闽南农副产品物流中心–厦门市香果源茶之己水果专业合作社
闽南农副产品物流中心–厦门市同安区陈永向蔬菜购销店
闽南农副产品物流中心–厦门南北风云农业有限公司
闽南农副产品物流中心–厦门鑫中泰果蔬进出口有限公司
南昌深圳农产品中心批发市场–江西省华东方保香蕉农产品有限公司
江西省江天农博城发展有限公司–李氏冷库
青岛市城阳蔬菜水产品批发市场–青岛富又源水产品有限公司
青岛市城阳蔬菜水产品批发市场–青岛兆鑫源水产
青岛市城阳蔬菜水产品批发市场–青岛鑫瑞丰水产
青岛市城阳蔬菜水产品批发市场–青岛老王水产有限公司
青岛市城阳蔬菜水产品批发市场–青岛渔家乐水产品有限公司
青岛市城阳蔬菜水产品批发市场–大强水产批发
青岛市城阳蔬菜水产品批发市场–泰和祥水产

青岛市城阳蔬菜水产品批发市场－鑫盛达国际牛肉冻品行
青岛市城阳蔬菜水产品批发市场－青岛市城阳区五福水产经营部
青岛市城阳蔬菜水产品批发市场－城阳闽南源水产品经营部
青岛市城阳蔬菜水产品批发市场－青岛怡安美食品有限公司
青岛市城阳蔬菜水产品批发市场－流之亭海产品经营部
青岛市城阳蔬菜水产品批发市场－青岛英伟水产有限公司
青岛市城阳蔬菜水产品批发市场－苏源水产
青岛市城阳蔬菜水产品批发市场－盛润祥水产
青岛市城阳蔬菜水产品批发市场－阳阳水产
青岛市城阳蔬菜水产品批发市场－明成水产
青岛市城阳蔬菜水产品批发市场－信德水产
青岛市城阳蔬菜水产品批发市场－田盛缘食用菌批发
青岛市城阳蔬菜水产品批发市场－惠源农副产品有限公司
青岛市城阳蔬菜水产品批发市场－艾正轩农贸有限公司
青岛市城阳蔬菜水产品批发市场－凯盛源配送公司
青岛市城阳蔬菜水产品批发市场－志森蔬菜批发
青岛市城阳蔬菜水产品批发市场－保良菜业蔬菜批发
青岛市城阳蔬菜水产品批发市场－青岛方记果业商贸有限公司
青岛市城阳蔬菜水产品批发市场－城阳区旺果香水果批发部
青岛市城阳蔬菜水产品批发市场－王德本水果批发
青岛市城阳蔬菜水产品批发市场－青岛甜中甜优果商贸有限公司
青岛市城阳蔬菜水产品批发市场－青岛青泽源商贸有限公司
青岛市城阳蔬菜水产品批发市场－青岛新万福食品有限公司城阳总经销
青岛市城阳蔬菜水产品批发市场有限公司－福增蛋业
青岛市城阳蔬菜水产品批发市场－苗福海干海货商行
青岛市城阳蔬菜水产品批发市场－青岛淑贞商贸有限公司
青岛市城阳蔬菜水产品批发市场－青岛平心东道贸易有限公司
青岛市城阳蔬菜水产品批发市场有限公司－山东龙大青岛办事处运营部
河南万邦国际农产品物流城－郑州陈氏阳光果蔬贸易有限公司
洛阳通河农副产品物流产业园－洛阳市瀍河区占营精细蔬菜批发商行
洛阳通河农副产品物流产业园－洛阳市瀍河区万隆农超对接服务站
洛阳通河农副产品物流产业园－洛阳市瀍河区王家叔侄蔬菜批发商行
洛阳通河农副产品物流产业园－洛阳市洛阳东升食品有限公司
洛阳通河农副产品物流产业园－洛阳市瀍河区老郑精细特菜批发配送中心
洛阳宏进农副产品批发市场－洛阳果多鲜商贸有限公司
洛阳宏进农副产品批发市场－洛阳市老城区金铖祥果业商行
洛阳宏进农副产品批发市场－洛阳勇盛商贸有限公司
洛阳宏进农副产品批发市场－洛阳振飞商贸有限公司
洛阳宏进农副产品批发市场－洛阳市老城区司军水果商户

武汉白沙洲农副产品大市场－武汉白沙洲安达蔬菜商行
武汉白沙洲农副产品大市场－武汉白沙洲宏多蔬菜商行
武汉白沙洲农副产品大市场－武汉白沙洲继光蔬菜商行
武汉白沙洲农副产品大市场－武汉白沙洲农友蔬菜商行
武汉白沙洲农副产品大市场－武汉白沙洲农天然蔬菜商行
武汉白沙洲农副产品大市场－武汉白沙洲大沙同兴渔行
武汉白沙洲农副产品大市场－武汉白沙洲蒋平潮渔行
武汉白沙洲农副产品大市场－武汉白沙洲文安渔行
武汉白沙洲农副产品大市场－武汉白沙洲永慧渔行
武汉白沙洲农副产品大市场－湖北天汇源农业科技发展有限公司
武汉白沙洲农副产品大市场－武汉白沙洲长兴粮食商行
武汉白沙洲农副产品大市场－武汉白沙洲京山双年粮食经营部
武汉白沙洲农副产品大市场－武汉白沙洲丁俊粮食经营部
武汉市惠商丰华市场管理有限公司果蔬市场－武汉绿健果蔬商贸有限公司
武汉市惠商丰华市场管理有限公司果蔬市场－武汉市四季美长盈蔬菜批发商行
宜昌三峡物流园－湖北民大农牧发展有限公司
宜昌三峡物流园－宜昌市伍家岗区艺园海鲜商行
宜昌三峡物流园－宜昌市伍家岗区碧海肴海鲜商行
宜昌三峡物流园－伍家岗区联义水产批发部
宜昌三峡物流园－湖北松原果业有限公司
宜昌三峡物流园－宜昌市伍家岗云华水果商行
宜昌三峡物流园－宜昌市伍家岗区恩树水果商行
宜昌三峡物流园－宜昌市伍家岗区戴氏蔬菜经营部
宜昌三峡物流园－宜昌市伍家岗区鑫庆蔬菜商行
宜昌三峡物流园－宜昌市伍家岗区新亚蔬菜经营部
宜昌三峡物流园－宜昌市伍家岗区宏发蔬菜商行
宜昌三峡物流园－宜昌市伍家岗区刘军蔬菜批发部
宜昌三峡物流园－宜昌富红海调味品有限公司
宜昌三峡物流园－宜昌月明粮油商贸
宜昌三峡物流园－宜昌市江丰食品有限公司
宜昌三峡物流园－宜昌三藐多商贸有限公司
宜昌三峡物流园－宜昌伍家岗区咯咯鲜禽蛋经营部
宜昌三峡物流园－宜昌市伍家岗区九州米业
宜昌三峡物流园－宜昌市伍家岗区伯屋食品商行
宜昌三峡物流园－宜昌市伍家岗区东旭饲料经营部一分店
宜昌三峡物流园－宜昌市安臻商贸有限公司
宜昌三峡物流园－宜昌市伍家岗区丰收粮行物流园店
宜昌三峡物流园－宜昌市伍家岗区老一号粮行
宜昌三峡物流园－宜昌鼎鑫商贸有限责任公司

宜昌三峡物流园–宜昌市伍家岗区小高瓜子
两湖绿谷农产品批发市场–湖北国品商贸有限公司
两湖绿谷农产品批发市场–荆州昌盛果业有限公司
两湖绿谷农产品批发市场–两湖德祥蔬菜商行
湖北聚四海水产品批发市场–湖北润泽冷链物流有限公司
湖北裕丰农副产品市场–老雷蔬菜批发商行
长沙红星农副产品大市场–广西凭祥聚农进出口贸易有限公司
长沙红星农副产品大市场–湖南星勤农产品贸易有限公司
长沙红星农副产品大市场–湖南果寻梦农产品贸易有限公司
长沙红星农副产品大市场–湖南杰泰农副产品贸易有限公司
长沙红星农副产品大市场–湖南金发宏农业有限公司
长沙红星农副产品大市场–湖南铭泽红船国际贸易有限公司
红星水果批发市场–湖南果之友农业科技有限公司
东莞市信立国际农产品贸易城–广东省东骏膳食服务有限公司
东莞市信立国际农产品贸易城–东莞市大岭山炽成腊味店
东莞市信立国际农产品贸易城–东莞市豪乐盈食品有限公司
东莞市信立国际农产品贸易城–东莞海源食品有限公司
东莞市信立国际农产品贸易城–东莞市福丰食品有限公司
东莞市信立国际农产品贸易城–东莞市大岭山忠财隆食品商行
东莞市信立国际农产品贸易城–东莞市丰谷米业有限公司
东莞市信立国际农产品贸易城–东莞三誉食品有限公司
东莞市信立国际农产品贸易城–广东沣润食品贸易有限公司
东莞市信立国际农产品贸易城–东莞市大信食品贸易有限公司
东莞市信立国际农产品贸易城–东莞市大岭山满家兴冻肉批发行
东莞市信立国际农产品贸易城–东莞市鲜美家农产品贸易有限公司
东莞市信立国际农产品贸易城–东莞市那么旺食品有限公司
东莞市信立国际农产品贸易城–东莞市大岭山业隆东肉店
东莞市信立国际农产品贸易城–东莞市大岭山香兰香料经营部
东莞市信立国际农产品贸易城–东莞市大岭山文丰粮油贸易商行
东莞市信立国际农产品贸易城–东莞市易天油脂贸易有限公司
东莞市信立国际农产品贸易城–东莞市大岭山郁唐副食经营部
东莞市信立国际农产品贸易城–东莞市鲜堡食品有限公司
东莞市信立国际农产品贸易城–东莞市大岭山晓玲副食经营部
东莞市信立国际农产品贸易城–东莞市华香粮油有限公司
东莞市信立国际农产品贸易城–东莞市大岭山长文果业经营部
东莞市信立国际农产品贸易城–东莞市大岭山新康海味干果批发行
东莞市信立国际农产品贸易城–衡阳鲜盛农产品有限公司
东莞市信立国际农产品贸易城–东莞市大岭山文涛蛋品批发行
东莞市信立国际农产品贸易城–东莞市林兴农产品有限公司

东莞市信立国际农产品贸易城－东莞市炽盛农产品有限公司
东莞市信立国际农产品贸易城－东莞市大岭山大发蛋品批发部
东莞市信立国际农产品贸易城－东莞市升升农副产品有限公司
广东省汕头市农副产品批发中心市场－汕头市百汇蔬菜行
广东省汕头市农副产品批发中心市场－汕头市峰达果菜商行
广东省汕头市农副产品批发中心市场－汕头市海特果菜有限公司
广东省汕头市农副产品批发中心市场－汕头市龙湖区绿源蔬菜经营部
广东省汕头市农副产品批发中心市场－汕头市龙湖区南北水果商行
广东省汕头市农副产品批发中心市场－汕头市龙湖区仟城农副产品经营部
广东省汕头市农副产品批发中心市场－汕头市龙湖区中诚果行
广西新柳邕农产品批发市场－阿伟果业
广西新柳邕农产品批发市场－柳州市柳南区百其味食品商行
广西新柳邕农产品批发市场－柳州市柳南区明要批发部
广西新柳邕农产品批发市场－柳州市柳南区众择冷冻食品经营部
广西新柳邕农产品批发市场－柳州市柳南区鑫峰腊味商行
广西新柳邕农产品批发市场－柳州市金味帅食品商行
广西新柳邕农产品批发市场－柳州市邱道余水产经营部
广西新柳邕农产品批发市场－柳州市柳南区瑞杰食品经营部
广西新柳邕农产品批发市场－柳州市柳南区龙聚水产经营部
广西新柳邕农产品批发市场－柳州市柳南区佳发源食品经营部
广西新柳邕农产品批发市场－柳州市溢东食品有限公司
重庆观农贸食品批发市场－重庆市德凯油脂有限公司
重庆观农贸食品批发市场－重庆永烁农产品有限公司
重庆双福农产品批发市场－重庆六点一刻蔬菜有限公司
重庆双福农产品批发市场－重庆赐康果蔬有限公司
四川雨润国际农产品交易中心－代安超
贵阳聚正润农产品市场－花溪周周望冷冻食品店
贵阳聚正润农产品市场－北方兄弟冷冻食品配送中心
贵阳聚正润农产品市场－贵阳九萱锦贸易有限公司
贵阳聚正润农产品市场－贵州百川味园商贸有限公司
贵阳聚正润农产品市场－贵阳石板英超干货冻品粮油批发行
陕西西安西部欣桥农产品物流中心－陕西米小禾生鲜农业发展有限公司
陕西西安西部欣桥农产品物流中心－陕西米禾供应链管理股份有限公司
陕西西安西部欣桥农产品物流中心－陕西恒润现代农业有限责任公司
甘肃酒泉春光农产品市场－酒泉进万家食品集中配送有限责任公司
甘肃酒泉春光农产品市场－肃州区鸿发水果店
甘肃酒泉春光农产品市场－徐老大精品水果批发
甘肃酒泉春光农产品市场－肃州区老何蔬果批发部
甘肃酒泉春光农产品市场－肃州区虹强副食配送中心

甘肃酒泉春光农产品市场－肃州区方军果蔬副食经销店
甘肃酒泉春光农产品市场－酒泉市顾氏大葱经销部
甘肃酒泉春光农产品市场－高台蔬菜经销配送中心
甘肃酒泉春光农产品市场－肃州区赵氏蔬菜经销部
甘肃酒泉春光农产品市场－肃州区曹阳水果店
青海省青藏高原农副产品集散中心－玉树藏族自治州称多高原牦牛畜产品有限责任公司
青海省青藏高原农副产品集散中心－西宁城北区新澳肉食品经营部
青海省青藏高原农副产品集散中心－德财果业
青海省青藏高原农副产品集散中心－西宁市城北区红友蔬菜经销售部
青海省青藏高原农副产品集散中心－西宁市城北区王龙姜蒜批发部
青海省青藏高原农副产品集散中心－青海少英商贸有限公司
青海省青藏高原农副产品集散中心－西宁瑞腾商贸有限公司
青海省青藏高原农副产品集散中心－西宁城北鲜明水果商行
青海省青藏高原农副产品集散中心－青海康健商贸有限公司
青海省青藏高原农副产品集散中心－小菜一碟经营部
青海省青藏高原农副产品集散中心－西宁市城北区王凤廷蔬菜批发部
宁夏中卫四季鲜农产品综合批发市场－宁夏济利商贸有限公司
宁夏中卫四季鲜农产品综合批发市场－中卫市祥龙农业科技有限公司
宁夏四季鲜农产品综合批发市场－宁夏小任果业发展有限公司

特别奖奖项

（单位按行政区划排序，个人按姓氏笔画排序）

（一）2019 年度农产品批发市场行业扶贫攻坚优秀单位

北京锦绣大地电子商务有限公司
北京顺鑫石门国际农产品批发市场集团有限公司
北京兆丰百源国际贸易有限公司
保定联农果品批发市场有限公司
内蒙古食全食美股份有限公司
大连金发地市场管理有限公司
大连熟食品交易中心有限公司
齐齐哈尔市城乡粮油交易市场有限公司
上海泽耀农产品有限公司
南京农副产品物流配送中心有限公司
南京凯凯农副产品有限公司
徐州东高农产品市场管理有限公司

徐州源洋商贸发展有限公司
苏州市南环桥市场发展股份有限公司
浙江良渚蔬菜市场开发有限公司
华东金华农产品物流中心有限公司
金华农产品批发市场有限公司
宿州百大农产品物流有限责任公司
久泰现代农业有限公司
厦门福慧达果蔬有限股份公司
南昌深圳农产品中心批发市场有限公司
江西省江天农博城发展有限公司
九江市琵琶湖农产品物流有限公司
济南堤口果品批发发展有限责任公司
青岛市城阳蔬菜水产品批发市场有限公司
山东凯盛国际农产品物流城
郑州信基调味品城有限公司
武汉白沙洲农副产品大市场有限公司
宜昌三峡物流园有限公司
广州江南果菜批发市场经营管理有限公司
中国地利集团
深圳地标农品电商有限公司
佛山市中南农业科技有限公司
东莞市果菜副食交易市场有限公司
成都濛阳农副产品综合批发交易市场有限责任公司
安岳县自强富农水果专业合作
四川鑫锐投资有限公司
贵阳农产品物流发展有限公司
汉中市水果批发市场
兰州国际高原夏菜副食品采购中心有限公司
中卫市祥龙瓜菜流通专业合作社

（二）2019年度农产品批发市场行业扶贫攻坚优秀个人

王孝财　山东凯盛国际农产品物流城总经理
王镇威　东莞市果菜副食交易市场有限公司董事长
元柏鸿　广西新柳邕农产品批发市场有限公司党总支书记、董事长
毛　椈　成都蒙阳农副产品综合批发交易市场有限责任公司蔬菜部经理助理
方勇军　江西省江天农博城发展有限公司董事长
尹　龙　中卫市祥龙瓜菜流通专业合作社销售部经理
尹世军　成都农产品中心批发市场有限责任公司董事长

刘海涛　大连金发地市场管理有限公司总经理
闫　峰　南京凯凯农副产品有限公司总经理
农齐嵩　南京农产品交易中心有限责任公司营销部职员
孙　平　齐齐哈尔市城乡粮油交易市场有限公司管理部部长
孙　俊　宿州百大农产品物流有限责任公司总经理
吴玉芝　北京盛华宏林粮油批发市场有限公司总经理
吴梦秋　上海蔬菜（集团）有限公司党委书记、董事长、总裁
张　颖　北京锦绣大地电子商务有限公司总经理
张志伟　武汉白沙洲农副产品大市场有限公司董事长
张建方　江苏凌家塘市场发展有限公司董事长
陆志远　福州优野生态农业有限公司执行董事
林　曦　厦门福慧达果蔬有限股份公司总经理
林惠雄　南昌深圳农产品中心批发市场有限公司董事长
金华锋　宁波水产品批发市场有限公司支部书记、董事长、总经理
金凌旭　大连熟食品交易中心有限公司党支部书记、总经理
郑长鸣　福建省农产品市场协会秘书长
郑得厚　保定联农果品批发市场有限公司总经理
赵军锋　北京兆丰百源国际贸易有限公司董事长兼总经理
胡　超　红星实业集团有限公司红星农副产品大市场市场管委会总经理
唐国林　深圳市安鑫宝科技发展有限公司董事长
展延怀　济南堤口果品批发发展有限责任公司总经理
黄　勇　安徽省西商集团投资有限公司董事长
黄德泽　贵阳农产品物流发展有限公司董事长兼党委书记
章蔚郓　浙江良渚蔬菜市场开发有限公司行政办总经理
韩美红　上海泽耀农产品有限公司总经理
谢永信　宜昌三峡物流园有限公司董事长

（三）2019 年度农产品批发市场行业乡村振兴优秀单位

北京兆丰百源国际贸易有限公司
天津正中农贸市场开发有限公司
河北新发地农副产品有限公司
上海蔬菜（集团）有限公司
南京凯凯农副产品有限公司
浙江泽耀控股有限公司
福州优野生态农业有限公司
福建省农产品市场协会
青岛中合农产品市场有限公司
山东凯盛农产品物流园有限公司

洛阳通河农副产品有限公司
湖北天汇源农业科技发展有限公司
广州江南果菜批发市场经营管理有限公司
宁夏中卫四季鲜农产品综合批发市场有限公司

（四）2019年度农产品批发市场行业乡村振兴优秀个人

马志远　天津正中农贸市场开发有限公司常务副总经理
王小岗　深圳市万众市场管理有限公司总经理
王孝财　山东凯盛农产品物流园有限公司总经理
刘长河　洛阳通河农副产品有限公司董事长
刘良彬　南京金宝农贸市场发展有限公司总经理
闫峰南　京凯凯农副产品有限公司总经理
李保全　河南万邦国际农产品物流股份有限公司总裁
张　茜　安徽西商农产品批发市场有限公司总经理
陈少青　浙江泽耀控股有限公司总经理
林善春　福建省农产品市场协会会长
赵中伟　宁夏中卫四季鲜农产品综合批发市场有限公司总经理
赵军锋　北京兆丰百源国际贸易有限公司董事长兼总经理
赵晓军　兰州和盛农产品物流有限公司办公室副总经理
徐　焱　南京金宝农贸市场发展有限公司董事长

（五）2019年度农产品批发市场行业“一带一路”践行奖

北京悠乐果科技发展有限公司
上海西郊国际农产品交易有限公司
南京凯凯农副产品有限公司
徐州雨润农产品全球采购有限公司
江西省华东方保香蕉农产品有限公司
山东凯盛农产品物流园有限公司
郑州陈氏阳光果蔬贸易有限公司
广州江南果菜批发市场经营管理有限公司

2019 年中国农产品供应链建设优秀单位和优秀个人名单

（单位按行政区划排序，个人按姓氏笔画排序）

一、2020 年度中国农产品供应链之星

（一）农产品批发市场

综合类：

南京农副产品物流配送中心有限公司

合肥周谷堆大兴农产品国际物流园有限责任公司

蔬菜类：

长沙黄兴海吉星农产品物流园

果品类：

广州江南果菜批发市场经营管理有限公司

水产品类：

广州黄沙水产交易市场有限公司

肉禽蛋类：

无锡天鹏菜篮子工程有限公司

干调类：

郑州信基调味品城有限公司

花卉类：

昆明斗南国际花卉产业园区开发有限公司

（二）农产品批发商

蔬菜类：

南京凯凯农副产品有限公司

福建安田农业科技有限公司

果品类：

北京顺京海商贸有限公司

郑州陈氏阳光果蔬贸易有限公司

干调类：

河南南都贸易有限公司

（三）农产品生产基地

福州优野生态农业有限公司

深圳市果菜贸易有限公司

（四）农产品加工配送企业

厦门福慧达果蔬股份有限公司

二、2020年度中国农产品供应链建设十佳人物（按拼音顺序排序）

王　皓　合肥周谷堆大兴农产品国际物流园有限责任公司董事长
王新健　山东凯盛农产品物流园有限公司董事长
叶灿江　广州江南果菜批发市场经营管理有限公司董事长兼总经理
刘宗玉　天津韩家墅海吉星农产品物流有限公司、天津海吉星农产品物流有限公司董事长
李小红　湖南佳惠百货有限责任公司董事长
吴梦秋　上海蔬菜（集团）有限公司董事长、总经理
张建方　江苏凌家塘市场发展有限公司党总支书记、董事长
周国斌　成都濛阳农副产品综合批发交易市场有限责任公司总经理、雨润农产品集团副总裁
耿孝国　沈阳寿光地利农副产品有限公司总经理
彭继远　内蒙古食全食美股份有限公司公司党委书记、董事长兼总经理

三、2020年度中国农产品供应链建设优秀单位

（一）农产品批发市场

北京八里桥农产品中心批发市场有限公司
北京盛华宏林粮油批发市场有限公司
北京顺鑫石门国际农产品批发市场集团有限公司
北京四道口水产交易市场有限公司
北京西南郊肉类水产品市场有限公司
天津韩家墅海吉星农产品物流有限公司
天津海吉星农产品物流有限公司
河北新发地农副产品有限公司
内蒙古食全食美股份有限公司
沈阳寿光地利农副产品有限公司
辽宁万隆农产品大市场有限责任公司
齐齐哈尔市城乡粮油交易市场有限公司
上海农产品中心批发市场经营管理有限公司
江苏凌家塘市场发展有限公司
徐州雨润农产品全球采购有限公司
苏州市南环桥市场发展股份有限公司
南通农副产品物流有限公司
金华农产品批发市场有限公司
浙江嘉昕农产品股份有限公司
浙江良渚蔬菜市场开发有限公司

蚌埠海吉星农产品物流有限公司
宿州百大农产品物流有限责任公司
安徽西商农产品批发市场有限公司
芜湖清水白肉批发市场
南昌深圳农产品中心批发市场有限公司
乐平蔬菜农产品批发市场有限公司
山东匡山农产品综合交易市场管理有限公司
寿光地利农产品物流园有限公司
金乡县凯盛农业发展有限公司
山东蒜都农产品物流园有限公司
黄淮农产品股份有限公司
洛阳通河农副产品有限公司
洛阳宏进农副产品批发市场有限公司
河南万邦国际农产品物流股份有限公司
两湖绿谷物流股份有限公司
湖北中和农产品大市场有限责任公司
湛江市霞山水产品批发市场有限公司
深圳市布吉海鲜市场有限公司
深圳前海农产品交易所股份有限公司
深圳市海吉星国际农产品物流管理有限公司
广西海吉星农产品国际物流有限公司
重庆观音桥市场有限公司
重庆双福农产品批发市场有限公司
成都濛阳农副产品综合批发交易市场有限责任公司
成都农产品中心批发市场有限责任公司
四川鑫锐投资有限公司
四川同润资产经营管理有限公司卓信迎宾路市场
陕西欣绿实业股份有限公司

（二）农产品批发商

金乡崇文食品有限公司
山东诚强实业股份有限公司
金乡县鲜天下产业园
金乡县江浩食品有限公司
金乡县诚谊食品有限公司
金乡县嘉特农业科技有限公司
西安八牧商贸有限公司
北京乐康博蔬菜有限公司
苏州市开拓果蔬贸易有限公司

苏州通硕农副产品有限公司
安徽省田园康农业科技有限公司
安徽蔬晟农产品商贸有限公司
宿州奇顺蔬菜批发商行
宿州市开发区惠友蔬菜批发商行
宿州市开发区李娟蔬菜批发部
宿州市开发区赵德辉蔬菜批发门市部
宜春市袁州区时蔬配送有限公司
北京悠乐果科技发展有限公司
金乡聚鑫源贸易有限公司
金乡县宏腾果蔬有限公司
金乡隆程果蔬有限公司
金乡盛隆贸易有限公司
山东鑫诺食品科技有限公司
金乡县宏万年食品有限公司
山东东宝食品有限公司
金乡县金昊源农贸有限公司
金乡万兴食品有限公司
金乡县宝鼎农贸有限公司
金乡宏祥农农产品有限公司
金乡县天隆果蔬有限公司
金乡县菲特贸易有限公司
济宁继超农产品股份有限公司
金乡天发贸易有限公司
金乡金禧源食品有限公司
济宁新青港有限公司
金乡县聚龙商贸有限公司
金乡县蒜圣商贸有限公司
金乡县腾丰蒜业有限公司
金乡聚宝地农贸有限公司
金乡县亚博商贸有限公司
金乡县文航贸易有限公司
金乡县诚泰果蔬有限公司
金乡县喜来润蒜业有限公司
洛阳市通河农贸城菌益康食用菌批发商行
陕西恒润现代农业有限责任公司
陕西利丰现代农业有限公司
合肥维华农副产品销售有限公司
合肥瑶海区文盛果品商行

宿州经济开发区万客隆鲜果行
荆州市昌盛果业有限公司
苏州珍宝鲜物流有限公司
江苏腾久工贸事业有限公司
合肥双龙海鲜商行
合肥市瑶海区金起来冷冻食品商行
北京石门龙泽商贸有限公司
合肥浩盛农副产品有限公司
合肥瑶海区天宝冷冻食品商行
洛阳浩学商贸有限公司
洛阳市瀍河区万隆农超对接服务站
陕西永兴食品有限公司
苏州市奥丰食品有限公司
安徽名城食品有限公司
凤台县国武粮油工贸有限公司
盛香源芝麻购销部
山东金祥源粮油食品有限公司
洛阳昶锐商贸有限公司
洛阳浩航商贸有限公司
重庆胜宏农产品（集团）有限公司
姚氏调味经营部
西安超群粮油贸易有限公司
山东玛利亚农业机械有限公司
锐潇厨具陶瓷酒店用品大全经营部
金乡县宏宇冷藏加工有限公司
山东一顺建设有限公司
中蒜仓储有限责任公司
济宁市鲁峰冷藏集团有限公司
金乡县金恒冷链物流有限公司
山东金恒农产品冷链物流有限公司
金乡粤宣城果蔬制品有限公司
金乡县盛业冷链物流有限公司
金乡县金恒冷链物流有限公司
金乡县鑫山工贸有限公司

（三）农产品生产基地

金乡县京信种植专业合作社

（四）农产品零售市场

深圳市农产品股份有限公司布吉农产品批发中心新翠苑市场

（五）农产品加工配送企业

北京顺鑫国际农产品供应链管理有限公司
常州凌家塘商贸有限公司
杭州为家家农副产品配送有限公司
广元市蜀门市场开发有限责任公司
陕西米小禾生鲜农业发展有限责任公司

（六）农产品电商企业

重庆香满圆农产品有限公司

（七）农产品物流企业

北京锦绣大地供应链管理有限公司

（八）行业协会

金乡县大蒜信息协会
金乡县大蒜协会
银川毗邻地区农产品流通协会

（九）地方政府

金乡县商务局

四、2020 年度中国农产品供应链建设优秀人物

马　涛　合肥瑶海区天宝冷冻食品商行总经理
王　浩　山东匡山农产品综合交易市场管理有限公司董事长兼总经理
王　敏　南京农副产品物流配送中心有限公司党委副书记、总经理
王定邦　长沙马王堆农产品股份有限公司副总经理
王建兴　乐平蔬菜农产品批发市场有限公司董事长
龙土金　湛江市中鑫有限公司董事长
多继光　齐齐哈尔市城乡粮油交易市场有限公司党委书记、董事长、总经理
李　岩　北京四道口水产交易市场有限公司经理
李　展　郑州信基实业有限公司总经理
张　茜　西商集团副总裁兼西商产业集团总裁
陆志远　福州优野生态农业有限公司董事、总经理
陈　涛　洛阳宏进农副产品批发市场有限公司总经理
陈建中　北京锦绣大地供应链管理有限公司总经理
陈雪梅　郑州陈氏阳光果蔬贸易有限公司董事长
林　曦　厦门福慧达果蔬股份有限公司总经理
林惠雄　南昌深圳农产品中心批发市场有限公司董事长
曹　伟　苏州市南环桥市场发展股份有限公司业务一部经理
盛军平　北京顺鑫国际农产品供应链管理有限公司副经理

2019 年度全国城市农贸中心联合会优秀会员单位

北京盛华宏林粮油批发市场有限公司
北京二商东方食品集团有限公司
北京永信恒昌果品有限公司
北京大红门京深海鲜批发市场有限公司
北京水产有限责任公司
南京农副产品物流配送中心有限公司
江苏固城湖水产市场股份有限公司
江苏凌家塘市场发展有限公司
徐州雨润农产品全球采购有限公司
浙江良渚蔬菜市场开发有限公司
宁波市商贸集团有限公司
浙江嘉昕农产品股份有限公司
福建省农产品市场协会
中众合有限公司
南昌深圳农产品中心批发市场有限公司
山东银田农贸集团有限公司
郑州信基调味品城有限公司
郑州凯雪冷链股份有限公司
洛阳通河农副产品有限公司
洛阳宏进农副产品批发市场有限公司
湖南惠农物流有限责任公司
广西海吉星农产品国际物流有限公司
重庆观音桥市场有限公司
重庆公路运输（集团）有限公司渝南冻品市场管理分公司
昆明国际花卉拍卖交易中心有限公司

2019 年度全国城市农贸中心联合会先进会员单位

北京锦绣大地农副产品批发市场
北京八里桥农产品中心批发市场
北京大洋路农副产品市场有限公司
北京农产品中央批发市场有限责任公司
北京市京华沅茶叶市场有限公司
天津金元宝滨海农产品交易市场有限公司
内蒙古食全食美股份有限公司
沈阳副食集团有限公司
大连熟食品交易中心有限公司
齐齐哈尔市城乡粮油交易市场
上海市江桥批发市场经营管理有限公司
无锡天鹏菜篮子工程有限公司
南通农副产品物流有限公司
台州市农副产品集配中心有限公司
合肥周谷堆农产品批发市场股份有限公司
蚌埠海吉星农产品物流有限公司
宿州百大农产品物流有限责任公司
黄山中合农产品市场有限公司
福州民天实业有限公司海峡蔬菜批发市场
山东匡山农产品综合交易市场管理有限公司
商丘农产品中心批发市场有限公司
河南万邦国际农产品物流股份有限公司
两湖绿谷农产品交易物流中心
长沙马王堆农产品股份有限公司
惠州海吉星农产品国际物流有限公司
深圳市农产品集团有限公司
湛江市庆丰年农海产品发展有限公司
东莞市果菜副食交易市场
广西新柳邕农产品批发市场有限公司
重庆香满圆农产品有限公司
阆中市圣果农产品综合贸易有限公司
四川省南充川北农产品交易有限公司
甘肃酒泉春光农产品市场责任公司

2019年度全国城市农贸中心联合会优秀联络员

北京锦绣大地电子商务有限公司市场推广主管 黄玲
北京农产品中央物流园有限公司行政管理部经理 吴丽虹
北京二商集团有限责任公司市场开发部 王鹏
北京新发地农副产品批发市场中心办公室主任 马超
北京盛华宏林粮油批发市场有限公司经理 杨帆
北京市京华沅茶叶市场有限公司市场管理员 高宝庄
北京顺京海商贸有限公司总监 杨改玲
包头市友谊蔬菜批发市场副主任 任园园
抚顺市欣顺盛菜果批发交易市场有限公司办公室主任 薛仲鹏
辽宁鞍山宁远农产品批发市场办公室主任 刘晶旭
长春海吉星农产品物流有限公司总经理助理 朱占峰
齐齐哈尔市城乡粮油交易市场管理部经理 蔡志清
上海蔬菜（集团）有限公司产销对接办公室副主任 陆立力
苏州市南环桥市场发展股份有限公司办公室副主任 莫苏珍
江苏凌家塘市场发展有限公司办公室主任 曹心怡
江苏固城湖水产市场股份有限公司办公室科员 吕怡
南京金箔集团金宝市场有限公司天印山农副产品物流配送中心总经理 刘良彬
浙江良渚蔬菜市场开发有限公司助理 冯芬花
宁波市肉禽蛋批发市场有限公司经理 刘志伟
蒙城新发地农副产品有限公司综合部部长 史东升
蚌埠海吉星农产品物流有限公司行政人事部副经理 王亮
宿州百大农产品物流有限责任公司综合管理部副部长 汪晓龙
黄山中合农产品市场有限公司经理 汪瑶
福建省农产品市场协会办公室主任 赵淑英
福州民天实业有限公司海峡蔬菜批发市场经理 钟荣华
厦门福慧达果蔬股份有限公司经理 农雄雁
中众合有限公司行政人力中心总监 朱开灿
福建食达康集团有限公司副总裁 皮福星
九江市琵琶湖农产品物流有限公司办公室主任 江启民
济宁蔬菜批发市场有限责任公司总经理 张开运
济南广友物流配送集团有限公司广友茶城办公室主任 刘铭扬
河南万邦国际农产品物流股份有限公司总裁助理 李广
郑州信基调味食品城办公室主任 王琨

商丘农产品中心批发市场办公室副主任 王少华
黄淮农产品股份有限公司信息员 尚娟
洛阳宏进农副产品批发市场有限公司营运总监 乔冰冰
机械工业第六设计研究院有限公司副院长 魏新生
湖北多辉农产品物流园开发有限公司总经理助理 陈子娟
洪湖市农友农贸市场有限公司副总经理 孙守立
红星实业集团有限公司红星农副产品大市场管委会秘书 朱成齐
湛江市庆丰年农海产品发展有限公司主任 李春容
惠州海吉星农产品国际物流有限公司董事长秘书 陈世立
广州江南果菜批发市场经营管理有限公司办公室副主任 李磊
深圳市农产品集团股份有限公司项目经理 李薇
广西新柳邕农产品批发市场有限公司党工办主任 覃宇虹
重庆菜园坝水果市场办公室主任 杨闻
阆中市圣果农产品综合贸易有限公司副总经理 唐斌
南充川北农产品交易有限公司副总经理 许建新
兰州和盛农产品物流有限公司副总经理 赵晓军
西宁农商投资建设开发管理有限公司综合办副主任 张梦龙

2019年农批行业人大代表、政协委员简介

乔彬，男，汉族，中共党员，大专文化，高级经济师，全国劳动模范，第十一届、十二届、十三届全国人大代表。现任豫东物流集聚区党工委副书记、解放村党委书记、河南解放村实业集团董事长、总经理、商丘农产品中心批发市场董事长、总经理。并兼任中国农产品市场协会常务副会长、全国城市农贸中心联合会副会长、

李小红，女，汉族，湖南怀化人，民进会员，第十三届全国人大代表。1995年8月参加工作，长江商学院工商管理专业毕业，在职研究生学历，管理学硕士学位。现任湖南佳惠百货有限责任公司董事长。

郑荣秀，女，汉族，2017年当选湖北省武汉市第十四届人大代表。1979年12月参加工作，历任武汉市蔬菜集团武泰闸批发市场总经办主任文员；武汉白沙洲农副产品大市场有限公司办公室主任；武汉白沙洲农副产品大市场有限公司总经办总监等职。工作务实，熟悉农批产业相关政策，依法履职。严格把控农产品质量安全检验检测，依托于市场平台建立安全生产风险的监控和防控机制，确保白沙洲大市场可持续发展。

张茜，2014年被选为六安市人大代表，2016年被选为金安区人大代表。安徽省西商集团投资有限公司副总裁，安徽中商汉康新兴产业开发有限公司董事长，安徽省大别山农产品物流有限公司总经理，安徽西商农产品批发市场有限公司总经理。作为两届人大代表，张茜积极参政议政、建言献策，针对中小企业经营和民生问题，提出了《关于推进加快服务业发展相关政策落实的建议》《关于加强城区农贸市场建设管理工作的建议》《关于加强全区校园安全工作的建议》等提案，其中《关于加强全区校园安全工作的建议》被评为优秀议案建议。

胡超，男，汉族，中共党员，大专学历。2018年当选长沙市雨花区人大代表。1996年6月加入中国共产党，同年8月于红星农副产品大市场工作；2011年11月至今，当选为红星农副产品大市场党支部书记；2001年1月至2010年12月担任红星农副产品大市场副总经理；2011年1月至今担任红星实业集团副总经理，红星农副产品大市场总经理，兼任中国农产品市场协会副会长、中国花卉协会市场流通分会副会长、湖南省农产品市场协会副会长、湖南省物流协会副会长、湖南省果业协会副会长等职。

陈涛，洛阳宏进农副产品批发市场有限公司总经理，洛阳市老城区人大代表。曾任国家商务部专家组成员，2012年参与制定《农产品产地市场建设规范》、《农产品销地市场建设规范》以及《7种蔬菜流通规范》。2013年参与制定《新鲜蔬菜初加工及配送操作规范（征求意见稿）》并提出修改意见。在洛阳宏进农副产品批发市场有限公司任职期间，带领项目扭亏为盈，解决大量遗留问题，完善项目手续，办理证照。2018年11月及2019年5月带领各部门全力配合政府高效完成801水果、干果市场，定鼎副食品市场的疏解外迁工作。为公司培养人才、健全制度，带训出了一支能打硬仗的队伍。带领市场得到政府、商户、员工及市场周边村镇的高度认可。

唐俊杰，女，无党派人士，第十届、十一届、十二届北京市政协委员，第十三届全国政协委员，北京二商集团有限责任公司总工程师，兼任全国制冷标准化技术委员会委员、全国农产品购销标准化技术委员会委员、全国城市农贸中心联合会农产品流通专家、北京制冷学会理事长，北京高级知识分子联谊

会副会长。长期致力于农产品流通及相关专业领域的技术研究与推广应用，将制冷技术覆盖于食品冷链物流的全过程。研究方向：食用农产品冷冻冷藏、冷链物流运营管理。主持完成多项国家级、市级重点工程；发表论文20余篇；作为主要起草人参与编制《冷库管理规范》（GB/T30134–2013）、《易腐食品冷藏链技术要求禽畜肉》（SB/T10730–2012）、《初级生鲜食品配送良好操作规范》（SB/T10428–2007）等国家标准、行业标准、北京市地方标准20多项。先后获得中国商业科技创新人物、全国食品行业先进科技带头人、中国农产品批发市场行业发展30年理论贡献奖、北京市优秀科技人员、北京市三八红旗奖章等荣誉称号。

邓清河，第十二及十三届全国政协委员。1962年生于香港，籍贯广东深圳宝安县。现为宏安集团有限公司（香港股份代号：1222）、位元堂药业控股有限公司（香港股份代号：897）及中国农产品交易有限公司（香港股份代号：149）主席，被誉为“香港街市大王”。

第九篇 行业大事记

第一部分 2019年农产品流通行业十大热点

农产品流通渠道改革创新提速
服务“三农”适应消费升级基本职能更加凸显

2019年农产品流通渠道更加多元化，批发市场、农贸市场、生鲜超市、生鲜便利店、生鲜电商等多种流通模式和业态百花齐放，满足着不同消费者多元化的农产品消费需求。而一头连着乡村产地，一头连着城市消费的农产品批发市场的主渠道作用仍不可替代，呈现出新的行业发展热点。

农产品供应链进一步升级完善
农产品流通效率提高

2019年2月19日，《中共中央 国务院关于坚持农业农村优先发展做好“三农”工作的若干意见》发布，这是21世纪以来第16个指导“三农”工作的中央一号文件。全文共分8个部分，包括：聚力精准施策，决战决胜脱贫攻坚；夯实农业基础，保障重要农产品有效供给；扎实推进乡村建设，加快补齐农村人居环境和公共服务短板；发展壮大乡村产业，拓宽农民增收渠道；全面深化农村改革，激发乡村发展活力；完善乡村治理机制，保持农村社会和谐稳定；发挥农村党支部战斗堡垒作用，全面加强农村基层组织建设；加强党对“三农”工作的领导，落实农业农村优先发展总方针。文件强调，牢固树立农业农村优先发展政策导向，优先保障“三农”资金投入，坚持把农业农村作为财政优先保障领域和金融优先服务领域，公共财政更大力度向“三农”倾斜。2019年5月，财政部、商务部联合下发《关于推动农商互联完善农产品供应链的通知》，要求进一步加强农商互联，完善农产品供应链，在此政策背景推动下，建立农产品供应链已成为大的趋势。传统批发市场开始从注重集货、运输、储存和交易等功能环节，转向重视发展信息化、标准化、电子化交易等；市场的冷链仓储、物流配送、数据服务等功能也得到加强，基础设施持续改善，通过创新应用新模式、新技术，智慧农批线上线下融合趋势愈加清晰，农产品供应链的质量和运行效率明显提高。有利于促进农民增收和乡村振兴，满足农产品消费升级需求。

农产品标准化、品牌化水平提高
农产品附加值增加

随着国家对物流标准化发展的重视，正逐渐形成各地特色优势农产品从种养加工、检验检测、质

量分级、标识包装到冷链物流、批发零售等各环节，国家标准、行业标准、团体标准、企业标准等多种标准有机结合的全产业链标准体系，农产品购销标准化趋势增强，农产品的标准化、品牌化水平持续提升。而基于区块链技术的农产品溯源，能够更好地实现农产品全程可追溯与质量保障，对提高供应链效率和产品质量安全保障水平，构建信息化监测监管体系、营造安全消费的市场环境，保护各地方农产品品牌，开展品牌推广，增加产地农民的人均收益，拉动地方经济增长都具有重要意义。这种发展不仅带来了行业的结构性调整，涉及农业产业，也涉及职场，深度影响了就业的结构性调整。2019年，人力资源和社会保障部、市场监管总局、统计局正式向社会发布了13个新职业信息，这是自2015年版国家职业分类大典颁布以来发布的首批新职业。其中就包括农业经理人。农业经理人是指在农民专业合作社等农业经济合作组织中，从事农业生产组织、设备作业、技术支持、产品加工与销售等管理服务的人员。

地区性农产品冷链物流集散中心渐成气候
产后商品化处理设施建设提速

随着市场消费持续升级，生鲜流通行业对冷链的需求与日俱增。有关数据显示，到2020年，冷链物流行业的市场规模将达到5000亿元，年复合增速将超过20%。具有集中采购和跨区域调配能力，配备预冷、低温分拣加工、冷藏运输、温度温控等冷链设施设备，覆盖农产品加工、运输、储存、销售等环节的全程冷链物流体系，实现交易、信息、物配、展示、销售、体验等多功能发展的地区性农产品冷链物流集散中心有望形成。在乡村振兴、扶贫攻坚等国家战略指引下，农货出山，农商互联，城乡融合，促进形成以乡镇为中心的农村流通服务网络，完善农产品流通体系，农村市场、农村集市的升级也势在必行，产地就近建设改造的具有产后商品化处理功能的产地集配中心、冷库、产地仓等设施，配备产后清洗、加工、预冷、烘干、质检、分级、包装、冷藏等设备，有助于提高农产品商品化处理和错峰销售能力，促进农民增收，助力精准扶贫和乡村振兴。

农产品批发市场加快升级改造
发挥增加农民收益和保障居民消费双重作用

当前农产品产销对接还不紧密，“卖难”影响了农民增收和乡村发展，是多年来困扰城乡居民和各级政府的难题。2019年，商务部等12部门下发《关于推进商品交易市场发展平台经济的指导意见》，财政部国家税务总局印发《关于继续实行农产品批发市场农贸市场房产税城镇土地使用税优惠政策的通知》，在这些利好政策下，农批市场的改造升级深入推进，流通先导性作用进一步发挥，密切产销衔接，引导农业按照市场需求生产适销对路产品，促进产业兴旺和生活富裕，助力乡村振兴；同时有利于提高农产品供给质量和效率，促进中高端农产品消费，缓解农产品“卖难买贵”问题，拓宽农产品销售渠道，促进贫困户增收，助力脱贫攻坚。升级改造后的农产品批发市场可以更好地实现小生产与大市场对接，促进农产品供需平衡、农业生产结构优化、提高农产品供给质量，农产品的产销对接更加精准，发挥增加农民收益和保障居民消费的双重作用。

农产品批发市场集群式O2O发展模式综合成效明显

受互联网经济冲击和不同代际的消费者对农产品的消费需求、消费观念不同，以及不同地区消费文化等因素影响，生鲜消费群体进入迭代发展期，流通消费渠道的选择越来越多。国家统计局数据显示，近年，亿元以上农产品批发市场数量逐年下降，平均同比下降2%。农产品流通渠道更加多元化。专家认为，横向聚集、纵向贯通、跨界融合，将是未来一段时期农产品流通的一个大趋势。其中，一头连着乡村产地，一头连着城市消费的农产品批发市场的主渠道作用仍不可替代，并在积极探索线上线下融合发展模式，取得一定成效。一方面，利用批发市场优势，开发了网上商城让卖家可自由展示供货信息，买家可直接在平台上采购。另一方面，搭建了基于互联网的商品溯源、物流网络，数据化拣选、快速越库、智慧配送等一系列配套服务，使农产品流通效率获得了显著提升。

农产品批发市场发挥流通优势成推动产业扶贫和消费扶贫主力军

2019年，中共中央、国务院提出《关于建立健全城乡融合发展体制机制和政策体系的意见》，就如何建立健全有利于城乡要素合理配置的体制机制，建立健全有利于城乡基本公共服务普惠共享的体制机制，建立健全有利于城乡基础设施一体化发展的体制机制，建立健全有利于乡村经济多元化发展的体制机制，建立健全有利于农民收入持续增长的体制机制以及组织保障等方面的工作提出了要求。1月，国务院办公厅下发《关于深入开展消费扶贫助力打赢脱贫攻坚战的指导意见》。3月，商务部、教育部、交通运输部、卫生健康委、国管局、国家邮政局、国家知识产权局、国务院扶贫办、中华全国供销合作总社、中国邮政集团公司等十部门印发《多渠道拓宽贫困地区农产品营销渠道实施方案》，要求着力拓宽贫困地区农产品销售渠道，在生产、流通、消费各环节打通制约消费扶贫的痛点、难点和堵点，推动流通企业与贫困村建立长期稳定的产销关系、组织开展贫困地区农产品定向直供直销活动，完善贫困地区农村物流配送体系、加强特色优势农产品基地冷链设施建设。6月，国务院印发了《关于促进乡村产业振兴的指导意见》，提出推进质量兴农绿色兴农，增强乡村产业持续增长力。农产品批发市场行业积极响应国家号召，发挥流通行业优势，着力拓宽贫困地区农产品销售渠道，提升贫困地区农产品供应水平和质量，助力打赢脱贫攻坚战，推进实施乡村振兴战略。农产品批发市场通过贫困地区直采以及线上线下直销等精准扶贫模式，打通贫困地区农特产品运输、包装、销售等全产业链条，实现贫困县优质产品能够真正进入企业、学校、医院、机关食堂等销售渠道，进而带动贫困户增收脱贫，消费者获得实惠，实现多方互利共赢。同时还可以扶持打造贫困县的代表性农产品品牌，搭建线上线下展示和销售平台。成为产业扶贫、消费扶贫的主阵地。2019年，脱贫攻坚战取得关键进展，精准脱贫成效显著，全国有1109万农村贫困人口实现了脱贫，连续七年脱贫人数在1000万人以上，340个左右贫困县脱贫摘帽，易地扶贫搬迁建设任务基本完成。2019年末，农村贫困人口降到551万人。2019年，深度贫困地区脱贫攻坚取得重大进展。“三区三州”贫困人口由2018年的172万人减少到2019年底的43万人，贫困发生率由8.2%下降到2%。2019年，全国共排查出520多万人未解决“两不愁三保障”问题，2019年末已解决500万人。

让农产品消费更放心
农产品批发行业首个“食品安全自律公约”发布

2019年，农产品质量安全监测指标由2017年的94项增加到2019年的130项，增幅近40%，全年农产品质量安全例行监测合格率达97.4%，农产品质量安全水平继续保持稳中向好发展态势。食品安全问题一直以来都是农产品流通的重点，农产品批发市场作为农产品流通的主要渠道，一头连着田间地头，另一头连着消费者，把好食品安全关是义不容辞的责任。做好食品安全工作，需要食品生产经营企业的严格自律，依法生产经营。2019年消费维权年主题为“信用让消费更放心”。农产品批发市场行业围绕这一主题，在3月15日国际消费者权益日前后，举行了各类主题活动，以保障食品安全，营造诚信经营的消费市场氛围，净化农产品消费环境，提升农产品消费质量。为使农产品批发市场行业更加规范化，形成自我管理、自我约束、自我监督的自律机制，加强行业自律与行业管理，自觉维护食品安全的良好社会环境，促进农产品批发行业向着规范有序、诚信有德的方向发展，形成放心、安全的食品经营体系，维护行业共同利益与行业形象，2019年6月18日—30日，开展了以“尚德守法食品 安全让生活更美好”为主题的2019年全国食品安全宣传周活动作为部委主题日活动之一，在国家市场监管总局的指导下，全国城市农贸中心联合会在全国农产品批发市场行业组织开展了“我把关安全，您放心消费”主题宣传活动并在此次活动中发布了《农产品批发行业食品安全自律公约》。这是国内发布的首个农产品批发市场行业自律公约。公约中约定了要将食品安全摆在市场管理的第一位，依法按要求持证经营，严格按照国家法规、标准销售食品的法制观念和安全意识，确保食品流通标准特别是强制性标准得到有效执行。维护行业共同利益与行业形象，正确引导科学消费、安全消费。诚信经营，不炒作不利于食品安全、不利于市场健康、不利于社会和谐安定的观念和信息等内容。多家市场承诺履行公约内容。

农产品流通行业做好节日保供稳价
共贺新中国七十华诞

2019年是中华人民共和国成立70年，农产品流通行业全力以赴做好市场供应工作，切实保障国庆市场供应，确保人民群众度过了一个欢乐、喜庆的佳节。积极履行社会责任，加强货源组织，增加粮油、猪肉、牛羊肉、禽肉、蔬菜、水果等生活必需品备货量，增加储备，根据节日消费新特点，增加优质商品和服务供给，满足消费升级需求。为展示新中国成立以来农产品流通行业发生的翻天覆地变化，生动反映我国农产品流通行业改革发展的创新实践和卓越成就，全国城市农贸中心联合会组织开展了“保供无虞 提质强能 活跃产销——农产品流通与时俱进 共贺新中国70华诞”主题宣传活动，围绕喜迎新中国成立70周年这条主线，总结传承农产品流通行业的精神传统和卓越成就，从农产品流通人视角，生动展现农产品流通行业在保障城市农产品供应，引领农业生产、优化农业产业结构、稳定产销关系，带动农民增收，促进国际对接合作中做出的突出贡献。

守初心抓党建促发展
农产品流通行业开展党的主题教育践行使命

2019年6月开始，中国共产党自上而下开展“不忘初心、牢记使命”主题教育，这是以习近平同志为核心的党中央统揽伟大斗争、伟大工程、伟大事业、伟大梦想作出的重大部署，体现了新时代中国共产党人不断提高执政能力和领导水平，保持党的先进性和纯洁性一以贯之的决心、信心和恒心。在新中国成立70周年，中国共产党建党98周年之际，在全国城市农贸中心联合会组织下，农产品流通行业也开展了“守初心 抓党建 促发展——2019年农产品流通行业‘庆七·一’专题宣传活动”，聚焦行业内各单位传承红色基因，从革命传统中汲取精神滋养的主题党日活动，并编制了“祖国70华诞农产品流通行业不忘初心纪念邮册”，全面宣传推广农批行业党组织的党建活动，展示农批党员重温初心、感悟初心、担当使命、勇于作为，自觉为新时代党的历史使命而努力奋斗的风采，激励广大农批行业党员干部坚定理想信念，增强服务意识，改进作风建设，夯实党的执政基础。随着主题教育的深入开展，农批行业广大党员重温初心的精神洗礼，使命再升华，在乡村振兴、扶贫攻坚、“一带一路”建设中，砥砺作为，践行新时代党的历史使命，努力再创辉煌。

“一带一路”建设持续推进
农产品国际贸易发展迎新契机

2019年11月5日至10日，第二届中国国际进口博览会（下称“进博会”）在上海成功举办，共有181个国家、地区、国际组织与会，3800多家境外企业参展，超过50万名境内外专业采购商到会洽谈采购，展览总面积36万平方米，达成累计意向成交额711.3亿美元，较首届增长23%。国家主席习近平出席第二届进博会开幕式并作主旨演讲，倡议各国共建开放合作、开放创新、开放共享的世界经济，并提出中国继续扩大开放的五项措施：一是继续扩大市场开放；二是继续完善开放格局；三是继续优化营商环境；四是继续深化多双边合作；五是继续推进共建“一带一路”。

目前中国成为全球最大的农产品进口国，中国消费者对全球生鲜美食的需求已越来越多，进口的农产品来源国和地区也更加广泛，特别是进口生鲜农产品的品类更加丰富，高品质、多样化的进口农产品需求持续升温，使农产品国际贸易有了新的发展契机。据中国海关的统计报告，2019年，中国与泰国、俄罗斯、印度尼西亚、马来西亚、印度等“一带一路”沿线国家农产品贸易都有较大增长。据农业农村部统计，除新加坡、文莱、巴林、马尔代夫、巴勒斯坦以及波黑等6个国家以外，中国与其余57个“一带一路”沿线国家农产品贸易总额为4202.01亿元，其中中国进口2372.22亿元，出口1829.79亿元。随着“一带一路”建设的持续推进，我国与“一带一路”沿线国家在农业科技交流、农产品贸易、农业投资合作等方面，有着广阔的空间。农产品批发市场作为农产品国际贸易的主要平台，在农产品的“引进来”和“走出去”方面大有作为。一些具有供应链全球化思维的农产品批发市场，通过互联网新技术的应用，抓住契机，开辟出农产品国际贸易的新天地；通过优质农产品在全球范围的大流通，促进我国农民增收和农业结构调整，也让更多的消费者享用到世界各地的优质农产品，满足对美好生活的需求。

第二部分　全国城市农贸中心联合会 2019 年大事记

1 月 23 日，全国城市农贸中心联合会与湛江市农业技术推广中心签署了战略合作框架协议，共同建设全国农产品购销标准化技术委员会湛江试验基地。

3 月 2 日，以“强化供应链助力三农建设”为主题的“全国城市农贸中心联合会新春工作座谈会”在北京锦绣大地市场召开。

4 月，全国城市农贸中心联合会受北京市商务局委托，组织开展 2019 年北京市生鲜农产品标准化示范市场创建工作。

4 月 25 日，由全国城市农贸中心联合会主办，徐州雨润农产品全球采购有限公司承办的“第十五届全国农产品批发市场联络员大会”在徐州成功举办。

5 月 20 日，全国城市农贸中心联合会与中国国际商会签署合作协议，建立长期稳定的合作伙伴关系。

5 月 22 日，全国城市农贸中心联合会“全国骨干农产品市场工作会”在湖北武汉召开。

5 月 23 日，全国城市农贸中心联合会主办，武汉白沙洲农副产品大市场有限公司承办的“2019 年中国农产品批发市场行业年会”在湖北武汉成功召开。

5 月 24 日，全国城市农贸中心联合会第六届第二次会员代表大会六届三次理事会在武汉召开。

6 月 20 日，全国城市农贸中心联合会主办，沈阳副食集团承办的“2019 上半年全国城市农贸中心联合会会长扩大会”在沈阳召开。

6 月 28 日，在国家市场监管总局的指导下，由全国城市农贸中心联合会主办，北京锦绣大地农副产品批发市场作为支持单位的“我把关安全您放心消费”食品安全主题活动在北京锦绣大地物流港举办，发布首个农批行业食品安全自律公约。

7 月 4 日，全国城市农贸中心联合会零售市场专业委员会正式成立并在浙江杭州成功举办 2019 中国农贸市场发展峰会。

7 月 17 日至 18 日，全国城市农贸中心联合会燕窝市场专业委员会（以下简称“国燕委”）和中国检验检疫科学研究院共同主办的“2019 年燕窝行业年会”在北京召开。

8 月 14 日，全国城市农贸中心联合会仲裁专业委员会海口联络处，简称“农贸联海口联络处（仲裁委）”在海南省海口市正式揭牌。

8 月 15 日，“全国城市农贸中心联合会湛江办事处（仲裁专业委员会）”在广东湛江正式揭牌。

9 月，全国城市农贸中心联合会成功当选中国—阿拉伯联合商会中方理事会副主席。

9 月 27 日，国资委对行业协会党支部标准化、规范化建设试点单位进行了授牌。全国城市农贸中心联合会党支部作为中国商业联合会党委推荐的 2 家支部之一成功入选，获国务院国资委首批行业协会党支部标准化、规范化建设试点单位。

10 月 17 日，全国城市农贸中心联合会荣获民政部社会组织管理局颁发的“精准扶贫荣誉证书”。

10 月 30 日至 11 月 1 日，全国城市农贸中心主办的以“数字支撑未来，供应链全球化”为主题的第 36 届世界批发市场联合会大会在贵州省贵阳市成功举办。

11 月 1 日，以“智慧创新链接世界”为主题的第四届中国农产品供应链大会在贵阳召开，本次会议由世界批发市场联合会主办，全国城市农贸中心联合会举办。

12 月，全国城市农贸中心联合会编著的《中国农产品批发市场年鉴（2019）》出版。

1—12 月，协助配合商务部组织全国农产品流通骨干网调查。

农贸联专委会大事件

国燕委大事记

全国城市农贸中心联合会燕窝市场专业委员会介绍

国燕委是全国城市农贸中心联合会燕窝市场专业委员会（Edible Bird's Nest Market Committee of China Agricultural Wholesale Markets Association，EBMC）的简称。

国燕委成立于 2011 年，是由从事燕窝产业及相关的生产、加工、流通、检测、科研、教学、消费领域的企事业单位、社会团体和个人，依照国家法律、法规的规定，在自愿的基础上组成的行业性、全国性、非盈利性的社团组织。接受全国城市农贸中心联合会的领导和监督，在业务上接受商务部的指导。

全国城市农贸中心联合会燕窝市场专业委员会的宗旨是：在行业内发挥服务、自律、协调、监督、维权等作用，规范市场行为，维护市场秩序，促进本行业的健康发展。

国燕委对燕窝的正规进口，提供了知识，技术等支持；推动了中国燕窝从业者和燕窝原产国之间的行业交流，在国内积极宣传正规溯源燕窝，重塑了消费信心；推动了燕窝行业新的业态和燕窝品类的发展，扩大了燕窝的消费人群。国燕委从成立之初一直在推动燕窝行业的标准化工作，2014 年参与制定了《燕窝质量等级》行业标准，2018 年向国家市场监管总局提交了《即食燕窝标准》，作为国家市场监管总局规范燕窝制品生产经营行为的重要参考。

全国城市农贸中心联合会燕窝市场专业委员会的主要职能是：组织收集、整理和传递国内外燕窝经济信息和科学技术信息，进行市场分析、预测，开展信息交流活动和咨询服务，为企业的生产和经营提供决策依据；推动质量保障体系和食品卫生安全体系的建设，实施品牌诚信战略；通过展览展示、专题讲座、印发宣传资料普及燕窝基本知识、宣传燕窝产品价值；代表会员向有关部门反映燕窝生产、流通各个环节中的新情况和存在的问题，提出建设性意见；协助政府有关部门撰写行业方针、政策、制度、法规、标准等；协助和承担政府主管部门委托的部分行政管理职能；协调会员之间以及行业内各环节利益主体之间的关系，增进会员之间的横向联系，组织商品交流，拓宽燕窝产品市场，发挥行业的群体优势；加强与国内外同行业的各项交流。

大事记

1. 2019 年 3 月 26 日至 28 日国燕委代表团“一带一路行”

2019 年 3 月 26 日至 28 日，应贵阳市人民政府邀请，国燕委邀请原国家质检总局副局长葛志荣先生，印度尼西亚驻华大使周浩黎先生、印度尼西亚贸易部驻华参赞马琳娜女士和经济专员左帅女士、泰王国驻华大使馆公参曾祥熙先生及夫人、翻译林智慧女士和秘书李慧敏女士，并邀请燕窝行业内专家学者、业内知名企业代表团，前往贵阳对大数据、大健康等产业进行实地走访及考察。并与相关领导就贵州的经济发展趋势进行了深入探讨，双方对于未来如何将燕窝行业发展同大健康产业相结合给予了高度期待，并就如何针对该方向进行深入合作展开了热烈讨论。

此次贵州之行，国燕委代表团感受到了贵州经济的高速发展，更把燕窝行业带入到了贵州的一品一业，百业富贵的发展规划中，成为当地的发展产业之一。

2. 2019 年 7 月 17 日至 18 日，燕窝行业年会暨第四届鲜炖大赛

7 月 17 日至 18 日，“2019 年燕窝行业年会”在北京召开。本届年会由国燕委和中国检验检疫科学研究院共同主办。以“规范发展共谋未来”为主题，探寻燕窝行业政策趋向，规范燕窝行业秩序，稳定供应链，推动行业创新与未来发展。

作为燕窝行业的协会组织，国燕委在大会上发布了行业大数据、燕窝行业科研进展和燕窝行业宣传计划，并首次发布了燕窝行业吉祥物。本届燕窝行业年会的成功举办，对于传承中国燕窝养生文化，以燕窝为媒密切与“一带一路”沿线国家关系，促进燕窝行业健康发展，共同探寻燕窝行业政策趋向、面临形势以及燕窝市场未来发展机遇都具有重要意义。

3. 2019 年 10 月 14 日至 21 日，组织参加印度尼西亚贸易博览会

2019 年第 34 届印度尼西亚贸易博览会于 10 月在雅加达唐格朗举行，应印度尼西亚政府邀请，国燕委组织燕窝交流团参加印度尼西亚贸易博览会。该博览会是印尼最重要的国家级展会，参展商超过上千家，且面向出口产品的类别非常广泛，正是全球市场采购新产品的绝佳商机，也是燕窝行业从业者寻求新突破、新发展的良好契机。

仲裁委大事记

全国城市农贸中心联合会仲裁专业委员会介绍

为适应我国农业和农产品进出口贸易发展的新形势，充分发挥仲裁在解决经贸纠纷中的作用，农贸联于2016年成立全国城市农贸中心联合会仲裁专业委员会（简称仲裁委），建立起农产品贸易行业仲裁合作的长效机制，为会员单位提供更好的服务。农贸联仲裁委是国内率先成立的专门从事农产品贸易纠纷的法律服务机构，其主要职责是：维护农产品贸易市场主体合法权益，防范和及时化解贸易风险，规范贸易流通秩序，服务国内外农产品贸易市场，为农产品贸易合同全程提供法律咨询，出现纠纷时依法提起仲裁，解决纷争，把仲裁的法律应用在国际、国内农产品贸易全过程中，促进农产品贸易健康发展。

农贸联仲裁委成立后积极推广格式化合同，帮助市场和经销商规避法律风险，处理了河北、广东、山东、湖南、福建等全国各地多起纠纷，取得当地市场和经销商的一致好评；并已帮助市场经销商规范了和西班牙、波兰、马来西亚的经济贸易合同；还协助商务部开展了《农产品市场管理条例》的相关立法调研，在源头解决市场和经销商的法律困扰和困难。

仲裁委将逐步进驻全国重点城市的农产品批发市场，在市场设立办事处，本着“集约精简、高效便捷、服务行业”的主旨，顺应“一带一路”倡议和供给侧结构性改革，与中国国际经济贸易仲裁委员会、全国农产品购销标准化技术委员会、中国标准化研究院、中国消费者报社、全国打假网、国家商标局等多个权威部门和组织进行合作，为相关企业提供“一站式服务”，满足企业在运行和发展中的切实需求，以达到“信息、管理、协调、监督、维护、帮扶”六位一体。

大事记

2019年3月，农贸联仲裁委获批设立“中商联经贸摩擦预警机构预警点”，为我国农贸企业“走出去、引进来”，参与“一带一路”建设，提供法律服务保障。

2019年6月，农贸联仲裁委参与迪拜“‘一带一路’农牧渔产品批发市场”项目的规划讨论和专业论证。该项目是对2018年习近平主席访问阿联酋期间，两国政府部门签署关于加强农业领域合作及共同推动建设农牧渔产品批发市场的合作文件的有力落实。

从2019年6月起，农贸联由仲裁委牵头对行业进行法治发展调研和普法，已为南京众彩农副产品批发市场、河北金凤市场、湛江南方水产品批发市场、湛江霞山水产品批发市场、合肥百大周谷堆农产品批发市场、西部欣桥农产品批发市场、无锡天鹏食品城、贵阳地利农产品物流园、怀化佳惠农产品物流园、宁夏四季鲜市场、青藏高原农副产品集散中心、宁波农副产品物流中心、兰州国际高原夏菜等国内重点农批市场进行法律培训，从“商户和市场交易流程的规范管理”“应收账款的管理”“食品行业知识产权风险防控”“职业打假的防范和应对”等内容为市场商户授课解惑。2020年，为深入贯彻落实习近平总书记关于广泛开展民法典普法工作的重要指示，让民法典走到群众身边，走进群众心里，做遵守民法典的表率的要求，推动农产品流通行业深入学习《中华人民共和国民法典》（以下简称《民法典》），推进行业法治建设，从2020年6月起，农贸联仲裁委将学习宣传《民法典》作为当前乃至今后一个时期普法工作的首要任务，在行业内组织开展《民法典》学习宣传，让市场管理团队以及经销商户学习掌握民法典和自身工作、生活的关系，指导行业参与者积极地学法和用法。

2019年8月，农贸联海口联络处（仲裁专业委员会）揭牌成立。该联络处的设立旨在推进海南自由贸易港“一带一路”国际商贸合作建设，规范海南农副产品批发行业管理，助推海南优质农产品“走出去”，并通过农贸联仲裁委提供行业仲裁和调解服务，为海南农贸行业保驾护航。

2019年8月，农贸联仲裁委启动“中商联经贸摩擦预警机构二级预警点”建设。

2019年8月，农贸联仲裁委驻湛江霞山水产品批发市场法律办公室升格为农贸联（仲裁委）驻湛江办事处，并启用天润中心办公区。经过三年的创新实践，湛江办和湛江市商务局、市场监管局、农业农村局等政府职能部门及地方公检法机关、监察委等建立起的智慧联动机制，一如既往地为地方农产品流通行业和会员提供“信息、管理、协调、监督、维护、帮扶”的一站式服务和专业支持，满足农贸企业在运行和发展中的需求。

2019年8月至10月，农贸联仲裁委邀请全国政协委员、国务院参事甄贞实地调研怀化、海口、湛江、深圳、惠州、长春、西安等地农批市场和农贸企业，关注食用农产品流通环节的食安工作和行业法治体系建设，形成“恳请对农批行业给予立法支持的报告”。

2019年7月起，参与中国贸促会《商事调解人员专业能力要求》《商事调解服务现场管理规范》团体标准的起草工作，对“调解人员基础素质”和“调解现场服务管理”内容进行起草和意见征集。送国务院参事室和“规范一级农产品批发市场从‘地方立法+公益诉讼’做起”的政协提案提交中国人民政治协商会议第十三届全国委员会第三次会议审议。

全国零售委大事记

全国城市农贸中心联合会零售市场专业委员会介绍

全国城市农贸中心联合会零售市场专业委员会（Retail Market Committee of China Agricultural Wholesale Market Association, RMC），简称“全国零售委”。

全国零售委是由从事农产品零售的农贸市场、标准化菜市场、生鲜超市、综合超市、社区菜市场、社区菜店、生鲜专卖店以及为零售市场提供第三方服务的设计公司、网络台秤收银、食安仪器、柜台货架、冷藏保鲜柜等企事业单位、社会团体和个人，依照国家法律、法规的规定，在自愿的基础上组成的非盈利性的社团组织，接受全国城市农贸中心联合会的领导和监督。

全国城市农贸中心联合会零售市场专业委员会的宗旨是：从行业实际出发，在行业内发挥服务、自律、协调、监督、维权等作用，以推动农产品零售行业发展为目标，共同探讨农产品零售市场行业现状、发展趋势，规范市场行为，维护市场秩序，促进本行业的健康发展。

全国零售委主要职责构成包括：（一）组织零售市场开展相关工作和规范市场发展，宣传贯彻国家有关农产品零售的方针政策和法律法规；（二）组织收集、整理农产品零售市场发展信息，进行市场分析、预测，开展信息交流活动和咨询服务，为企业的生产和经营提供决策依据；（三）开展调查研究，向政府相关部门提出有关行业发展的政策意见和立法建议；协助政府制定有关行业的方针政策，承办政府部门委托的相关工作；（四）维护会员的合法权益，向政府和有关方面反映会员的合理意见、要求和建议，为企业争取国家在土地、资金、项目等方面的政策支持；（五）开展多种形式的培训和研讨活动，引进和推广先进管理技术和方法，为企业提供有关咨询、规划和市场调查研究等服务；（六）经全国城市农贸中心联合会批准，举办相关的展览会、对接会、论坛，支持和引导企业引进国外先进技术、经营管理方法和资金，促进国内流通企业和服务业企业的现代化；（七）通过会刊、网站及相关书籍的编辑出版，为会员提供信息服务；（八）开展国际交流与合作，带领会员走出去，为会员招商引资牵线搭桥。

大事记

2018 年 5 月 4 日，全国城市农贸中心联合会零售市场专业委员会（筹）常务副理事长兼秘书长贺有余和农贸联会员部主任但永红深入到海淀区玉泉东商品交易市场考察调研并进行了交流座谈。

2018 年 5 月 17 日，全国城市农贸中心联合会零售市场专业委员会（筹）会同农贸联会员单位华北石油天成集团大路公司、五棵松玉泉东菜市场一行 14 人赴北京市顺义区市场经营管理中心滨河裕龙菜市场、中菜联盟网络科技有限公司、东潞苑农贸市场进行调研。重点考察了农贸市场的智慧化升级改造和应用。

2018 年 6 月 22 日，为促进农产品零售市场发展，加强对农产品零售市场的服务与管理，维护农产品零售企业的合法权益，全国城市农贸中心联合会拟成立二级分支机构全国零售委，并正式下发《关于发展全国城市农贸中心联合会零售市场专业委员会会员的通知》。

2019 年 7 月 4 日至 5 日，全国零售委会员代表大会暨 2019 年中国农贸市场发展峰会在浙江杭州成功召开。围绕“农贸市场让生活更美好”的主题，共设置了全国零售委成立大会、2019 年中国农贸市场发展峰会、相关部委政策通告、参观考察等丰富活动，这是农贸领域首次行业大聚会，活动反响强烈，效果显著。

2019 年 7 月 4 日，全国零售委在杭州设立全国第一家地方办事处，为各地农贸市场答疑解惑提供服务，并在会上为杭州办事处授牌。

第三部分　2019 年农产品批发市场行业重大活动荟萃

2019 年全国城市农贸中心联合会新春工作座谈会

行业新春座谈会

第十五届全国农批市场联络员大会

2019 年中国农产品批发市场行业年会

2019 年上半年全国城市农贸中心联合会会长扩大会

"我把关安全，您放心消费"农产品供应链食品安全论坛

农贸联零售委会员代表大会暨 2019 中国农贸市场发展峰会

第五届燕窝行业年会

第四届中华燕窝鲜炖大赛

第 36 届世界批发市场联合会大会

第四届中国农产品供应链大会

2019年国家部委、相关协会组织的行业会议、展会或专项活动成果图片展示

第三届中国国际茶叶博览会

第十七届中国国际农产品交易会

中国西部（重庆）国际农产品交易会

第二十届中国（寿光）国际蔬菜科技博览会

2019 中国 · 贵阳国际特色农产品交易会

第二十三届中国（廊坊）农产品交易会

第十二届中国·陕西（洛川）国际苹果博览会

第六届中国（山西）特色农产品交易博览会

第二十一届中国中部（湖南）农业博览会

第十届中国·四川（彭州）蔬菜博览会

第十一届海峡两岸现代农业博览会·第二十一届海峡两岸花卉博览会

2019 年中国（海南）国际热带农产品冬季交易会

第十一届全国优质农产品展销周

行业2020年抗疫特别篇

农产品流通行业“抗疫保供”在行动

新冠肺炎疫情发生以来，举国上下展开了一场疫情防控阻击战。面对疫情迅速扩散蔓延的严峻形势，作为民生事业的全国农产品流通业第一时间行动起来，农产品流通人在疫情面前无所畏惧，忠于职守，勇担责任，以保障供应，稳定市场的高度责任心，坚守岗位，做好农产品市场供应保障，为战斗在抗疫第一线的医护人员、患者和广大消费者提供重要的食品物质保障。

疫情就是号角

2020 年 1 月 25 日，中共中央政治局常务委员会会议召开，习近平总书记作出重要指示：生命重于泰山，疫情就是命令，防控就是责任。按照国资委《关于行业协会加强党的领导 为打赢疫情防控阻击战提供坚强政治保证的通知》、中国商业联合会《关于部署中国商业联合会系统各单位新型冠状病毒感染肺炎疫情防控有关事项的通知》相关工作要求，全国城市农贸中心联合会（简称“农贸联”）作为农产品流通行业协会，迅速成立农贸联疫情防控领导小组，统筹组织安排疫情防控工作。在宣传普及防护知识，保障协会职工健康，稳定职工思想基础上，发布《关于加强疫情防控保障生活必需品稳定供应的通知》，积极组织调动农产品流通会员企业，加强疫情防控，发挥行业优势，保障蔬菜等生活必需品稳定供应，做好抗击新型冠状病毒感染肺炎的联防联控和保障供应工作，坚决打赢疫情防控阻击战。

积极行动，打好防疫保供战

民以食为天。在疫情蔓延、春节假期这一特殊时期，各地农产品市场做好市场自身的疫情防控工作，对各类隐患积极排查，采取了各种防护措施应对防范病毒侵袭。同时积极行动起来，发挥流通主渠道的作用，依托政府及行业协会，组织市场经营大户从全国各地组织货源，确保市场农产品经营品类齐全，建立农产品应急储备，及时调剂供应，并积极与周边基地保持联系，增加货源，保证冷库不间断运营，通过一系列举措充分发挥确保货源稳定，做到产品不脱销，不断货，不断供，不涨价。

农贸联协助商务部建立重点市场联系机制，组织市场人员坚持向商务部日报市场供应情况及可向疫区调运数量，为政府及时掌握市场情况，制定稳定市场政策提供重要的参考依据，提供信息渠道。组织编制了《新型冠状病毒传播期间农产品市场经营服务防控指南》《关于食品和农产品流通行业全面加强新型冠状病毒疫情防控工作的法律规范指引》《应对疫情中央及地方农产品流通扶持政策汇编及解读》《国家及各地方关于税收、资金补贴、交通运输、物资保障、用电的优惠支持政策解读》等抗疫保供信息材料在行业内发布，指导相关工作。并在组织保供同时，收集汇总梳理发布全国各地受疫情影响农产品卖难信息，及时上报商务部等有关部门，并提出发放通行证、延长进城限制时段、为运输生活必需品物流车辆有效解决通行及进城问题等政策建议，为辽宁省、海南省、广东省、浙江省等地区农民因受疫情影响滞销卖难的果蔬寻找采购销售渠道，进行产销对接，扶农助农。

倡导正能量，凝聚行业合力

农贸联密切关注湖北等地疫情发展，协会员工放弃假期休息，24 小时在线，沟通对接各地特别是疫情重灾区市场的供需，转发播报行业和会员动态信息，团结凝聚奋战在防控疫情和保供应民生一线的农产品批发市场、农贸市场等会员企业力量，大力宣传典型事迹，向战斗在防疫保供一线的农产品流通人发出慰问信，提振士气。

全 国 城 市 农 贸 中 心 联 合 会

国批联函 2020〔10〕号

致农产品流通行业同仁的慰问信

尊敬的农产品流通行业同仁：

2020 年的新春佳节注定是一个不平凡的春节，因为，我们正在共同经历一场没有硝烟的战斗——抗击新型冠状病毒感染的肺炎疫情。为防止疫情进一步扩散，各级政府不断升级应急措施，全国各地的农产品流通企业都在积极行动，每一个市场的工作人员始终奔赴在一线，履行社会责任，发挥公益功能，克服重重困难，牺牲休息时间，为保障全国尤其是疫情严重地区的各类农产品供应不断货、稳物价、稳民心作出了突出的贡献。在此，全国城市农贸中心联合会对奋战在一线的行业同仁致以崇高的敬意和由衷的问候：各位同仁辛苦了！

在这场疫情防控和保供战中，面对严峻形势，为了防范病毒侵袭，各地农产品批发市场都分别采取了各种防护措施来积极应对。各市场积极依托政府及行业协会，组织市场经营大户从全国各地组织货源，确保市场农产品经营品类齐全，建立农产品应急储备，及时调剂供应，并积极与周边基地保持联系，增加货源，保证冷库不间断运营等。

当前，疫情防控工作正处在关键时期。为防止疫情进一步扩散，在保障农产品全国大流通过程中，大家如遇到问题或困难需要协调解决，请与我们或当地主管部门联系，我们会将问题、难点汇总梳理，分别反馈给相关管理部门及当地政府，来协助大家解决问题。另外，请将行之有效的防疫措施和具体做法整理成文字材料，发送给我们，梳理后供各地市场借鉴参考。

具体防护措施及遇到的问题难处材料请发送 cawa@cawa.org.cn。我们将全力帮助和支援您们。同时，也请坚守在各自工作岗位的同仁保重身体，我们农产品流通人一直在一起！

全国城市农贸中心联合会

2020 年 1 月 21 日

农贸联在疫情期间加强对抗疫保供涌现出的先进单位、人物事迹的行业宣传，通过协会微信公众号、网站等媒体平台编发“战疫情保供给农产品流通业在行动”“抗‘疫’战场上的硬核力量！农产品流通业抗疫保供战实录”专题，对行业企业“抗疫保供典型事迹、经验做法进行不间断宣传。从2020年1月23日开始，共发布宣传材料1378篇。

各方联动，驰援防疫一线

农产品流通行业积极向防疫一线捐赠。据不完全统计，疫情期间，全国城市农贸中心联合会会员企业向武汉疫情一线食堂捐助901吨和价值25.5万元蔬菜、9576件水果；向武汉一线医疗机构捐赠500吨民生物资（价值约500万元人民币）、5.8万件防护物资；向红十字会捐赠3756万元人民币、价值50万元防护物资。

在农贸联党支部和领导班子的统一部署下，党支部7名党员自愿捐款1050元支持新冠肺炎疫情防控工作活动。由支部统一交中国商业联合会党委，统一汇入国资委党费账户，国资委集中上缴中央组织部。农贸联仲裁专业委员会湛江办事处与广州口罩生产厂商和湛江市政府、湛江市防疫保供工作小组等多方协调，为湛江的农产品批发市场调剂防疫物资，包括口罩、消毒水和体温探测仪等，以缓解市场防疫压力，并通过仲裁委海南联络处及昆明、香港兼职联络员等多渠道筹集口罩等物资；并动员广东南国药业有限公司复工复产，为当地定点医疗机构捐赠一次性无菌手术帽和医用双氧水共计10万余元。药厂为湛江市霞山区捐赠货值10万元的医用双氧水。募集近15万元的物资捐赠给湛江地区的医疗系统、批发市场、公安系统等。联合广东南国药业有限公司、贵州洋太生物有限公司等企业筹集价值近15万元的消毒防护物资和药食同源产品捐赠当地医院、公安局、商务局等战斗在抗疫一线的部门和坚守民生保供一线的农产品批发市场、农产品种植和流通企业。

发挥协会政企桥梁作用，为防疫保供排忧解难

为保障会员单位防疫保供工作的顺利开展，农贸联积极沟通相关政府部门。农贸联已沟通会同商务部有关部门，协助北京新发地农产品批发市场解决大葱商户遇到的山东省青岛市大葱加工企业关闭造成的首都大葱供应断链问题，保障首都农产品供应。

为规范市场的经营秩序和促进行业的可持续健康发展，农贸联还及时为湖北荆州等地市的市场澄清谣言，防止疫情期间的不正当竞争，确保当地农产品市场正常有序供应。并组织沟通协会专家委员会委员及行业专家，积极参与湖北省市场监管局关于制定《湖北省农贸市场经营管理指南》工作。

守初心　担使命
全力以赴打好“防控疫情 保供稳价”攻坚战

2020年新冠肺炎疫情发生以来，内蒙古食全食美股份有限公司作为承担呼市及周边旗县区城乡居民80%以上供应任务的农产品流通主渠道企业，全面贯彻落实自治区、市委市政府疫情防控各项决策部署，守初心担使命，以高度的社会责任感，主动担当，迅速行动，集团公司一把手和主要领导督阵，第一时间进行抗疫、保供全面部署，全体员工提前复工，党员干部冲锋在前，经营一线人员日夜坚守，广

大商户全面参与，形成了公司上下抗击疫情、保供稳价的生力军；全面启动三级市场保供网络，克服人手短缺、物流不畅等困难，千方百计调动组织货源，全力保障市场和终端零售店生活必需品充足供应，多措并举有效控制和平抑市场价格；组建应急物资配送车队，承担封闭小区生活必需品配送任务，积极开展电商进社区保供惠民活动，创造性推出“食材进家庭”套餐；持续为政府相关职能部门报送百姓生活必需品市场供应和价格信息；以前所未有的力度出台了三大优惠政策，与商户携手共克时艰、共渡难关；立足常态化疫情防控的新形势，成立了集团公司常态化疫情防控领导小组，进一步完善疫情管理防控新举措，细化管控范围，形成了全方位疫情防控新机制，确保市场万无一失……为打好打赢疫情防控攻坚战，确保非常时期市民“菜篮子”和生活必需品供应和价格稳定付出了艰辛的努力，做出了突出的贡献，取得了很好的社会效应，得到了各级政府的充分肯定和大力支持、得到了百姓的普遍赞誉和商户的一致好评。集团公司被商务部列为全国 54 家、内蒙古唯一一家保供重点农产品批发市场联系单位，玉泉区昭君路街道党工委、玉泉区街道办事处为我公司颁发了全力支持疫情防控工作荣誉证书。

一、高度重视 迅速行动 全面落实疫情防控措施

疫情发生以来，集团公司高度重视，迅速行动，第一时间成立了新冠肺炎疫情防控领导小组，研究制定方案预案，制作张贴防控通知，全面暂停湖北省地区产生鲜、冷冻商品进场交易，坚持把防控疫情和保供稳价作为首要任务和头等大事来抓，集团公司党委书记、董事长兼总经理彭继远多次召开紧急会议调度防控疫情和保供稳价工作，多种渠道积极筹措防护物资、多种形式了解市场运行情况、应急物资储备情况和员工健康情况，统筹调配公司系统人力资源，协调解决公司系统各单位、各部门实际困难。公司全体员工以疫情为命令，以防控为责任，以保供为使命，舍小家、顾大家，放弃休假、不畏风险，义无反顾投入紧张的疫情防控和稳价保供斗争中。

根据政府相关部门要求做实做细各项防控措施，在所属批发市场，强化市场消杀防疫工作，24 小时不间断对进入市场的车辆、人员进行防疫信息登记和体温测量，对市场各交易大厅进行全方位消杀，在大厅入口设立检测岗，对进场商户和顾客进行体温检测，要求市场内所有员工、商户与外来人员必须规范佩戴口罩。进一步强化环境卫生管理，闭市前各区域配合环卫保洁人员对区域内的垃圾进行全部清理，做到日产日清；在所属超市，各超市所有员工必须佩戴口罩上岗，在超市入口处，安排工作人员手持体温测量仪，对每位顾客进行体温检测，严禁未佩戴口罩的顾客进入超市；每天对超市地面、收银台、店内公共区域、垃圾桶及购物工具进行全面清洁消毒，尤其是顾客常用的购物车，保证一客一车一消毒，最大程度确保超市环境防护到位，努力给广大市民、消费者提供放心、舒适、安全的购物环境。

二、多措并举保供稳价 当好首府“菜篮子”守护者

疫情发生以来，食全食美公司系统所属批发市场和终端零售店全力保障市场供应，坚持不关门、不停业，正常交易，做到了不缺货、不断货。“菜篮子”的保障情况关系百姓日常生活，疫情防控期间，蔬菜保供稳价尤为关键。美通市场作为呼市地区百姓的“菜篮子”，肩负着保供稳价的重任，疫情发生后，针对零售市场出现的市民恐慌抢购囤积蔬菜造成的临时供应紧张情况，集团公司高度重视，周密部署，蔬菜部全体干部员工坚守初心勇担使命，昼夜不歇奋战在保供稳价的第一线，凭借丰富的蔬菜运营经验、敏锐的市场嗅觉和深厚的专业积累，对未来呼市蔬菜市场需求量集聚增加做出预判，提早行动，积极联系蔬菜商户，加大蔬菜货源组织力度，商户星夜奔赴产地，提前恢复了正常蔬菜运营，从初三开始每天从北京、天津、山东、河北等地调运蔬菜供应首府，调运量比往年同期翻了两番。

为保持疫情期间蔬菜价格平稳运行，集团公司领导深入一线，实地调研蔬菜供应情况，及时研究保供应、稳价格、惠民生的举措和办法，出台了对百姓日常所需的10种蔬菜价格在正常一级批发价格的基础上下浮2%的市场调控政策。蔬菜部管理人员不停给商户做思想工作，引导商户舍小我，顾全大局，加大对商户进货价格、销货价格的巡查力度，严厉打击囤积居奇、哄抬物价等不法行为……仅3天的时间就以充足的市场供应、稳定的蔬菜价格让市民放心，消费趋于理性，蔬菜供应进入常态。食全食美所属终端连锁超市在人员不足、任务重的情况下，提前进入正常营业时间，积极联系做好蔬菜等生活必需品调运工作，力保了生活必需品充足供应，有效应对了疫情给市民造成的恐慌性囤货行为，并对百姓日常所需的10种蔬菜价格在正常零售价格的基础上下浮20%，有效抑制了蔬菜价格上涨。同时，发挥专业优势，密切关注跟踪蔬菜市场供求和价格变动情况，做好蔬菜数量、价格统计和监测工作，为政府部门做好监测预警及数据分析提供了一手数据，在保障市民菜篮子充足供应、稳定市场价格上发挥了主渠道、生力军作用。

三、承担封闭小区必需品物资供应任务 创新推出“食材进家庭”套餐

食全食美物流配送中心及时组建应急物资配送车队，与呼市新城区供应和信息化局签订了疫情控制期间食品供货协议，将一批又一批生活必需品应急物资安全及时送达到封闭小区。先后为玉泉区因疫情防控而实施封闭管理小区（秋实璟峯汇和恒泰盛都）免费配送半个月内生活所需价值近8000元蔬菜和水果物资，确保了封闭小区必需品供应、物价平稳与民心安定。

针对疫情期间大部分居民“宅”在家里的消费新特点、新需求，创造性开展工作，从2月5日开始创新推出“食材进家庭”套餐，形成了5个套餐和1个特惠组合，包括生活必备的水果蔬菜、米面油和“火锅组合套餐”，在微信朋友圈中宣传转发，借用微信平台实行线上下单，线下配送，使消费者足不出户就能购买到新鲜食材，受到了广大市民的青睐，需求量增加。

四、全面发力线上服务 开展电商进社区保供惠民活动

针对首府市民抗击疫情“宅”在家里，减少外出频次，对线上购买生鲜等生活必需品需求集聚增加的实际，食全食美公司积极响应呼市商务局“保供惠民”活动号召，主动作为，全面发力线上服务，借助食全食美生鲜商城电子商务平台，首批加入呼市地区电商进社区同城配送行列。疫情期间，食全食美生鲜商城在短期内订单量集聚增加的情况下，加大生鲜等生活必需品采购和储备力度，克服员工不能及时返岗、分拣分包人员短缺、物流配送运力不足等种种困难，加班加点连轴转，线上不打烊、线下及时配，一直奋战在电商保供第一线，及时开辟了生活必需品便民供应专区，积极开展生活必需品线上下单，线下同城配送保供惠民活动。集团公司多次召开现场会议认真研究，统筹部署，集中优势资源支援商城；生鲜商城连续奋战、优化调整，按四市区分类及时处理订单信息，优化分拣分包配送流程，通宵达旦分拣商品，不断增加配送运力，提高生鲜商城运行效率，妥善处理售后问题，有效满足了市民“足不出户、生活必需品到家”的需求。

五、出台三大优惠政策 与商户携手共克时艰 共渡难关

在畅通渠道，保供稳价的基础上，针对疫情造成的商户经营举步维艰的实际，食全食美集团公司积极响应国家和政府号召，根据自治区、呼市政府支持受疫情影响中小企业健康发展的十五条措施文件精神，结合企业实际，主动作为，积极了解和倾听商户呼声，专题研究支持商户优惠政策，制定具体实施

方案，以前所未有的支持力度出台了减免公司系统商户3个月房租、降低20%贷款利率、给予市场优秀商户贷款贴息三大优惠政策，减轻商户房租和融资负担，帮助市场商户尽快恢复经营，与商户携手共克时艰、共渡难关，保证商户“不关门、不倒闭、不失业”，得到了广大商户的一致好评，对非常时期保持正常经营发挥了重要作用。

六、心系一线、温暖后方 为打赢疫情防控攻坚战提供坚实后勤保障

心系奋战在一线的医护人员和抗疫人员，携手玉泉区工商联先后到玉泉区观音庙社区、姜家营村和东甲兰村3个防控点，慰问连续奋战在疫情防控一线的工作人员，为他们送去了苹果和橙子慰问品；慰问呼市疫情防控一线工作人员，捐赠口罩、洗手液、湿纸巾、方便面等防护和生活用品；慰问新城区西街街道办事处一线工作人员，捐赠方便面、火腿肠、梨、牛奶等疫情防控物资；为玉泉区卫生健康委员会和大南街街道办事处一线工作人员定向捐赠价值5050元的果蔬慰问品，表达了企业对防疫一线医务人员和坚守一线工作人员的关心和慰问。

三八妇女节之际，食全食美公司携手呼和浩特市玉泉区妇联开展“关爱支援湖北医护人员行动”，慰问玉泉区4名驰援湖北的医护人员家属，每周给医护人员家庭配送“暖心包”，包括蔬菜、水果及生活用品等，为期两个月，把党和政府的关心和非公企业的爱心送到“逆行者”的心坎上；开展“三八妇女节送温暖”活动，慰问玉泉区妇联和巾帼志愿者，捐赠卫生巾、洗手液、牙膏等用品，并为她们送上节日的问候和祝福。

心系坚守疫情防控一线民警和工作人员，集团公司先后委派云利俊、黄治国两名同志慰问回民区糖厂路派出所民警和市场监督管理局光明所工作人员，为他们送去了大米、面粉、食用油、果蔬、方便面、矿泉水等爱心物资。

（作者：内蒙古食全食美股份有限公司行政办公室 杜芳）

众志成城 抗击疫情
守护“防疫+保供”的特殊阵地

哈尔滨雨润南极食品交易中心有限公司

2020年新冠肺炎疫情暴发后，哈尔滨市各大企事业单位响应政府号召，配合疫情防控，避免人员聚集造成疫情扩散。

哈尔滨雨润南极食品交易中心有限公司的近两千家商户停业休息。3月初在党和政府部门的领导下、在广大医护人员的努力下、在广大市民的配合下疫情得到了缓解，为了帮助广大商户恢复经营，带动哈市的经济复苏，哈南极的领导班子成员积极与政府部门沟通、申请，按照政府部门针对疫情防控工作指导，落实商场及商户的防疫工作，准备各种防疫物资，提前做好复工准备工作。商场的总经理向市场监

管部门保证“没做好准备工作坚决不复工，只要开门营业了就绝不会因防控不利再次停业，我们随时做好迎接各级部门的检查”。

3月10日，接到政府部门的通知商场具备复工条件，第二天可以复工，商场工作人员立即通知商户，并对商场进行了全面消杀。3月11日早7时总经理带领全体工作人员在商场门口迎接复工的商户，扫码、登记、测量体温，保证每一名复工人员身体无异常情况，并到每一家商铺，指导商户做铺位内的消杀。上午9时商场正式开门营业，商场门前已经有顾客排队等候，安保人员指挥顾客按照提前画好的标识间隔两米有序排队，工作人员在商场入口为每一名进场的顾客扫码、测温、登记。由于顾客较多，工作人员人手不足，哈南极商户纷纷派人组成防疫志愿者队伍，冒着严寒，指挥顾客有序排队、安抚顾客焦躁的情绪。商场内部分食品因疫情原因大受欢迎，购买人员较多，商户安排专人配合商场的工作人员在室内疏导顾客，也是间隔两米排队购买，防止人员聚集。

当日因疫情原因商场营业到下午2时，在营业的5个小时时间里，没有一起顾客投诉，没有一起人员聚集情况，在现场监督商场复工的市场监管部门对此大加赞扬，哈南极领导重视、准备充分、工作人员用心、全体商户积极配合。闭店后商场管理部门和商户代表召开专题会议，总结复工第一天防疫工作情况，对部分工作进行了调整，重新做了部署，对防疫人员的组成进行了分工和排班，每一项工作、每一个点位落实责任人。

从此，自复工第一天至今商场的工作人员和商户支援防疫队队员们毫无怨言地承担着商场的疫情防控工作，保证了商场复工后，没有一名商户和顾客感染病毒，商场也没有被政府部门因疫情防控不利而被迫停业。方便了广大市民对各类食品的采购，更加保证了全体商户的经营，降低了商户们因为疫情原因产生的经营损失，更为哈市疫情防控、经济复苏做出了贡献。

四川雨润国际农产品交易中心

2020年1月23日，接各级政府及职能部门、雨控董办通知，四川雨润国际农产品交易中心快速反应，积极应对，狠抓落实，为预防和遏止“新型冠状病毒”通过市场经营商、供货商、采购商及市场流动人员传播，于当日下午召开紧急会议，制定了《新型冠状病毒预防及应急预案》，并成立防疫防控领导小组。领导小组明确分工，下设宣传报告组、消杀消毒组、排查登记组、管控督查组、对外联络组五个小组，由周国斌副总裁挂帅，各业态负责人参与，多措并举，全力配合，全面开展防疫防控工作。

一、责任与使命，组建一支菜篮子防疫保供钢铁队伍

交易中心上下统一思想、统一认识，认清自己的使命和责任，认识农批行业的特殊属性。当夜便开始对场内经营户及其亲属进行摸排登记，全场消杀消毒。1月30日成立市场应急保供专项工作组，全面负责疫情期间货源统筹及保供事务处理，组织上下游供采渠道、稳定价格、调配货源。

【领头】班子挑大梁、镇一线

疫情突发，交易中心班子成员高度重视。当即组织各种力量、调动一切资源开展市场的疫情防控工作。领导班子全员不休，事事快办。同时，濛阳市场作为西南地区蔬菜、水果主要供应市场，还扮演着果蔬保供特殊社会角色，承担着稳定价格的重要责任。防控与保供两项工作，两手都要抓两手都要硬，一刻不敢怠慢。为做好、夯实这两项工作，领导小组成员战斗在一线，安排工作，解决问题，有条不紊推进各项防控与保供工作。

【坚守】党员先行、全员返岗

公司所有党员及干部要么春节不休、要么提前返岗，冲在前面、走在一线，在疫情防控和稳价保供工作中亮身份、当先锋、作表率，用自己的实际行动践行入党初心，担负党员使命。而公司所有员工更是响应复工倡议，所有员工春节提前返岗。一线员工恪守职责、星夜不休、狠抓细节，不放过一人一车；后勤员工协调物资、解决困难、提供保障，更有许多员工冲上一线。这是一支坚韧的队伍，他们用血肉之躯为民生保供和疫情防控组建起了一道道安全防护墙。

【职责】定岗定责，网格化管理

根据市场实际情况切实落实管理员责任制，树立分级管理要求，实现网格化管理，定岗、定责、定区域，规范化管理，打好疫情防控阻击战。市场管理员第一时间排查场内所有人员及其亲属，登记、备案，做到底数清晰，去向明白；结算员及安保负责把好入口关，对进入场内的人员、车辆进行登记、测温、消杀；交易中心特设鄂渝保供专区，全员上一线，负责排查、服务、引导、宣传等。全公司 337 人，人人有分工，人人担责任。

二、大数据见证，织牢市场防疫排查天罗地网

【管控督查】建档 2843 户，经营人员 14869 人次

按照彭州社区村落防控“一户一档”做法，结合市场的实际情况，四川雨润国际农产品交易中心抓紧落实商家“一户一档”，户主为商家，户员为工人、驻场亲属。据统计，场内固定经营商家 2843 户，对场内 14869 人进行摸排登记。每日均需完成所有人员健康信息登记备案，并巡查每个交易档口、宣传防疫防控知识、督导商家佩戴口罩、检查并落实商家消毒、劝导人员不要聚集等。工作量大、工作难点多。

【排查登记】每日排查 10000 人次、登记 8000 辆车次

每天排查入场车辆约 8000 辆，驾驶及随车人员上万人，不仅做到每车消毒、每人体温测量，且严格登记人员身份信息、居住信息等。并与本地政府、公安联动，形成联防联控的覆盖网，互通信息，做到绝不遗漏一人一车。

【消毒工作】1800 亩，100 万平方米，每天 6 次

每日完成市场全区域消毒不少于 3 次，重点对市场出入口、果蔬摊位、结算中心、办公区、垃圾站、公共厕所、沿街商铺等进行 6 次以上消毒。市场经营面积约 100 万平方米，工作量大，任务艰巨。为提高入口消杀效率，市场自行设计自动喷雾消杀装置。

三、上下游对接，担负农产品供应稳价民生重任

【保供应】强化产地互动，形成快速反应机制

对交易中心经营商家进行保供稳价宣传动员，并对实力商户做出发货量和销售量要求，确保蔬果正常供应与价格稳定。为应对疫情带来的产销脱节，交易中心快速反应，对接主要供货产地，了解产地的生产情况、供货量、供货品种、供货规格、供货时间段等，针对缺口品种，提前做好备货准备。已同海南、广东、云南、山东、广西、四川等果蔬产区进行了对接，鼓励供货商积极组织货源发往市场。保证市场蔬果品种齐全，备货充足。蔬菜区每日交易保供量在 8000 吨，水果区每日交易保供量在 4000 吨。同时，提供供货商交通和道路信息，做好物流服务，保证货品发得出，走得通。

【设专区】设鄂渝专区，保供重点疫区

针对湖北、重庆等疫情风险地区农产品供应问题，1月30日雨夜，交易中心连夜突击抢建鄂渝交易专区，按区域分别设立停车区与休息区，降低感染风险，提供业务、饮食、休息等专属服务。为降低商家转运成本，中心补贴启用20辆三轮车专门为专区进行短驳转运。专区投入使用后，其作用与功能逐步发挥，进场车辆、人员不断增加，交易规模不断扩大，后又增设河南、浙江、广东、湖南、安徽等十地停车与服务区。每日专区进出车辆有80多辆，进出人员100多人，交易量180多吨。专区切实解决了重点地区防疫与保供难题。

【稳价格】链接上下游，稳定交易价格

在保证交易货源货量的同时，交易中心通过大数据分析及与产地的提前沟通，随时跟踪市场主要品类的价格和产量变化，按照价格曲线，及时向场内商户提供信息支持，避免短缺货现象。积极传递市场的开闭市信息及品类，稳定交易双方信心，达到价格不大起大落目的。交易中心还对接下游大型采购群体，如周边大型商超、配送、社区团购、线上下订单平台等，加快采购频率，提高采购量，促进供、销平衡。打造一、二、三批供销通道，互通果菜存量、价格信息。

【降费用】费用减免，支持渡过疫期难关

交易中心在全力做好“防疫情，保通畅”基础上，进一步推出“安商、稳商”的政策措施。考虑疫期果蔬交易行情、市场稳定及商家经营情况，采取针对性减免收费，对入场地产菜，减免入场费；对入场载货车辆，减免停车费，切实支持市场特殊群体渡过疫期难关，保障市场经营稳定。

四、环境再提升，守住卫生防疫安全关口

【强宣传】硬核宣传，全媒体覆盖

防疫宣传小喇叭，巡场宣传；各类标语口号，警醒大众；七步洗手法，宣传健康；LED屏幕、朋友圈、微信群、QQ群，全面宣传防疫抗疫知识。在防控疫情的基础上，加强不传谣、不信谣告知，做好防控宣传，打好群众基础。

【强联动】商家参与，联防联控

考虑市场人员结构复杂、人流分布密集情况，只有联防联控才能达到效果，交易中心发动商家参与到疫情防控与环境卫生整治中来。通过“三包告知书”“防疫温馨提示”在商家群中宣传，并在主要出入口悬挂商家相互参与、相互监督的横幅，扎扎实实把防控氛围造足、造好。

【强卫生】卫生管理，再上台阶

为加强环境卫生和消杀消毒的综合保洁处理能力，交易中心再次提高疫情防控期间的管理标准，并落实管理责任到人。且不断增加投入，常态化高标准地保持市场环境卫生。首先，公共区域再增洗手设施，提醒市场从业人员与采购人员做好防疫防控。其次，公共厕所停止收费，并加强厕所消杀与卫生管理，出台厕所管理暂行办法，定人定标准。及时投放全新垃圾桶140只，对主干道及重点区域加强清扫。

【强安全】消防安全，重中之重

及时清理占用消防通道的车辆和货品，保证消防通道畅通；加强常态的安全检查频次，落实隐患整改情况；督促货物遮挡消防栓的商户及时搬离遮挡货物。确保各棚区内消防设施完好、消防通道畅通。

为中国计，为民生计，为百姓计。在此，四川雨润国际农产品交易中心全体员工郑重承诺，“责任上肩，冲锋在前，服从命令，听从指挥，科学应对，恪尽职守，不获全胜，绝不收兵，坚决打赢疫情防控和保供稳价攻坚战！为全市人民菜篮子果盘子充足供应保驾护航”。

雨润人物：对自己负责，对商家负责，对全川乃至全国百姓菜篮子、果盘子负责

如果不是这场灾难，我们也很难知道，平平无奇的人群中，原来藏着这么多闪亮的灵魂。

他们特别普通，特别朴实，但也特别了不起！

这些闪闪发光的身影，让我们温暖、安定，心中有力量，眼前有希望。

他们是放弃了过年回家、下一线的党员干部、班子成员。

他们是逐人逐户宣传沟通，争取商家理解和支持的市场管理员、棚区经理。

他们是背上消毒液，一走就是一天，消毒消杀不放过一个死角的保洁员。

他们是面对五湖四海车来车往，逐一登记不懈怠，24 小时坚守的结算员。

他们是专门负责湖北、重庆采销车辆服务专区的食品城员工。

……

这就是四川雨润国际农产品交易中心在疫情面前，所展现出来的快速反应、积极应对、狠抓落实的责任与担当。

面对这场突如其来的疫情，四川雨润国际农产品交易中心有两大重点必保万无一失，一是防疫防控，二是稳价保供。

23 日下午 1：30，《彭州市商务和投资促进局关于全力做好新型冠状病毒感染的肺炎疫情防控工作的通知》下发，当日下午 3：00，四川雨润国际农产品交易中心紧急召开会议，成立防疫防控领导小组，景永临危受命，担任领导小组副组长。

“把信心当成消毒水，把信心当成免疫力，确保在四川雨润国际农产品交易中心经营和交易过程中，不发生、不出现一例新冠病例。我坚信，在各级政府及雨润农产品集团防疫防控领导小组的指挥下，一定能战胜病毒，打胜这场疫情防控阻击战。”——景永

经历过汶川大地震的他，深深的知道，灾难面前快速、扎实、严谨的行动更行之有效。

而在没有经验可借鉴、没有标准可参照的前提下，他凭借多年在政府部门的工作经验和敏锐洞察，连夜组织市场所有安保、市场管理员、结算员，逐一对场内经营户及其亲属排查登记，形成备案。并立即启动入口管制，严格对进入市场的人车进行登记、车辆进行消毒消杀、人员进行体温测量。

也就是从 23 日起，他再也没有歇下。

随时督查每个小组的疫情防控工作情况，随时处理经营户及采购商的各种疑难问题，随时应对各种应急突发事项……这就是他每天的工作状态。

夜以继日的工作，身体已经到达极限。但他依然拖着疲累的身体，坚持工作至深夜。统筹、安排所有工作，带领各工作小组成员及一线员工，奋战在了抗疫第一线。

他说，“我们不但要对自己负责，对场内的商家负责，还要对前来采销的五湖四海的客商负责，更要对全川乃至全国百姓的菜篮子和果盘子负责”。

四川雨润国际农产品交易中心，是西南最大的农产品批发市场，这里汇集着五湖四海客商，人员流动大，安全隐患多，是重要保供堡垒，也是风险点、高危区。各级政府都相当重视。景永所在的疫情防控领导小组，既要应对省、市、区、街道等各级政府的工作督查和临时检查，还要想尽办法攻坚克难，因地制宜采取应对措施，确保这场疫情防控战的胜利。工作量大，工作难度高，用他的话说，“随时绷紧

神经，一刻不敢放松”。

在他看来，入口关、筛查关、疫情宣导关、内部消杀关、特殊客商保障关等，关关是难关，关关要打通。

（一）把好入口关

因地制宜因时而动，疫情防控领导小组成立后，他当即组织设岗检查，并对市场进行进出口管制，水果区仅开放 1 号门入场，蔬菜区仅开放 4 号门入场。针对入场人员及车辆进行登记备案，做到每车消毒消杀、每人体温测量。入口结算、安保等一线员工，更是 24 小时三班两运转，坚持在岗。随着商家大量返场经营、采购商车辆大量进入，工作变得越来越高强度高密度。把好入口关便是把好健康关，入口在岗员工无一人懈怠，确保做到不放过一车，不放过一人。

（二）严控筛查关

23 日，他连夜启动排查登记，对在场经营户及其亲属，逐一登记、核对，摸排情况及时上报。29 日，针对大量商家返场，他要求全员动员，按照职责分工，再次精准筛查。

所有市场管理员对所有商户进行跟踪记录、结算部负责所有供货商供货车辆的跟踪记录、安保对采购车、三轮车、行人进行筛查记录，科学合理，统筹安排。并与本地政府、公安联动，形成联防联控的覆盖网，互通信息，做到绝不遗漏一人。

（三）疫情宣导关

疫情暴发初期，许多商户对安保反复上门排查、入口排队登记进入等工作不太理解，不太支持。为保障商家安全，保障自身安全，提高场内所有人员对疫情的重视，市场棚区经理逐户提示提醒沟通交流，征得商家的谅解理解。

并通过疫情宣传车、自制大喇叭、派发宣传资料等形式进行及时高频宣传，在商家群、朋友圈、公众号等媒体平台，以正能量信息、防疫防控知识等，加强宣传。

通过线上线下多维宣传，最终赢得一致认可，部分商家在个人微信、抖音等平台自发为雨润行动点赞。

（四）内部消毒关

消杀消毒小组在全场重要区域，如市场出入口、结算中心、果蔬摊位、办公区、垃圾站、沿街商铺等进行高密度的消杀工作。并设置废弃口罩专用垃圾箱，避免二次传播。

针对公司所有员工，更是每天两次进行体温测量，派发口罩，并要求自带餐具用餐等，把病毒隔绝在外。

（五）特殊客商保障关

针对湖北及重庆等区域的采购困难情况，为确保疫区果蔬供应，紧急启动对鄂渝车辆不予劝返，并在二期雨润现代食品城分别设立鄂籍、渝籍停车采购服务专区及休息室，专人负责专人消毒。通过三轮代采，实现人车不流动，并对进入市场的人员测量体温、对入场的车辆严格进行登记，如发现有异常人员立即隔离上报。

这就是景永所代表的雨润人，在这场疫情防控阻击战中，不断摸索、小心求证、快速总结、大胆执行的方法和举措。正是这样的因地制宜和抓实抓细，才获得了各级政府和媒体的一致肯定。

“接下来，随着返工返岗返学大潮来临，对果蔬体量要求必定大涨，四川雨润国际农产品交易中心还要扮演好城市保供的角色，为全川乃至全国的果蔬能够及时上餐桌，站好每一班岗。”

事实上，疫情时期，中华大地上，有无数个这样的人，这样的小队，这样的公司，在默默奋战。

只要我们齐心合力，灾难就扛过来了。
这场大仗，是全国人民一起打的。
感谢有你，每个默默付出的中国人。
有你们在，中国一定能赢！

全国各地重点农产品流通企业抗疫保供、复产复市实录

（一）华北地区（北京市、天津市、河北省、山西省、内蒙古自治区）

防疫：

➢启动疫情防控工作预案，成立新型冠状病毒感染肺炎疫情防控领导小组。

➢制作、张贴、下发关于全力做好经营场所新型冠状病毒感染肺炎疫情防控工作的相关通知，通过公告栏公告、喇叭广播、挨家挨户走访等方式，确保市场内每个人都知道并了解病毒的防御方法。制定《疫情防控工作手册》，并严格落实。

➢运营时间改上午半天，蔬菜水果改露天经营，进出口有专门人员测体温，填写来市场采购人员信息，登记商户信息，来市场的车消毒。科学安排分配工作，调整开业闭市时间。实行出入库预约制。

➢全面暂停湖北省地区产生鲜、冷冻商品进场交易。

➢疫情防控期间，市场内严禁活禽销售、宰杀，严禁转运、加工、经营、存储野生动物及其制品。

➢对入场外来车辆、行人进行排查登记，做到无差别严格执行体温测量，发现异常，立即进行安全隔离，要求内部员工及顾客进场必须佩戴防护口罩，谢绝不戴口罩的人进入市场。

➢加强离京人员管理，建立离京人员微信管理群，及时通报公司防控疫情情况及进展，及时发布北京疫情防控情况，每天测量体温并及时报告。要求所有外地回京后的商户自行居家留观自我隔离 14 天，在居家观察期间不要串门、聚会、传播谣言等。

➢市场仅允许有北京市供应任务的商户经营，一般消费者和其他商户不允许入场经营。

➢登记人员信息，追踪近期情况。

➢分餐制、阻隔交叉感染。为员工及商户发放口罩、大衣及姜汤。配发红外体温仪。

➢对市场交易区、进出入市场的车辆、办公区、综合服务区、公共卫生间等有人员流动的场所，进行每日消毒。

➢购置新设备（自动洗手液器、自动烘手器、红外测温门禁）分别安装在公共厕所点位，肉类部白条大厅，便于客商和市民及时清洗双手，便于肉类客商在夜间进货时快速测温。

➢减免商户租金。

保供：

➢召开“抗击疫情、保供稳价”部署工作会。成立（疫情防控管理、市场增储）专门工作组。

➢严格落实防护措施：测体温，戴口罩，一车一消毒，对销售车辆途经路线等信息进行详细登记。

➢加强进场食品的检查和监管，与市场监督管理局签订守法经营价格承诺书。

➢畅通信息渠道，做好信息报送，给商务部、商务厅、商务局、农牧业厅、农牧业局、发改委等部门报送蔬菜价格及生活必需品每天的进销存量等。

➢减免商户 3 个月房租。减免交易管理费及其他费用。

➢给予市场优秀商户一年贷款贴息政策和特定支持奖励性政策。

➢推出线上商城或借助自有电子商务平台和物流配送平台，开辟生活必需品便民供应专区，开展生活必需品线上下单，线下同城配送保供惠民活动。

捐赠：

（1）北京农产品中央批发市场蔬菜经营商户积极响应，在市场的统一部署下，捐赠：彩椒、西芹、芥蓝、娃娃菜、金针菇等10余种蔬菜和食用菌，共10余吨，总价值5万余元。此次捐赠物资全部由北京菜篮子配送股份有限公司免费配送，通过北京市民政局社会福利中心，定向为北京市儿童福利院、北京SOS儿童村、北京市养老护理照料示范中心等12家社会福利单位送菜上门。

（2）秦皇岛亿德力科技股份有限公司向湖北省市场监督管理局捐赠“市场远程监管巡检系统”，用于农贸市场的智能管理，减少人员到一线采集数据的安全风险。

（3）定州国际食品城向定州慈善会捐款人民币20万元。

（4）天津海吉星农产品物流有限公司组织商户向天津静海区医院、疾控中心、交通队、交警队、交警支队等一线部门捐赠7000多斤价值8万余元新鲜蔬菜。

（5）北京顺京海（鑫华果品）商贸有限公司向武汉各大医院一线医务人员捐赠火龙果共2030件，22吨重，总价值20多万元。

（6）北京新发地市场组织商户向湖北省黄冈市政府捐助30吨爱心蔬菜。

（7）通辽丰盛农产品批发市场，为参加防疫的工作人员捐送水果。向社区一线工作人员捐献方便面、火腿肠、牛奶等生活用品。向通辽市科尔沁区政府办捐献口罩5000只、酒精1000斤、一次性手套5000副。

（8）河北新发地农副产品有限公司向湖北孝感毛陈镇捐赠30吨（首批）、100吨（第2批）新鲜蔬菜。有效补给了当地农产品物资，满足了百姓的生活需求。

（9）河北新发地农副产品物流园商户捐赠：向饶农业发展有限公司向武汉捐赠10000斤洋葱；高碑店市欣辰商贸有限公司向防疫一线捐赠食用菌1200斤；高碑店市永东商贸有限公司向湖北孝感捐赠白萝卜3000斤；高碑店市凤飞商贸有限公司向湖北孝感捐赠2吨豆角；隆昌蔬菜果品公司向防疫一线捐赠土豆1.5吨。

（10）河北中合农产品市场管理有限公司向定州市慈善会捐赠了一次性医用口罩3000个、杜邦牌化工防护服120套，总价值42000元，捐赠进口非医用防护服200套、额温枪500只，折合人民币价值156230元。

（11）太原河西农产品有限公司对太原市第四人民医院、公安交警、环卫工人、公交司机、新闻工作者、社区工作者、复工复产员工等抗疫一线人员开展了慰问。赠送蔬菜137吨、水果48吨、米面18吨。

（12）北京瑞兴隆农产品储运有限责任公司向社区捐赠农产品2吨，口罩2000个。

（13）内蒙古食全食美股份有限公司累计捐赠51790元。疫情期间免费为玉泉区封闭小区（秋实璟峯汇小区和恒泰盛都小区）居民提供蔬菜和水果物资，共计7700元。慰问回民区糖厂路派出所一线民警，送去米、面、油、蔬菜、苹果等慰问品，价值350元。慰问回民区市场监督管理局光明所防控疫情一线工作人员，送去了苹果、柚子、方便面、矿泉水等生活物资，价值296元。慰问连续奋战在疫情防控一线的玉泉区统战部、工商联工作人员，送去苹果和橙子慰问品，价值3000元。慰问呼市工商联疫情防控一线工作人员，捐赠口罩、洗手液、湿纸巾、方便面、火腿肠、榨菜等防护和生活用品，价值5000元。为玉泉区卫生健康委员会和大南街街道办事处定向捐赠果蔬物资，价值5050元。三八妇女节期间慰问玉泉区4名驰援湖北的医护人员家属，给予蔬菜、水果“暖心包”，共计价值3200元；慰问玉泉区妇联和巾帼志愿者，捐赠卫生巾、洗手液、牙膏等281份，共计22480元。为新城区西街街道办事处捐赠方便面、火腿肠、梨、牛奶等疫情防控物资，价值1100元。为新城区东街街道办事处捐赠方便面、砂糖橘、梨、牛奶等疫情防控物资，价值1040元。慰问昭君路派出所一线战疫民警，送去方便面、火腿、鸡蛋、肉菜等生活必需品，共计1591元。慰问昭君路街道办事处疫情防控一线工作人员，捐赠苹果、方便面、矿泉水、火腿肠等爱心物资，共计983元。

（14）天津海吉星农产品物流有限公司：批发商焦树勇捐赠50箱精品红椒。批发商高林伟捐赠鸡蛋豆腐1100多盒。批发商杨成龙主动联系委托公司对静海防疫一线单位捐赠蔬菜3000斤。批发商何学龙，积极协调产地货源，首先保证天津地区的货源供应，在自身经营批发业务的同时，承接了城区部分餐饮及商超的配送业务，并在静海援鄂医疗队返静之际，积极参与对医疗队捐赠活动。批发商天津小叶德尚商贸有限公司自春节期间一直驻扎在市场，从南方各产地组织货源保障天津地区及周边市场的娃娃菜供应，疫情期间其公司近40个员工也主动放弃离静过节，并配合市场做好人员信息登记和人员管理，在组织对静海防疫一线单位捐赠活动中也积极踊跃参加。

（15）天津韩家墅海吉星农产品物流有限公司：批发商天津市乐润鲜超市有限公司捐赠5000元现金；批发商刘长荣捐赠5000元现金；批发商御泰盛和茶业责任有限公司向天津市红十字会捐款5000元，用于疫情防控；批发商马云领在疫情防控期间主动为抗疫一线捐赠消毒液50桶。

（16）天津市红旗农贸综合批发市场有限公司：批发商天津市四季鲜精品果业捐赠100箱苹果；批发商刘庆海捐赠50桶84消毒液；批发商天津市津鲁少伯商贸有限公司捐赠5000元现金；批发商孟宪林、蔡金樑捐赠100箱苹果；批发商天津市文鼎物业服务有限公司捐赠8台脉冲动力弥雾机；批发商王顶堤如家酒店捐赠50桶84消毒液；批发商赵德强捐赠20套防护服。

（二）东北地区（辽宁省、吉林省、黑龙江省）

防疫：

➢召开防疫保供专题会议，成立应急工作小组，下发防疫保供相关通知。

➢对运输货物的车辆进行消毒。

➢要求进入市场的所有人员必须佩戴口罩、进行测温并记录，体温异常者不得入内。

➢对市场进行大面积消杀工作，采取喷洒消毒液和酒精擦拭等方法分别对各园区进行消杀，对海鲜市场、制冷机房、市场大厅、公共卫生间、服务管理中心、施工现场进行重点消杀。

➢实行单入口制，关闭其他临时出口。对所有进场车辆及产品都要进行检测消毒，落实“一人一检测，一车一消毒”，对货品来源信息登记并建立台账。

➢对销售的猪类、禽类产品索要检疫合格证明并做好登记。

➢采购防护物资，发放给一线员工。

➢按照要求严格执行废弃口罩、手套回收管理规定，设置专门回收点，每日消毒杀菌，专人负责，做好登记。

➢通过电话、微信对所有档口商户进行全面排查，摸清底数。

➢利用LED显示屏、广播等循环播放防疫知识。在布告栏张贴疫情防控工作规定。

➢认真落实“杜绝活禽宰杀和野生动物销售”的规定，与工商所配合，督导巡查，监督和帮助业户做好台账。

➢重新调整营业时间，既保证正常经营，又避免长时间人群集聚。

保供：

➢合理库存储备，保障市场供应和物价稳定。

➢发表倡议书，在疫情期间全力保障食品安全卫生，不胡乱加价，不随意扰乱市场。

捐赠：

地利集团向武汉捐赠人民币3000万元，用于支持武汉抗击新冠肺炎疫情，救助疫情中的困难家庭和建设疫情防控公共卫生设备设施。

（三）华东地区（上海市、江苏省、浙江省、安徽省、福建省、江西省、山东省、台湾省）

防疫：

➢召开防控工作相关会议，成立疫情防控工作应急领导小组，制定防控预案，24小时不间断值班。

➢安排专业工作人员每日对交易区、市场摊位、结算中心、配送中心等区域进行消杀工作，对市场内外部马路、露天经营场所使用高压清洗车灌装消毒药水进行逐一清洗、消毒。对市场内所有公厕、垃圾桶、垃圾转运站等利于病媒滋生传播的区域增加消杀频率，降低疫情二次传播的可能性。做好消毒台账记录。

➢利用信息服务平台、市场LED显示屏、广播、通告、条幅、宣传栏、微信群、朋友圈、公众号、给商户的一封信等形式宣传疫情防控知识，在显著位置处摆放条幅和宣传板，发放宣传页。张贴、发放防控新冠肺炎注意事项宣传单。配合电视台并利用新媒体做好社会宣传工作，打消市民对食品安全和供应问题的顾虑。引导经营业户对虚假疫情消息不信谣、不传谣，科学防疫、自我保护，积极配合公共管理，切实做好群防群控、稳防稳控。

➢为经营户办理疫情期间保供物资车辆通行证，配合组织非疫区籍驾驶员参与保供运输，确保了农产品顺利运抵。

➢关闭了家禽区进出口通道，停止市场内活禽交易和任何形式的野生动物交易，与活禽经营户签订了承诺书。

➢及时筹备采购防疫物资。发放口罩、测温仪、橡胶手套、含氯消毒液、喷洒设备等防疫用品。在保障每位员工都能佩戴口罩上岗的同时，免费向已入场经营的客商发放口罩。

➢严格执行索证索票制度，无相关票证或票证不合格产品严禁进入市场销售。对市场进出货商品进行检测。检测中心每日对商户经营品种进行批次抽检，对检测不合格产品进行下架销毁、禁止销售，确保物资供应安全、确保销售农副产品食品安全。

➢设置检查站，24小时对进出车辆、人员做好排查登记。对进入车辆进行消毒，加强进场车辆管理。在市场入口采取来货溯源登记，严格核实货品产地、来源地、运输路径等信息，并对车上人员进行体温监测。严禁疫情区域人员、车辆、货物进入市场。对市场内所有湖北籍经营户及往返湖北货运司机信息进行了摸排，并立即根据有关要求，对其经营档位暂时予以关闭和消毒、人员采取隔离观察。

➢对值班人员、商户、入场进行体温监测，要求市场内所有经营商家必须佩戴口罩，严格规定经营业户和消费者进入批发市场必须佩戴口罩。

➢推出微信扫码代替人工登记，疫情防控识别“一码通”。

➢减免经销商租金，减免交易管理费及其他费用。

保供：

➢召开疫情防控保供会议。

➢发布《价格信用承诺书》《市场监督管理局价格提醒告诫书》。

➢利用电商平台为市民提供各类新鲜、安全的农副产品。

➢开通“绿色直通车”，提供一站式线上采购服务，为隔离点居民和市民提供安心统配业务。

➢签订疫情期间蔬菜产地储备协议。

➢市场提供配送服务。

➢为商户减免一个月房租。

➢市场免除交易费。

➢帮助商户协调办理绿色通行证，帮助商户申请办理《防疫期间生活必需品货运通行证》。解决运输难题。

➢延长经营区的封闭时间，封闭期间严禁商户开门营业。

➢调整改进联防联控举措，实行限时保供，缩短运营时间，实行仓储24小时值班制度保障供应。

➢市场所有经营商户和车辆进行登记后发放出入证，客户和车辆凭证出入。

解决卖难问题：

➢合肥百货大楼集团股份有限公司通过在百大易购APP上新增“公益助农专区”，协助农产品滞销的农户。百大集团除开设“公益助农专区”给予充足的流量支撑外，还按照集团公司“协同共进”经营策略，积极联合安徽银联、安徽翼支付设置了24万元的专项农产品补贴，通过云闪付、翼支付以每单20元的立减优惠帮助解决疫情期间的农产品产销对接问题，让农户收入得到保障。

➢苏州市南环桥市场发展股份有限公司，在苏州市商务局牵头下，南环桥市场第一时间组织商户赴张家港，与200多个种植户进行精准对接。市场在显著位置，为张家港等地产滞销蔬菜设立了专营区，疫情期间无偿提供给当地菜农直销使用；对疫情期间去张家港采购的商户，除免收管理费外，对采购总量排名前三的商户予以现金奖励，以激发商户的采购热情。此外，市场积极与张家港种植户联系，商讨建立长期的合作关系。

捐赠：

（1）南京农副产品物流配送中心有限公司携南京凯凯农副产品有限公司、宿州市埇桥区本军蔬菜专业合作社向武汉惠商丰华·四季美农贸城捐助首批61吨蔬菜给武汉疫情一线单位食堂。

（2）南京农副产品物流配送中心有限公司副食品市场商户捐款70余万元共抗疫情。

（3）嘉兴水果市场向嘉兴高铁南站、南湖高速出口、马家浜高速出口以及经济开发区的几个集中隔离点卡点的工作人员和隔离人员送上600份价值5万余元的新鲜水果。

（4）嘉兴蔬菜交易批发市场捐款5万元，向疫情重点地区赠送蔬菜。同时公司党员干部员工166人合计捐款21030元，蔬菜行业协会理事16人合计捐款8860元。个人捐款182人总计29890元捐款。全部捐款已及时上交区慈善总会，统一作定向使用。

（5）浙江致一云农贸科技有限公司向全国农贸市场捐赠“抗疫智能辅助系统”，助力农贸市场疫情防控工作。

（6）南京金箔控股集团有限责任公司向南京市江宁区慈善总会捐款60万元。

（7）安徽西商集团向六安市青年社会组织联合会捐赠50万元现金用于购买口罩、防护服、消毒液等防疫物资，四个项目公司（四川宣汉项目、河南宝丰项目、湖北阳新项目、湖北来凤项目）分别向项目所在地红十字会捐赠 5 万元现金（总计 20 万元现金），凤台项目公司捐赠 10 万只口罩，淮南项目公司捐赠 1 万只口罩、消毒液 40 桶、测温枪 10 只，集团其他项目公司捐赠物资消毒液 750 瓶、口罩 0.35 万只、水产 1000 余斤、水果 100 件。

（8）合肥周谷堆农产品批发市场股份有限公司向武汉驰援 300 余吨、价值 200 余万元新鲜蔬菜，连夜组织货车及驾驶员、随车医务人员 2 名执行蔬菜运输任务驰援武汉。

（9）黄山中合农产品市场有限公司员工向黄山红十字会捐赠 17500 元；向黄山市高新区捐赠 17500 元和 100 桶 84 消毒液。

（10）上海市江桥批发市场经营管理有限公司为援鄂医疗队员家庭每周进行一次配菜工作，品种不少于 8 个，涵盖绿叶菜、茄果类、菌菇类、根茎类、优质猪肉、鲜牛奶等食品，并附有蔬菜检测报告书和慰问信。

（11）徐州雨润农产品全球采购有限公司携商户鑫骆进出口公司、海泉果业公司向部队、医院、交通等一线部门捐赠食品、水果及消杀用品。

（12）山东匡山农产品综合交易市场无偿捐赠 200 吨蔬菜到武汉协和医院、武汉同济医院、武汉儿童医院、黄冈市以及火神山医院配送食堂等抗击疫情的第一线。

（13）杭州地利果品市场捐赠给物流园区一线工作人员 1000 箱水果，员工自发捐款 8.7 万元给杭州红十字会。

（14）芜湖润信现代化农产品物流园，开行支援湖北黄石果蔬物资直达专车，自 2 月 8 日起，每日运载 30 吨蔬菜。

（15）江西省深农汇农产品发展有限公司捐赠了 2 万多斤新鲜蔬菜水果等物资。分别通过上饶市信州区东市、水南、茅家岭、西市、北门五个街道办分送到各封闭管理小区，捐赠给无法出门的小区居民；运送给福海老年公寓和心连心老年公寓、常青敬老院、市养老服务中心的老人们；同时，不忘在一线奋战的医务工作者，将果蔬送往了上饶市第二人民医院。

（16）浙江良渚蔬菜市场开发有限公司和杭州为家家农副产品批发有限公司走进勾庄农副产品物流中心园区管委会、路面检查点等地，慰问坚守在一线的“战疫”人员，为他们送上共计 200 余箱蛋黄派、八宝粥、蔬菜等民生物资。

（17）宁波商贸集团看望慰问市属养老机构战“疫”一线工作人员，赠送 900 多份水果物资。

（18）蚌埠海吉星农产品物流有限公司：蔬菜批发商陈文栋嘱咐其子陈涛向所在镇政府捐赠了价值 2 万余元的蔬菜；批发商范孝义向自己所住社区及镇政府捐献价值 5 万余元的蔬菜；批发商武氏果业武瑞峰向抗疫一线捐赠了价值 2 万余元的水果。批发商永军果业向抗疫一线捐赠了价值 7 万余元的水果。

（19）上海江杨水产品市场经营管理有限公司批发商上海皇康国际有限公司向武汉捐赠水产品。包括波龙 300 只、龙胆 1500 斤、花蛤 1500 斤、蛏子 600 斤、白竹蛏 300 斤、白砚子 1500 斤、红螺 50 斤、海螺 93 斤、珍宝蟹 100 只、朝鲜蚌 100 只、生蚝 500 斤等 10 余个品种，总价值达到 20 余万元。

（20）上海西郊国际农产品交易有限公司：批发商上海云身果品有限公司捐献 60 吨无籽西瓜给一线医护工作者；批发商郑安生捐献 50 吨无籽西瓜给一线医护工作者；批发商王玉刚捐献 50 吨无籽西瓜给一线医护工作者；批发商林维林捐献 40 吨无籽西瓜给一线医护工作者和养老院；批发商柏宝连捐献将近 35 吨水果给一线医护工作者；批发商朱大海捐献将近 35 吨水果给一线医护工作者；批发商孙鸿明捐献将近 25 吨水果给一线医护工作者；批发商姜秀红捐献将近 20 吨水果给一线医护工作者。

（21）江苏凌家塘市场发展有限公司：批发商常州市合家欢绿色蔬菜种植有限公司向武进区夕阳红养老院、武进区儿童福利院捐赠总价约 8 千多元的蔬菜；向钟楼区 19 家卫生所、养老机构捐赠总价约 6

万元的蔬菜；同时他们还向儿童妇女基金会捐款 1 万元，给战斗在一线的医护人员捐赠价值约 4000 多元的食品，合计捐赠人民币约 87200 元；批发商琦睿肉类批发部向当地政府捐款 10 万元，支援疫区抗疫；批发商善军精品蔬菜批发部主动向常州农产品经纪人协会捐赠款项 16666.66 元，由农产品经济人协会统一善款购置牛肉、黑虎虾等物资，向奋战在一线的第三人民医院的医护人员们进行了捐赠；批发商好丽华休闲食品商行捐赠糕点、炒米、豆干和鸡腿等食品共计 200 余箱，送给市场一线的防疫工作人员；批发商常州旺航商贸有限公司向抗击疫情第一线的三院医护人员捐赠 2 万枚新鲜的溧阳草鸡蛋，其后又第一时间积极响应国家号召，为解决湖北农产品销售不畅的困局，特地增加每天从湖北黄冈地区发往常州销售的鲜鸡蛋，销量由原来的 2 万增加到 10 万枚。

（22）济南海鲜大市场向济南慈善总会捐赠即食海参总价值约 20 万元。通过济南慈善总会捐赠给济南市奋战在疫情防控一线的医务人员及新冠肺炎确诊患者。

（23）苏州南环桥市场商户：苏州聚菇堂贸易有限公司疫情期间，捐赠了 2 吨金针菇和杏鲍菇。

（四）华中地区（河南省、湖北省、湖南省）

防疫：

➢召开会议，研究制定疫情防控工作方案，成立市场疫情防控领导小组及工作组。制定发布《市场疫情防控应急方案》《市场关于防控疫情的告广大商户书》《致市场商户的公开信》《疫情防控现场管理操作流程及管理规定》等文件。

➢严格落实防控措施，采取日报制度，严格执行进出管理制度，所有进场车辆及产品均经过检测消毒，实行“一人一检测，一车一消毒”，确保人流、物流和产品的安全。制定严密的检查制度和检查流程。车辆登记进厂信息→验货→消毒→进场→有序停放，人员登记进场信息→测量体温→查验防护措施（口罩）→进场。凡和经营农副产品无关和防护措施不全的外来人员一律不能进入市场。对于检查出有疑似症状的，立即隔离，及时上报有关部门和医疗机构。

➢建立合作机制。派出联络人员，和周边社区携手建立严密的联防联控体系，认真做好疫情防控的无缝对接。建立健全信息共享，互相帮助，相互协防制度，共同构筑安全可靠的区域防控防线。形成企业治理与区域治理相结合的联动机制，稳步建立起统一的疫情监测、报告网络体系与信息监测和通报网络。

➢做好消杀工作。对走廊、楼梯扶手、电梯间、交易通道、路面、墙面、垃圾站、公共卫生间、办公区域、下水道、雨污沟渠等公共区域和进场车辆全覆盖无死角消杀，对园区的办公场所、摊位、电梯、垃圾站、公共区域进行上下午两次全面消杀，在大货区实行限时交易，凌晨 1：00—5：00 临时关闭、全面消杀、暂停入场。在园区入口机动车道加装车辆感应喷淋消毒系统。设置废弃口罩回收站，用消毒液喷洒处理避免二次污染。加强园区卫生保洁和垃圾清运工作，日产日清。

➢活禽、畜牧、特种水产等防疫重点区域暂停营业。严格查禁市场内非法养殖、转运、贩卖、加工野生动物，一经发现，从严从重处理并移交政府监管部门。

➢采用一进一出两个通道模式。坚持 24 小时值班检查制度，严防死守市场进门关。要求入场人员必须佩戴符合要求的口罩，车辆必须消杀处理。对入场所有人员进行体温监测、登记，对湖北籍入场交易车辆重点监测、跟踪，与高速路口设卡监测形成联动，两道防线严把入口关，最大限度阻击疫情入园。

➢为相对固定的采购客户、从业人员办理了园区出入证，与身份证配合使用，通过查验“双证”，控制、区分、减少无关人员入园的风险。

➢对园区内所有经营户、踩士等从业人员、全体员工中的湖北籍人员进行全面摸底登记，并按湖南省重大突发公共卫生事件一级响应机制通知其暂缓来长沙，全面调查、登记和监测近期有往来或途经湖北、武汉经历，与疫区人员有过接触的从业人员和员工，与地方政府防控指挥部形成联动，针对性采取了定时检测、上报体温数据、居家隔离等措施。

➢加大宣传力度，提高市场全体人员（员工、商户）安全防范意识。利用广播、标语、宣传版面、巡逻督察宣讲，短信、微信、电子屏等多种方式高频重复宣传疫情防控知识。

➢按照大型人员密集场所疫情管控要求，多种渠道调配保障口罩等物资供应，成立巡查组等，逐一上门宣导、督促园内经营户、踩士等从业人员做到戴好口罩开展经营。市场管理部员工逐一上门宣导、督促经营户加强卫生管理。

➢组织人员对设备设施（如消防、制冷、电梯、配电等）进行全面排查检修保养，确保设施设备的完好，为复工做好准备工作。

保供：

➢国家开发银行湖南省分行，通过启用信贷业务应急通道，向湖南佳惠百货有限责任公司发放 3000 万元防疫生活物资保障专项应急信用贷款。

➢市场采取线上下单、小区配送模式，将“生鲜物资”快速送至消费者手中。

➢开启近 2000 平方米、封闭式湖北蔬菜采购专区，买卖双方线上交易。

捐赠：

（1）湖南佳惠集团向怀化市红十字会捐赠 200 万元。

（2）河南亿星实业集团有限公司向周口市红十字会捐款 55 万元。

（3）随州白沙洲农副产品物流园向随州市中心医院捐赠 850 件青椒、96 件黄瓜。

（4）湖北裕丰农副产品有限责任公司百亿蔬菜批发市场为受封城影响的黄梅四祖寺捐赠蔬菜。

（5）两湖绿谷农产品交易中心向荆州市各大医院和各级勤务部门捐赠蔬菜 150 吨、水果 5000 多件。

（6）开封宏进农副产品批发市场有限公司向开封市禹王台区（疫情防控）捐赠十万元。

（7）十堰供销华西国际农商城有限公司向十堰市红十字会捐赠 10 万元，定向用于新型冠状病毒感染肺炎疫情防控。

（8）郑州信基农产品供应链有限公司，捐赠 10 万斤“爱心水饺”给荥阳市。2 月 1 日，郑州信基农产品供应链有限公司积极与慈善总会联系通过银行转账捐赠 100 万资助荥阳市。

（9）长沙大河西农产品物流中心捐赠 45 吨物资驰援武汉。

（五）华南地区（广东省、海南省、广西壮族自治区、香港特别行政区、澳门特别行政区）

防疫：

➢召开新型冠状病毒感染的肺炎疫情防控工作会议。启动疫情防控工作预案，成立疫情应急处置工作领导小组，成立防控小组，落实管理责任和部门职责，24 小时值守，及时处置各类防疫及保供稳价问题，每日动态专项上报防疫及保供稳价情况。

➢开展消杀清洁工作，对市场内重点防控区域（交易区、肉类交易区、门区管理房、公共卫生间、下水道、门区岗亭及对进入市场的车辆）和办公楼进行定时消毒杀菌，及时清除市场垃圾，保持市场环境卫生。扩大清洗保洁范围，加强对家禽区、肉菜大棚、水产等各类交易区、垃圾处理站、公厕等区域的消杀力度。

➢开展市场巡检和宣传，严禁非法养殖、转运、贩卖、加工野生动物。

➢强化信息巡查、排查，密切关注业户、经营户健康动态，排查场内疫区籍从业人员、追溯排查从疫区进入市场的农产品和人员。对货品产地、采购车辆、运输路径、交易人员等信息进行逐一登记核实。强化市场的疫情监测与防控，按规定做好职工健康监测与重点人流健康状况监测工作，组织开展园区从业人员信息登记工作，并要求园区返深圳经营户及从业人员按规定进行居家隔离，发现异常立即上报。为职工建立“一人一档”健康记录及“员工日常健康监测登记表”，逐日登记职工的体温及其身体动态，严格执行体温正常、佩戴口罩才能上岗的防控措施。实行错峰上班，尽量保证办公室内职工间隔的合理距离。对出现咳嗽现象的员工实施居家隔离。对来自外地的近期复工员工实施居家隔离，并密切关注情况。每日上报防疫工作简报和《企业员工健康信息统计情况表》，每日上报市场监督局《市场价格信息采集表》，上报商务局《生活必需品监测情况表》。

➢加强食品安全管理，督促业户完善台账及相关检疫票据，坚决查禁非法养殖、贩卖、加工野生动物行为。已购防疫物资的入库管理，对现有物资进行合理调配，并详细做好发放领用记录。优先保证家禽交易区、门禁等疫情防控“一线”员工的口罩、手套、消毒水、防护服等防护物资。

➢建立“防控小组”统一疫情监测、报告网络体系，建立信息监测和通报网络，建立与属地市场监管及卫生健康等部门信息联动机制，及时收集所在地区疫情信息，对各类可能引发疫情的情况及时进行分析并发出预警。

➢自行设置隔离区，以备不时之需。

➢加强宣传引导工作。通过LED广告屏、广播、横幅、宣传海报、微信群等形式，不间断开展防护知识宣传、提示随时戴好口罩的重要性，正面引导广大市民不信谣、不传谣，切实消除群众对农产品供应的恐慌心理，维护社会的和谐稳定。通过公司微信订阅号及时发布防疫保供工作进展，增强政策透明度，提升市民、批发商和采购商对防疫保供工作的信心和支持。

保供：

➢减免入驻企业、商家2月份租金。

➢设立保供稳价专班，24小时值守，加强市场巡查，加强调度，建立起市场保供稳价的动态监控机制，及时处置各类保供稳价问题，每日专项上报保供稳价情况。

➢积极协调货源地及供应商组织货源，动员组织经营户提前返工营业。

➢对客商免除1个月的停车费，对经营户实施来货补贴。

➢主动与农贸市场及商超进行对接，协助其前来市场采购，并积极为其解决物流配送问题。

➢组织商户设立蔬菜平价直销点。

➢组织配送企业开展无接触配送服务。

捐赠：

（1）广州江南果菜批发市场向武汉一线医疗机构捐赠500吨民生物资（价值约500万元人民币）。

（2）广西福达冷链农批市场给北海防疫单位捐约20万斤农产品物资，用于在疫情防护期间的生活保障。

（3）深圳海吉星市场向深圳市第三人民医院捐赠牛奶、泡面、午餐肉、鲮鱼罐头等生活物资和苹果、香蕉、梨、砂糖橘等新鲜水果等民生物资600余件。

（4）南宁农产品交易中心有限责任公司、南宁市红星鲜活禽市场有限责任公司，携手广西鑫智强食品有限公司、融安县卧龙湖养殖专业合作社、南宁诚兴农业科技有限责任公司，向广西壮族自治区人民医院捐赠 200 只鸡、500 盒蛋品等爱心物资。

（5）何氏水产继续捐赠何鲜氏、何氏蹦蹦鱼品牌水产品、现金等共计 32 万元。

（六）西南地区（重庆市、四川省、贵州省、云南省、西藏自治区）

防疫：

➢召开疫情防控会议，部署防范工作。成立疫情防控领导小组、成立特殊时期应急机构，制定《新型冠状病毒感染的肺炎应急处理预案》，并根据疫情不断调整加强。制定疫情和群体聚集两大应急处置预案，落实处置程序和责任人。

➢对市场管理人员和经营户全面排查，建立台账，报告属地政府，每天进行电话回访。对有无去过武汉、家庭成员亲戚等有无去过武汉、家庭成员有无发烧等症状进行排查登记。掌握有无疫区接触史等信息，通知相关人员在疫情防控期间不得返回并顺延市场摊位租赁时间。全面摸排从业人员情况。

➢加强防护设备配备，购置酒精、口罩等防护设备和消毒药物。要求市场管理人员及经营户一律戴口罩上班、经营，做好自我防护。外来人员必须戴口罩方可进入市场。

➢部分市场对商户发放口罩，解决经营商户购买口罩的困难。

➢严格市场入口管理，封堵市场后门，仅保留市场正门一处出入口。做好市场准入登记工作，对进入市场的外地车辆和人员进行询问，外地车辆严禁进入市场。对从武汉回来人员和车辆进行登记和及时上报政府相关部门。做好入场人员登记和体温检测，对进入市场的车辆进行消毒。对市场大楼的建筑内场和外围开敞场地隔离管控，外围仅供采货人员和车辆使用，经摸排和检查后的商户出货人员和搬运工凭临时证件方可入场。对进入内场的职工、出货商户、搬运工等进行全面排查，不合格或者存在可能感染的一律不予入场。采用上下午两个时段开通入场出货通道，管控入场出货商户的数量，有效降低人员扎堆、货物堆积、车辆频繁等造成的疫情风险。安排专人在市场门口督促市场内经营户、消费者和其他人员必须正确佩戴口罩，并免费发放口罩，对于未佩戴口罩者一律不得进入市场，同时关闭临时摊位，空留出消防通道。

➢采取预约制度。需要入场出货的商户实行提前一天向市场预约，按照预约时间排序公布入场顺序和时间。入场时需要提交超市、菜市场、集体消费单位的购货和人员排查证明。

➢交易市场分区挂牌管理。针对蔬菜交易区实行外地菜交易区和本地蔬菜交易区挂牌分区管理，并在主干道上设立分区指示牌，引导采购商分区采购，减少本地商户接触外地商户的几率和采购商户交叉接触。

➢设立鄂籍、渝籍停车采购服务专区，要求人车不流动，三轮代采，有效解决重点疫区采购问题。

➢严格执行索证索票制度，无相关票证或票证不合格产品严禁进入市场。

➢严格按照要求关闭了非保供农产品区域，仅保留水果等农产品的批发供应。市场内严禁一切活禽进入，所有活禽不得以任何借口进入市场。市场内禁止活禽交易和野生动物销售。

➢严格实行市场内固定位置摆放专用垃圾桶，收集一次性口罩进行专业处理，避免二次传染。

➢加强疫情防控宣传。通过微信、市场LED屏、张贴疫情防控广告，悬挂标语、发放宣传册，向职工和客商发出正式微信提醒、发出《告客商书》等方式在市场内不间断地宣传疫情防控知识。

➢加强环境清洁和消杀力度。每日对农产品交易区、办公区、市场进出口、主干道，所有经营摊位、垃圾站和公共厕所全部清洁和消毒，不留卫生死角。安排保洁人员两班轮流进行打扫，保持地面无积水，无烂菜渣，确保无卫生死角。开启市场排风系统，每次时间不少于 60 分钟。

保供：

➢线下实体市场、线上电商平台联合发力做好保供稳价。

➢电商平台对线上商品需进行全面排查梳理，对武汉产地商品暂不销售，并要求第三方商家暂停发货。

➢鼓励以超市、菜市场为主要供货渠道的市场商户，采取网络、电话等主要销售方式经营。

捐赠：

（1）四川好一新集团有限公司向达州市红十字会捐赠100万元。

（2）四川鑫锐投资有限公司通过湖北省政府向武汉援赠64吨市场价值近30万元的（包括莲花白、胡萝卜、南瓜、冬瓜、南充菜等十个耐储品种）蔬菜。

（3）贵州牛夫人贸易有限公司分2批向抗疫第一线捐赠350公斤牛肝菌。

（4）重庆观农贸市场捐赠百万元物资（公司党委购买近10万元物资；市场客商捐赠近9000件价值60多万元的食品；筹集45.5万个一次性方便饭盒）援助孝感。

复产复市：

为减少花农花商的损失，维系全国花卉供应，斗南花卉电子交易中心（DFETC）于2020年2月10日恢复拍卖。

（七）西北地区（陕西省、甘肃省、青海省、宁夏回族自治区、新疆维吾尔自治区）

防疫：

➢制定应急预案，成立领导小组、组织机构。设立安全生产组，每天24小时白班、夜班轮流交替巡查不间断检查（在货位门店乱堆泡沫箱、棉被等易燃物、违规使用大功率电器、私拉乱接电源、车辆乱停占用消防通道、电动三轮摩托乱充电、电梯运行消毒、消防设施设备完好率等问题）。

➢实行"人车进出道分离"，设立消毒测温登记检查卡点，白班、夜班24小时运转，无缝对接，逐人逐车登记，查验身份证、驾驶证，拉货进场索证索票，来自重点疫区人员和货物以及未戴口罩、未测体温者，严格禁止进入场内，做到"不漏一车一人"。

➢要求市场内经营商户必须佩戴口罩，及时消毒测量体温，一旦有发热情况及时上报；禁止对未采取防护措施的人员进入集散中心；实行市场开闭市管理，减少人员流动及交叉感染，进一步筑牢疫情防控线。各交易场所注意疏导人流车流、尽可能减少人员聚集，进门登记排队人与人保持1米的间距。

➢禁止活禽宰杀销售，禁止销售野生动物和来历不明肉禽产品，禁止湖北境内农产品特别是水产品、禽类肉类产品拉货车辆进入市场。在疫情没有解除前，市场取消各类促销、展销活动，取消一切聚会、红白喜事停办。部分市场暂时关闭餐饮区、酒店用品经营区。

➢每日对市场区域进行全面消毒，循环喷洒消毒水。安排专人负责市场大扫除，重点清理卫生死角。加大垃圾清运力度，抓好源头防控，坚决铲除病源滋生条件。

➢充分利用场内广播、悬挂标语、编发短信、微信群、露天会议等方式全方位进行防疫知识宣传，确保市场商户、消费者、市场管理人员人人知情，高度重视。

➢建立疫情监测和报告网络体系，组织每天自查，积极做好市场管理人员及商户疫情信息把控工作。及时布置采购储备应对疫情器材，包括测温仪、口罩、消毒液等物资，要求市场管理人员佩戴口罩上岗，做好防护措施。仔细排查外出及返回的商户，加强对武汉籍商户的监控，做到严格登记、及时汇报；加强对外省入场车辆及驾乘人员的登记管理和监测体温，做到每车必登、每人必测。

保供：

➢成立保供稳价工作指挥部。设立疫情防控、消毒安全、后勤保障、应急保供、信息报送等责任小组，设岗定责，责任到人。

➢组织市场蔬菜、粮油“大户”召开动员部署并签订承诺书。

➢推出“免收拉货进场车辆交易管理费和采购配货车辆停车费”优惠。

➢与市场蔬菜经营大户签订紧急调运协议，签订白菜、土豆等耐储品种收购协议。

➢向市场商户发出“不涨价、不囤积居奇”倡议。

➢设立专门办理通行证窗口，方便外地拉菜车辆顺利进入市场。

➢为集散中心蔬菜区党员商户发放“共产党员经营户”蔬菜价格公示牌。

➢举行蔬菜保障供应运费补贴发放活动，兑现从外地调运储备蔬菜的运费补贴。

➢利用新媒体及时向社会公布批发价格，利用信用良好、具有强烈社会责任担当的电商企业开展市场直配，以减少流通环节实现平抑物价。

➢共享蔬菜产地资源、共享高原夏菜市场信息资源、共享采购劳务包装、共享配送客服服务，达到减少流通期间成本。

➢增加检测批次量，确保食品健康安全，不让农残、药残的蔬菜进入老百姓的餐桌。

捐赠：

（1）悦西安联合米禾生鲜义务为抗击疫情奔赴武汉的医护人员家属、相关工作人员家属提供日常生活所需的各类蔬菜。

（2）宁夏四季鲜果品蔬菜批发市场有限公司携蔬菜商户永宁县闽宁镇人民政府和永宁县综合执法大队捐赠（第一批）两车共计 2.5 万斤、价值 7.3 万元、14 个品种的新鲜蔬菜；（第二批）重达 4.6 吨、价值 3.3 万元、11 个品种的蔬菜；（第三批）近 10 吨、价值 2.5 万元、8 个品种的新鲜蔬菜。

（3）中卫市富江农产品销售有限公司向沙头区退役军人事务局、香山政府、香山乡供电所、中卫市疾控中心、四级鲜批发市场捐赠水果、蔬菜、粮油等生活必备品，总价值约 1.5 万元。向沙坡头区公安局捐赠价值 5000 元水果一批。其中对中卫市疾控中心的捐赠将持续到疫情结束后。

（4）西部欣桥农产品物流中心向公安干警及卫生防疫、高速收费人员捐赠大肉、蔬菜、方便食品、元宵等价值 5 万元的生活慰问品；为疫情封闭居民小区无偿捐赠万余公斤“爱心菜”，总价值达 3.58 万元。

（5）甘肃食品商业广场给兰州市交警支队及十个大队共十一个单位捐赠猪肉及其制品，带鱼，虾，鸡腿，大米价值 11 万元的生活物资。给辖区相关部门捐赠口罩等价值 5.8 万元防护物资。

（6）西宁城市投资管理有限公司 2 月 2 日向西宁市红十字会捐赠 200 万元，专项用于西宁市新型冠状病毒感染的肺炎疫情防控处置工作。

后 记

中国农产品批发市场行业经过30多年的发展，已成为农产品流通的主渠道，供应链的核心，对保障民生、促进国民经济发展发挥着不可或缺的作用。近年来，业内众多关心农产品批发行业发展的领导、专家和市场管理者都在不同时间或场合，建议我会从行业协会的角度编撰出版行业年鉴，填补空白，弥补缺憾，对农产品批发行业发展进行理论总结和实践指导。

自2017年起，我会启动编制《中国农产品批发市场年鉴》。在主管部门的指导下，在业界知名行业专家、会员单位各地大型批发市场和地方商务部门及商协会的大力支持下，由协会业务骨干执笔精心撰写。对行业专家、地方商务部门和协会、农批市场的积极参与踊跃供稿，以及中国言实出版社各相关单位的大力支持，在此一并表示感谢。

由于受篇幅所限，我们在编辑过程中只能选取行业发展的一些新亮点，难以全面反映总体情况，恳请谅解。因我们水平和经验有限，如有不足，敬请读者批评指正。

《中国农产品批发市场年鉴（2020）》编委会